世 界 の 統 計

2023

総務省統計局

ま え が き

　本書は、世界各国の人口、経済、社会、文化などの実情や世界における我が国の位置付けを知るための参考となる様々な統計を簡潔に編集したものです。

　国際連合などの国際機関では、各国に対して定期的に統計データの報告を求め、これを編集して国際比較の観点に立った統計書やデータを数多く提供しています。

　本書の編集に当たっては、これらの統計書などを出典資料として、できるだけ広範な分野の統計を体系的に収録するよう努めるとともに、国際機関のホームページを活用し、可能な限り最新のデータを掲載しました。また、各章の解説に出典を明示し、所在源情報として更に詳しい統計を必要とする方に参考としていただけるようにしています。

　本書の内容は総務省統計局のホームページにも掲載していますので、併せて御活用ください。

　本書が、日常の業務や研究・学習のための一助となることを願っております。今後も改善を重ねてまいりたいと考えておりますので、皆様からの御意見、御要望をお寄せいただければ幸いです。

　　令和5年3月

　　　　　　　　　　　　　　　　　　　総務省統計局長

　　　　　　　　　　　　　　　　　　　井　上　　卓

利 用 上 の 注 意

1. 統計表

　概念や定義が国（地域）により異なる場合があるため、御利用の際は各統計表の解説や脚注を参照してください。また、紙面の制約から出典資料の解説・脚注の全てを掲載することができないため、詳細については各章冒頭解説の〔出典〕を御覧ください。

　原則として、1月から12月までの暦年のデータです。西暦の末尾2桁で表示している場合があります。

2. 国及び地域

　国名・地域名は、できる限り簡略な表記としました。なお、解説文中の「国」には、地域を含む場合があります。

　「グレートブリテン及び北アイルランド連合王国」は、「イギリス」又は「英国」と表記しています。「アメリカ合衆国」は、「米国」と表記している場合があります。

　中国のデータには、原則として、香港（1997年7月中国に返還）、マカオ（1999年12月中国に返還）及び台湾の数値は含まれません。

　「スワジランド」は、2018年4月に国名を「エスワティニ」に、「マケドニア」は、2019年2月に国名を「北マケドニア」に変更しました。

3. データの表記

計量単位

　原則としてメートル法によっています。

単位未満

　原則として四捨五入していますので、合計欄と内訳の計が一致しない場合があります。

統計表の記号

0 又は 0.0	表章単位に満たないもの。
―	該当する数字がないもの（出典資料の "Not applicable" に該当）又は皆無のもの。
…	数字が得られないもの。数字が秘匿されているもの。（出典資料の "Not available" に該当）
*	暫定値又は推計値。
#	直前の数字との接続性がないもの。
↑　↓	該当欄の数字が得られない場合に、その区分の数字が直近の上又は下の欄に含めて取り扱われていることを示す。
<	記号の右にある数字未満であることを示す。

　出典資料の記号は、可能な限り上記の記号に置き換えて用いていますが、不詳

の場合は、「…（数字が得られないもの）」として表記しました。

4．その他
・原則令和４年11月末日までに入手した出典資料により編集しました。
・国際機関の名称は、UN、FAO のように略称で示しました。正式名称については、付録「主要出典資料名一覧」を参照してください。
・EU（欧州連合）、OECD（経済協力開発機構）など地域経済機構に加盟している国については、付録「本書で掲載している地域経済機構加盟国一覧」を参照してください。
・出典資料については、洋書名はイタリック体で、和書名は「　」を付して示しました。また、ホームページの場合は、ダウンロードした年月を記載しました。
・本書の内容を著作物に引用（転載）する場合には、必ず下記のように書名を明記願います。

> （例）出典　総務省統計局「世界の統計 2023」

本書の統計局ホームページ掲載
　https://www.stat.go.jp/data/sekai/index.html

正誤情報について
　刊行後に誤りが判明した場合は、統計局ホームページに正誤情報を掲載します。

本書に関する問合せ先
　総務省統計局統計情報利用推進課外国統計編集係
　電話　(03)5273-1015（直通）

目次

第16章　環境

表紙写真：ルーマニア、ペレシュ城
　　　　　　(c) Vasile Sebastian Luca

第1章　地理・気象

1-1　主な高山
〔出典〕
自然科学研究機構　国立天文台「理科年表」（2022年版）
〔解説〕
アジアは標高上位20山、北アメリカ、南アメリカ、ヨーロッパ及びアフリカは上位5山、オセアニア・南極は上位3山までの高山を掲載。

1-2　主な河川
〔出典〕
自然科学研究機構　国立天文台「理科年表」（2022年版）
〔解説〕
流域面積80万平方キロメートル以上の河川を掲載。

1-3　森林の面積
〔出典〕
FAO, *Global Forest Resources Assessment 2020*
2020年10月ダウンロード
〔解説〕
森林：高さ5メートル以上の樹木で覆われた0.5ヘクタール以上の土地で、林地に対する樹冠面積が10パーセント以上のもの（現在幼木であっても、将来樹冠面積10パーセント、高さ5メートルに達すると予想されるものを含む。）。人工林を含む。国立公園、自然保護地域、各種保護地域、防風林、ゴム園などを含み、果樹林などのように、農林業としての利用目的が明確なものを除く。
陸地面積：内水面（主要な河川及び湖沼）を除いた総土地面積。

1-4　気象
〔出典〕
自然科学研究機構　国立天文台「理科年表」（2022年版）
〔解説〕
気温と降水量は、原則1991年から2020年までの30年平均値。
都市：各国の観測地点がある首都又は主要都市。
気温：月別の累年平均値のうち最高月及び最低月の数値。
年間降水量：1月～12月の累年平均値。

1-1　主な高山

山 a	標高 （m）	所在	
		国（地域）	山地・島など
アジア			
エベレスト（チョモランマ、サガルマータ）	8,848	中国、ネパール	ヒマラヤ
ゴドウィンオースチン（K2）	8,611	（カシミール、シンチャン）	カラコルム
カンチェンジュンガ	8,586	インド、ネパール	ヒマラヤ
ローツェ	8,516	中国、ネパール	ヒマラヤ
マカルウ	8,463	中国、ネパール	ヒマラヤ
チョーオユ	8,201	中国、ネパール	ヒマラヤ
ダウラギリ I	8,167	ネパール	ヒマラヤ
マナスル	8,163	ネパール	ヒマラヤ
ナンガパルバット	8,126	（カシミール）	ヒマラヤ
アンナプルナ I	8,091	ネパール	ヒマラヤ
ガシャーブルム I	8,068	（カシミール）	カラコルム
シシャパンマ フェン	8,027	中国	ヒマラヤ
チリチュミール	7,690	パキスタン	ヒンドゥークシ
コングル	7,649	中国	パミール
ミニャコンカ（ゴンガシャン）	7,556	中国	チベット東南部
ムスターグアタ	7,509	中国	パミール
イスモイリソモニ	7,495	タジキスタン	パミール
ジェニチョクス（ポベジ）	7,439	キルギス、中国	テンシャン
ハンテンリ	6,995	キルギス	テンシャン
ムスターグ	6,973	中国	クンルン中部
北アメリカ			
デナリ（マッキンリー）	6,190	アメリカ合衆国（アラスカ）	アラスカ
ローガン	5,959	カナダ	セントエリアス
オリサバ b	5,610	メキシコ	トランスベルサル
セントエリアス	5,489	アメリカ合衆国（アラスカ）、カナダ	セントエリアス
ポポカテペトル b	5,452	メキシコ	トランスベルサル
南アメリカ			
アコンカグア	6,961	アルゼンチン	アンデス
オーホスデルサラド b	6,893	アルゼンチン、チリ	アンデス
ボネテ	6,872	アルゼンチン	アンデス
トゥプンガト b	6,800	アルゼンチン、チリ	アンデス
ピシス	6,793	アルゼンチン	アンデス
ヨーロッパ			
モン ブラン	4,810	イタリア、フランス	アルプス
モンテ ローザ	4,634	イタリア、スイス	アルプス
ドム	4,545	スイス	アルプス
バイスホルン	4,506	スイス	アルプス
マッターホルン	4,478	イタリア、スイス	アルプス
アフリカ			
キリマンジャロ b	5,895	タンザニア	
ケニヤ（キリニヤガ） b	5,199	ケニア	
スタンリー	5,109	ウガンダ、コンゴ民主共和国	ルウェンゾリ
ラスデジェン	4,620	エチオピア	エチオピア高原
メルー b	4,565	タンザニア	
オセアニア・南極			
ビンソン マッシーフ	4,892	－	南極
ジャヤ（カルステンツ）	4,884	インドネシア	ニューギニア島
トリコラ	4,730	インドネシア	ニューギニア島

a （　）内は別名。　　b 火山。

1-2　主な河川

河川 a	流域面積 (1,000km²)	長さ (km)	河口の所在 国（地域）	海洋など
アジア				
長江（揚子江）	1,959	6,380	中国	東シナ海
ガンジス・ブラマプトラ	1,621		バングラデシュ	ベンガル湾
ブラマプトラ		2,840		
ガンジス（ガンガ）		2,510		
インダス	1,166	3,180	パキスタン	アラビア海
黄河	980	5,464	中国	渤海
メコン	810	4,425	ベトナム	南シナ海
北アメリカ				
ミシシッピ-ミズーリ	3,250	5,969	アメリカ合衆国	メキシコ湾
ミズーリ		4,086		
ミシシッピ		3,765		
マッケンジー	1,805	4,241	カナダ	ボーフォート海
セントローレンス	1,463	3,058	カナダ	セントローレンス湾
ネルソン-サスカチェワン	1,150	2,570	カナダ	ウィニペグ湖
ユーコン	855	3,185	アメリカ合衆国	ベーリング海
南アメリカ				
アマゾン	7,050	6,516	ブラジル	大西洋
マデイラ		3,200		
ラプラタ-パラナ	3,100	4,500	アルゼンチン、ウルグアイ	大西洋
パラグアイ		2,600		（パラナ川支流）
オリノコ	945	2,500	ベネズエラ	大西洋
ヨーロッパ				
オビ（オブ）-イルチシ	2,990	5,568	ロシア	オビ湾
エニセイ-アンガラ	2,580	5,550	ロシア	カラ海
レナ	2,490	4,400	ロシア	テプテス海
アムール（黒竜江）	1,855	4,416	ロシア	間宮海峡
ボルガ	1,380	3,688	ロシア	カスピ海
ドナウ（ダニューブ）	815	2,850	ルーマニア	黒海
アフリカ				
コンゴ（ザイール）	3,700	4,667	コンゴ民主共和国	大西洋
ナイル	3,349	6,695	エジプト	地中海
ニジェル	1,890	4,184	ナイジェリア	ギニア湾
ザンベジ	1,330	2,736	モザンビーク	モザンビーク海峡
オレンジ	1,020	2,100	南アフリカ	大西洋
オセアニア				
マーレー-ダーリング	1,058	3,672	オーストラリア	グレートオーストラリア湾

a （ ）内は別名。

1-3　森林の面積(1)

国（地域）	陸地面積 (1,000ha)	森林面積 (2020年)			森林面積の純変化 (2010年～2020年)	
		総面積 (1,000ha)	陸地に占める割合 (%)	人工林 (1,000ha)	年平均 (1,000ha)	年平均 増減率 (%)
アジア						
日本	36,456	24,935	68.4	10,184	-3.1	-0.0
イラン	162,876	10,752	6.6	1,001	6.0	0.1
インド	297,319	72,160	24.3	13,269	266.4	0.4
インドネシア	187,752	92,133	49.1	4,526	-752.6	-0.8
ウズベキスタン	42,540	3,690	8.7	2,267	34.0	1.0
カザフスタン	269,970	3,455	1.3	421	37.3	1.2
韓国	9,745	6,287	64.5	2,263	-10.0	-0.2
カンボジア	17,652	8,068	45.7	604	-252.1	-2.7
北朝鮮	12,041	6,030	50.1	987	-21.2	-0.4
タイ	51,089	19,873	38.9	3,537	-20.0	-0.1
中国 a	942,470	219,978	23.3	84,696	1,936.8	0.9
トルクメニスタン	46,993	4,127	8.8	0	0.0	0.0
トルコ	76,963	22,220	28.9	717	113.7	0.5
ネパール	14,335	5,962	41.6	221	0.0	0.0
パキスタン	77,088	3,726	4.8	254	-36.8	-0.9
バングラデシュ	13,017	1,883	14.5	158	-0.5	-0.0
フィリピン	29,817	7,189	24.1	381	34.9	0.5
ブータン	3,812	2,725	71.5	21	2.0	0.1
ベトナム	31,007	14,643	47.2	4,349	125.5	0.9
マレーシア	32,855	19,114	58.2	1,697	16.6	0.1
ミャンマー	65,308	28,544	43.7	427	-289.7	-1.0
モンゴル	155,356	14,173	9.1	8	-1.1	-0.0
ラオス	23,080	16,596	71.9	1,771	-34.5	-0.2
北アメリカ						
アメリカ合衆国	914,742	309,795	33.9	27,521	107.5	0.0
カナダ	909,351	346,928	38.2	18,163	-39.4	-0.0
キューバ	10,402	3,242	31.2	533	31.0	1.0
コスタリカ	5,106	3,035	59.4	87	16.4	0.6
ニカラグア	12,034	3,408	28.3	66	-78.1	-2.0
パナマ	7,434	4,214	56.7	66	-11.4	-0.3
ベリーズ	2,281	1,277	56.0	2	-11.4	-0.9
ホンジュラス	11,189	6,359	56.8	0	-21.6	-0.3
メキシコ	194,395	65,692	33.8	100	-125.1	-0.2
南アメリカ						
アルゼンチン	273,669	28,573	10.4	1,436	-164.1	-0.6
エクアドル	24,836	12,498	50.3	111	-53.0	-0.4
ガイアナ	19,685	18,415	93.6	0	-10.4	-0.1
コロンビア	110,950	59,142	53.3	427	-166.6	-0.3
スリナム	15,600	15,196	97.4	14	-10.4	-0.1
チリ	74,353	18,211	24.5	3,185	148.5	0.9
パラグアイ	39,730	16,102	40.5	156	-346.8	-1.9
ブラジル	835,814	496,620	59.4	11,224	-1,496.1	-0.3
ベネズエラ	88,205	46,231	52.4	1,358	-127.4	-0.3
ペルー	128,000	72,330	56.5	1,088	-171.9	-0.2
ボリビア	108,330	50,834	46.9	63	-225.2	-0.4

1-3　森林の面積(2)

国(地域)	陸地面積 (1,000ha)	森林面積 (2020年)			森林面積の純変化 (2010年～2020年)	
		総面積 (1,000ha)	陸地に占 める割合 (%)	人工林 (1,000ha)	年平均 (1,000ha)	年平均 増減率 (%)
ヨーロッパ						
イタリア	29,414	9,566	32.5	645	53.8	0.6
ウクライナ	57,929	9,690	16.7	4,848	14.2	0.2
オーストリア	8,252	3,899	47.3	1,672	3.6	0.1
ギリシャ	12,890	3,902	30.3	139	0.0	0.0
スウェーデン	40,731	27,980	68.7	13,912	-9.3	-0.0
スペイン	49,966	18,572	37.2	2,590	2.7	0.0
ドイツ	34,886	11,419	32.7	5,710	1.0	0.0
ノルウェー	30,413	12,180	40.0	108	7.8	0.1
フィンランド	30,391	22,409	73.7	7,368	16.7	0.1
フランス	54,756	17,253	31.5	2,434	83.4	0.5
ブルガリア	10,856	3,893	35.9	777	15.6	0.4
ベラルーシ	20,298	8,768	43.2	2,212	13.8	0.2
ポーランド	30,619	9,483	31.0	...	15.4	0.2
ポルトガル	9,161	3,312	36.2	2,256	6.0	0.2
ルーマニア	23,008	6,929	30.1	895	41.4	0.6
ロシア	1,637,687	815,312	49.8	18,880	17.6	0.0
アフリカ						
アンゴラ	124,670	66,607	53.4	807	-555.1	-0.8
エチオピア	111,972	17,069	15.2	1,203	-73.0	-0.4
ガーナ	22,754	7,986	35.1	297	4.3	0.1
ガボン	25,767	23,531	91.3	30	-11.9	-0.1
カメルーン	47,271	20,340	43.0	61	-56.0	-0.3
コートジボワール	31,800	2,837	8.9	14	-112.9	-3.3
コンゴ共和国	34,150	21,946	64.3	60	-12.9	-0.1
コンゴ民主共和国	226,705	126,155	55.6	58	-1,101.4	-0.8
ザンビア	74,339	44,814	60.3	52	-188.2	-0.4
ジンバブエ	38,685	17,445	45.1	108	-46.1	-0.3
スーダン	186,665	18,360	9.8	130	-172.2	-0.9
セネガル	19,253	8,068	41.9	32	-40.0	-0.5
ソマリア	62,734	5,980	9.5	3	-76.8	-1.2
タンザニア	88,580	45,745	51.6	553	-420.5	-0.9
チャド	125,920	4,313	3.4	20	-121.7	-2.5
中央アフリカ	62,298	22,303	35.8	2	-30.0	-0.1
ナイジェリア	91,077	21,627	23.7	216	-163.3	-0.7
ボツワナ	56,673	15,255	26.9	0	-118.3	-0.7
マダガスカル	58,180	12,430	21.4	312	-13.2	-0.1
マリ	122,019	13,296	10.9	568	0.0	0.0
南アフリカ	121,309	17,050	14.1	3,144	-36.4	-0.2
モザンビーク	78,638	36,744	46.7	74	-222.8	-0.6
オセアニア						
オーストラリア	768,230	134,005	17.4	2,390	445.9	0.3
ソロモン諸島	2,799	2,523	90.1	24	-0.7	-0.0
ニュージーランド	26,331	9,893	37.6	2,084	4.4	0.1
パプアニューギニア	45,286	35,856	79.2	61	-32.3	-0.1

a 香港、マカオ及び台湾を含む。

1-4　気象

国（地域）	都市	観測地点 緯度 a	経度 b	高度(m)	気温(℃) 最高（月）	最低（月）	年間降水量 (mm)
アジア							
日本	東京	35° 42′ N	139° 45′ E	25	26.9　(8)	5.4　(1)	1,598
インド	ニューデリー	28　35　N	77　12　E	211	33.3　(6)	13.9　(1)	782
韓国	ソウル	37　34　N	126　57　E	86	26.1　(8)	-1.9　(1)	1,418
サウジアラビア	リヤド	24　42　N	46　44　E	635	37.0　(8)	14.6　(1)	c 127
タイ	バンコク	13　43　N	100　33　E	3	30.8　(4)	27.4　(12)	1,718
中国	上海（シャンハイ）	31　25　N	121　27　E	9	28.8　(7)	5.0　(1)	1,212
	北京（ペキン）	39　56　N	116　17　E	32	27.2　(7)	-2.8　(1)	531
	香港	22　18　N	114　10　E	64	d 28.6　(7)	d 16.1　(1)	d 2,359
トルコ	アンカラ	39　57　N	32　53　E	891	24.4　(7)	0.9　(1)	412
パキスタン	カラチ	24　54　N	67　08　E	21	31.8　(6)	19.4　(1)	196
バーレーン	ムハッラク	26　16　N	50　39　E	2	35.2　(8)	17.5　(1)	91
フィリピン	マニラ	14　30　N	121　00　E	14	29.8　(5)	26.4　(1)	–
マレーシア	クアラルンプール	03　07　N	101　33　E	27	28.5　(5)	27.0　(12)	2,842
ラオス	ビエンチャン	17　57　N	102　34　E	171	29.7　(4)	23.3　(1)	1,641
北アメリカ							
アメリカ合衆国	サンフランシスコ	37° 37′ N	122° 23′ W	6	18.2　(8、9)	10.7　(1、12)	500
	ニューヨーク	40　46　N	73　54　W	7	26.0　(7)	1.2　(1)	1,149
カナダ	モントリオール	45　28　N	73　45　W	35	e 20.8　(7)	e -10.0　(1)	e 946
メキシコ	メキシコシティ	19　24　N	99　11　W	2,309	19.8　(5)	14.4　(1)	1,003
南アメリカ							
アルゼンチン	ブエノスアイレス	34° 35′ S	58° 29′ W	25	24.9　(1)	11.2　(7)	f 1,256
ブラジル	リオデジャネイロ	22　49　S	43　15　W	6	27.8　(2)	21.4　(7)	–
ペルー	リマ	12　01　S	77　07　W	12	23.6　(2)	16.5　(8)	g 2
ヨーロッパ							
イギリス	ロンドン	51° 28′ N	00° 27′ W	24	19.0　(7)	5.7　(1)	h 633
イタリア	ヴェローナ	45　23　N	10　52　E	73	24.7　(7)	3.0　(1)	j 746
オーストリア	ウィーン	48　14　N	16　21　E	198	21.4　(7)	0.8　(1)	672
ギリシャ	アテネ	37　44　N	23　44　E	28	29.0　(8)	10.1　(1)	376
スイス	チューリヒ	47　22　N	08　33　E	555	19.0　(7)	1.0　(1)	1,105
スペイン	マドリード	40　24　N	03　40　W	667	26.1　(7)	6.5　(1)	423
デンマーク	コペンハーゲン	55　41　N	12　32　E	7	18.4　(7)	1.8　(1)	606
ドイツ	ベルリン	52　28　N	13　24　E	48	20.1　(7)	1.2　(1)	570
ノルウェー	オスロ	60　12　N	11　04　E	202	16.5　(7)	-4.4　(1)	864
フランス	オルリー	48　43　N	02　23　E	89	20.4　(7)	4.6　(1)	k 623
ポーランド	ワルシャワ	52　09　N	20　57　E	106	19.7　(7)	-1.5　(1)	552
ポルトガル	リスボン	38　43　N	09　09　W	77	23.2　(8)	11.6　(1)	763
ルーマニア	ブカレスト	44　30　N	26　04　E	90	23.0　(7)	-1.5　(1)	653
ロシア	ウラジオストク	43　07　N	131　55　E	187	20.0　(8)	-11.9　(1)	856
	モスクワ	55　50　N	37　37　E	147	19.7　(7)	-6.2　(1)	713
アフリカ							
エジプト	カイロ	29° 51′ N	31° 20′ E	139	29.2　(7)	13.9　(1)	30
エチオピア	アディスアベバ	09　02　N	38　45　E	2,354	18.8　(5)	15.4　(12)	1,147
コートジボワール	アビジャン	05　15　N	03　56　W	7	28.4　(3、4)	24.6　(8)	1,750
南アフリカ	ケープタウン	33　58　S	18　36　E	46	21.7　(2)	12.5　(7)	493
オセアニア							
オーストラリア	キャンベラ	35° 18′ S	149° 12′ E	575	21.4　(1)	6.1　(7)	585
パラオ	コロール	07　20　N	134　29　E	30	28.3　(5)	27.6　(2)	3,620

a Nは北緯、Sは南緯。　　b Wは西経、Eは東経。　　c 1991年〜2017年平均値。　　d 1992年〜2020年平均値。　　e 1991年〜2001年平均値。　　f 1991年〜2006年平均値。　　g 1998年〜2020年平均値。　　h 1997年〜2020年平均値。　　j 1991年〜2005年平均値。　k 1996年〜2020年平均値。

第2章　人口

2-1　世界人口の推移（1950～2050年）
〔出典〕
　UN, *World Population Prospects: The 2022 Revision*
　2022年9月ダウンロード
〔解説〕
　世界の人口：各年7月1日現在の推計人口及び将来推計人口（中位推計値）。
　先進国：日本、北アメリカ（中央アメリカ及びカリブ海諸国を除く）、オーストラリア、ニュージーランド及びヨーロッパの国。
　開発途上国：先進国を除く全ての国。
　日本の人口：10月1日現在の常住人口。1950～2021年のうち、国勢調査実施の年（西暦の末尾が0又は5の年）は国勢調査人口、それ以外の年は推計人口。2022～2050年は国立社会保障・人口問題研究所による将来推計人口（中位推計値）。外国の軍人・外交官及びその家族を除く。
　年平均増減率：1955～2005年及び2030～2050年は5年間の幾何平均、そのほかは対前年により増減率を算出。

2-2　世界人口・年齢構成の推移（1950～2050年）
〔出典〕
　UN, *World Population Prospects: The 2022 Revision*
　2022年9月ダウンロード
〔解説〕
　各年7月1日現在の推計人口及び将来推計人口（中位推計値）。2010年における人口が多い国を中心に掲載。
　先進国、開発途上国、日本の人口：「2-1　世界人口の推移」の解説を参照。
　年平均増減率：10年間の幾何平均により年平均増減率を算出。
　中位年齢：人口を年齢順に並べ、その中央で全人口を2等分する境界点にある年齢。

2-3　主要国の人口の推移（2013～2022年）
〔出典〕
　UN, *World Population Prospects: The 2022 Revision*
　2022年9月ダウンロード
〔解説〕
　各年7月1日現在の推計人口及び将来推計人口（中位推計値）。
　日本の人口：「2-1　世界人口の推移」の解説を参照。

2-4　人口・面積
〔出典〕
　UN, *Demographic Yearbook system, Demographic Yearbook 2021*
　2022年11月ダウンロード
　UN, *World Population Prospects: The 2022 Revision*
　2022年9月ダウンロード
〔解説〕
　センサス人口：原則として、「現在人口」（de facto population：居住者か非居住者かを

問わず、調査時現在その地域に存在する人数）。「常住人口」（de jure population：その地域に通常居住している人数。原則として、国外の自国民を除く。）等の場合は注記した。外国の軍人・外交官及びその家族を除いている国が多い。

推計人口：各年7月1日現在。

面積：内水面を含む全面積。極地及び居住不可能な島を除く。

人口密度：面積1平方キロメートル当たりの人口。なお、推計人口とは出典が異なるため、掲載値から算出すると、値が異なる場合がある。

2-5　主要都市人口

〔出典〕

UN, *Demographic Yearbook system, Demographic Yearbook 2009-2010, 2019, 2020, 2021*
2012年10月、2020年12月、2022年11月ダウンロード

〔解説〕

　原則として、人口100万人以上の都市を有する国について、人口100万人以上（インド、中国及びトルコは首都を除く上位19位）の都市及び首都の人口（各国が実施した人口センサスによる「現在人口」）。原則として、近郊地域は含まない。首都は都市名の左に◎を付した。「推計人口」又は「常住人口」の場合は注記。

2-6　男女、年齢5歳階級別人口

〔出典〕

UN, *World Population Prospects: The 2022 Revision*
2022年9月ダウンロード

〔解説〕

　年齢は7月1日現在における満年齢。

2-7　男女、年齢、配偶関係別15歳以上人口

〔出典〕

UN, *Demographic Yearbook system, Population Censuses' Datasets (1995-Present)*
2020年9月ダウンロード

〔解説〕

　原則として、人口センサスによる。「15歳以上人口」に配偶関係不詳を含む場合がある。年齢は調査時点における満年齢。

　なお、フランスでは、2004年からローリングセンサス方式で人口調査を実施しており、全国の結果は推計結果。

ローリングセンサス方式：全国を一斉に調査する手法に代わり、一定期間をかけて順次地域ごとに調査を行う手法。

2-8　世帯

〔出典〕

UN, *Demographic Yearbook system, Population Censuses' Datasets (1995-Present)*
2022年10月ダウンロード

〔解説〕

　原則として、人口センサスによる。

世帯：住宅の有無にかかわらず生計を共にしている人の集まり又は独立して生計を立てている単身者。原則として、軍事施設、矯正施設、学校の寄宿舎、病院・療養所、宗教施設などで生活している者を除く。

2-9　国籍別人口
〔出典〕
　UN, *Demographic Yearbook system, Population Censuses' Datasets (1995-Present)*
　2022年10月ダウンロード
〔解説〕
　　人口センサスによる「現在人口」(「2-4　人口・面積」の解説を参照)。国籍は調査時点における法律上の国籍。
自国籍：その国及び属領の国民。
外国籍：自国籍以外の者。

2-10　民族別人口
〔出典〕
　UN, *Demographic Yearbook system, Population Censuses' Datasets (1995-Present)*
　2022年9月ダウンロード
〔解説〕
　　人口センサスによる「現在人口」(「2-4　人口・面積」の解説を参照)。いわゆる民族のほか、国籍、人種、皮膚の色、言語、宗教、文化的起源などにより分類されており、その概念や用語は国により異なる。

2-11　言語別人口
〔出典〕
　UN, *Demographic Yearbook system, Population Censuses' Datasets (1995-Present)*
　2022年9月ダウンロード
〔解説〕
　　人口センサスによる「現在人口」(「2-4　人口・面積」の解説を参照)。(1)母語(通常、各人が幼少の頃話していた言語)、(2)主な言語(最も使いこなすことのできる言語)、(3)日常使用している言語、(4)公用語を含む話すことのできる言語を掲載しているが、国によりその取扱いが異なる。

2-12　人口動態
〔出典〕
　UN, *Demographic Yearbook system, Demographic Yearbook 2021*
　2022年12月ダウンロード
　UN, *Population and Vital Statistics Report*
　2022年12月ダウンロード
〔解説〕
　　調査の対象範囲は国により異なる。
出生率：人口1,000人に対する1年間の出生数(死産を除く。)。粗出生率(crude birth rate)又は普通出生率ともいう。
死亡率：人口1,000人に対する1年間の死亡数。粗死亡率(crude death rate)又は普通死亡率ともいう。
自然増減率：出生率と死亡率の差。
乳児死亡率：出生数1,000に対する1歳未満乳児の年間死亡数。

2-13　出生率の推移
〔出典〕
UN, *World Population Prospects: The 2022 Revision*
2022年10月ダウンロード
〔解説〕
　国連人口部による推計値（将来推計は中位推計値）。先進国及び開発途上国の区分については、「2-1　世界人口の推移」の解説を参照。
出生率：一定期間の出生数をその期間の人口で割ったもの。一般に、人口1,000人当たりの1年間の出生数で示される。

2-14　女性の年齢別出生率
〔出典〕
国立社会保障・人口問題研究所「人口統計資料集」（2022年版）
2022年11月ダウンロード
〔解説〕
　合計特殊出生率の低い順に掲載。
合計特殊出生率（total fertility rate）：1人の女性がその年次の年齢別出生率で一生の間に産むと仮定したときの平均子ども数で、年齢別出生率（age-specific fertility rate）の合計。
年齢別出生率：ある年齢の女性が1年間に産んだ子どもの数を、該当年齢の女性人口で除した数（1,000人当たり）。ただし、19歳以下は15〜19歳女性人口、45歳以上は45〜49歳女性人口により算出。

2-15　死亡率の推移
〔出典〕
UN, *World Population Prospects: The 2022 Revision*
2022年10月ダウンロード
〔解説〕
　国連人口部による推計値（将来推計は中位推計値）。先進国及び開発途上国の区分については「2-1　世界人口の推移」の解説を参照。
死亡率：一定期間の死亡数をその期間の人口で割ったもの。一般に、人口1,000人当たりの1年間の死亡数で示される。

2-16　男女別平均寿命・健康寿命
〔出典〕
WHO, *Global Health Observatory*
2022年12月ダウンロード
〔解説〕
平均寿命（life expectancy at birth）：出生時（0歳）の平均余命（その後生存できると期待される年数）。
健康寿命（healthy life expectancy at birth）：出生時の健康余命（健康に過ごせると期待される平均的な年数）。健康とは、肉体的・精神的及び社会的に健全な状態をいう。

2-17　婚姻率・離婚率
〔出典〕
UN, *Demographic Yearbook system, Demographic Yearbook 2021*
2022年11月ダウンロード
〔解説〕
　　調査の対象範囲は国により異なる。
婚姻率：人口1,000人に対する１年間の婚姻数（住民登録による。）。再婚数を含む。
離婚率：人口1,000人に対する１年間の離婚数（裁判記録又は住民登録による。）。

2-18　国籍別正規入国外国人数
〔出典〕
出入国在留管理庁「出入国管理統計」（2017、2018、2019、2020、2021年）
2022年11月ダウンロード
〔解説〕
正規入国外国人：出入国管理及び難民認定法による正規の手続を経て、日本へ入国した外国人。軍人・軍属及びその家族を除く。

2-19　在留資格別在留外国人数
〔出典〕
出入国在留管理庁「在留外国人統計」（2021年12月末）
2022年11月ダウンロード
〔解説〕
在留外国人：中長期在留者（出入国管理及び難民認定法上の在留資格をもって日本に中長期間在留する外国人）及び特別永住者。
永住者：法務大臣が永住を認める者。
日本人の配偶者等：日本人の配偶者若しくは特別養子又は日本人の子として出生した者。永住者の配偶者等を含む。在留期間は５年、３年、１年又は６か月。
定住者：法務大臣が特別な理由を考慮し、一定の在留期間を指定して居住を認める者。
留学：日本の大学、高等専門学校、高等学校若しくは特別支援学校の高等部、中学校若しくは特別支援学校の中学部、小学校若しくは特別支援学校の小学部、専修学校若しくは各種学校又はこれらに準ずる機関において教育を受ける者。在留期間は４年３か月、４年、３年３か月、３年、２年３か月、２年、１年３か月、１年、６か月又は３か月。
就労：教授、芸術、宗教、報道、高度専門職、経営・管理、法律・会計業務、医療、研究、教育、技術・人文知識・国際業務、企業内転勤、介護、興行、技能、特定技能に係る業務に従事する者。在留期間はおおむね５年、３年、１年又は３か月。高度専門職の在留期間は活動の種類により５年又は無期限。興行の在留期間は３年、１年、６か月、３か月又は15日。特定技能の在留期間は活動の種類により異なる。
その他：研修生、家族滞在者、特定活動に従事している者など。

1　人口の増減率の推移（地域別、2000～2050年）

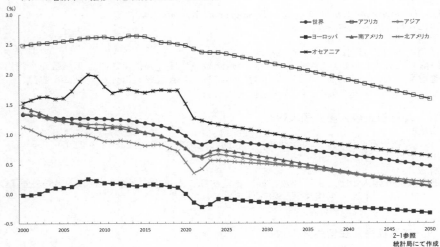

2-1参照
統計局にて作成

2　人口ピラミッド（年齢階級別割合、2020年）

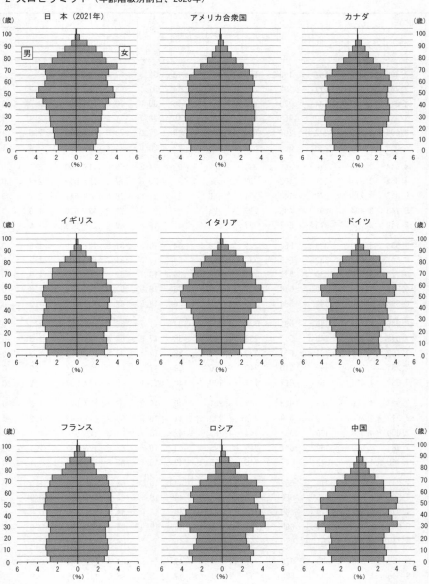

2-6参照
統計局にて作成

2-1　世界人口の推移（1950〜2050年）

年次	世界 (100万人)	アジア	北アメリカ a	南アメリカ	ヨーロッパ	アフリカ	オセアニア	先進国 (%)	開発途上国 (%)	日本 b (1,000人)	年平均増減率(%) 世界	年平均増減率(%) 日本
1950	2,499	1,379	162	168	550	228	13	32.3	67.7	84,115	...	...
1955	2,746	1,533	177	192	576	254	14	31.1	68.9	90,077	2.2	1.4
1960	3,019	1,700	194	220	606	284	16	30.0	70.0	94,302	2.2	0.9
1965	3,337	1,902	209	252	634	321	18	28.7	71.3	99,209	2.4	1.0
1970	3,695	2,146	222	287	657	365	19	27.0	73.0	104,665	2.5	1.1
1975	4,069	2,396	235	323	677	418	22	25.6	74.4	111,940	2.4	1.4
1980	4,444	2,636	248	362	693	482	23	24.2	75.8	117,060	2.1	0.9
1985	4,862	2,911	261	402	708	556	25	22.8	77.2	121,049	2.2	0.7
1990	5,316	3,211	276	443	721	638	27	21.5	78.5	123,611	2.2	0.4
1995	5,743	3,484	295	483	727	724	29	20.4	79.6	125,570	1.8	0.3
2000	6,149	3,736	313	523	727	819	31	19.4	80.6	126,926	1.6	0.2
2005	6,558	3,980	329	558	729	928	34	18.5	81.5	127,768	1.5	0.1
2006	6,641	4,028	332	565	730	952	34	18.3	81.7	127,901	1.3	0.1
2007	6,726	4,076	336	571	731	976	35	18.1	81.9	128,033	1.3	0.1
2008	6,812	4,124	339	578	733	1,002	36	18.0	82.0	128,084	1.3	0.0
2009	6,898	4,172	342	584	735	1,028	36	17.8	82.2	128,032	1.3	−0.0
2010	6,986	4,221	345	591	736	1,055	37	17.7	82.3	128,057	1.3	−0.0
2011	7,073	4,270	348	597	738	1,083	38	17.5	82.5	127,834	1.3	−0.2
2012	7,162	4,318	351	604	739	1,111	38	17.4	82.6	127,593	1.3	−0.2
2013	7,251	4,366	355	610	740	1,140	39	17.2	82.8	127,414	1.2	−0.1
2014	7,339	4,414	358	617	741	1,170	40	17.1	82.9	127,237	1.2	−0.1
2015	7,427	4,459	360	623	742	1,201	40	16.9	83.1	127,095	1.2	−0.1
2016	7,513	4,504	363	629	743	1,232	41	16.8	83.2	127,042	1.2	−0.0
2017	7,600	4,548	366	635	744	1,263	42	16.7	83.3	126,919	1.1	−0.1
2018	7,684	4,590	369	641	745	1,295	43	16.5	83.5	126,749	1.1	−0.1
2019	7,765	4,629	372	647	746	1,328	43	16.4	83.6	126,555	1.1	−0.2
2020	7,841	4,664	374	652	746	1,361	44	16.3	83.7	126,146	1.0	−0.3
2021	7,909	4,695	375	656	745	1,394	44	16.1	83.9	125,502	0.9	−0.5
2022	7,975	4,723	377	660	744	1,427	45	16.0	84.0	124,310	0.8	−0.9
2023	8,045	4,753	379	665	742	1,460	46	15.9	84.1	123,751	0.9	−0.5
2024	8,119	4,785	381	670	742	1,495	46	15.7	84.3	123,161	0.9	−0.5
2025	8,192	4,816	383	675	741	1,530	47	15.6	84.4	122,544	0.9	−0.5
2030	8,546	4,959	393	698	737	1,711	49	15.0	85.0	119,125	1.0	−0.6
2035	8,879	5,079	403	717	730	1,899	52	14.4	85.6	115,216	0.8	−0.7
2040	9,188	5,176	411	732	723	2,093	54	13.9	86.1	110,919	0.8	−0.8
2045	9,468	5,249	417	743	714	2,290	56	13.5	86.5	106,421	0.7	−0.8
2050	9,709	5,293	421	749	703	2,485	58	13.0	87.0	101,923	0.6	−0.9

a アメリカ合衆国、カナダ、グリーンランド、サンピエール島・ミクロン島及びバミューダ島のみの合計。
b 総務省統計局「国勢調査結果」、「人口推計」及び国立社会保障・人口問題研究所「日本の将来推計人口」による。

2-2　世界人口・年齢構成の推移（1950〜2050年）（1）

年次	総人口 (1,000人)	女 (%)	年平均増減率 (%)	15歳未満人口 (%)	65歳以上人口 (%)	中位年齢 (歳)	総人口 (1,000人)	女 (%)	年平均増減率 (%)	15歳未満人口 (%)	65歳以上人口 (%)	中位年齢 (歳)
	世界						先進国					
1950	2,499,322	50.2	...	34.7	5.1	22.2	806,253	52.5	...	27.5	7.7	27.3
1960	3,019,233	50.0	1.9	37.4	5.0	21.5	906,940	52.0	1.2	28.1	8.5	28.6
1970	3,695,390	50.0	2.0	37.7	5.3	20.3	999,223	51.9	1.0	25.8	9.9	29.7
1980	4,444,008	49.9	1.9	35.4	5.9	21.5	1,076,676	51.7	0.7	22.4	11.7	30.9
1990	5,316,176	49.8	1.8	32.9	6.1	23.0	1,141,489	51.6	0.6	20.5	12.5	33.4
2000	6,148,899	49.7	1.5	30.2	6.9	25.3	1,189,851	51.5	0.4	18.2	14.4	36.3
2010	6,985,603	49.7	1.3	27.1	7.7	27.3	1,236,020	51.5	0.4	16.5	16.1	38.9
2020	7,840,953	49.7	1.2	25.7	9.4	29.7	1,276,158	51.3	0.3	16.3	19.3	41.0
2030	8,546,141	49.8	0.9	23.1	11.8	32.1	1,282,084	51.3	0.0	14.6	23.0	43.4
2040	9,188,250	49.9	0.7	21.6	14.5	34.0	1,280,353	51.2	-0.0	14.1	25.7	45.5
2050	9,709,492	50.0	0.6	20.7	16.5	35.9	1,266,332	51.0	-0.1	14.2	27.8	46.3
	開発途上国						日本 a					
1950	1,693,069	49.1	...	38.1	3.9	20.0	84,115	51.0	...	35.4	4.9	22.2
1960	2,112,294	49.2	2.2	41.3	3.5	18.8	94,302	50.9	1.1	30.2	5.7	25.6
1970	2,696,167	49.3	2.5	42.1	3.6	17.7	104,665	50.9	1.0	24.0	7.1	29.0
1980	3,367,331	49.3	2.2	39.6	4.0	18.8	117,060	51.1	1.1	23.5	9.1	32.5
1990	4,174,687	49.3	2.2	36.3	4.3	20.6	123,611	50.9	0.5	18.2	12.1	37.7
2000	4,959,048	49.3	1.7	33.1	5.1	23.0	126,926	51.1	0.3	14.6	17.4	41.5
2010	5,749,583	49.3	1.5	29.3	5.8	25.2	128,057	51.4	0.1	13.2	23.0	45.0
2020	6,564,795	49.4	1.3	27.5	7.5	27.9	126,146	51.4	-0.2	12.1	28.7	48.6
2030	7,264,058	49.6	1.0	24.6	9.9	30.2	119,125	51.6	-0.6	11.1	31.2	52.4
2040	7,907,898	49.7	0.9	22.8	12.7	32.4	110,919	51.7	-0.7	10.8	35.3	54.2
2050	8,443,160	49.9	0.7	21.7	14.8	34.5	101,923	51.7	-0.8	10.6	37.7	54.7
	イラン						インド					
1950	16,833	49.1	...	36.8	5.2	20.6	357,021	48.6	...	37.9	3.1	20.0
1960	21,389	48.7	2.4	43.0	4.3	18.3	445,955	48.4	2.2	40.5	3.3	19.2
1970	28,450	48.5	2.9	43.9	3.6	16.8	557,501	48.3	2.3	41.0	3.6	18.3
1980	38,521	48.5	3.1	43.3	3.3	17.2	696,828	48.2	2.3	39.5	4.0	19.0
1990	55,794	49.0	3.8	43.5	3.3	17.3	870,452	48.3	2.2	38.0	4.1	20.0
2000	65,544	49.3	1.6	33.1	4.1	20.7	1,059,634	48.3	2.0	35.0	4.5	21.6
2010	75,374	49.2	1.4	22.3	5.0	26.4	1,240,614	48.3	1.6	31.0	5.1	24.0
2020	87,290	49.4	1.5	24.0	7.1	31.4	1,396,387	48.4	1.2	26.1	6.7	27.3
2030	92,921	49.7	0.6	19.5	10.5	36.8	1,514,994	48.6	0.8	22.3	8.8	30.9
2040	96,519	50.0	0.4	15.7	14.9	40.5	1,611,676	48.8	0.6	20.1	11.6	34.6
2050	99,007	50.2	0.3	15.8	22.1	42.3	1,670,491	49.1	0.4	18.0	15.0	38.1
	インドネシア						韓国					
1950	69,568	50.3	...	41.3	1.7	17.8	20,104	49.0	...	42.9	2.7	17.6
1960	88,383	50.1	2.4	39.7	2.4	19.1	25,818	49.9	2.5	41.9	3.3	17.9
1970	115,228	50.1	2.7	42.5	3.1	17.9	32,601	49.7	2.4	42.3	3.5	17.6
1980	148,177	50.0	2.5	40.4	3.7	18.4	38,171	49.9	1.6	34.1	3.8	20.9
1990	182,160	49.8	2.1	35.8	4.0	20.7	44,120	49.8	1.5	25.9	4.9	25.8
2000	214,072	49.7	1.6	30.6	5.0	23.7	46,789	49.7	0.6	21.0	7.1	30.7
2010	244,016	49.6	1.3	27.9	5.9	26.7	48,813	50.2	0.4	16.4	11.0	36.6
2020	271,858	49.6	1.1	25.7	6.7	29.3	51,845	50.0	0.6	12.2	15.8	42.8
2030	292,150	49.7	0.7	22.5	9.0	31.7	51,290	50.3	-0.1	9.3	25.0	48.4
2040	308,165	49.9	0.5	20.7	12.0	34.0	49,320	50.7	-0.4	8.7	33.6	53.2
2050	317,225	50.1	0.3	19.4	15.0	36.5	45,771	51.1	-0.7	8.2	39.4	56.7

2-2　世界人口・年齢構成の推移（1950〜2050年）（2）

年次	総人口 (1,000人)	女 (%)	年平均増減率 (%)	15歳未満人口 (%)	65歳以上人口 (%)	中位年齢 (歳)	総人口 (1,000人)	女 (%)	年平均増減率 (%)	15歳未満人口 (%)	65歳以上人口 (%)	中位年齢 (歳)
	タイ						中国					
1950	20,412	49.8	...	42.2	3.2	17.5	543,979	48.5	...	34.8	5.0	22.2
1960	26,597	49.9	2.7	44.2	2.9	17.0	654,171	48.9	1.9	40.3	4.0	19.9
1970	35,792	49.8	3.0	44.7	3.0	16.4	822,534	49.0	2.3	40.9	3.7	18.0
1980	45,738	49.9	2.5	38.7	3.4	18.9	982,372	49.1	1.8	36.1	4.4	20.8
1990	55,228	50.0	1.9	30.0	4.3	23.3	1,153,704	49.1	1.6	28.9	5.3	23.7
2000	63,067	50.7	1.3	24.1	6.1	30.1	1,264,099	48.9	0.9	24.5	6.9	28.9
2010	68,270	50.9	0.8	19.3	8.8	34.5	1,348,191	48.8	0.6	18.5	8.6	34.1
2020	71,476	51.4	0.5	16.1	13.9	38.8	1,424,930	48.9	0.6	18.0	12.6	37.4
2030	72,060	51.7	0.1	13.3	21.3	43.4	1,415,606	49.2	-0.1	13.1	18.2	42.7
2040	70,916	52.0	-0.2	12.1	27.4	47.3	1,377,557	49.4	-0.3	10.9	26.2	48.0
2050	67,880	52.1	-0.4	11.5	31.6	50.7	1,312,636	49.4	-0.5	11.4	30.1	50.7
	トルコ						パキスタン					
1950	20,978	49.9	...	40.6	3.8	18.6	37,696	45.6	...	40.5	5.5	18.7
1960	27,511	49.0	2.7	42.1	4.2	18.4	45,954	46.0	2.0	40.6	3.7	18.4
1970	35,541	49.4	2.6	43.0	4.6	17.2	59,291	46.7	2.6	43.7	3.3	17.2
1980	44,089	49.3	2.2	40.1	4.7	18.6	80,624	47.5	3.1	43.0	3.4	17.2
1990	54,324	49.6	2.1	35.7	4.7	20.8	115,414	48.1	3.7	43.7	3.5	17.1
2000	64,114	49.7	1.7	31.1	5.4	23.6	154,370	48.3	3.0	42.9	3.5	17.2
2010	73,195	49.8	1.3	26.7	6.4	27.1	194,454	48.6	2.3	39.2	3.7	18.8
2020	84,135	49.9	1.4	23.7	8.2	30.6	227,197	49.5	1.6	37.3	4.2	20.0
2030	88,880	50.0	0.6	20.6	11.7	34.8	274,030	49.7	1.9	33.2	4.9	22.3
2040	93,058	50.1	0.5	17.4	16.4	38.5	322,596	49.9	1.6	30.4	5.5	24.9
2050	95,829	50.1	0.3	16.4	21.1	41.1	367,808	50.0	1.3	27.5	6.4	27.3
	バングラデシュ						フィリピン					
1950	39,729	47.8	...	41.2	3.9	18.3	18,470	50.3	...	44.0	3.6	16.8
1960	50,396	48.1	2.4	42.3	3.0	17.8	28,487	49.5	4.4	48.3	2.5	14.8
1970	67,542	48.2	3.0	44.8	3.2	16.6	37,436	50.0	2.8	46.8	2.7	15.3
1980	83,930	48.8	2.2	45.1	3.4	16.4	48,420	49.7	2.6	42.9	3.3	17.2
1990	107,148	48.8	2.5	42.9	3.5	17.2	61,559	49.6	2.4	40.6	3.3	18.4
2000	129,193	49.0	1.9	37.3	3.8	19.7	77,958	49.5	2.4	37.7	3.8	20.0
2010	148,391	50.0	1.4	33.4	4.4	22.2	94,637	49.5	2.0	34.5	4.3	21.8
2020	167,421	50.4	1.2	27.0	5.6	25.9	112,191	49.2	1.7	30.9	5.2	24.3
2030	184,424	50.7	1.0	23.4	7.9	29.9	129,453	49.2	1.4	28.0	6.9	26.8
2040	196,526	51.0	0.6	20.4	11.2	34.4	145,022	49.2	1.1	25.5	8.8	29.3
2050	203,905	51.2	0.4	17.9	15.4	38.3	157,892	49.3	0.9	23.1	10.8	31.8
	ベトナム						ミャンマー					
1950	25,109	50.6	...	32.8	4.1	23.1	17,732	50.0	...	36.3	3.2	20.7
1960	32,718	50.8	2.7	40.9	4.9	20.3	21,721	49.9	2.0	40.0	3.5	19.9
1970	41,929	51.0	2.5	42.7	5.5	17.4	27,284	49.9	2.3	40.9	3.8	18.4
1980	52,968	51.3	2.4	39.8	5.5	18.7	33,466	49.9	2.1	39.5	4.1	19.0
1990	66,913	51.2	2.4	38.3	5.6	19.8	40,100	49.9	1.8	36.3	4.4	20.5
2000	79,001	51.1	1.7	31.4	6.2	22.9	45,538	50.0	1.3	31.8	4.9	22.9
2010	87,411	50.8	1.0	24.3	6.5	27.7	49,391	50.1	0.8	28.3	5.2	25.7
2020	96,649	50.6	1.0	22.7	8.4	31.6	53,423	50.2	0.8	25.1	6.5	28.8
2030	102,700	50.5	0.6	20.4	12.3	35.6	56,988	50.4	0.6	22.9	8.7	31.6
2040	105,888	50.5	0.3	17.8	15.9	38.6	59,134	50.5	0.4	20.7	11.1	34.2
2050	107,013	50.4	0.1	16.9	20.0	40.7	59,929	50.7	0.1	19.3	13.6	36.2

2-2　世界人口・年齢構成の推移（1950〜2050年）（3）

年次	総人口 (1,000人)	女 (%)	年平均増減率 (%)	15歳未満人口 (%)	65歳以上人口 (%)	中位年齢 (歳)	総人口 (1,000人)	女 (%)	年平均増減率 (%)	15歳未満人口 (%)	65歳以上人口 (%)	中位年齢 (歳)
	アメリカ合衆国						カナダ					
1950	148,282	50.4	...	27.0	8.2	29.3	13,743	49.3	...	29.8	7.7	26.7
1960	176,189	50.4	1.7	30.8	9.2	28.6	17,909	49.4	2.7	33.7	7.7	25.5
1970	200,328	51.1	1.3	28.3	9.8	27.2	21,435	49.9	1.8	30.1	8.0	25.0
1980	223,140	51.2	1.1	22.5	11.3	29.1	24,512	50.2	1.4	22.8	9.4	28.1
1990	248,084	51.0	1.1	21.6	12.3	31.8	27,657	50.4	1.2	20.7	11.2	31.9
2000	282,399	50.8	1.3	21.4	12.3	34.2	30,683	50.5	1.0	19.2	12.5	35.8
2010	311,183	50.7	1.0	19.9	13.0	36.1	33,963	50.4	1.0	16.6	14.1	38.7
2020	335,942	50.4	0.8	18.5	16.2	37.5	37,889	50.3	1.1	15.9	18.0	39.9
2030	352,162	50.5	0.5	16.4	20.5	39.7	41,009	50.3	0.8	14.6	22.8	42.0
2040	366,616	50.5	0.4	16.1	22.4	41.5	43,823	50.2	0.7	14.3	24.4	43.9
2050	375,392	50.4	0.2	15.6	23.6	43.1	45,891	50.2	0.5	14.0	25.5	45.3
	メキシコ						アルゼンチン					
1950	27,600	50.4	...	44.1	3.0	16.9	17,018	49.1	...	31.1	4.1	24.4
1960	36,268	49.7	2.8	46.6	2.9	15.6	20,350	49.9	1.8	31.1	5.2	25.5
1970	50,289	49.8	3.3	47.4	3.1	15.1	23,843	50.4	1.6	29.7	6.5	25.8
1980	67,705	50.4	3.0	44.6	3.7	16.3	28,025	50.7	1.6	30.6	7.7	25.9
1990	81,720	50.8	1.9	39.0	4.1	18.7	32,638	50.8	1.5	30.4	8.7	26.2
2000	97,873	51.1	1.8	34.2	5.0	21.8	37,071	50.7	1.2	28.2	9.7	26.8
2010	112,532	51.0	1.4	29.9	6.2	24.9	41,100	50.6	1.0	25.6	10.5	28.9
2020	125,998	51.1	1.1	25.3	8.0	28.7	45,036	50.5	0.9	23.7	11.7	31.0
2030	134,534	51.3	0.7	20.9	10.8	32.8	47,679	50.5	0.6	20.2	13.3	34.1
2040	141,055	51.5	0.5	18.5	14.8	36.8	50,014	50.4	0.5	18.4	15.5	37.1
2050	143,772	51.5	0.2	16.7	19.1	40.7	51,621	50.3	0.3	17.2	19.1	39.9
	コロンビア						ブラジル					
1950	11,770	50.3	...	43.7	3.2	16.9	53,955	49.6	...	42.5	2.4	17.5
1960	15,688	50.2	2.9	46.8	3.1	15.5	73,093	49.8	3.1	44.1	2.6	16.9
1970	20,905	50.0	2.9	46.0	3.0	15.7	96,370	50.1	2.8	42.7	3.2	17.3
1980	26,176	49.9	2.3	40.1	3.5	18.0	122,288	50.2	2.4	38.4	3.8	19.2
1990	32,601	50.1	2.2	36.3	3.9	20.7	150,706	50.3	2.1	35.2	4.5	21.5
2000	39,215	50.4	1.9	32.7	4.6	23.0	175,874	50.5	1.6	29.8	5.5	24.3
2010	44,816	50.5	1.3	27.1	5.9	26.4	196,353	50.7	1.1	24.8	6.9	28.2
2020	50,931	50.6	1.3	21.9	8.5	30.4	213,196	50.9	0.8	20.8	9.3	32.4
2030	54,130	50.8	0.6	19.4	12.6	35.1	223,909	51.0	0.5	18.2	13.0	36.5
2040	56,298	50.9	0.4	16.8	16.7	39.6	230,132	51.1	0.3	16.2	17.0	40.4
2050	56,988	50.8	0.1	15.2	20.9	43.2	230,886	51.1	0.0	14.9	21.9	43.6
	イギリス						イタリア					
1950	50,055	52.0	...	22.5	10.8	33.9	46,392	51.4	...	26.6	8.1	27.5
1960	52,543	51.7	0.5	23.4	11.7	34.5	49,518	51.5	0.7	25.0	9.5	30.5
1970	55,650	51.5	0.6	24.1	13.0	33.2	53,324	51.4	0.7	24.7	11.1	32.0
1980	56,326	51.4	0.1	21.0	14.9	33.3	56,329	51.4	0.5	22.2	13.3	33.1
1990	57,210	51.4	0.2	19.0	15.7	34.8	56,757	51.5	0.1	16.5	15.0	36.1
2000	58,850	51.3	0.3	19.1	15.7	36.6	56,966	51.6	0.0	14.3	18.3	39.2
2010	62,760	50.9	0.6	17.6	16.3	38.5	59,822	51.6	0.5	14.1	20.4	42.5
2020	67,059	50.6	0.7	17.8	18.7	39.5	59,501	51.3	-0.1	12.9	23.4	46.4
2030	69,176	50.5	0.3	15.4	22.0	41.6	57,544	51.0	-0.3	11.0	28.3	50.3
2040	70,689	50.3	0.2	14.6	24.8	43.8	55,258	50.9	-0.4	10.9	34.5	52.4
2050	71,685	50.1	0.1	14.7	26.1	44.9	52,250	50.8	-0.6	11.1	37.1	53.4

2-2　世界人口・年齢構成の推移（1950～2050年）(4)

年次	総人口 (1,000人)	女 (%)	年平均増減率 (%)	15歳未満人口 (%)	65歳以上人口 (%)	中位年齢 (歳)	総人口 (1,000人)	女 (%)	年平均増減率 (%)	15歳未満人口 (%)	65歳以上人口 (%)	中位年齢 (歳)
	ウクライナ						スペイン					
1950	37,303	57.1	...	27.1	7.5	26.4	28,070	51.9	...	26.5	7.2	26.5
1960	42,767	55.5	1.4	26.7	7.2	28.3	30,416	51.4	0.8	27.4	8.2	28.4
1970	47,279	54.8	1.0	24.7	9.3	31.3	33,793	51.2	1.1	27.9	9.7	29.2
1980	49,974	54.3	0.6	21.4	12.0	32.6	37,492	50.9	1.0	26.0	11.2	29.8
1990	51,590	53.8	0.3	21.4	12.1	34.0	38,890	51.0	0.4	19.9	13.7	32.6
2000	48,880	53.7	-0.5	17.5	14.0	36.8	40,742	51.0	0.5	14.7	16.7	36.4
2010	45,683	53.9	-0.7	14.2	15.5	38.3	46,573	50.6	1.3	15.0	16.9	39.1
2020	43,910	53.7	-0.4	15.3	17.2	40.5	47,364	51.0	-0.2	14.4	19.7	43.5
2030	38,295	54.0	-1.4	11.5	22.2	45.4	47,077	51.0	-0.1	11.6	24.7	48.1
2040	35,656	53.8	-0.7	11.6	25.4	49.3	46,048	51.1	-0.2	11.2	31.4	51.2
2050	32,868	53.3	-0.7	12.8	30.1	49.0	44,220	51.2	-0.4	11.3	36.6	52.8
	ドイツ						フランス					
1950	70,964	54.3	...	23.8	9.5	33.4	41,842	51.9	...	22.7	11.4	33.5
1960	73,064	53.3	0.3	21.1	11.5	33.7	45,660	51.5	0.9	26.2	11.7	32.0
1970	78,295	52.7	0.7	23.3	13.6	33.1	50,524	51.2	1.0	24.5	12.9	31.6
1980	77,787	52.5	-0.1	18.4	15.7	35.8	53,714	51.2	0.6	22.4	14.0	31.4
1990	79,370	51.9	0.2	16.1	14.9	36.4	56,413	51.3	0.5	20.1	14.1	34.0
2000	81,552	51.4	0.3	15.6	16.4	39.0	58,665	51.5	0.4	18.7	16.2	36.8
2010	81,325	51.0	-0.0	13.6	20.5	43.2	62,445	51.6	0.6	18.3	17.0	39.1
2020	83,329	50.7	0.2	13.8	22.0	45.0	64,480	51.6	0.3	17.6	21.0	41.4
2030	82,763	50.5	-0.1	14.0	26.4	45.9	65,543	51.9	0.2	15.9	24.4	43.5
2040	81,201	50.4	-0.2	12.9	29.5	48.1	66,151	52.3	0.1	15.5	27.2	45.1
2050	78,932	50.3	-0.3	12.7	30.5	49.2	65,827	52.6	-0.0	15.3	28.5	46.1
	ポーランド						ロシア					
1950	24,786	52.3	...	29.2	5.2	24.8	102,580	56.7	...	29.5	4.8	23.4
1960	29,510	51.6	1.8	33.4	5.8	25.6	119,735	55.2	1.6	30.5	6.1	26.3
1970	32,483	51.4	1.0	26.8	8.2	27.3	130,093	54.4	0.8	26.1	7.7	29.7
1980	35,521	51.3	0.9	24.3	10.1	28.5	138,257	53.9	0.6	21.6	10.2	30.1
1990	38,064	51.3	0.7	24.9	10.1	31.5	148,006	53.1	0.7	23.0	10.0	32.2
2000	38,504	51.4	0.1	19.3	12.2	34.3	146,845	53.3	-0.1	18.3	12.3	35.6
2010	38,597	51.6	0.0	15.2	13.4	36.9	143,243	53.8	-0.2	15.2	12.8	36.9
2020	38,428	51.6	-0.0	15.3	18.4	40.5	145,617	53.5	0.2	17.7	15.3	38.6
2030	38,701	51.6	0.1	14.4	21.7	44.1	141,433	53.5	-0.3	15.4	19.2	42.1
2040	37,043	51.6	-0.4	12.6	24.5	48.0	137,111	53.3	-0.3	14.2	21.0	44.9
2050	34,932	51.4	-0.6	12.4	30.1	50.1	133,133	52.8	-0.3	15.7	24.4	43.6
	アルジェリア						ウガンダ					
1950	9,020	48.9	...	40.6	3.5	18.4	5,751	48.5	...	41.3	2.9	18.1
1960	11,394	49.6	2.4	45.7	3.1	16.2	7,618	49.5	2.9	46.5	2.1	15.9
1970	13,796	48.9	1.9	47.1	3.5	15.2	10,317	50.1	3.1	46.8	2.5	15.4
1980	18,739	49.0	3.1	46.4	3.1	15.5	13,284	50.7	2.6	48.1	2.9	14.8
1990	25,518	49.2	3.1	42.8	3.1	17.1	17,587	51.2	2.8	48.3	2.8	14.7
2000	30,775	49.0	1.9	33.8	4.2	20.7	24,021	51.1	3.2	50.5	2.2	13.8
2010	35,856	49.0	1.5	27.6	4.8	25.1	32,342	50.8	3.0	49.9	1.6	14.0
2020	43,452	49.1	1.9	30.6	6.0	27.6	44,405	50.5	3.2	45.7	1.7	15.7
2030	49,787	49.2	1.4	26.7	8.5	29.5	58,380	50.4	2.8	41.4	2.0	17.7
2040	54,917	49.3	1.0	21.4	12.1	31.4	73,015	50.3	2.3	36.0	2.5	20.4
2050	60,001	49.3	0.9	21.0	16.5	34.5	87,622	50.4	1.8	31.6	3.2	23.4

2-2　世界人口・年齢構成の推移（1950～2050年）（5）

年次	総人口 (1,000人)	女 (%)	年平均増減率 (%)	15歳未満人口 (%)	65歳以上人口 (%)	中位年齢 (歳)	総人口 (1,000人)	女 (%)	年平均増減率 (%)	15歳未満人口 (%)	65歳以上人口 (%)	中位年齢 (歳)
	エジプト						エチオピア					
1950	21,150	49.3	...	38.7	3.0	19.6	17,710	50.4	...	43.9	3.0	16.9
1960	27,034	49.6	2.5	42.1	3.7	18.7	21,740	50.5	2.1	42.8	2.8	17.3
1970	34,782	49.6	2.6	41.5	4.1	18.1	28,308	50.4	2.7	43.8	2.8	17.1
1980	43,749	49.6	2.3	41.3	4.2	18.1	34,945	50.4	2.1	45.7	2.8	16.0
1990	57,215	49.6	2.7	41.1	4.2	18.4	47,878	50.2	3.2	46.4	2.7	15.7
2000	71,371	49.4	2.2	37.0	4.5	20.0	67,032	49.9	3.4	47.6	2.6	15.1
2010	87,252	49.4	2.0	33.3	4.1	22.4	89,238	49.7	2.9	45.1	2.8	16.1
2020	107,465	49.4	2.1	33.2	4.7	23.8	117,191	49.7	2.8	40.3	3.1	18.3
2030	125,152	49.5	1.5	29.4	5.9	25.4	149,296	49.8	2.5	37.2	3.6	20.3
2040	143,423	49.7	1.4	26.8	7.5	27.5	182,053	49.9	2.0	33.0	4.5	22.6
2050	160,340	49.8	1.1	25.1	9.8	30.3	214,812	50.0	1.7	29.4	5.6	25.4
	ケニア						コンゴ民主共和国					
1950	5,774	49.7	...	45.6	5.3	16.0	12,296	53.2	...	43.5	3.8	17.1
1960	7,751	50.4	3.0	48.8	3.2	14.6	15,277	52.2	2.2	43.9	3.0	17.3
1970	11,473	50.6	4.0	51.7	2.2	13.3	20,152	51.5	2.8	43.5	2.8	17.3
1980	16,187	50.5	3.5	51.8	2.0	13.3	26,709	51.0	2.9	44.3	2.8	16.8
1990	23,162	50.5	3.6	49.4	2.1	14.3	35,988	50.6	3.0	44.7	2.8	16.5
2000	30,852	50.4	2.9	45.8	2.2	15.6	48,616	50.6	3.1	46.1	3.0	15.8
2010	41,518	50.4	3.0	43.3	2.1	17.0	66,391	50.5	3.2	46.2	3.1	15.7
2020	51,986	50.4	2.3	39.0	2.8	18.9	92,853	50.4	3.4	46.5	3.0	15.6
2030	63,104	50.5	2.0	34.3	3.4	21.5	127,582	50.4	3.2	45.3	2.9	16.0
2040	74,758	50.6	1.7	31.7	4.5	24.0	170,014	50.4	2.9	42.3	3.1	17.4
2050	85,212	50.8	1.3	28.2	5.9	26.3	217,494	50.4	2.5	38.4	3.4	19.4
	タンザニア						ナイジェリア					
1950	7,632	51.2	...	45.7	2.2	16.0	37,189	50.1	...	41.6	3.0	18.1
1960	10,042	50.8	2.8	45.5	2.4	16.0	44,928	50.1	1.9	41.0	3.3	18.3
1970	13,618	50.6	3.1	46.1	2.5	15.8	55,569	50.1	2.1	42.1	3.3	18.0
1980	19,298	50.4	3.5	46.9	2.9	15.5	72,951	49.9	2.8	44.0	3.2	17.0
1990	26,206	50.5	3.1	46.4	2.9	15.6	95,214	49.8	2.7	44.8	3.2	16.4
2000	34,464	50.6	2.8	44.7	2.6	16.3	122,852	49.7	2.6	43.4	3.1	17.0
2010	45,111	50.8	2.7	45.1	2.9	16.4	160,953	49.6	2.7	44.3	3.1	16.7
2020	61,705	50.6	3.2	43.9	3.1	16.7	208,327	49.5	2.6	43.5	3.0	16.9
2030	81,885	50.5	2.9	41.2	3.2	18.1	262,580	49.4	2.3	40.6	3.1	18.3
2040	104,958	50.4	2.5	37.5	3.7	19.9	320,780	49.4	2.0	37.2	3.5	20.1
2050	129,932	50.4	2.2	34.1	4.8	22.1	377,460	49.5	1.6	33.3	4.3	22.4
	南アフリカ						オーストラリア					
1950	13,044	48.1	...	40.1	4.1	19.2	8,177	49.6	...	26.6	8.2	29.4
1960	16,520	48.5	2.4	42.5	3.4	17.7	10,287	49.5	2.3	30.2	8.6	28.6
1970	22,368	49.5	3.1	42.1	3.5	17.8	12,595	49.7	2.0	28.8	8.4	26.6
1980	29,464	48.1	2.8	39.5	3.9	19.2	14,706	50.1	1.6	25.3	9.6	28.4
1990	39,878	51.3	3.1	38.5	3.9	20.0	17,048	50.1	1.5	22.0	11.1	31.1
2000	46,813	52.5	1.6	35.2	4.2	20.9	19,018	50.4	1.1	20.7	12.4	34.4
2010	51,785	51.9	1.0	28.7	4.9	23.6	22,019	50.2	1.5	19.1	13.6	36.1
2020	58,802	51.4	1.3	28.7	6.0	26.9	25,670	50.4	1.5	18.5	16.2	36.7
2030	64,659	51.0	1.0	25.8	7.0	29.0	28,202	50.3	0.9	16.6	19.5	39.5
2040	69,714	50.9	0.8	22.9	8.9	30.7	30,356	50.3	0.7	15.5	21.9	42.1
2050	73,530	50.8	0.5	21.6	11.0	33.1	32,193	50.2	0.6	15.0	23.8	43.6

a　総務省統計局「国勢調査結果」及び国立社会保障・人口問題研究所「日本の将来推計人口」による。

2-3　主要国の人口の推移（2013～2022年）

（単位：100万人）

国（地域）	2013	2014	2015	2016	2017	2018	2019	2020	2021	2022
世界	7,250.6	7,339.0	7,426.6	7,513.5	7,599.8	7,683.8	7,765.0	7,841.0	7,909.3	7,975.1
アジア										
日本 a	127.4	127.2	127.1	127.0	126.9	126.7	126.6	126.1	125.5	124.3
イラン	78.5	80.0	81.8	83.3	84.5	85.6	86.6	87.3	87.9	88.6
インド	1,291.1	1,307.2	1,322.9	1,338.6	1,354.2	1,369.0	1,383.1	1,396.4	1,407.6	1,417.2
インドネシア	253.3	256.2	259.1	261.9	264.5	267.1	269.6	271.9	273.8	275.5
韓国	50.1	50.6	51.0	51.3	51.5	51.7	51.8	51.8	51.8	51.8
サウジアラビア	31.5	32.1	32.7	33.4	34.2	35.0	35.8	36.0	36.0	36.4
タイ	69.6	70.0	70.3	70.6	70.9	71.1	71.3	71.5	71.6	71.7
中国	1,376.1	1,385.2	1,393.7	1,401.9	1,410.3	1,417.1	1,421.9	1,424.9	1,425.9	1,425.9
トルコ	76.6	78.1	79.6	81.0	82.1	82.8	83.5	84.1	84.8	85.3
パキスタン	205.3	208.3	211.0	213.5	216.4	219.7	223.3	227.2	231.4	235.8
バングラデシュ	154.0	156.0	157.8	159.8	161.8	163.7	165.5	167.4	169.4	171.2
フィリピン	99.7	101.3	103.0	104.9	106.7	108.6	110.4	112.2	113.9	115.6
ベトナム	90.3	91.2	92.2	93.1	94.0	94.9	95.8	96.6	97.5	98.2
マレーシア	30.1	30.6	31.1	31.5	32.0	32.4	32.8	33.2	33.6	33.9
ミャンマー	50.6	51.1	51.5	51.9	52.3	52.7	53.0	53.4	53.8	54.2
北アメリカ										
アメリカ合衆国	319.4	322.0	324.6	327.2	329.8	332.1	334.3	335.9	337.0	338.3
カナダ	35.1	35.4	35.7	36.1	36.6	37.0	37.5	37.9	38.2	38.5
メキシコ	117.3	118.8	120.1	121.5	122.8	124.0	125.1	126.0	126.7	127.5
南アメリカ										
アルゼンチン	42.4	42.8	43.3	43.7	44.1	44.4	44.7	45.0	45.3	45.5
コロンビア	46.2	46.7	47.1	47.6	48.4	49.3	50.2	50.9	51.5	51.9
ブラジル	201.7	203.5	205.2	206.9	208.5	210.2	211.8	213.2	214.3	215.3
ヨーロッパ										
イギリス	64.3	64.8	65.2	65.7	66.1	66.4	66.8	67.1	67.3	67.5
イタリア	60.3	60.3	60.2	60.1	60.0	59.9	59.7	59.5	59.2	59.0
ウクライナ	45.3	45.1	45.0	44.8	44.7	44.4	44.2	43.9	43.5	39.7
オランダ	16.9	17.0	17.0	17.1	17.2	17.3	17.4	17.4	17.5	17.6
スペイン	46.6	46.5	46.4	46.5	46.6	46.8	47.1	47.4	47.5	47.6
ドイツ	81.7	81.9	82.1	82.3	82.6	82.9	83.1	83.3	83.4	83.4
フランス	63.3	63.6	63.8	64.0	64.1	64.3	64.4	64.5	64.5	64.6
ポーランド	38.6	38.6	38.6	38.5	38.5	38.5	38.5	38.4	38.3	39.9
ロシア	144.0	144.3	144.7	145.1	145.5	145.7	145.7	145.6	145.1	144.7
アフリカ										
アルジェリア	38.0	38.8	39.5	40.3	41.1	41.9	42.7	43.5	44.2	44.9
ウガンダ	35.3	36.3	37.5	38.7	40.1	41.5	42.9	44.4	45.9	47.2
エジプト	93.4	95.6	97.7	99.8	101.8	103.7	105.6	107.5	109.3	111.0
エチオピア	97.1	99.7	102.5	105.3	108.2	111.1	114.1	117.2	120.3	123.4
ケニア	44.8	45.8	46.9	47.9	48.9	50.0	51.0	52.0	53.0	54.0
コンゴ民主共和国	73.5	76.0	78.7	81.4	84.3	87.1	89.9	92.9	95.9	99.0
タンザニア	49.3	50.8	52.5	54.4	56.3	58.1	59.9	61.7	63.6	65.5
ナイジェリア	174.7	179.4	184.0	188.7	193.5	198.4	203.3	208.3	213.4	218.5
南アフリカ	53.9	54.7	55.9	56.4	56.6	57.3	58.1	58.8	59.4	59.9
オセアニア										
オーストラリア	23.1	23.5	23.8	24.2	24.6	25.0	25.4	25.7	25.9	26.2

a 総務省統計局「国勢調査結果」、「人口推計」及び国立社会保障・人口問題研究所「日本の将来推計人口」による。

2-4　人口・面積(1)

国 (地域)	年次	センサス人口 (1,000人)			推計人口 (1,000人)		面積(km²)	人口密度
		総数	男	女	2020	2021	2021	2021
世界		–	–	–	7,840,953	7,909,295	a 130,094,010	61
アジア								
日本 bc	20	126,146	61,350	64,797	126,146	125,502	377,975	336
アゼルバイジャン	09	b 8,922	b 4,414	b 4,508	10,285	10,313	86,600	117
アフガニスタン	79	d 13,051	d 6,712	d 6,339	38,972	40,099	652,864	49
アラブ首長国連邦	05	4,106	2,806	1,300	9,287	9,365	a 71,024	...
アルメニア	11	2,872	1,347	1,525	2,806	2,791	29,743	100
イエメン	04	19,685	10,037	9,648	32,284	32,982	527,968	...
イスラエル	08	e 7,412	e 3,664	e 3,748	8,757	8,900	22,072	...
イラク	97	f 19,185	f 9,537	f 9,648	42,557	43,534	435,052	...
イラン	16	b 79,926	b 40,498	b 39,428	87,290	87,923	1,630,848	52
インド	11	g 1,210,855	g 623,270	g 587,585	1,396,387	1,407,564	3,287,263	416
インドネシア	20	b 270,204	b 136,662	b 133,542	271,858	273,753	1,910,931	143
ウズベキスタン	89	b 19,810	b 9,784	b 10,026	33,527	34,081	448,969	78
オマーン	20	b 4,471	b 2,740	b 1,731	4,543	4,520	309,980	15
カザフスタン	09	16,010	7,712	8,297	18,979	19,196	2,724,902	7
カタール	15	2,405	1,817	588	2,760	2,688	11,637	236
韓国	20	b 51,829	b 25,915	b 25,914	51,845	51,830	100,413	515
カンボジア	19	15,552	7,572	7,980	16,397	16,589	181,039	92
北朝鮮	08	b 24,052	b 11,722	b 12,330	25,867	25,972	120,538	...
キプロス	11	bh 840	bh 409	bh 432	1,238	1,244	9,251	97
キルギス	09	b 5,363	b 2,646	b 2,717	6,425	6,528	199,949	33
クウェート	11	3,066	1,738	1,327	4,360	4,250	17,818	243
サウジアラビア	10	27,236	15,531	11,705	35,997	35,950	2,206,714	15
ジョージア	14	b 3,714	b 1,773	b 1,941	3,766	3,758	69,700	53
シリア	04	*j 17,921	*j 9,161	*j 8,760	20,773	21,324	185,180	...
シンガポール	20	b 4,044	b 1,978	b 2,067	5,910	5,941	729	7,485
スリランカ	12	b 20,359	b 9,857	b 10,503	21,715	21,773	65,610	338
タイ	10	b 65,982	b 32,355	b 33,627	71,476	71,601	513,140	130
タジキスタン	10	7,565	3,817	3,747	9,543	9,750	141,400	68
中国	20	b 1,411,779	...	...	1,424,930	1,425,893	9,600,000	147
トルクメニスタン	95	4,483	2,225	2,258	6,250	6,342	488,100	...
トルコ	11	b 74,526	b 37,431	b 37,095	84,135	84,775	783,562	107
ネパール	11	b 26,495	b 12,849	b 13,645	29,349	30,035	147,181	206
バーレーン	20	b 1,502	b 943	b 559	1,477	1,463	778	...
パキスタン	17	bk 207,685	bkm 106,340	bk 101,345	227,197	231,402	796,095	...
バングラデシュ	11	144,044	72,110	71,934	167,421	169,356	148,460	...
東ティモール	15	1,184	601	583	1,300	1,321	14,919	...
フィリピン	20	bn 109,035	...	...	112,191	113,880	300,000	367
ブータン	17	727	380	347	773	777	38,394	20
ブルネイ	21	*b 430	*b 226	*b 204	442	445	5,765	...
ベトナム	19	b 96,209	b 47,881	b 48,328	96,649	97,468	331,340	297
マレーシア	10	b 28,334	b 14,563	b 13,771	33,200	33,574	330,621	99
ミャンマー	14	51,486	24,825	26,662	53,423	53,798	676,577	82

2-4　人口・面積(2)

国（地域）	年次	センサス人口 (1,000人)			推計人口 (1,000人)		面積(km²)	人口密度
		総数	男	女	2020	2021	2021	2021
モルディブ	14	402	228	174	514	521	300	1,895
モンゴル	20	b 3,197	b 1,577	b 1,620	3,294	3,348	1,564,116	2
ヨルダン	15	f 9,532	f 5,047	f 4,485	10,929	11,148	89,318	124
ラオス	15	b 6,492	b 3,255	b 3,237	7,319	7,425	236,800	31
レバノン	11	3,780	1,841	1,939	5,663	5,593	10,452	...
〔地域〕								
台湾	10	bp 22,673	bp 11,305	bp 11,368	23,821	23,860	pr 36,014	pr 651
パレスチナ	17	4,706	2,394	2,311	5,019	5,133	6,020	868
香港	16	b 7,337	b 3,375	b 3,961	7,501	7,495	1,114	6,654
マカオ	11	626	305	320	676	687	33	20,682
北アメリカ								
アメリカ合衆国	20	b 331,449	...	...	335,942	336,998	9,833,517	34
アンティグア・バーブーダ	11	89	...	...	93	93	442	225
エルサルバドル	07	b 5,744	b 2,719	b 3,025	6,293	6,314	21,041	301
カナダ	16	b 35,152	b 17,264	b 17,888	37,889	38,155	9,984,670	4
キューバ	12	b 11,167	b 5,571	b 5,597	11,301	11,256	109,884	101
グアテマラ	02	b 11,237	b 5,497	b 5,740	17,363	17,608	108,889	157
グレナダ	11	107	54	53	124	125	345	...
コスタリカ	11	b 4,302	b 2,106	b 2,196	5,123	5,154	51,100	101
ジャマイカ	11	b 2,698	b 1,335	b 1,363	2,820	2,828	10,991	...
セントクリストファー・ネービス	11	47	23	24	48	48	261	...
セントビンセント・グレナディーン諸島	12	b 110	b 56	b 54	105	104	389	285
セントルシア	10	b 166	b 82	b 83	179	180	616	296
ドミニカ	11	69	35	34	72	72	750	...
ドミニカ共和国	10	b 9,445	b 4,739	b 4,706	11,000	11,118	48,671	216
トリニダード・トバゴ	11	1,333	...	...	1,518	1,526	5,127	267
ニカラグア	05	b 5,142	b 2,534	b 2,608	6,756	6,851	130,373	51
ハイチ	03	b 8,374	b 4,039	b 4,334	11,307	11,448	27,750	...
パナマ	10	3,406	1,713	1,693	4,294	4,351	75,320	58
バハマ	10	b 351	b 170	b 181	406	408	13,940	...
バルバドス	10	b 278	b 133	b 145	281	281	431	626
ベリーズ	10	b 322	b 161	b 161	395	400	22,965	19
ホンジュラス	13	b 8,304	b 4,052	b 4,251	10,122	10,278	112,492	84
メキシコ	20	b 126,014	b 61,473	b 64,541	125,998	126,705	1,964,375	66
〔地域〕								
アルバ	20	b 108	b 51	b 57	107	107	180	598
アンギラ	11	14	7	7	16	16	91	173
キュラソー島	11	b 151	b 69	b 82	189	190	444	343
グアドループ島	15	bf 398	bf 183	bf 215	396	396	1,639	249
グリーンランド	08	bs 56	bs 30	bs 27	56	56	2,166,086	0
ケイマン諸島	21	b 71	b 36	b 35	67	68	264	...
サンピエール島・ミクロン島	15	b 6	b 3	b 3	6	6	242	...

2-4　人口・面積(3)

国（地域）	年次	センサス人口（1,000人） 総数	男	女	推計人口（1,000人） 2020	2021	面積(km²) 2021	人口密度 2021
タークス・カイコス諸島	12	*b 31	*b 16	*b 15	44	45	948	...
米領バージン諸島	10	b 106	b 51	b 56	100	100	347	305
英領バージン諸島	10	28	14	14	31	31	151	...
バミューダ島	16	b 64	b 31	b 33	64	64	54	1,186
プエルトリコ	20	3,286	...	...	3,272	3,256	8,868	...
マルチニーク島	15	b 381	b 176	b 205	370	369	1,090	326
モントセラット	11	b 5	b 3	b 2	5	4	103	43
南アメリカ								
アルゼンチン	10	40,117	19,524	20,593	45,036	45,277	2,796,427	16
ウルグアイ	11	b 3,286	bt 1,578	bt 1,708	3,429	3,426	173,626	20
エクアドル	10	14,483	7,178	7,306	17,589	17,798	257,215	69
ガイアナ	12	747	372	375	797	805	214,969	...
コロンビア	18	b 44,164	b 21,570	b 22,594	50,931	51,517	1,141,748	45
スリナム	12	b 542	b 271	b 271	607	613	163,820	...
チリ	17	17,574	8,602	8,972	19,300	19,493	756,102	26
パラグアイ	02	5,163	2,603	2,560	6,619	6,704	406,752	18
ブラジル	10	b 190,756	b 93,407	b 97,349	213,196	214,326	8,510,346	25
ベネズエラ	11	b 27,228	b 13,550	b 13,678	28,490	28,200	929,690	...
ペルー	17	29,382	14,451	14,931	33,305	33,715	1,285,216	26
ボリビア	12	10,060	5,019	5,040	11,936	12,079	1,098,581	11
〔地域〕								
仏領ギアナ	15	b 260	b 129	b 131	291	297	83,534	3
フォークランド（マルビナス）諸島	16	3	t 2	t 2	4	4	12,173	...
ヨーロッパ								
アイスランド	11	bs 316	bs 158	bs 157	367	370	103,000	4
アイルランド	16	b 4,762	b 2,354	b 2,407	4,946	4,987	69,825	72
アルバニア	11	b 2,800	b 1,403	b 1,397	2,867	2,855	28,748	98
アンドラ	11	bs 70	bs 35	bs 35	78	79	468	167
イギリス	11	63,380	31,126	32,254	67,059	67,281	244,376	...
イタリア	11	b 59,434	b 28,746	b 30,688	59,501	59,240	302,068	196
ウクライナ	01	48,241	22,316	25,925	43,910	43,531	603,500	69
エストニア	11	b 1,294	b 601	b 694	1,329	1,329	45,399	29
オーストリア	11	b 8,402	b 4,094	b 4,308	8,908	8,922	83,878	106
オランダ	11	b 16,656	b 8,243	b 8,412	17,435	17,502	41,543	421
北マケドニア	21	b 1,837	...	...	2,111	2,103	25,713	80
ギリシャ	11	10,816	5,303	5,513	10,512	10,445	131,957	81
クロアチア	11	b 4,285	b 2,066	b 2,219	4,097	4,060	56,594	71
サンマリノ	10	* 31	*t 15	*t 16	34	34	61	571
スイス	11	8,035	3,973	4,062	8,639	8,691	41,291	211
スウェーデン	11	bs 9,483	bs 4,727	bs 4,756	10,369	10,467	438,574	24
スペイン	11	b 46,816	b 23,104	b 23,712	47,364	47,487	506,009	94
スロバキア	11	b 5,397	b 2,628	b 2,769	5,457	5,448	49,035	111

2-4　人口・面積(4)

国（地域）	年次	センサス人口（1,000人） 総数	センサス人口（1,000人） 男	センサス人口（1,000人） 女	推計人口（1,000人） 2020	推計人口（1,000人） 2021	面積(km²) 2021	人口密度 2021
スロベニア	21	b 2,109	b 1,060	b 1,049	2,118	2,119	20,273	104
セルビア	11	bf 7,187	bf 3,499	bf 3,688	7,358	7,297	88,444	78
チェコ	21	b 10,524	b 5,187	b 5,338	10,531	10,511	78,871	136
デンマーク	11	bfs 5,561	bfs 2,757	bfs 2,804	5,826	5,854	f 42,947	f 136
ドイツ	11	b 80,220	b 39,146	b 41,074	83,329	83,409	357,581	233
ノルウェー	11	bsu 4,980	bsu 2,496	bsu 2,484	5,380	5,403	323,772	17
バチカン	09	0	0	0	1	1	0.4	...
ハンガリー	11	9,938	4,718	5,219	9,751	9,710	93,025	105
フィンランド	21	b 5,534	b 2,734	b 2,800	5,529	5,536	f 336,884	16
フランス	15	b 64,301	b 31,139	b 33,162	64,480	64,531	551,500	119
ブルガリア	11	b 7,365	b 3,587	b 3,778	6,979	6,886	110,372	63
ベラルーシ	19	9,435	4,365	5,071	9,634	9,578	207,600	45
ベルギー	11	b 11,001	b 5,402	b 5,599	11,562	11,611	30,528	...
ポーランド	11	b 38,045	b 18,420	b 19,624	38,428	38,308	312,679	121
ボスニア・ヘルツェゴビナ	13	b 3,531	b 1,732	b 1,799	3,318	3,271	51,209	...
ポルトガル	11	10,282	4,869	5,414	10,298	10,290	92,225	112
マルタ	11	417	208	210	515	527	315	1,638
モナコ	16	b 37	b 18	b 19	37	37	2	19,175
モルドバ	14	f 2,805	f 1,352	f 1,453	3,085	3,062	33,847	77
モンテネグロ	11	b 620	b 306	b 314	629	628	13,888	45
ラトビア	21	b 1,893	b 875	b 1,018	1,897	1,874	64,594	29
リトアニア	21	b 2,811	b 1,305	b 1,506	2,820	2,787	65,286	43
リヒテンシュタイン	15	b 38	b 19	b 19	39	39	160	245
ルーマニア	11	b 20,122	b 9,789	b 10,333	19,442	19,329	238,398	81
ルクセンブルク	11	b 512	b 255	b 257	630	639	2,586	247
ロシア	10	143,436	66,457	76,979	145,617	145,103	17,098,246	...
〔地域〕								
オーランド諸島	00	bs 26	bs 13	bs 13	v ...	v ...	1,583	19
ガンジー諸島	15	b 62	b 31	b 31	63	63	64	991
ジブラルタル	12	bw 32	bw 16	bw 16	33	33	6	...
ジャージー諸島	21	b 103	b 51	b 52	108	110	116	...
スバールバル諸島・ヤンマイエン島	60	x 3	x 3	x 1	y ...	y ...	62,422	...
フェロー諸島	11	b 48	b 25	b 23	52	53	1,393	38
マン島	21	84	0	42	84	84	572	146
アフリカ								
アルジェリア	08	34,453	17,429	17,024	43,452	44,178	2,381,741	...
アンゴラ	14	25,789	12,499	13,290	33,428	34,504	1,246,700	26
ウガンダ	14	34,635	16,898	17,737	44,405	45,854	241,550	178
エジプト	17	b 94,799	b 48,892	b 45,907	107,465	109,262	1,002,000	102
エスワティニ	17	b 1,093	b 531	b 562	1,181	1,192	17,363	...
エチオピア	07	73,751	37,217	36,534	117,191	120,283	1,104,300	93
エリトリア	84	2,622	1,310	1,312	3,556	3,620	121,144	29
ガーナ	10	24,659	12,025	12,634	32,180	32,833	238,537	...

2-4　人口・面積(5)

国（地域）	年次	センサス人口（1,000人）			推計人口（1,000人）		面積(km²)	人口密度
		総数	男	女	2020	2021	2021	2021
カーボベルデ	21	b 491	b 246	b 245	583	588	4,033	...
ガボン	13	1,811	934	877	2,293	2,341	267,668	...
カメルーン	05	17,052	8,408	8,644	26,491	27,199	475,650	56
ガンビア	13	* 1,882	* 931	* 952	2,574	2,640	11,295	...
ギニア	14	b 10,523	b 5,084	b 5,439	13,205	13,532	245,836	53
ギニアビサウ	09	1,498	726	772	2,016	2,061	36,125	...
ケニア	19	z 47,557	23,544	24,011	51,986	53,006	591,958	...
コートジボワール	14	22,225	11,442	10,783	26,812	27,478	322,462	84
コモロ	03	f 576	f 286	f 290	806	822	2,235	...
コンゴ共和国	07	3,697	1,821	1,876	5,702	5,836	342,000	16
コンゴ民主共和国	84	29,917	14,544	15,373	92,853	95,894	2,345,410	45
サントメ・プリンシペ	12	b 179	b 89	b 90	219	223	964	223
ザンビア	10	12,526	6,117	6,409	18,928	19,473	752,612	24
シエラレオネ	15	7,092	3,491	3,601	8,234	8,421	72,300	115
ジブチ	09	818	440	378	1,090	1,106	23,200	43
ジンバブエ	12	13,061	6,281	6,781	15,670	15,994	390,757	42
スーダン	08	30,504	15,413	15,091	44,440	45,657	...	...
セーシェル	10	91	47	44	106	106	457	217
赤道ギニア	15	1,506	789	717	1,596	1,634	28,051	54
セネガル	13	13,357	6,658	6,699	16,436	16,877	196,712	89
ソマリア	87	7,114	3,742	3,373	16,537	17,066	637,657	...
タンザニア	12	44,929	21,870	23,059	61,705	63,588	947,303	63
チャド	09	b 11,040	b 5,452	b 5,587	16,645	17,180	1,284,000	...
中央アフリカ	03	3,151	1,569	1,582	5,343	5,457	622,984	...
チュニジア	14	10,983	5,472	5,510	12,162	12,263	163,610	72
トーゴ	10	b 6,191	b 3,009	b 3,182	8,443	8,645	56,785	...
ナイジェリア	06	140,432	71,345	69,086	208,327	213,401	923,768	...
ナミビア	11	2,113	1,022	1,091	2,489	2,530	825,229	3
ニジェール	12	16,735	8,184	8,551	24,334	25,253	1,267,000	...
ブルキナファソ	19	b 20,505	b 9,901	b 10,604	21,523	22,101	270,764	79
ブルンジ	08	7,878	3,838	4,040	12,220	12,551	27,834	452
ベナン	13	10,009	4,888	5,121	12,643	12,997	114,763	...
ボツワナ	11	2,025	989	1,036	2,546	2,588	582,000	4
マダガスカル	18	b 25,674	b 12,659	b 13,015	28,225	28,916	587,041	48
マラウイ	18	b 17,564	b 8,521	b 9,042	19,377	19,890	94,552	200
マリ	09	14,529	7,205	7,324	21,224	21,905	1,240,192	...
南アフリカ	11	51,771	25,189	26,582	58,802	59,392	1,221,037	49
南スーダン	08	8,260	4,287	3,973	10,606	10,748	658,841	...
モーリシャス	11	f 1,237	f 611	f 626	1,298	1,299	f 1,979	f 640
モーリタニア	13	3,460	...	...	4,499	4,615	1,030,700	...
モザンビーク	17	* 28,862	* 13,801	* 15,061	31,178	32,077	799,380	39
モロッコ	14	b 33,848	...	...	36,689	37,077	446,550	81
リビア	06	* 5,298	* 2,688	* 2,611	6,654	6,735	1,676,198	...
リベリア	08	3,477	1,740	1,737	5,088	5,193	111,369	...

2-4　人口・面積(6)

国（地域）	年次	センサス人口（1,000人）			推計人口（1,000人）		面積(km²)	人口密度
		総数	男	女	2020	2021	2021	2021
ルワンダ	12	10,394	4,981	5,412	13,146	13,462	26,338	492
レソト	16	b 2,007	b 982	b 1,025	2,254	2,281	30,355	68
〔地域〕								
セントヘレナ島	21	b 4	b 2	b 2	5	5	123	36
西サハラ	70	76	44	32	556	566	266,000	...
マヨット島	17	b 257	b 122	b 134	306	316	368	784
レユニオン	15	b 851	b 411	b 439	958	966	2,510	345
オセアニア								
オーストラリア	16	23,717	11,687	12,031	25,670	25,921	7,692,024	71
キリバス	20	* 120	* 59	* 61	126	129	a 726	...
クック諸島	16	17	9	9	17	17	236	...
サモア独立国	21	* 200	* 102	* 98	215	219	2,842	72
ソロモン諸島	09	516	264	251	691	708	28,896	24
ツバル	17	11	5	5	11	11	26	411
トンガ	16	101	50	50	105	106	747	...
ナウル	19	12	6	6	12	13	21	...
ニウエ	17	2	1	1	2	2	260	6
ニュージーランド	18	4,793	2,364	2,429	5,061	5,130	268,107	19
バヌアツ	20	300	152	148	312	319	12,189	25
パプアニューギニア	11	7,275	3,773	3,502	9,750	9,949	462,840	20
パラオ	20	b 18	b 9	b 8	18	18	459	39
フィジー	17	885	449	436	920	925	18,272	49
マーシャル諸島	11	53	27	26	43	42	181	...
ミクロネシア連邦	10	b 103	b 52	b 51	112	113	702	149
〔地域〕								
北マリアナ諸島	10	54	28	26	50	49	457	...
グアム	20	b 154	...	...	169	171	541	312
米領サモア	10	b 56	b 28	b 27	46	45	199	...
トケラウ諸島	16	1	1	1	2	2	12	125
ニューカレドニア	19	271	...	...	286	288	19,100	...
ノーフォーク島	11	2	1	1	A ...	A ...	36	...
仏領ポリネシア	17	282	...	...	302	304	3,687	76
ワリス・フテュナ諸島	18	12	...	...	12	12	142	80

a 陸地のみ。　b 常住人口。　c 「センサス人口」及び「推計人口」は総務省統計局「国勢調査結果」及び「人口推計」による。「面積」は国土交通省国土地理院「全国都道府県市区町村別面積調」による。人口密度算出に用いた面積には歯舞群島、色丹島、国後島、択捉島及び竹島を除く。　d 遊牧民を除く。　e 東エルサレム及び1967年6月以降の占領地の自国民を含む。　f 一部地域を除く。　g ジャム・カシミールを含む。　h 政府管理地域のみ。　j パレスチナ難民を含む。　k アザド・ジャム・カシミール及びギルギット・バルティスタンを除く。　m トランスジェンダーを含む。　n 在外大使館及び在外領事館等のフィリピン人を含む。　p 台湾行政院主計総処による。「センサス人口」及び人口密度算出に用いた人口は年末人口。　r 2020年。　s 登録人口。　t 性別不詳を含む。　u 国外の自国民を含む。　v フィンランドに計上。　w 軍人を除く。　x 冬期のみ居住する人口。ノルウェー国籍の者はノルウェーにおいても計上。　y ノルウェーに計上。　z インターセックスを含む。　A オーストラリアに計上。

2-5　主要都市人口（1）

（単位：1,000人）

国（地域）・調査年・都市	人口	国（地域）・調査年・都市	人口	国（地域）・調査年・都市	人口
アジア		アーメダバード	5,634	◎プノンペン	1,571
日本(20) ab		チェンナイ	4,647	バッタンバン	1,126
◎東京都　（特別区部）	9,733	スーラト	4,502	**北朝鮮(08)** a	
横浜市	3,777	コルカタ	4,497	◎平壌（ピョンヤン）	2,581
大阪市	2,752	プネ	3,124	**キルギス(21)** ac	
名古屋市	2,332	ジャイプール	3,046	◎ビシュケク	1,071
札幌市	1,973	ラクナウ	2,817	**サウジアラビア(10)**	
福岡市	1,612	カーンプル	2,768	◎リヤド	5,188
川崎市	1,538	ナーグプル	2,406	ジッダ	3,431
神戸市	1,525	インドール	1,994	メッカ	1,535
京都市	1,464	ターネー	1,841	マディーナ	1,100
さいたま市	1,324	ボパール	1,798	**ジョージア(20)** ac	
広島市	1,201	ヴァドーダラー	1,752	◎トビリシ	1,154
仙台市	1,097	ヴィシャーカパトナム	1,728	**シリア(08)** c	
アゼルバイジャン(19) ac		ピンプリチンチワッド	1,728	◎ダマスカス	1,680
◎バクー	2,285	**インドネシア(18)** ac		アレッポ	4,450
アフガニスタン(21) c		◎ジャカルタ(20) ad	10,562	ダマスカス郊外県	2,529
◎カブール	4,775	ボゴール	5,162	ホムス	1,667
アラブ首長国連邦(02) c		タンゲラン	3,051	ハマ	1,508
◎アブダビ	527	スラバヤ(20) ad	2,874	ハサカ	1,392
ドバイ	1,089	バンドン(20) ad	2,444	イドリブ	1,376
アルメニア(20) ac		メダン(20) ad	2,435	デリゾール	1,111
◎エレバン	1,088	チルボン	1,892	**シンガポール(21)** ac	
イエメン(20) ac		パレンバン	1,649	シンガポール	5,454
◎サヌア	1,201	マカッサル	1,502	**タイ(21)** acd	
アデン	1,020	マラン	1,383	◎バンコク	8,393
イスラエル(20) ac		バタム	1,348	ナコンラチャシマ	2,478
エルサレム	944	スカブミ	1,302	サムット・プラカーン	2,152
イラク(15) c		プカンバル	1,091	チョンブリ	1,748
◎バグダッド	1,212	バンダルランプン	1,034	ウボンラチャタニ	1,728
モースル	1,384	**ウズベキスタン(21)** ac		コンケン	1,702
バスラ	1,226	◎タシケント	2,694	チェンマイ	1,682
イラン(16) a		**カザフスタン(21)** c		ノンタブリー	1,642
◎テヘラン	8,694	◎アスタナ	1,212	ソンクラー	1,612
マシュハド	3,001	アルマティ	2,001	パトゥムタニ	1,601
イスファハン	1,961	シムケント	1,093	ナコンシータマラート	1,491
キャラジ	1,592	**カタール(20)**		ウドンタニ	1,248
シーラーズ	1,566	◎ドーハ	1,186	ブリーラム	1,200
タブリーズ	1,559	**韓国(20)** ac		チェンライ	1,107
コム	1,201	◎ソウル	9,602	ナコンパトム	1,057
アフヴァーズ	1,185	釜山（プサン）	3,344	ローイエット	1,050
インド(11) d		仁川（インチョン）	2,951	スラタニ	1,048
ニューデリー	258	大邱（テグ）	2,419	スリン	1,047
ムンバイ	12,442	大田（テジョン）	1,500	**中国(00)** a	
デリー	11,035	光州（クァンジュ）	1,488	◎北京（ペキン）　(16) cd	18,796
ベンガルール	8,495	蔚山（ウルサン）	1,140	上海（シャンハイ）	14,349
ハイデラバード	6,993	**カンボジア(11)** c		重慶（チョンチン）	9,692

2-5　主要都市人口(2)

(単位：1,000人)

国（地域）・調査年・都市	人口	国（地域）・調査年・都市	人口	国（地域）・調査年・都市	人口
広州（クワンチョウ）	8,525	ヴァン	1,149	サンアントニオ	1,452
武漢（ウーハン）	8,313	アイドゥン	1,119	サンディエゴ	1,382
天津（ティエンチン）	7,499	**パキスタン(17)** *		ダラス	1,288
深圳（シェンチェン）	7,009	◎イスラマバード	1,015	**カナダ(21)** ac	
東莞（トンクワン）	6,446	カラチ	14,910	◎オタワ	1,055
瀋陽（シェンヤン）	5,303	ラホール	11,126	トロント	2,974
西安（シーアン）	4,482	ファイサラバード	3,204	モントリオール	1,779
成都（チョントゥー）	4,334	ラワルピンディー	2,098	カルガリー	1,372
南京（ナンキン）	3,624	グジュラーンワーラー	2,027	エドモントン	1,057
哈爾浜（ハルビン）	3,482	ペシャワール	1,970	**キューバ(21)** ac	
大連（ターリエン）	3,245	ムルターン	1,872	◎ハバナ	2,131
長春（チャンチュン）	3,226	ハイデラバード	1,733	**コスタリカ(21)** ac	
昆明（クンミン）	3,035	クエッタ	1,001	◎サンホセ	350
済南（チーナン）	3,000	**バングラデシュ(11)**		**ドミニカ共和国(20)** ac	
貴陽（クイヤン）	2,985	◎ダッカ	8,906	◎サントドミンゴ	1,043
淄博（ツーポー）	2,817	チッタゴン	2,592	**メキシコ(21)** acd	
青島（チンタオ）	2,721	**フィリピン(20)** a		◎メキシコシティ	21,805
[台湾](10) ae		◎マニラ	1,847	モンテレイ	5,341
新北（シンペイ）	4,054	ケソンシティ	2,960	グアダラハラ	5,269
高雄（カオシュン）	2,777	ダバオ	1,777	プエブラ・トラスカラ	3,200
台中（タイチョン）	2,731	カローカン	1,662	トルーカ	2,354
台北（タイペイ）	2,656	**ベトナム(20)** *acd		ティフアナ	2,158
桃園（タオユエン）	2,190	◎ハノイ	8,247	レオン	1,925
台南（タイナン）	1,840	ホーチミン	9,228	ケレタロ	1,594
彰化（チャンホワ）	1,226	ハイフォン	2,053	シウダー・フアレス	1,512
[香港](21) ac		カントー	1,241	ラ・ラグナ	1,434
香港（ホンコン）	7,413	ダナン	1,169	メリダ	1,316
トルコ(20) acd		**マレーシア(20)** ac		サンルイス・ポトシ	1,271
◎アンカラ	5,663	◎クアラルンプール	1,854	アグアスカリエンテス	1,141
イスタンブール	15,462	**ミャンマー(14)** d		メヒカリ	1,050
イズミル	4,395	◎ネーピードー	1,160	サルティーヨ	1,032
ブルサ	3,102	ヤンゴン	5,211	クエルナバカ	1,029
アンタルヤ	2,548	マンダレー	1,226	クリアカン・ロサレス	1,004
アダナ	2,259	**モンゴル(21)** c		**南アメリカ**	
コンヤ	2,250	◎ウランバートル	1,618	**アルゼンチン(21)** cd	
シャンルウルファ	2,115	**ヨルダン(21)** c		◎ブエノスアイレス	15,568
ガージアンテップ	2,101	◎アンマン	3,999	コルドバ	1,573
コジャエリ	1,997	**北アメリカ**		ロサリオ	1,330
メルスィン	1,869	**アメリカ合衆国(21)** ac		メンドーサ	1,033
ディヤルバクル	1,783	◎ワシントンD.C.	670	**ウルグアイ(21)** ac	
ハタイ	1,659	ニューヨーク	8,468	◎モンテビデオ	1,384
マニサ	1,451	ロサンゼルス	3,849	**エクアドル(21)** cd	
カイセリ	1,421	シカゴ	2,697	◎キト	1,837
サムスン	1,356	ヒューストン	2,288	グアヤキル	2,653
バルケスィル	1,240	フェニックス	1,625	**コロンビア(21)** ac	
カフラマンマラシュ	1,168	フィラデルフィア	1,576	◎ボゴタ	7,834

2-5　主要都市人口 (3)

(単位：1,000人)

国（地域）・調査年・都市	人口	国（地域）・調査年・都市	人口	国（地域）・調査年・都市	人口
メデジン	2,573	ミラノ	1,390	◎ミンスク	2,020
カリ	2,265	**ウクライナ**(18) ac		**ベルギー**(11) a	
バランキージャ	1,297	◎キーウ	2,893	◎ブリュッセル	174
カルタヘナ	1,044	ハルキウ	1,431	**ポーランド**(20) ac	
チリ(17) c		**エストニア**(21) ac		◎ワルシャワ	1,793
◎サンティアゴ f	5,614	◎タリン	438	**ポルトガル**(20) ac	
ブラジル(21) ac		**オーストリア**(19) ac		◎リスボン	510
◎ブラジリア	3,094	◎ウィーン	1,897	**ラトビア**(21) a	
サンパウロ	12,396	**オランダ**(15) ac		◎リガ	615
リオデジャネイロ	6,776	◎アムステルダム	822	**リトアニア**(21) a	
サルバドール	2,900	**ギリシャ**(11)		◎ビリニュス	546
フォルタレザ	2,703	◎アテネ	664	**ルーマニア**(21) *c	
ベロオリゾンテ	2,531	**スイス**(20) ac		◎ブカレスト	1,824
マナウス	2,256	◎ベルン	135	**ルクセンブルク**(21) ac	
クリチバ	1,964	**スウェーデン**(07) ac		◎ルクセンブルク	125
レシフェ	1,661	◎ストックホルム	789	**ロシア**(12) ac	
ゴイアニア	1,556	**スペイン**(20) acg		◎モスクワ	11,918
ベレン	1,506	◎マドリード	3,320	サンクトペテルブルク	4,991
ポルトアレグレ	1,493	バルセロナ	1,650	ノボシビルスク	1,511
グアルーリョス	1,405	**スロバキア**(19) ac		エカテリンブルク	1,387
カンピーナス	1,223	◎ブラチスラバ	435	ニジニ・ノブゴロド	1,257
サン・ルイス	1,116	**スロベニア**(21) ag		サマラ	1,170
サン・ゴンサロ	1,098	◎リュブリャナ	286	カザン	1,169
マセイオ	1,032	**セルビア**(20) acf		オムスク	1,159
ベネズエラ(15) c		◎ベオグラード	1,387	チェリャビンスク	1,150
◎カラカス	2,082	**チェコ**(21) ac		ロストフ・ナ・ドヌ	1,100
マラカイボ	1,653	◎プラハ	1,335	ウファ	1,075
ペルー(21) c		**デンマーク**(21) acfg		ボルゴグラード	1,019
◎リマ d	10,923	◎コペンハーゲン	639	ペルミ	1,007
アレキパ	1,122	**ドイツ**(19) ac		クラスノヤルスク	1,007
トルヒーヨ	1,088	◎ベルリン	3,645	**アフリカ**	
ボリビア(10) c		ハンブルク	1,841	**アルジェリア**(08) a	
◎ラパス	835	ミュンヘン	1,472	◎アルジェ	2,713
サンタクルス	1,616	ケルン	1,086	オラン	1,166
ヨーロッパ		**ノルウェー**(19) ac		**アンゴラ**(21) cd	
アイスランド(19) acg		◎オスロ	681	◎ルアンダ	1,742
◎レイキャビク	130	**ハンガリー**(20) ac		**ウガンダ**(19) c	
アイルランド(16) ac		◎ブダペスト	1,737	◎カンパラ	1,651
◎ダブリン	544	**フィンランド**(21) a		**エジプト**(17) ad	
イギリス(11) af		◎ヘルシンキ	657	◎カイロ	9,540
◎ロンドン h	8,136	**フランス**(15) a		アレクサンドリア	5,164
グラスゴー j	1,209	◎パリ	2,206	**エチオピア**(21) c	
バーミンガム	1,086	**ブルガリア**(21) ac		◎アディスアベバ	3,774
イタリア(20) ac		◎ソフィア	1,222	**ガーナ**(10)	
◎ローマ	2,789	**ベラルーシ**(20) ac		◎アクラ	1,594

2-5　主要都市人口（4）

（単位：1,000人）

国（地域）・調査年・都市	人口	国（地域）・調査年・都市	人口	国（地域）・調査年・都市	人口
クマシ	1,730	**ソマリア**(01) c		◎プレトリア m	742
カメルーン(20) ac		◎モガディシュ	1,212	ケープタウン n	434
◎ヤウンデ	3,256	**タンザニア**(18) c		**モザンビーク**(21) c	
ドゥアラ	3,322	◎ドドマ	507	◎マプト	1,128
ギニア(20) ack		ダルエスサラーム	5,147	マトラ	1,246
◎コナクリ	1,985	アルーシャ	1,001	**モーリタニア**(19) c	
ケニア(19) d		**チャド**(19) ac		◎ヌアクショット	1,196
◎ナイロビ	4,396	◎ウンジャメナ	1,522	**モロッコ**(20) ac	
モンバサ	1,208	**チュニジア**(14) d		◎ラバト	537
コートジボワール(14) a		◎チュニス	1,056	カサブランカ	3,566
◎ヤムスクロ	213	**トーゴ**(15) cd		フェズ	1,229
アビジャン(21) c	5,467	◎ロメ	1,789	タンジェ	1,152
ザンビア(10) a		**ニジェール**(19) ac		マラケシュ	1,044
◎ルサカ	1,747	◎ニアメ	1,284	サレ	1,024
シエラレオネ(20) c		**ブルキナファソ**(19) a		**オセアニア**	
◎フリータウン	1,200	◎ワガドゥグ	2,415	**オーストラリア**(20) *ac	
ジンバブエ(21) c		**マダガスカル**(18) *a		◎キャンベラ	431
◎ハラレ	1,878	◎アンタナナリボ	1,275	ブリスベン	1,273
セネガル(21) ac		**マリ**(09) d		**ニュージーランド**(21) *ac	
◎ダカール	1,458	◎バマコ	1,810	◎ウェリントン	217
ピキン	1,489	**南アフリカ**(11)		オークランド	1,716

a 常住人口。　b 総務省統計局「国勢調査結果」による。　c 推計人口。　d 近郊地域を含む。　e 台湾行政院主計総処による。　f 一部地域を除く。　g 登録人口。　h 大ロンドン。　j 大グラスゴー。　k 世帯人員数のみ。　m 行政上の首都。　n 立法上の首都。

2-6　男女、年齢5歳階級別人口（2020年）（1）

（単位：1,000人）

年齢	世界		日本 ab		イスラエル		イラン		インド	
	男	女	男	女	男	女	男	女	男	女
総数	3,943,612	3,897,341	61,019	64,483	4,364	4,393	44,135	43,155	720,997	675,390
0～4	349,488	329,658	2,246	2,144	460	436	3,725	3,529	60,772	55,952
5～9	351,560	329,850	2,581	2,457	428	407	3,768	3,584	63,921	58,263
10～14	337,364	315,818	2,746	2,611	379	362	3,236	3,102	65,906	59,815
15～19	319,817	299,677	2,864	2,716	350	335	2,855	2,750	67,689	61,363
20～24	308,352	289,691	3,205	3,058	323	311	2,868	2,792	65,745	59,457
25～29	306,985	291,227	3,276	3,103	300	289	3,708	3,609	62,448	57,185
30～34	307,164	294,489	3,352	3,204	296	288	4,470	4,364	58,648	54,280
35～39	279,422	270,283	3,736	3,618	288	283	4,356	4,253	53,259	49,403
40～44	248,929	242,808	4,144	4,029	273	273	3,426	3,306	46,636	43,622
45～49	240,137	237,208	4,927	4,804	249	253	2,782	2,667	41,235	39,150
50～54	221,073	222,220	4,658	4,594	203	208	2,357	2,315	35,543	34,130
55～59	190,547	196,592	3,908	3,916	182	192	1,986	1,934	30,253	29,402
60～64	154,590	166,125	3,654	3,737	170	185	1,688	1,657	24,594	24,543
65～69	126,676	142,508	3,824	4,045	156	176	1,294	1,285	18,943	19,233
70～74	88,188	104,267	4,565	5,106	129	150	817	874	11,996	12,887
75～79	55,413	70,672	2,991	3,722	71	88	447	554	7,032	8,264
80～84	34,588	50,471	2,310	3,253	55	76	238	356	3,937	5,085
85～89	16,354	28,295	1,387	2,485	31	48	90	169	1,740	2,374
90～94	5,448	11,922	531	1,374	14	25	21	48	569	793
95～99	1,013	3,116	104	433	5	8	3	8	116	168
100～	103	444	10	75	1	1	0	0	15	22
0～14	1,038,412	975,326	7,573	7,212	1,268	1,205	10,729	10,214	190,599	174,030
15～64	2,577,416	2,510,320	37,724	36,780	2,635	2,616	30,495	29,647	486,052	452,535
65～	327,783	411,694	15,722	20,492	462	572	2,910	3,294	44,346	48,825

年齢	インドネシア		韓国		サウジアラビア		タイ		中国	
	男	女	男	女	男	女	男	女	男	女
総数	136,928	134,930	25,902	25,943	20,887	15,110	34,769	36,706	727,994	696,936
0～4	11,615	11,013	914	867	1,638	1,557	1,783	1,679	43,090	37,909
5～9	12,259	11,634	1,163	1,103	1,639	1,560	2,029	1,913	48,569	41,872
10～14	12,005	11,393	1,166	1,095	1,524	1,455	2,098	1,980	46,088	39,318
15～19	11,327	10,740	1,313	1,215	1,392	1,340	2,165	2,047	42,808	36,576
20～24	11,222	10,671	1,762	1,598	1,397	1,257	2,509	2,384	44,183	38,262
25～29	10,773	10,245	1,937	1,688	1,631	1,452	2,558	2,493	52,403	46,643
30～34	10,538	10,045	1,738	1,558	1,800	1,295	2,514	2,525	63,819	58,612
35～39	10,674	10,251	2,001	1,866	2,219	1,275	2,612	2,643	53,757	50,621
40～44	9,967	9,702	1,990	1,899	2,395	1,264	2,490	2,593	47,616	45,475
45～49	9,028	8,904	2,214	2,144	1,963	956	2,467	2,732	59,213	57,384
50～54	7,987	7,981	2,186	2,169	1,446	614	2,544	2,894	59,974	59,264
55～59	6,616	6,750	2,120	2,113	918	388	2,478	2,797	48,457	48,856
60～64	4,989	5,289	1,881	1,940	498	260	2,187	2,462	36,523	38,122
65～69	3,379	3,808	1,276	1,377	196	169	1,625	1,898	34,198	37,927
70～74	2,152	2,756	927	1,062	84	111	1,135	1,368	21,694	24,695
75～79	1,370	1,994	680	916	64	78	704	921	13,043	15,774
80～84	715	1,156	410	694	53	52	484	681	7,917	10,837
85～89	250	463	171	414	21	18	253	418	3,589	6,116
90～94	55	117	45	176	7	7	101	196	945	2,208
95～99	6	16	7	41	1	2	27	61	106	432
100～	0	1	1	8	0	0	6	21	2	34
0～14	35,879	34,040	3,242	3,066	4,801	4,573	5,911	5,573	137,747	119,098
15～64	93,121	90,578	19,141	18,189	15,659	10,101	24,524	25,569	508,753	479,815
65～	7,928	10,312	3,518	4,689	426	437	4,335	5,565	81,494	98,023

2-6　男女、年齢 5 歳階級別人口 (2020年) (2)

（単位：1,000人）

年齢	アジア									
	トルコ		パキスタン		バングラデシュ		フィリピン		ベトナム	
	男	女	男	女	男	女	男	女	男	女
総数	42,183	41,952	114,816	112,381	83,064	84,357	56,948	55,243	47,726	48,923
0〜 4	3,478	3,305	15,057	14,376	7,491	7,156	6,128	5,711	3,914	3,515
5〜 9	3,451	3,276	14,683	14,024	7,462	7,189	5,981	5,568	3,918	3,526
10〜14	3,302	3,136	13,636	12,906	8,059	7,817	5,864	5,462	3,691	3,369
15〜19	3,273	3,102	12,558	11,917	8,545	8,299	5,501	5,170	3,593	3,387
20〜24	3,503	3,334	10,900	10,574	8,053	7,907	5,205	4,977	3,537	3,418
25〜29	3,458	3,327	9,353	9,234	7,365	7,316	4,811	4,665	4,100	4,077
30〜34	3,437	3,313	7,936	7,906	6,732	6,899	4,268	4,102	3,975	4,078
35〜39	3,311	3,205	6,524	6,532	5,896	6,401	3,814	3,632	3,875	3,920
40〜44	3,089	3,013	5,266	5,246	5,050	5,641	3,453	3,296	3,666	3,592
45〜49	2,758	2,701	4,468	4,446	4,458	4,933	3,007	2,892	3,228	3,255
50〜54	2,552	2,489	3,888	3,894	3,819	3,969	2,593	2,549	2,567	2,784
55〜59	2,140	2,063	3,396	3,465	3,079	3,208	2,112	2,163	2,351	2,663
60〜64	1,561	1,672	2,699	2,830	2,524	2,721	1,642	1,767	2,086	2,418
65〜69	1,155	1,431	1,872	2,039	1,896	2,020	1,180	1,338	1,470	1,824
70〜74	816	1,061	1,262	1,427	1,214	1,267	712	881	840	1,190
75〜79	512	726	806	917	793	841	388	549	462	767
80〜84	275	466	374	450	421	485	197	326	278	568
85〜89	91	232	121	160	163	212	71	142	134	376
90〜94	18	81	20	35	39	65	17	44	35	149
95〜99	2	17	0	3	4	10	3	9	5	41
100〜	0	2	0	0	0	0	0	1	0	6
0〜14	10,232	9,718	43,376	41,306	23,012	22,162	17,973	16,741	11,523	10,409
15〜64	29,083	28,219	66,986	66,045	55,522	57,295	36,406	35,213	32,978	33,593
65〜	2,869	4,015	4,454	5,030	4,530	4,900	2,569	3,290	3,225	4,920

年齢	北アメリカ								南アメリカ	
	アメリカ合衆国		カナダ		コスタリカ		メキシコ		アルゼンチン	
	男	女	男	女	男	女	男	女	男	女
総数	166,504	169,438	18,827	19,062	2,565	2,558	61,587	64,411	22,297	22,739
0〜 4	9,984	9,544	982	934	172	165	5,131	4,984	1,764	1,677
5〜 9	10,555	10,072	1,041	995	185	177	5,514	5,352	1,888	1,784
10〜14	11,284	10,749	1,050	1,011	190	182	5,553	5,391	1,821	1,721
15〜19	11,223	10,742	1,063	1,018	191	183	5,504	5,396	1,779	1,694
20〜24	11,167	10,740	1,288	1,184	205	197	5,268	5,305	1,789	1,710
25〜29	11,780	11,427	1,363	1,274	214	206	5,004	5,196	1,793	1,722
30〜34	11,714	11,438	1,343	1,304	218	211	4,651	4,936	1,687	1,628
35〜39	11,331	11,099	1,312	1,307	203	198	4,351	4,690	1,618	1,577
40〜44	10,575	10,516	1,218	1,242	178	176	4,098	4,439	1,563	1,526
45〜49	10,417	10,417	1,184	1,203	156	158	3,750	4,087	1,339	1,345
50〜54	10,613	10,689	1,221	1,235	150	154	3,267	3,607	1,139	1,162
55〜59	10,896	11,291	1,359	1,373	143	148	2,705	3,045	1,034	1,078
60〜64	10,312	10,868	1,259	1,298	117	123	2,181	2,487	918	999
65〜69	8,766	9,637	1,049	1,114	88	95	1,679	1,923	770	895
70〜74	6,504	7,554	852	929	66	73	1,187	1,372	595	759
75〜79	4,283	5,235	570	649	45	51	810	957	399	584
80〜84	2,725	3,562	359	453	27	34	515	645	231	412
85〜89	1,559	2,382	209	309	12	19	274	373	115	267
90〜94	649	1,081	84	166	3	7	113	168	43	143
95〜99	148	331	19	56	1	1	30	52	11	48
100〜	20	65	2	9	0	0	3	7	2	8
0〜14	31,822	30,365	3,073	2,939	547	524	16,197	15,727	5,473	5,181
15〜64	110,028	109,226	12,610	12,439	1,775	1,754	40,779	43,188	14,659	14,441
65〜	24,654	29,847	3,143	3,684	243	281	4,611	5,496	2,165	3,117

2-6 男女、年齢5歳階級別人口(2020年)(3)

(単位:1,000人)

年齢	南アメリカ						ヨーロッパ			
	コロンビア		チリ		ブラジル		アイスランド		アイルランド	
	男	女	男	女	男	女	男	女	男	女
総数	25,140	25,791	9,580	9,720	104,779	108,417	188	179	2,450	2,496
0〜 4	1,873	1,798	590	569	7,359	7,066	11	10	158	151
5〜 9	1,880	1,806	627	603	7,532	7,239	12	11	174	166
10〜14	1,942	1,865	615	590	7,757	7,465	12	12	179	171
15〜19	2,114	2,044	633	612	8,203	7,923	11	11	164	158
20〜24	2,240	2,201	735	715	8,673	8,442	13	12	156	151
25〜29	2,248	2,233	820	799	8,607	8,455	16	14	145	143
30〜34	2,099	2,100	800	781	8,754	8,701	15	13	155	163
35〜39	1,904	1,933	725	712	8,654	8,739	14	12	183	198
40〜44	1,678	1,740	678	669	7,772	8,013	13	12	193	200
45〜49	1,485	1,572	644	643	6,816	7,167	12	11	178	181
50〜54	1,427	1,530	613	622	6,132	6,593	11	11	157	158
55〜59	1,298	1,414	555	577	5,541	6,133	11	11	142	147
60〜64	1,033	1,157	477	505	4,486	5,166	10	10	127	130
65〜69	771	883	387	420	3,395	4,120	9	9	111	113
70〜74	530	634	281	323	2,331	2,993	7	7	94	98
75〜79	334	433	183	227	1,529	2,059	5	5	65	71
80〜84	185	266	118	165	858	1,333	3	3	40	49
85〜89	75	130	65	109	309	613	2	2	20	30
90〜94	19	41	28	59	64	169	1	1	7	15
95〜99	4	9	6	18	7	25	0	0	2	5
100〜	0	1	1	3	0	2	0	0	0	1
0〜14	5,696	5,470	1,831	1,762	22,648	21,770	35	33	511	487
15〜64	17,526	17,924	6,680	6,634	73,637	75,332	127	117	1,601	1,628
65〜	1,918	2,397	1,069	1,324	8,493	11,314	26	28	339	381

年齢	ヨーロッパ									
	イギリス		イタリア		エストニア		オーストリア		オランダ	
	男	女	男	女	男	女	男	女	男	女
総数	33,122	33,937	28,988	30,513	630	700	4,383	4,525	8,662	8,773
0〜 4	1,928	1,829	1,144	1,083	37	34	223	211	442	420
5〜 9	2,116	2,014	1,334	1,259	37	35	220	207	464	441
10〜14	2,071	1,970	1,457	1,372	39	37	217	206	488	465
15〜19	1,894	1,796	1,478	1,382	33	31	224	211	532	508
20〜24	2,110	1,989	1,550	1,408	32	31	263	248	560	543
25〜29	2,286	2,199	1,595	1,508	41	38	306	291	578	560
30〜34	2,261	2,257	1,656	1,616	53	48	310	300	563	550
35〜39	2,183	2,227	1,775	1,762	50	46	308	303	526	522
40〜44	2,035	2,065	2,049	2,055	47	44	285	282	511	514
45〜49	2,122	2,175	2,346	2,380	46	45	305	310	575	581
50〜54	2,269	2,345	2,395	2,463	42	43	353	352	644	639
55〜59	2,209	2,289	2,243	2,351	41	45	345	346	630	627
60〜64	1,893	1,973	1,894	2,039	38	47	282	295	561	566
65〜69	1,630	1,738	1,655	1,823	32	46	216	240	495	506
70〜74	1,604	1,752	1,580	1,799	25	40	185	217	467	489
75〜79	1,119	1,295	1,159	1,433	16	31	158	202	301	338
80〜84	760	965	941	1,312	12	30	109	154	193	250
85〜89	424	632	512	886	6	18	51	91	96	160
90〜94	167	314	186	444	2	8	20	46	31	73
95〜99	37	100	36	126	0	2	3	13	5	19
100〜	3	14	2	13	0	0	0	1	0	2
0〜14	6,116	5,813	3,936	3,715	113	106	660	623	1,394	1,326
15〜64	21,261	21,314	18,981	18,962	424	418	2,981	2,938	5,680	5,609
65〜	5,745	6,810	6,071	7,836	93	175	742	964	1,588	1,837

2-6 男女、年齢 5 歳階級別人口 (2020年) (4)

(単位：1,000人)

年齢	ヨーロッパ									
	ギリシャ		スイス		スウェーデン		スペイン c		スロバキア	
	男	女	男	女	男	女	男	女	男	女
総数	5,151	5,361	4,286	4,353	5,219	5,150	23,213	24,151	2,665	2,792
0～ 4	227	215	224	213	308	291	1,012	957	150	143
5～ 9	256	242	225	213	321	303	1,192	1,120	148	141
10～14	283	267	219	207	318	300	1,310	1,227	144	137
15～19	287	263	217	204	300	277	1,250	1,169	135	128
20～24	291	264	247	232	309	275	1,216	1,156	148	141
25～29	276	259	286	277	376	355	1,286	1,253	183	176
30～34	286	286	311	305	374	356	1,380	1,382	208	199
35～39	357	353	313	307	337	319	1,622	1,638	224	211
40～44	392	395	299	295	323	310	1,971	1,949	234	221
45～49	385	402	305	301	339	329	1,969	1,936	206	200
50～54	383	414	331	327	342	332	1,838	1,845	173	173
55～59	338	379	322	316	319	312	1,673	1,725	175	182
60～64	318	362	262	263	285	283	1,441	1,527	169	188
65～69	284	321	209	224	266	272	1,174	1,287	149	183
70～74	263	306	190	211	271	285	1,027	1,193	100	139
75～79	202	237	150	178	212	231	787	984	60	100
80～84	167	214	96	130	124	153	527	768	33	69
85～89	102	125	55	92	64	99	367	631	17	40
90～94	45	45	20	45	25	52	140	306	6	17
95～99	8	10	4	12	5	15	28	85	1	3
100～	1	1	0	1	0	2	2	11	0	0
0～14	766	725	668	633	947	893	3,514	3,304	443	421
15～64	3,312	3,378	2,893	2,827	3,304	3,148	15,647	15,581	1,855	1,819
65～	1,073	1,259	724	893	968	1,109	4,052	5,266	366	552

年齢	ヨーロッパ									
	スロベニア		チェコ		デンマーク		ドイツ		ノルウェー d	
	男	女	男	女	男	女	男	女	男	女
総数	1,063	1,055	5,187	5,343	2,897	2,928	41,115	42,214	2,713	2,667
0～ 4	53	50	285	271	158	149	2,042	1,938	148	139
5～ 9	57	54	284	270	155	148	1,937	1,833	160	153
10～14	56	53	292	278	173	165	1,910	1,800	167	159
15～19	49	46	247	234	176	168	2,035	1,881	163	155
20～24	57	50	247	234	193	185	2,426	2,186	176	164
25～29	63	54	324	304	204	196	2,593	2,389	189	180
30～34	74	65	357	335	185	177	2,846	2,677	193	185
35～39	81	72	380	355	166	162	2,691	2,608	184	174
40～44	86	76	460	433	180	179	2,505	2,471	179	169
45～49	79	72	431	408	197	197	2,577	2,556	192	182
50～54	78	74	348	335	205	203	3,322	3,275	191	182
55～59	77	75	327	325	198	197	3,400	3,394	171	164
60～64	72	72	312	330	171	174	2,824	2,914	156	153
65～69	66	70	313	361	156	164	2,322	2,559	138	139
70～74	47	54	266	339	155	167	1,784	2,037	128	132
75～79	33	44	166	241	116	133	1,643	2,037	87	96
80～84	22	36	86	149	67	85	1,401	1,962	51	65
85～89	11	25	44	94	32	49	606	1,039	28	44
90～94	4	11	14	38	11	24	216	504	11	24
95～99	1	3	2	9	2	7	35	140	2	7
100～	0	0	0	1	0	1	2	13	0	1
0～14	165	157	861	820	486	461	5,888	5,571	475	450
15～64	715	655	3,433	3,293	1,873	1,837	27,218	26,350	1,793	1,707
65～	183	243	893	1,231	538	630	8,010	10,292	445	509

2-6　男女、年齢 5 歳階級別人口（2020年）（5）

（単位：1,000人）

ヨーロッパ

年齢	ハンガリー 男	ハンガリー 女	フィンランド e 男	フィンランド e 女	フランス 男	フランス 女	ベルギー 男	ベルギー 女	ポーランド 男	ポーランド 女
総数	4,673	5,078	2,731	2,798	31,176	33,304	5,707	5,854	18,590	19,838
0～ 4	241	228	129	123	1,772	1,699	309	296	987	934
5～ 9	235	222	155	148	1,971	1,887	338	323	993	938
10～14	253	240	159	152	2,040	1,948	346	329	1,048	997
15～19	251	237	152	145	2,007	1,903	329	312	925	879
20～24	274	257	160	151	1,844	1,788	344	330	1,024	979
25～29	324	303	182	172	1,743	1,773	375	368	1,251	1,207
30～34	321	300	182	171	1,880	1,980	380	377	1,453	1,411
35～39	327	316	187	175	1,976	2,079	378	375	1,630	1,593
40～44	415	403	178	169	1,966	2,024	376	370	1,550	1,521
45～49	388	380	161	155	2,148	2,186	386	377	1,336	1,327
50～54	335	339	177	174	2,075	2,139	400	389	1,132	1,148
55～59	273	296	184	185	2,025	2,136	403	400	1,156	1,218
60～64	287	345	176	183	1,882	2,060	361	370	1,284	1,444
65～69	280	370	171	185	1,776	1,998	305	324	1,119	1,380
70～74	200	293	165	187	1,623	1,883	262	293	782	1,069
75～79	138	236	99	123	980	1,217	172	211	394	632
80～84	77	165	65	96	747	1,074	132	187	296	576
85～89	38	96	34	63	478	866	78	137	160	378
90～94	14	41	12	32	194	482	28	66	58	166
95～99	2	8	2	8	44	163	5	18	9	37
100～	0	1	0	1	3	18	0	2	1	3
0～14	729	691	443	423	5,784	5,534	993	948	3,029	2,869
15～64	3,195	3,177	1,740	1,680	19,548	20,068	3,731	3,668	12,742	12,727
65～	749	1,210	548	696	5,845	7,702	983	1,238	2,819	4,242

ヨーロッパ

年齢	ポルトガル 男	ポルトガル 女	ラトビア 男	ラトビア 女	リトアニア 男	リトアニア 女	ルクセンブルク 男	ルクセンブルク 女	ロシア 男	ロシア 女
総数	4,860	5,438	877	1,020	1,321	1,499	317	313	67,643	77,974
0～ 4	223	213	51	47	74	70	17	16	4,307	4,076
5～ 9	230	220	51	47	75	71	18	17	4,795	4,541
10～14	257	247	51	49	69	66	17	16	4,110	3,917
15～19	276	265	46	44	67	63	17	16	3,687	3,525
20～24	282	275	44	40	79	73	20	19	3,563	3,423
25～29	273	274	57	53	96	86	24	23	4,643	4,484
30～34	279	287	68	64	100	89	25	25	6,336	6,249
35～39	318	343	66	63	91	83	25	24	5,992	6,082
40～44	369	405	60	61	89	86	24	24	5,227	5,546
45～49	377	419	64	67	96	99	24	23	4,737	5,182
50～54	352	393	61	67	97	106	24	23	4,116	4,668
55～59	347	395	62	73	100	115	22	21	4,521	5,560
60～64	317	365	58	74	89	113	18	17	4,229	5,815
65～69	286	339	46	67	64	94	14	14	3,137	5,016
70～74	246	307	35	60	49	82	11	12	2,017	3,680
75～79	184	254	25	54	38	76	8	9	851	1,967
80～84	137	214	19	49	27	65	5	7	914	2,572
85～89	78	145	8	26	14	40	3	5	317	1,047
90～94	24	58	3	11	5	18	1	2	129	523
95～99	5	16	1	3	1	4	0	1	16	94
100～	0	2	0	0	0	0	0	0	2	8
0～14	710	680	153	144	218	207	52	49	13,212	12,533
15～64	3,190	3,422	588	606	905	914	224	214	47,049	50,534
65～	960	1,336	136	270	198	378	42	50	7,381	14,907

2-6　男女、年齢 5 歳階級別人口（2020年）(6)

（単位：1,000人）

年齢	アフリカ									
	エジプト		エチオピア		コンゴ民主共和国		ナイジェリア		南アフリカ	
	男	女	男	女	男	女	男	女	男	女
総数	54,357	53,108	58,907	58,284	46,066	46,787	105,243	103,084	28,581	30,221
0～ 4	6,424	6,125	8,884	8,499	8,635	8,561	17,357	16,912	2,944	2,840
5～ 9	6,447	6,151	7,840	7,542	7,147	7,138	15,238	14,841	2,902	2,799
10～14	5,399	5,144	7,360	7,119	5,839	5,851	13,372	12,906	2,754	2,660
15～19	4,853	4,646	6,682	6,504	4,790	4,800	11,317	10,904	2,331	2,252
20～24	4,551	4,322	5,838	5,708	4,048	4,066	9,250	8,951	2,424	2,367
25～29	4,444	4,199	4,954	4,863	3,342	3,385	7,711	7,511	2,761	2,710
30～34	4,387	4,194	4,073	4,003	2,750	2,802	6,507	6,385	2,871	2,819
35～39	3,938	3,761	3,113	3,095	2,189	2,238	5,743	5,653	2,380	2,338
40～44	3,345	3,179	2,531	2,590	1,721	1,775	4,840	4,761	1,654	1,620
45～49	2,760	2,632	2,014	2,112	1,451	1,518	3,795	3,751	1,394	1,502
50～54	2,345	2,291	1,665	1,778	1,209	1,284	2,956	2,961	1,400	1,698
55～59	1,905	1,957	1,313	1,420	954	1,032	2,354	2,405	972	1,322
60～64	1,427	1,578	963	1,060	732	808	1,804	1,887	590	970
65～69	970	1,185	703	798	532	605	1,301	1,396	477	828
70～74	644	849	493	576	369	442	870	931	344	643
75～79	305	466	291	357	220	281	518	564	203	408
80～84	147	266	135	178	99	139	228	259	106	236
85～89	57	124	45	65	31	49	69	86	45	129
90～94	10	32	9	16	6	12	12	18	20	63
95～99	1	5	1	2	0	1	1	2	6	16
100～	0	0	0	0	0	0	0	0	1	2
0～14	18,270	17,420	24,084	23,159	21,622	21,549	45,967	44,659	8,600	8,300
15～64	33,955	32,761	33,146	33,134	23,187	23,709	56,277	55,169	18,778	19,596
65～	2,133	2,928	1,677	1,992	1,257	1,529	2,999	3,256	1,203	2,325

年齢	オセアニア			
	オーストラリア f		ニュージーランド	
	男	女	男	女
総数	12,738	12,932	2,508	2,553
0～ 4	800	756	158	150
5～ 9	831	788	168	160
10～14	813	771	169	161
15～19	764	726	162	155
20～24	881	839	175	164
25～29	977	954	194	186
30～34	956	977	184	185
35～39	913	926	164	167
40～44	810	818	151	156
45～49	825	847	160	169
50～54	766	801	158	166
55～59	757	787	157	166
60～64	691	728	139	148
65～69	603	641	119	126
70～74	535	560	102	108
75～79	370	401	69	77
80～84	240	287	43	53
85～89	133	186	23	33
90～94	59	101	9	16
95～99	13	32	2	5
100～	1	4	0	1
0～14	2,444	2,316	495	470
15～64	8,340	8,403	1,645	1,663
65～	1,954	2,213	368	420

a 常住人口。　 b 総務省統計局「人口推計（2021年10月 1 日現在）」による。　 c カナリア諸島、セウタ及びメリリャを含む。　 d スバールバル諸島及びヤンマイエン島を含む。　 e オーランド諸島を含む。　 f クリスマス島、ココス（キーリング）諸島及びノーフォーク島を含む。

2-7　男女、年齢、配偶関係別15歳以上人口(1)

(単位：1,000人)

国（地域）・年齢・年次	男				女			
	15歳以上人口	未婚	有配偶	死離別	15歳以上人口	未婚	有配偶	死離別
アジア								
日本 abc　　　(20)	52,098	15,836	30,138	3,628	56,160	12,651	30,331	11,057
15〜19	2,880	2,855	6	1	2,737	2,714	9	1
20〜24	3,018	2,670	127	6	2,913	2,538	196	15
25〜29	3,074	2,009	724	24	2,958	1,721	979	57
30〜34	3,297	1,440	1,544	57	3,188	1,070	1,843	124
35〜39	3,697	1,198	2,167	103	3,615	823	2,448	211
40〜49	9,052	2,409	5,768	415	8,889	1,583	6,212	804
50〜59	8,142	1,710	5,461	594	8,165	1,056	5,790	1,079
60〜69	7,503	1,002	5,551	698	7,869	524	5,733	1,442
70〜79	7,342	463	5,813	842	8,601	378	5,258	2,686
80〜	4,093	80	2,976	890	7,225	243	1,864	4,638
インド d　　　(01)	341,169	99,776	230,754	10,639	321,092	49,725	234,903	36,464
15〜19	53,940	51,073	2,805	62	46,276	34,774	11,316	186
20〜24	46,321	30,207	15,914	201	43,443	9,979	32,899	565
25〜29	41,558	11,531	29,666	361	41,865	2,366	38,578	921
30〜34	37,362	3,253	33,631	478	36,912	808	34,781	1,324
35〜39	36,039	1,202	34,254	582	34,535	457	32,183	1,895
40〜49	54,747	1,039	52,317	1,390	48,401	506	42,879	5,016
50〜59	33,435	510	31,143	1,781	30,806	251	23,873	6,683
60〜69	23,058	451	20,015	2,592	24,265	274	13,641	10,351
70〜79	10,791	298	8,450	2,044	10,469	166	3,720	6,583
80〜	3,919	212	2,559	1,148	4,120	144	1,034	2,942
インドネシア ac　(10)	84,332	22,704	58,429	2,785	84,706	15,974	57,364	11,166
15〜19	10,614	9,850	632	9	10,266	8,685	1,409	52
20〜24	9,888	6,757	2,963	59	10,004	4,108	5,666	188
25〜29	10,631	3,686	6,729	146	10,679	1,576	8,775	315
30〜34	9,949	1,271	8,443	199	9,881	591	8,889	395
35〜39	9,338	544	8,555	212	9,168	347	8,325	491
40〜49	15,355	402	14,488	434	15,210	378	13,252	1,574
50〜59	10,266	129	9,649	477	9,744	172	7,233	2,336
60〜69	5,152	45	4,589	515	5,600	77	2,828	2,694
70〜79	2,374	16	1,877	480	3,060	31	838	2,190
80〜	764	4	505	254	1,093	10	149	933
韓国 aefg　　(15)	21,211	7,632	12,170	1,409	21,513	5,744	11,730	4,039
15〜19	1,659	1,657	2	1	1,514	1,510	2	1
20〜24	1,805	1,785	18	2	1,575	1,525	45	5
25〜29	1,580	1,422	154	4	1,445	1,117	318	10
30〜34	1,852	1,034	800	18	1,755	659	1,061	35
35〜39	1,921	633	1,239	49	1,853	356	1,410	87
40〜49	4,281	779	3,199	302	4,186	370	3,321	496
50〜59	4,014	257	3,307	450	3,985	131	3,062	792
60〜69	2,357	51	2,026	279	2,505	48	1,654	803
70〜79	1,338	11	1,131	195	1,772	19	728	1,024
80〜	404	2	293	109	923	11	127	786

2-7　男女、年齢、配偶関係別15歳以上人口（2）

（単位：1,000人）

国（地域）・年齢・年次	男				女			
	15歳以上人口	未婚	有配偶	死離別	15歳以上人口	未婚	有配偶	死離別
サウジアラビア　（10）	11,754	4,128	7,490	136	8,294	2,543	4,949	802
15〜19	1,401	1,375	25	1	1,230	1,159	69	2
20〜24	1,515	1,277	235	3	1,251	730	485	36
25〜29	1,780	882	888	10	1,338	398	916	24
30〜34	1,813	303	1,493	18	1,158	142	953	62
35〜39	1,548	148	1,382	18	965	56	815	95
40〜49	2,044	107	1,908	29	1,259	41	1,033	185
50〜59	994	24	950	20	639	14	450	176
60〜69	447	7	423	16	293	2	174	116
70〜79	142	3	131	9	109	1	41	67
80〜	70	2	56	12	51	0	12	39
中国　h　　　　（90）	418,957	121,303	278,266	19,388	398,552	84,101	279,107	35,343
15〜19	61,651	60,541	1,097	12	58,508	55,770	2,706	32
20〜24	64,233	40,116	23,931	186	61,528	25,444	35,900	184
25〜29	53,513	8,943	44,112	458	50,755	2,180	48,243	332
30〜34	43,706	3,130	39,957	620	40,170	256	39,544	370
35〜39	44,569	2,553	41,153	863	41,783	127	41,115	541
40〜49	59,192	3,036	54,084	2,072	53,604	113	51,531	1,960
50〜59	45,950	1,853	40,411	3,686	41,379	72	35,714	5,593
60〜	46,143	1,132	33,520	11,491	50,827	141	24,355	26,331
トルコ　acj　　（11）	27,736	8,650	18,081	997	27,904	6,326	18,130	3,443
15〜19	3,233	3,186	45	1	3,081	2,828	245	6
20〜24	3,189	2,761	414	12	3,062	1,767	1,254	39
25〜29	3,212	1,543	1,624	44	3,099	772	2,233	94
30〜34	3,269	643	2,542	84	3,196	398	2,656	143
35〜39	2,837	249	2,501	86	2,797	225	2,418	154
40〜49	4,817	179	4,482	155	4,699	215	4,115	369
50〜59	3,587	58	3,388	141	3,586	75	2,959	551
60〜69	2,077	20	1,920	137	2,297	28	1,532	736
70〜79	1,139	9	935	195	1,411	12	587	813
80〜	373	2	230	142	673	6	131	537
北アメリカ								
アメリカ合衆国　a　（00）	107,027	32,381	62,692	11,954	114,121	27,532	62,309	24,281
15〜19	10,244	9,809	407	28	9,667	9,098	536	33
20〜24	9,706	7,644	1,926	136	9,320	6,442	2,650	228
25〜29	9,683	4,763	4,451	469	9,529	3,631	5,242	656
30〜34	10,220	3,028	6,349	843	10,145	2,219	6,826	1,100
35〜44	22,798	4,072	15,891	2,835	23,108	3,096	16,367	3,645
45〜54	18,426	1,783	13,749	2,894	19,153	1,530	13,452	4,170
55〜59	6,455	389	5,052	1,014	6,928	369	4,729	1,831
60〜64	5,115	261	4,082	771	5,673	258	3,684	1,731
65〜74	8,356	385	6,582	1,388	10,146	413	5,581	4,151
75〜84	4,823	197	3,515	1,112	7,494	323	2,651	4,520
85〜	1,203	51	687	465	2,957	153	589	2,215

2-7　男女、年齢、配偶関係別15歳以上人口(3)

(単位：1,000人)

国（地域）・年齢・年次		男				女			
		15歳以上人口	未婚	有配偶	死離別	15歳以上人口	未婚	有配偶	死離別
カナダ a	(16)	**14,271**	**4,444**	**8,762**	**1,065**	**15,041**	**3,810**	**8,850**	**2,381**
15～19		1,039	1,033	7	0	987	970	16	0
20～24		1,144	1,020	121	3	1,098	886	209	3
25～29		1,144	703	434	7	1,142	540	590	11
30～34		1,148	407	723	18	1,181	311	841	29
35～39		1,119	263	824	31	1,170	219	898	53
40～49		2,262	395	1,740	127	2,353	330	1,811	212
50～59		2,604	373	1,973	258	2,694	288	2,002	405
60～69		2,068	174	1,627	268	2,195	158	1,516	521
70～79		1,148	55	912	181	1,295	65	726	505
80～		595	23	401	171	926	42	242	642
メキシコ c	(10)	**37,656**	**12,225**	**24,076**	**1,252**	**40,767**	**11,228**	**25,725**	**3,727**
15～19		5,520	5,146	352	1	5,506	4,556	930	5
20～24		4,813	3,092	1,697	11	5,079	2,553	2,483	33
25～29		4,206	1,545	2,619	31	4,582	1,286	3,212	73
30～34		4,026	821	3,140	54	4,445	757	3,553	124
35～39		3,965	529	3,349	75	4,328	549	3,591	179
40～49		6,175	582	5,404	172	6,763	701	5,566	484
50～59		4,272	280	3,787	196	4,688	420	3,593	667
60～69		2,572	134	2,211	221	2,862	230	1,847	779
70～79		1,454	69	1,123	258	1,666	119	763	780
80～		654	26	393	232	848	57	186	602
南アメリカ									
アルゼンチン	(10)	**14,072**	**7,586**	**5,614**	**872**	**15,352**	**7,336**	**5,811**	**2,204**
15～19		1,768	1,760	8	1	1,748	1,727	19	2
20～24		1,613	1,552	60	1	1,638	1,508	127	3
25～29		1,516	1,284	228	5	1,563	1,207	342	14
30～34		1,495	984	488	23	1,562	911	606	45
35～39		1,288	625	614	49	1,348	577	692	80
40～49		2,162	693	1,305	165	2,289	642	1,390	257
50～59		1,849	377	1,263	208	2,006	370	1,265	371
60～69		1,330	195	951	184	1,546	215	869	462
70～79		741	91	513	137	1,032	120	395	517
80～		310	26	185	98	620	60	106	454
ブラジル a	(10)	**70,031**	**37,242**	**29,190**	**3,598**	**74,784**	**35,320**	**29,992**	**9,471**
15～19		8,558	8,461	88	9	8,429	8,079	338	12
20～24		8,628	7,775	828	24	8,613	6,977	1,579	57
25～29		8,459	6,224	2,162	72	8,644	5,556	2,922	166
30～34		7,718	4,467	3,091	160	8,027	4,103	3,595	328
35～39		6,767	3,164	3,362	241	7,121	2,965	3,682	474
40～49		12,013	4,077	7,201	735	12,830	3,939	7,383	1,509
50～59		8,738	1,836	6,062	840	9,680	2,035	5,724	1,921
60～69		5,258	781	3,830	646	6,098	986	3,173	1,939
70～79		2,765	335	1,923	507	3,551	461	1,295	1,794
80～		1,128	122	643	363	1,790	217	300	1,272

2-7　男女、年齢、配偶関係別15歳以上人口 (4)

（単位：1,000人）

国（地域）・年齢・年次	男				女			
	15歳以上人口	未婚	有配偶	死離別	15歳以上人口	未婚	有配偶	死離別
ヨーロッパ								
イギリス akm　(11)	24,947	9,549	12,639	2,760	26,360	8,248	12,727	5,385
16〜19	1,641	1,634	5	2	1,580	1,570	8	2
20〜24	2,164	2,094	65	5	2,133	1,970	154	8
25〜29	2,145	1,721	405	20	2,161	1,478	643	41
30〜34	2,059	1,131	867	61	2,066	912	1,049	105
35〜39	2,082	796	1,155	131	2,112	645	1,263	204
40〜49	4,577	1,163	2,860	554	4,691	908	2,978	805
50〜59	3,814	540	2,645	630	3,894	367	2,645	883
60〜69	3,332	280	2,490	562	3,493	173	2,359	961
70〜79	2,066	129	1,528	410	2,403	112	1,241	1,049
80〜	1,065	62	618	385	1,826	114	387	1,326
イタリア a　(11)	24,460	8,655	14,465	1,341	26,647	7,514	14,478	4,655
15〜19	1,479	1,469	10	0	1,390	1,375	15	0
20〜24	1,557	1,499	55	3	1,496	1,356	138	1
25〜29	1,641	1,382	251	9	1,635	1,129	495	11
30〜34	1,884	1,134	733	17	1,898	829	1,030	39
35〜39	2,272	944	1,279	49	2,293	675	1,528	89
40〜49	4,734	1,151	3,378	205	4,834	880	3,595	359
50〜59	3,835	507	3,099	228	4,037	456	3,115	467
60〜69	3,287	292	2,772	222	3,573	308	2,564	702
70〜79	2,510	192	2,038	280	3,119	266	1,574	1,279
80〜	1,263	85	850	327	2,373	241	425	1,707
スウェーデン a　(11)	3,913	1,808	1,608	497	3,986	1,503	1,606	877
15〜19	305	305	0	0	288	286	1	0
20〜24	333	325	8	1	318	295	20	2
25〜29	306	263	39	4	289	217	64	8
30〜34	299	197	91	10	286	153	117	16
35〜39	318	160	139	19	308	124	156	28
40〜49	665	258	327	80	643	201	333	109
50〜59	584	162	312	110	575	120	317	138
60〜69	585	95	367	124	591	66	347	178
70〜79	333	31	220	82	375	23	184	168
80〜	186	14	105	67	312	17	66	229
ドイツ ac　(11)	33,601	11,746	18,378	3,462	35,814	9,489	18,360	7,956
15〜19	2,057	2,056	1	0	1,957	1,950	7	0
20〜24	2,464	2,404	57	2	2,372	2,199	165	7
25〜29	2,456	2,022	404	27	2,417	1,644	712	60
30〜34	2,385	1,399	913	71	2,367	988	1,243	135
35〜39	2,378	926	1,306	144	2,365	607	1,526	231
40〜49	6,757	1,686	4,285	783	6,594	1,039	4,487	1,066
50〜59	5,782	763	4,161	856	5,843	467	4,185	1,190
60〜69	4,298	290	3,417	590	4,578	193	3,155	1,229
70〜79	3,661	167	2,923	571	4,470	200	2,330	1,940
80〜	1,362	33	910	418	2,851	204	549	2,098

2-7 男女、年齢、配偶関係別15歳以上人口(5)

(単位:1,000人)

国 (地域)・年齢・年次	男				女			
	15歳以上人口	未婚	有配偶	死離別	15歳以上人口	未婚	有配偶	死離別
フランス acnp (14)	**25,044**	**10,747**	**11,835**	**2,285**	**27,284**	**9,760**	**11,901**	**5,117**
15〜19	1,958	1,957	1	0	1,867	1,863	3	1
20〜24	1,883	1,851	29	3	1,845	1,764	76	5
25〜29	1,900	1,675	213	13	1,945	1,533	385	26
30〜34	1,977	1,326	606	45	2,041	1,150	812	79
35〜39	1,953	966	893	94	1,983	824	1,013	146
40〜49	4,362	1,518	2,424	420	4,432	1,286	2,539	606
50〜59	4,097	840	2,662	595	4,304	691	2,703	911
60〜69	3,579	375	2,660	543	3,916	346	2,498	1,072
70〜79	2,030	157	1,560	313	2,511	166	1,332	1,013
80〜	1,305	82	788	257	2,441	134	541	1,259
ロシア acr (10)	**54,931**	**13,234**	**34,022**	**5,196**	**66,223**	**10,787**	**34,453**	**18,258**
15〜19	4,278	3,361	61	2	4,112	3,037	253	6
20〜24	6,170	4,631	1,296	49	5,999	3,325	2,335	149
25〜29	6,010	2,340	3,232	232	5,972	1,515	3,802	444
30〜34	5,434	1,107	3,729	404	5,546	785	3,883	681
35〜39	4,972	624	3,689	481	5,200	479	3,665	876
40〜49	9,514	650	7,470	1,070	10,399	582	7,190	2,282
50〜59	9,600	372	7,819	1,119	11,904	477	7,510	3,562
60〜69	4,737	101	3,825	674	7,097	245	3,454	3,204
70〜79	3,248	40	2,384	746	6,761	196	1,996	4,419
80〜	968	7	515	419	3,233	147	365	2,636
アフリカ								
南アフリカ (11)	**17,552**	**9,401**	**7,659**	**491**	**19,119**	**9,213**	**7,978**	**1,928**
15〜19	2,499	2,415	81	3	2,505	2,348	152	4
20〜24	2,695	2,428	262	4	2,680	2,087	585	8
25〜29	2,543	1,803	731	8	2,517	1,473	1,024	20
30〜34	2,036	1,041	979	17	1,993	911	1,038	44
35〜39	1,709	640	1,041	29	1,758	652	1,024	83
40〜49	2,598	635	1,866	97	2,971	845	1,827	299
50〜59	1,823	277	1,427	120	2,192	493	1,277	422
60〜69	1,014	105	808	101	1,330	236	667	427
70〜79	459	38	350	71	771	112	283	376
80〜	176	20	114	42	402	55	103	245
オセアニア								
オーストラリア a (16)	**9,306**	**3,549**	**4,861**	**895**	**9,731**	**3,120**	**4,895**	**1,717**
15〜19	728	725	2	1	694	690	4	1
20〜24	795	765	29	1	771	709	60	2
25〜29	824	630	187	7	841	545	284	12
30〜34	840	393	427	20	864	328	504	32
35〜39	773	249	490	34	789	215	522	53
40〜49	1,551	377	1,035	139	1,614	319	1,080	215
50〜59	1,458	240	999	219	1,520	183	1,008	328
60〜69	1,214	110	886	217	1,275	81	835	359
70〜79	739	42	557	140	802	31	450	321
80〜	384	17	249	118	563	19	148	395

a 常住人口。 b 総務省統計局「国勢調査結果」による。 c 「15歳以上人口」は配偶関係不詳を含む。 d ジャム・カシ
ミールを含み、マニプール州の一部の地域を除く。 e 20%の標本調査。 f 韓国人のみ。 g 「死離別」は「結婚している
が別居」を含む。 h 一部地域を除く。 30の省、自治体及び自治地域の民間人のみ。香港及び台湾を除く。 j センサス時の
抽出結果に基づく。 k チャネル諸島及びマン島を除く。 m 「有配偶」はシビル・パートナーシップ(現在別居を含む)を
含む。 n ローリングセンサス方式の人口調査。 p 外国にいる外交官を除き、軍事キャンプ以外に住む外国軍隊の軍人及び
大使館及び領事館以外に住む外国の外交官を含む。 r 15歳以上の年齢不詳を除く。

2-8　世帯

国（地域）	年次	世帯人員別世帯数（1,000世帯）							世帯人員数（1,000人）
		総数	1人	2人	3人	4人	5人	6人以上	
アジア									
日本 ab	20	55,705	21,151	15,657	9,230	6,630	2,126	912	123,163
イスラエル c	08	2,314	486	565	360	375	279	248	7,271
イラン a	16	24,129	2,046	4,988	6,867	6,673	2,463	1,092	...
インド d	01	192,672	7,564	15,871	22,473	37,022	35,873	73,868	...
韓国 a	20	20,927	6,643	5,865	4,201	3,271	761	185	49,029
中国 a	10	401,934	58,396	97,948	107,979	70,598	40,333	26,681	...
トルコ	00	15,070	...	...	...	...	...	...	...
バングラデシュ	11	31,863	1,031	3,407	6,159	7,834	5,882	7,550	...
フィリピン a	15	22,976	1,784	2,810	4,044	4,509	3,689	6,140	...
ベトナム a	19	26,870	2,790	4,883	5,438	7,011	3,848	2,900	...
北アメリカ									
アメリカ合衆国 a	10	116,716	31,205	38,243	18,758	15,625	7,539	5,347	
カナダ a	16	14,072	3,968	4,836	2,141	1,947	754	425	34,460
コスタリカ a	11	1,237	131	231	278	278	165	154	4,276
メキシコ	10	28,159	2,475	4,393	5,391	6,486	4,652	4,762	110,610
南アメリカ									
アルゼンチン	10	12,174	2,147	2,750	2,400	2,224	1,312	1,341	...
コロンビア a	05	10,571	1,177	1,604	2,100	2,174	1,580	1,937	...
チリ	02	4,141	481	730	902	956	579	493	...
ブラジル a	00	44,777	3,967	7,832	9,850	10,335	6,330	6,462	168,450
ヨーロッパ									
アイルランド	11	a 1,654	a 392	a 479	a 296	a 268	a 145	a 74	4,510
イギリス ae	11	26,442	8,087	9,018	4,117	3,407	1,221	592	62,056
イタリア a	11	24,612	7,667	6,666	4,892	3,977	1,060	349	59,132
エストニア a	00	582	195	165	109	77	25	10	1,370
オーストリア a	11	3,649	1,324	1,080	559	444	158	84	8,277
ギリシャ a	01	3,664	724	1,029	772	753	248	140	10,266
スイス	00	f 3,115	1,121	986	403	410	144	52	6,993
スペイン a	11	18,084	4,193	5,442	3,917	3,353	858	321	46,575
スロバキア a	11	1,802	456	393	353	342	142	117	5,218
スロベニア a	15	821	268	206	153	125	44	26	2,025
チェコ a	11	4,375	1,422	1,300	765	643	168	76	10,239
ドイツ a	11	36,933	13,765	12,576	5,185	3,728	1,150	529	78,993
ノルウェー a	11	2,224	880	625	281	283	120	35	4,927
ハンガリー a	11	4,106	1,317	1,202	791	521	187	87	9,697
フィンランド a	10	2,537	1,040	837	291	238	91	40	5,265
フランス a	15	28,280	10,027	9,302	3,943	3,328	1,220	460	62,840
ベルギー a	11	4,735	1,612	1,493	708	597	220	104	11,001
ポーランド a	11	13,432	3,229	3,464	2,704	2,187	993	855	37,823
ポルトガル a	11	4,044	867	1,278	966	671	182	80	10,437
ラトビア a	21	825	339	210	126	82	37	31	1,867
リトアニア a	01	1,357	389	348	272	236	75	36	3,460
ルクセンブルク a	11	209	70	57	33	31	12	5	503
ロシア a	10	54,561	14,019	15,564	12,284	7,907	2,915	1,872	140,960
アフリカ									
ウガンダ	02	5,043	675	609	682	695	646	1,736	...
エチオピア	07	15,634	1,297	1,851	2,248	2,408	2,256	5,574	...
南アフリカ	11	15,056	4,151	2,936	2,261	2,089	1,377	2,242	50,961
オセアニア									
オーストラリア a	16	g 8,862	2,024	2,768	1,338	1,314	557	285	22,569
ニュージーランド a	18	g 1,654	361	530	262	249	113	78	4,300

a 常住人口。　b 総務省統計局「国勢調査結果」による。　c 東エルサレム及び1967年6月以降の占領地の自国民を含む。
d ジャム・カシミールを含み、マニプール州の一部地域を除く。　e チャネル諸島及びマン島を除く。　f 合意婚のカップルを含む。　g 不詳を含む。

2-9　国籍別人口

国（地域）・国籍	人口 (1,000人)	割合 (%)	国（地域）・国籍	人口 (1,000人)	割合 (%)	国（地域）・国籍	人口 (1,000人)	割合 (%)
日本 ab (20)			イギリス ah (11)			ドイツ a (11)		
総数 c	126,146	100.0	総数	63,182	100.0	総数 f	80,220	100.0
自国籍	121,541	96.3	自国籍	58,115	92.0	自国籍	74,040	92.3
外国籍	2,402	1.9	外国籍	5,067	8.0	外国籍	6,144	7.7
中国	667	0.5	アイルランド	792	1.3	トルコ	1,505	1.9
韓国、朝鮮	375	0.3	ポーランド	675	1.1	イタリア	488	0.6
ベトナム	321	0.3	インド	340	0.5	ポーランド	382	0.5
フィリピン	230	0.2	エストニア a (11)			ノルウェー a (11)		
ブラジル	180	0.1	総数 f	1,294	100.0	総数 f	4,980	100.0
ネパール	67	0.1	自国籍	1,103	85.2	自国籍	4,578	91.9
インドネシア	49	0.0	外国籍 j	192	14.8	外国籍	401	8.1
アメリカ合衆国	48	0.0	ロシア	91	7.0	ポーランド	66	1.3
タイ	43	0.0	ウクライナ	5	0.4	スウェーデン	42	0.8
ペルー	41	0.0	ラトビア	2	0.1	ドイツ	24	0.5
インド	28	0.0	オーストリア a (11)			ベルギー a (11)		
イギリス	14	0.0	総数	8,402	100.0	総数 f	11,001	100.0
その他 d	340	0.3	自国籍	7,462	88.8	自国籍	9,832	89.4
キプロス ae (11)			外国籍 f	940	11.2	外国籍	1,153	10.5
総数 f	840	100.0	ドイツ	148	1.8	イタリア	163	1.5
自国籍	667	79.4	セルビア	122	1.5	フランス k	145	1.3
外国籍	170	20.3	トルコ	113	1.3	オランダ	138	1.3
ギリシャ	29	3.5	ギリシャ (11)			モロッコ m	85	0.8
イギリス	24	2.9	総数 fj	10,816	100.0	ラトビア a (21)		
クウェート (11)			自国籍	9,904	91.6	総数	1,893	100.0
総数	3,066	100.0	外国籍	905	8.4	自国籍	1,641	86.7
自国籍	1,090	35.6	アルバニア	481	4.4	外国籍	252	13.3
外国籍	1,976	64.4	ブルガリア	76	0.7	リヒテンシュタイン a (15)		
サウジアラビア (10)			ルーマニア	47	0.4	総数	38	100.0
総数	27,236	100.0	スイス a (11)			自国籍	25	66.0
自国籍	18,777	68.9	総数	7,955	100.0	外国籍	13	34.0
外国籍	8,460	31.1	自国籍	6,139	77.2	ルクセンブルク a (11)		
バーレーン a (20)			外国籍	1,816	22.8	総数	512	100.0
総数	1,502	100.0	イタリア	288	3.6	自国籍	292	57.0
自国籍	712	47.4	ドイツ	275	3.5	外国籍	221	43.0
外国籍	789	52.6	ポルトガル	224	2.8	ポルトガル	82	16.1
香港 *a (16)			スペイン a (11)			フランス	31	6.1
総数	7,337	100.0	総数	46,816	100.0	イタリア	18	3.5
自国籍	6,768	92.3	自国籍	41,563	88.8	ベルギー	17	3.3
外国籍 g	568	7.7	外国籍	5,253	11.2	ガボン (13)		
フィリピン	187	2.5	モロッコ	755	1.6	総数	1,811	100.0
アイルランド (11)			ルーマニア	748	1.6	自国籍	1,458	80.5
総数 f	4,588	100.0	エクアドル	365	0.8	外国籍	353	19.5
自国籍	3,942	85.9	スロベニア a (21)			オーストラリア a (16)		
外国籍	590	12.9	総数	2,109	100.0	総数 f	23,402	100.0
イギリス	126	2.7	自国籍	1,940	92.0	自国籍	19,279	82.4
ポーランド	125	2.7	外国籍	169	8.0	外国籍	2,507	10.7

a 常住人口。　b 総務省統計局「国勢調査結果」による。　c 日本人・外国人の別「不詳」を含む。　d 無国籍及び国名不詳を含む。　e 政府管理地域のみ。　f 国籍不詳を含む。　g 中国籍以外。　h チャネル諸島及びマン島を除く。　j 無国籍を含む。　k 海外県を含む。　m 西サハラを含む。

2-10　民族別人口

国(地域)・民族	人口 (1,000人)	割合 (%)	国(地域)・民族	人口 (1,000人)	割合 (%)	国(地域)・民族	人口 (1,000人)	割合 (%)
インドネシア ab (10)			香港 *ac (16)			ルーマニア a (11)		
総数	236,728	100.0	総数	7,337	100.0	総数	20,122	100.0
ジャワ人	95,217	40.2	中国人	6,768	92.3	ルーマニア人	16,793	83.5
スンダ人	36,702	15.5	フィリピン人	187	2.5	ハンガリー人	1,228	6.1
バンジャール人	9,493	4.0	インドネシア人	160	2.2	ロマ人	622	3.1
マドゥラ人	7,179	3.0	マレーシア a (10)			ウクライナ人	51	0.3
カザフスタン (09)			総数	28,334	100.0	ドイツ人	36	0.2
総数	16,010	100.0	マレー系	17,524	61.8	トルコ人	28	0.1
カザフ人	10,097	63.1	中国人	6,393	22.6	ロシア a (10)		
ロシア人	3,794	23.7	インド人	1,908	6.7	総数	142,857	100.0
ウズベク人	457	2.9	アメリカ合衆国 a (20)			ロシア人	111,017	77.7
ウクライナ人	333	2.1	総数	331,449	100.0	タタール人	5,311	3.7
ウイグル族	225	1.4	白人	204,277	61.6	ウクライナ人	1,928	1.3
タタール人	204	1.3	黒人・アフリカ系	41,104	12.4	バシキール人	1,585	1.1
ドイツ人	178	1.1	二人種以上の混血	33,849	10.2	チュヴァシ人	1,436	1.0
韓国人	100	0.6	アジア系	19,886	6.0	チェチェン人	1,431	1.0
トルコ人	97	0.6	先住民	4,417	1.3	ガーナ f (10)		
アゼルバイジャン人	85	0.5	カナダ ad (16)			総数	23,824	100.0
ジョージア a (14)			総数	34,460	100.0	アカン族	11,322	47.5
総数	3,714	100.0	英国系	11,212	32.5	グルマ族	3,963	16.6
ジョージア系	3,225	86.8	カナダ系	11,136	32.3	ガダンメ族	3,323	13.9
アゼルバイジャン系	233	6.3	アジア系	6,095	17.7	エウェ族	1,766	7.4
アルメニア系	168	4.5	フランス系	4,681	13.6	グアン族	1,364	5.7
シンガポール *a (20)			ブラジル a (10)			ケニア (09)		
総数	4,044	100.0	総数	190,756	100.0	総数	38,610	100.0
中国人	3,007	74.3	白人	91,052	47.7	キクユ族	6,623	17.2
マレー人	545	13.5	混血	82,277	43.1	ルヒヤ族	5,339	13.8
インド人	362	9.0	黒人	14,518	7.6	カレンジン族	4,967	12.9
スリランカ a (12)			アジア人	2,084	1.1	ルオ族	4,044	10.5
総数	20,359	100.0	ボリビア (12)			カンバ族	3,893	10.1
シンハラ人	15,250	74.9	総数	10,060	100.0	リベリア (08)		
スリランカタミル人	2,269	11.1	ケチュア人	1,837	18.3	総数	3,477	100.0
スリランカムーア人	1,893	9.3	アイマラ人	1,599	15.9	クペレ族	706	20.3
インドタミル人	840	4.1	クロアチア a (11)			バサ族	466	13.4
中国 a (10)			総数	4,285	100.0	グレボ族	349	10.0
総数	1,332,811	100.0	クロアチア人	3,874	90.4	ギオ族	277	8.0
漢(ハン)族	1,220,845	91.6	セルビア人	187	4.4	マノ族	273	7.9
壮(チワン)族	16,926	1.3	チェコ a (11)			オーストラリア a (16)		
回(フイ)族	10,586	0.8	総数	10,437	100.0	総数	23,402	100.0
満州(マンチュウ)族	10,388	0.8	チェコ人	6,712	64.3	英国系	7,812	33.4
ウイグル族	10,069	0.8	モラビア人	522	5.0	オーストラリア系	4,833	20.7
苗(ミャオ)族	9,426	0.7	スロバキア人	147	1.4	アイルランド系	1,244	5.3
彝(イ)族	8,714	0.7	ハンガリー (11)			中国系	1,126	4.8
土家(トゥチャ)族	8,354	0.6	総数	9,938	100.0	スコットランド系	894	3.8
蔵(チベット)族	6,282	0.5	ハンガリー人 e	8,504	85.6	イタリア系	761	3.2
ネパール a (11)			ロマ人 e	316	3.2	ニュージーランド a (18)		
総数	26,495	100.0	ドイツ人 e	186	1.9	総数	4,700	100.0
チェトリ族	4,398	16.6	ルーマニア人 e	36	0.4	ニュージーランド	3,013	64.1
ブラーマン族	3,227	12.2	スロバキア人 e	35	0.4	・ヨーロピアン		
マガール族	1,888	7.1	クロアチア人 e	27	0.3	マオリ人	776	16.5

a 常住人口。　b インドネシア国籍を有する者のみ。　c 国籍別人口。　d 25%の標本調査。　e 複数回答を含む。
f ガーナ出生者及びガーナ国籍を有する二重国籍者のみ。

2-11　言語別人口

国（地域）・言語	人口 (1,000人)	割合 (%)	国（地域）・言語	人口 (1,000人)	割合 (%)	国（地域）・言語	人口 (1,000人)	割合 (%)
インドネシア ab (10)			ペルー e (17)			ラトビア a (11)		
総数	214,063	100.0	総数	27,946	100.0	総数	2,070	100.0
ジャワ語	68,222	31.9	スペイン語	23,178	82.9	ラトビア語	1,165	56.3
インドネシア語	42,766	20.0	ケチュア語	3,800	13.6	ロシア語	699	33.8
スンダ語	32,439	15.2	アイマラ語	450	1.6	リトアニア a (11)		
ジョージア a (14)			ボリビア (12)			総数	3,026	100.0
総数	3,714	100.0	総数	10,060	100.0	リトアニア語	2,584	85.4
ジョージア語	3,255	87.6	スペイン語	6,173	61.4	ロシア語	218	7.2
アゼルバイジャン語	231	6.2	ケチュア語	1,613	16.0	ポーランド語	161	5.3
アルメニア語	145	3.9	アイマラ語	998	9.9	ルーマニア a (11)		
シンガポール *ac (20)			グアラニー語	52	0.5	総数	20,122	100.0
総数	1,875	100.0	クロアチア a (11)			ルーマニア語	17,177	85.4
中国語・英語	1,584	84.5	総数	4,285	100.0	ハンガリー語	1,260	6.3
二言語	675	36.0	クロアチア語	4,096	95.6	ロシア ag (10)		
中国語	438	23.4	セルビア語	53	1.2	総数	142,857	100.0
英語	362	19.3	イタリア語	19	0.4	ロシア語	137,495	96.2
三言語以上	238	12.7	アルバニア語	17	0.4	英語	7,574	5.3
マレー語	46	2.4	ボスニア語	17	0.4	タタール語	4,281	3.0
ネパール a (11)			ロマ語	14	0.3	ドイツ語	2,070	1.4
総数	26,495	100.0	スイス ac (11)			チェチェン語	1,355	0.9
ネパール語	11,827	44.6	総数	7,685	100.0	ガーナ h (10)		
マイティリー語	3,093	11.7	ドイツ語	4,304	56.0	総数	23,824	100.0
ボージュプリー語	1,585	6.0	フランス語	1,478	19.2	アサンテ方言	3,821	16.0
タルー語	1,530	5.8	イタリア語	554	7.2	エウェ語	3,323	13.9
タマン語	1,353	5.1	英語	287	3.7	ファンティ語	2,757	11.6
ネワール語	847	3.2	スロバキア a (11)			南アフリカ (11)		
バッジカ語	793	3.0	総数	5,397	100.0	総数	50,961	100.0
マガル語	789	3.0	スロバキア語	4,240	78.6	ズールー語	11,587	22.7
香港 *ab (16)			ハンガリー語	509	9.4	コサ語	8,154	16.0
総数	7,049	100.0	ロマ語	123	2.3	アフリカーンス語	6,855	13.5
広東語	6,265	88.9	ルテニア語	55	1.0	英語	4,893	9.6
英語	300	4.3	チェコ語	35	0.7	ペディ語	4,619	9.1
中国語（広東語以外）	221	3.1	チェコ a (11)			ツワナ語	4,067	8.0
カナダ a (16)			総数	10,437	100.0	ソト語	3,850	7.6
総数	34,767	100.0	チェコ語	9,263	88.8	オーストラリア a (16)		
英語	25,898	74.5	スロバキア語	154	1.5	総数	23,402	100.0
フランス語	8,152	23.4	ハンガリー f (11)			英語	17,020	72.7
中国語	1,290	3.7	総数	9,938	100.0	中国語	928	4.0
セム語	612	1.8	ハンガリー語	8,409	84.6	アラビア語	322	1.4
パンジャブ語	568	1.6	ロマ語	54	0.5	ベトナム語	277	1.2
スペイン語	554	1.6	フィンランド a (21)			イタリア語	272	1.2
タガログ語	525	1.5	総数	5,534	100.0	ギリシャ語	238	1.0
アラビア語	514	1.5	フィンランド語	4,811	86.9	ヒンディー語	160	0.7
イタリア語	318	0.9	スウェーデン語	288	5.2	スペイン語	141	0.6
メキシコ d (10)			ポーランド a (11)			ニュージーランド a (18)		
総数	106,179	100.0	総数	38,045	100.0	総数	4,700	100.0
ナワトル語	1,587	1.5	ポーランド語	37,375	98.2	英語	4,482	95.4
マヤ語	796	0.8	シレジア語	522	1.4	マオリ語	186	4.0
ミシュテカ語	494	0.5	カシューブ語	107	0.3	サモア語	102	2.2

a 常住人口。　b 5歳以上人口。　c 15歳以上人口。　d 先住民族言語の話者及び3歳以上人口。　e 3歳以上人口。
f 母語が2つの者を含む。　g 複数回答を含む。　h ガーナ出生者及びガーナ国籍を有する二重国籍者のみ。

2-12　人口動態(1)

国（地域）	年次	出生数	率 (人口千対)	死亡数	率 (人口千対)	自然 増減率 (人口千対)	乳児 死亡数	率 (出生千対)
アジア								
日本 a	21	811,622	6.6	1,439,856	11.7	-5.1	1,399	1.7
アゼルバイジャン	21	112,284	11.1	76,878	7.6	3.5	840	7.5
アラブ首長国連邦	20	97,572	10.5	10,357	1.1	9.4	390	4.0
イエメン	20	* 387,658	...	* 46,662	...	...	...	...
イスラエル b	21	185,056	...	50,676	...	...	498	2.7
イラク	20	* 1,011,999	...	*c 142,766	c ...	...	*c 18,611	c ...
イラン	20	1,114,128	13.4	488,132	5.9	7.5	5,859	5.3
インド d	19	* 24,820,886	* 19.7	* 7,641,076	* 6.0	...	* 165,257	* 30.0
ウズベキスタン	21	905,211	26.1	174,541	5.0	21.1	8,206	9.1
オマーン	21	82,224	18.2	* 12,649	...	...	669	8.1
カザフスタン	21	446,491	23.5	* 182,403	...	...	3,732	8.4
カタール	21	* 22,922	* 8.3	* 2,738	* 1.0	7.3	e 153	e 5.3
韓国	20	272,337	5.3	304,948	5.9	-0.6	674	2.5
北朝鮮	08	345,630	14.4	216,616	9.0	5.4	6,686	19.3
クウェート	20	52,463	11.8	10,569	2.4	9.4	365	7.0
サウジアラビア	17	* 488,130	15.0	* 58,915	1.8	13.2	* 6,608	13.5
シンガポール	21	38,672	9.7	24,292	6.1	3.6	e 71	e 1.8
スリランカ	21	* 284,848	* 12.9	* 163,936	* 7.4	5.5	*f 2,845	*f 8.5
タイ	20	* 569,338	...	* 489,717	...	...	* 2,876	...
中国	21	* 10,620,000	7.5	* 10,140,000	7.2	0.3	...	...
トルコ	21	1,079,842	12.8	g 435,941	g 5.3	g 9.1	g 10,770	g 9.1
パキスタン h	07	3,830,973	23.5	1,019,533	6.3	...	288,192	75.2
バングラデシュ	20	* 3,040,667	...	* 852,254	...	...	* 64,080	...
フィリピン	21	1,364,739	12.4	879,429	8.0	4.4	g 21,723	g 13.0
ベトナム	21	...	...	625,455	6.3	...	j 21,223	j 16.0
香港	21	36,953	5.0	e 50,666	e 6.8	e -1.0	e 81	e 1.9
マレーシア	20	470,195	14.4	166,507	5.1	9.3	2,696	5.7
ミャンマー	19	* 853,432	...	* 283,570	...	...	* 9,713	...
レバノン	14	104,872	...	27,020	...	...	...	...
北アメリカ								
アメリカ合衆国	21	3,664,292	11.0	e 3,383,729	e 10.2	e 0.7	g 20,921	g 5.6
カナダ	20	358,604	9.4	307,205	8.1	1.4	1,622	4.5
キューバ	21	99,096	8.9	167,645	15.0	-6.1	753	7.6
グアテマラ	20	341,212	20.2	96,001	5.7	14.5	5,075	14.9
ドミニカ共和国	21	* 157,084	...	* 47,799	...	...	* 585	...
パナマ	21	* 64,437	* 14.9	* 23,152	* 5.3	9.5	* 767	* 11.9
メキシコ	21	e 1,629,211	e 12.7	1,117,167	8.7	e 4.3	e 19,133	e 11.7
南アメリカ								
アルゼンチン	19	625,441	13.9	341,728	7.6	6.3	5,745	9.2
エクアドル	20	* 265,437	...	* 115,516	...	...	* 2,554	...
コロンビア	21	* 609,739	...	* 361,017	...	...	* 6,677	...
チリ	20	* 194,952	* 10.0	* 125,833	* 6.5	3.6	g 1,371	g 6.5
ブラジル	20	2,678,992	12.7	1,513,575	7.1	5.5	25,988	9.7
ベネズエラ	17	* 579,349	...	190,236	6.1	...	11,671	...
ペルー	21	* 462,550	...	* 248,371	...	...	* 4,508	...
ボリビア	19	* 241,879	...	* 49,968	...	...	* 2,344	...

2-12　人口動態(2)

国（地域）	年次	出生数	率 (人口千対)	死亡数	率 (人口千対)	自然 増減率 (人口千対)	乳児 死亡数	率 (出生千対)
ヨーロッパ								
アイルランド	21	58,443	11.7	33,055	6.6	5.1	e 166	e 3.0
イギリス k	20	681,321	10.2	688,595	10.3	-0.1	2,609	3.8
イタリア	21	* 399,431	* 6.7	* 709,035	* 12.0	-5.2	e 952	e 2.4
ウクライナ	21	271,983	6.6	714,263	17.2	-10.7	1,971	7.2
オーストリア	21	86,078	9.6	91,962	10.3	-0.7	235	2.7
オランダ	21	179,441	10.3	170,972	9.8	0.5	597	3.3
ギリシャ	21	* 85,303	* 8.0	* 143,329	* 13.4	-5.4	e 275	e 3.2
スイス	21	89,644	10.3	71,192	8.2	2.1	e 313	e 3.6
スウェーデン	21	114,263	11.0	91,958	8.9	2.1	211	1.8
スペイン	21	* 336,247	* 7.1	* 449,270	* 9.5	-2.4	e 883	e 2.6
スロバキア	21	56,565	10.4	73,461	13.5	-3.1	g 292	g 5.1
スロベニア	21	18,984	9.0	23,261	11.0	-2.0	35	1.8
セルビア m	21	62,180	9.0	136,622	19.9	-10.8	293	4.7
チェコ	21	111,793	10.6	139,891	13.3	-2.7	e 249	e 2.3
デンマーク n	21	63,473	10.8	57,152	9.8	1.1	198	3.1
ドイツ	21	795,517	9.6	1,023,687	12.3	-2.7	2,368	3.0
ノルウェー	21	56,060	10.4	42,002	7.8	2.6	e 92	e 1.7
ハンガリー	21	94,003	9.7	155,621	16.0	-6.3	309	3.3
フィンランド	21	49,594	9.0	57,659	10.4	-1.5	ep 83	e 1.8
フランス	20	696,664	10.7	654,599	10.0	0.6	2,351	3.4
ブルガリア	21	58,678	8.5	148,995	21.5	-13.1	326	5.6
ベラルーシ	19	87,602	9.3	120,470	12.8	-3.5	213	2.4
ベルギー	21	118,349	10.2	112,331	9.7	0.5	e 372	e 3.3
ポーランド	21	331,511	8.8	519,517	13.7	-5.0	g 1,412	g 3.8
ポルトガル	21	79,582	7.7	124,802	12.1	-4.4	191	2.4
ルーマニア	21	* 178,496	* 9.3	* 334,473	* 17.4	-8.1	1,008	5.6
ルクセンブルク	21	6,690	10.5	4,489	7.0	3.4	e 29	e ...
ロシア r	21	1,402,834	9.6	2,445,509	16.7	...	c 9,557	c 5.7
アフリカ								
アルジェリア	19	c 1,059,514	c 25.4	*c 174,168	c ...	c ...	* 21,030	...
エジプト	21	* 2,147,133	* 21.0	* 732,086	* 7.2	13.9	e 35,197	e 15.7
エチオピア	07	2,218,457	28.8	839,038	10.9	...	160,733	72.5
ガーナ	13	* 463,409	...	* 51,466	...	...	s 28,068	s 45.0
ケニア	20	* 1,138,667	...	* 184,185	...	...	* 18,795	...
コートジボワール	18	* 635,924	...	* 46,385	...	...	t 44,530	t 52.9
チュニジア	21	160,268	13.6	* 107,006	...	...	...	...
ナイジェリア	07	* 1,807,025	...	...	...	...	...	...
南アフリカ	20	987,159	16.6	*u 452,345	u ...	...	*u 19,908	u ...
モロッコ	18	623,036	17.7	* 141,207	...	...	* 4,003	...
オセアニア								
オーストラリア	20	294,369	11.5	161,300	6.3	5.2	943	3.2
ニュージーランド	21	58,659	11.5	34,932	6.8	4.6	273	4.7

a 厚生労働省「令和3年 人口動態調査」による。　b 東エルサレム及び1967年6月以降の占領地の自国民を含む。
c 2017年。　d ジャム・カシミールを含む。　e 2020年。　f 2015年。　g 2019年。　h ジャム・カシミールを除く。
j 2007年。　k チャネル諸島・マン島を除く。　m コソボ・メトヒヤを除く。　n フェロー諸島・グリーンランドを除く。
p オーランド諸島を除く。　r クリミア及びセバストポリを含む。　s 2010年。　t 2014年。　u 2018年。

2-13　出生率の推移

(単位：1,000人当たり)

国（地域）	1985	1990	1995	2000	2005	2010	2015	2020	2025	2035
世界	27.9	26.8	23.3	21.8	20.7	20.3	19.2	17.2	16.4	15.5
先進国	14.3	13.5	11.5	11.1	11.2	11.4	10.9	9.5	9.4	9.3
開発途上国	31.9	30.4	26.3	24.3	22.9	22.2	20.9	18.7	17.7	16.5
アジア										
日本	11.7	9.9	9.6	9.6	8.6	8.6	8.0	6.6	6.7	7.0
イラン	41.8	32.5	20.4	16.4	16.2	17.8	19.4	14.2	12.1	10.6
インド	34.6	31.8	29.4	27.0	23.9	21.4	18.8	16.6	15.8	13.9
インドネシア	29.2	25.5	23.8	21.9	20.7	20.2	18.4	16.6	15.6	14.4
韓国	17.3	15.7	15.3	12.5	9.0	9.3	8.4	5.7	5.7	5.4
サウジアラビア	39.3	34.4	30.0	27.7	23.1	21.9	19.5	18.2	15.6	13.5
タイ	22.2	19.7	17.6	13.5	12.7	11.9	10.6	9.2	8.5	7.8
中国	22.8	24.4	15.5	13.8	12.8	13.3	12.5	8.6	7.3	7.1
トルコ	29.5	25.9	24.0	21.4	18.9	17.7	17.9	15.0	13.6	11.7
パキスタン	44.2	43.1	39.2	35.8	32.9	32.1	29.7	28.0	26.2	23.5
バングラデシュ	40.7	35.0	30.5	29.0	25.5	21.4	19.2	18.1	16.8	13.9
フィリピン	34.9	33.3	31.3	28.8	27.0	25.5	23.3	22.0	20.8	18.3
ベトナム	32.0	28.5	22.1	18.0	17.5	16.9	16.8	15.4	13.7	12.0
北アメリカ										
アメリカ合衆国	15.8	16.7	14.7	14.5	14.1	13.0	12.3	11.0	11.0	10.9
カナダ	15.0	15.5	12.9	10.6	10.5	11.0	10.4	9.8	9.9	9.5
メキシコ	32.4	29.3	26.9	24.2	21.9	20.2	18.0	15.6	14.1	12.7
南アメリカ										
アルゼンチン	22.6	22.0	21.0	19.4	18.4	17.9	17.3	14.1	13.4	12.6
コロンビア	29.1	27.4	24.9	22.1	19.3	16.9	15.6	14.4	13.2	11.2
ブラジル	29.0	24.8	22.3	19.8	17.3	15.5	14.7	13.1	12.1	10.8
ヨーロッパ										
イギリス	13.3	13.9	12.6	11.5	11.9	12.8	12.0	10.1	9.9	9.7
イタリア	10.2	10.0	9.2	9.5	9.6	9.4	7.9	6.9	6.9	7.1
ウクライナ a	15.3	12.8	9.7	7.8	9.2	10.9	10.7	7.7	6.2	7.8
オランダ	12.3	13.2	12.4	12.9	11.5	11.1	10.1	9.9	10.4	9.8
スイス	11.5	12.3	11.6	10.8	9.8	10.2	10.4	10.1	9.6	8.6
スウェーデン	11.8	14.4	11.6	10.2	11.3	12.2	11.7	10.9	10.5	10.0
スペイン b	11.9	10.3	9.1	9.8	10.6	10.5	9.0	7.4	7.3	7.3
ドイツ	10.6	11.3	9.4	9.3	8.3	8.3	9.0	9.1	8.9	8.1
フランス	13.8	13.3	12.5	13.1	12.7	12.8	11.8	10.6	10.3	10.2
ポーランド	18.2	14.3	11.3	9.9	9.6	10.9	9.8	9.7	9.4	7.9
ロシア	17.0	13.5	9.4	8.9	10.5	12.7	13.4	9.9	9.2	9.3
アフリカ										
アルジェリア	38.7	30.8	24.8	19.5	21.2	24.5	25.4	22.4	18.0	14.9
ウガンダ	49.9	51.4	50.9	48.6	46.0	43.1	39.4	37.3	34.1	28.0
エジプト	38.0	33.2	29.0	27.0	26.0	27.2	28.1	23.1	21.1	19.9
エチオピア	51.0	50.1	47.6	44.5	41.0	36.5	33.4	32.8	30.2	25.2
ケニア	46.9	43.5	40.4	39.9	38.5	35.4	31.0	28.0	26.9	24.2
コンゴ民主共和国	46.5	46.0	47.1	45.0	44.2	44.5	43.6	42.3	40.7	36.7
スーダン	45.8	43.1	40.3	38.1	35.9	37.5	36.4	34.2	31.5	27.7
タンザニア c	46.1	43.8	42.5	42.1	42.1	39.7	38.7	36.7	34.2	30.2
ナイジェリア	45.2	43.8	43.7	43.5	43.1	42.1	39.5	37.5	35.5	31.0
南アフリカ	35.7	31.1	26.5	20.7	21.9	22.3	21.3	20.3	18.1	16.1
オセアニア										
オーストラリア d	15.6	15.4	14.2	13.1	13.1	13.7	12.9	11.6	11.3	10.4
ニュージーランド	15.9	17.8	15.6	14.7	13.9	14.6	13.1	12.5	12.0	10.6

a クリミアを含む。　b カナリア諸島、セウタ及びメリリャを含む。　c ザンジバルを含む。　d クリスマス島、ココス（キーリング）諸島及びノーフォーク島を含む。

2-14　女性の年齢別出生率

国（地域）	年次	合計特殊出生率	年齢別出生率（1,000人当たり）						
			19歳以下	20～24歳	25～29歳	30～34歳	35～39歳	40～44歳	45歳以上
香港	19	0.84	1.8	12.8	40.8	65.1	38.6	8.8	0.6
韓国	18	0.96	1.0	8.1	39.9	89.5	45.9	6.4	0.2
ウクライナ	19	1.12	15.7	62.2	68.7	47.3	23.4	5.3	0.5
スペイン	19	1.23	6.0	24.0	49.9	84.4	64.1	16.7	1.5
イタリア	19	1.26	3.7	23.6	60.5	87.8	60.1	15.6	1.5
シンガポール	19	1.30	2.5	13.4	64.9	108.1	59.6	11.4	0.5
ギリシャ	19	1.32	8.4	26.0	61.3	93.5	57.1	14.7	2.3
日本	20	1.33	2.5	23.0	74.7	97.3	55.3	11.8	0.4
キプロス	19	1.34	6.7	26.9	64.4	93.9	60.5	14.8	1.7
フィンランド	19	1.36	4.1	34.0	76.0	92.2	52.1	12.3	1.0
ルクセンブルク	19	1.36	4.0	23.7	60.1	98.3	67.6	16.9	1.6
ポルトガル	19	1.41	7.6	33.3	68.1	95.9	61.8	15.1	0.9
ポーランド	19	1.43	9.3	46.4	96.1	85.1	39.8	8.2	0.4
ベラルーシ	18	1.46	11.6	73.8	92.9	71.6	34.4	6.7	0.3
オーストリア	19	1.47	5.2	36.0	83.7	99.3	55.9	12.3	0.8
クロアチア	19	1.47	8.8	40.2	85.5	97.6	50.4	10.5	0.6
カナダ	19	1.47	6.2	31.8	80.8	105.1	57.1	12.3	0.8
スイス	19	1.48	2.0	23.2	74.6	112.0	68.1	15.4	1.1
ラトビア	20	1.53	10.6	53.7	88.5	88.3	50.7	13.1	0.8
ノルウェー	19	1.54	2.3	28.8	93.7	114.4	57.0	11.9	0.8
ドイツ	19	1.55	6.9	34.0	82.2	109.5	62.7	13.6	0.7
ハンガリー	19	1.55	21.1	48.4	82.8	94.0	51.5	11.4	0.6
キューバ	19	1.56	51.0	93.1	81.4	56.3	25.7	4.6	0.3
スロバキア	19	1.57	26.9	57.7	91.4	87.8	41.2	7.9	0.4
ブルガリア	19	1.58	39.3	69.3	91.3	72.8	34.0	7.7	0.8
スロベニア	20	1.58	4.2	40.8	108.7	105.9	46.7	9.8	0.4
チリ	18	1.59	23.2	65.7	81.8	77.5	53.8	14.3	0.8
オランダ	19	1.59	2.5	23.9	90.0	127.0	62.3	11.3	0.5
ロシア	11	1.59	25.2	85.1	101.2	68.6	31.8	6.3	0.3
リトアニア	19	1.61	10.1	43.5	102.7	104.2	51.4	10.2	0.3
オーストラリア	19	1.67	8.6	39.7	83.8	114.8	69.5	15.6	1.1
エストニア	19	1.67	8.5	46.6	102.6	101.3	58.7	15.7	1.1
イラン	19	1.67	27.6	80.2	93.3	74.6	43.9	13.8	1.3
イギリス	18	1.68	11.8	49.5	89.6	106.5	63.6	14.5	1.0
デンマーク	19	1.70	2.0	29.0	106.9	127.8	60.8	12.5	0.8
アイルランド	19	1.70	5.5	32.3	69.2	117.6	91.4	22.5	1.9
チェコ	19	1.71	9.8	49.7	107.9	111.4	52.5	9.9	0.8
アメリカ合衆国	18	1.73	17.4	68.0	95.3	99.7	52.6	11.8	0.8
スウェーデン	19	1.73	3.4	37.6	100.5	121.5	66.3	15.1	1.2
ルーマニア	19	1.76	35.9	73.7	109.1	86.4	38.3	8.0	0.5
マレーシア	19	1.78	8.2	42.0	101.0	111.3	70.5	21.5	1.6
メキシコ	18	1.84	58.3	102.0	94.7	68.0	36.0	9.3	0.7
アルゼンチン	19	1.85	41.3	84.5	87.5	81.9	55.8	16.6	1.4
トルコ	19	1.87	17.5	82.0	121.6	93.6	47.3	11.3	1.0
フランス	14	2.04	8.6	55.9	131.6	131.1	65.0	14.5	0.9
イスラエル	19	3.01	7.6	98.6	172.2	178.6	110.2	31.4	3.3
エジプト	12	3.48	23.8	403.8	127.5	86.0	41.3	12.2	2.3
ギニア	14	5.16	105.6	194.3	227.6	204.4	155.4	90.0	54.9

2-15　死亡率の推移

(単位：1,000人当たり)

国（地域）	1985	1990	1995	2000	2005	2010	2015	2020	2025	2035
世界	10.0	9.3	8.9	8.5	8.1	7.8	7.5	8.1	7.6	8.2
先進国	9.8	9.7	10.4	10.3	10.3	10.0	10.1	11.3	10.4	11.3
開発途上国	10.1	9.2	8.6	8.0	7.6	7.3	7.0	7.4	7.0	7.7
アジア										
日本	6.5	7.0	7.8	8.1	9.1	10.1	11.0	12.1	13.0	14.3
イラン	8.8	7.2	5.5	5.2	5.0	5.1	4.8	5.6	5.2	6.5
インド	12.1	10.7	9.6	8.7	7.9	7.4	6.7	7.4	6.7	7.4
インドネシア	8.9	8.1	7.5	7.4	7.3	7.4	7.5	9.0	7.7	8.8
韓国	6.0	5.3	5.3	5.0	5.1	5.2	5.5	6.2	7.4	10.0
サウジアラビア	6.2	4.8	4.0	3.5	2.9	2.5	2.5	2.9	3.0	4.1
タイ	6.2	5.6	6.0	6.0	6.3	6.3	6.7	7.3	7.9	9.7
中国	7.1	7.0	6.3	6.2	6.2	6.5	6.8	7.3	7.8	9.7
トルコ	8.0	6.8	6.2	5.6	5.4	5.3	5.1	6.4	5.4	6.4
パキスタン	11.4	10.7	10.2	8.8	8.4	7.6	7.1	7.1	6.6	6.6
バングラデシュ	13.7	11.7	9.5	6.9	6.4	6.1	5.8	5.8	5.4	5.9
フィリピン	7.8	6.8	5.9	5.7	5.5	5.6	5.7	5.6	5.7	6.5
ベトナム	7.6	6.8	5.9	5.8	5.9	6.2	6.4	6.2	7.0	8.2
北アメリカ										
アメリカ合衆国	8.8	8.6	8.7	8.5	8.2	8.0	8.3	9.7	8.7	9.7
カナダ	7.0	7.0	7.2	7.1	7.2	7.1	7.4	8.1	8.0	9.0
メキシコ	6.3	5.8	5.3	5.0	5.1	5.6	6.0	9.3	6.8	7.6
南アメリカ										
アルゼンチン	8.5	7.7	7.5	7.6	7.4	7.7	7.5	8.5	7.5	7.9
コロンビア	6.5	5.8	5.6	5.4	5.1	4.9	5.2	6.6	5.7	6.9
ブラジル	7.8	7.2	6.7	6.4	6.1	6.2	6.4	7.4	7.0	8.1
ヨーロッパ										
イギリス	11.9	11.2	11.1	10.3	9.6	9.0	9.2	10.1	9.2	9.9
イタリア	9.7	9.6	9.8	9.8	9.7	9.7	10.7	12.0	11.0	12.1
ウクライナ a	12.1	12.2	15.5	15.5	16.6	15.3	13.2	15.9	13.7	14.9
オランダ	8.5	8.6	8.8	8.8	8.4	8.2	8.7	9.6	9.2	10.6
スイス	9.2	9.5	9.0	8.7	8.2	8.0	8.2	8.8	8.2	9.2
スウェーデン	11.2	11.1	10.7	10.5	10.2	9.7	9.3	9.5	8.7	9.7
スペイン b	8.1	8.5	8.6	8.8	8.9	8.2	9.1	10.4	9.3	10.4
ドイツ	12.0	11.6	10.9	10.3	10.2	10.6	11.3	11.7	11.5	12.0
フランス	10.0	9.3	9.2	9.1	8.7	8.7	9.1	10.2	9.5	10.3
ポーランド	10.3	10.2	10.0	9.6	9.5	9.8	10.3	12.3	10.5	12.0
ロシア	11.4	11.0	15.4	15.5	16.2	14.3	13.0	14.2	12.2	13.2
アフリカ										
アルジェリア	7.6	5.7	5.7	5.0	4.9	4.8	4.4	5.4	4.4	5.1
ウガンダ	18.9	18.1	17.3	15.3	11.6	8.8	6.6	5.9	5.4	5.1
エジプト	10.4	8.2	7.0	6.4	6.2	6.0	5.8	5.9	5.5	5.9
エチオピア	26.8	20.1	16.9	14.8	12.2	9.0	7.2	6.6	5.8	5.4
ケニア	8.8	9.3	10.4	10.7	9.1	7.6	7.4	7.5	7.0	7.0
コンゴ民主共和国	18.2	16.8	15.7	14.6	13.1	11.7	10.4	9.5	8.6	7.7
スーダン	17.7	14.8	13.2	9.7	10.1	7.6	7.0	6.7	6.4	6.4
タンザニア c	15.0	14.5	14.4	13.3	10.9	8.9	7.0	6.2	5.4	4.9
ナイジェリア	18.8	18.6	18.9	17.5	15.9	14.6	13.8	13.0	12.0	10.8
南アフリカ	8.7	8.0	8.4	10.2	13.2	11.3	9.3	9.4	8.6	9.5
オセアニア										
オーストラリア d	7.5	7.0	7.0	6.8	6.5	6.5	6.6	6.4	6.9	7.8
ニュージーランド	8.4	7.9	7.6	6.9	6.6	6.6	6.6	6.4	6.9	8.1

a クリミアを含む。　b カナリア諸島、セウタ及びメリリャを含む。　c ザンジバルを含む。　d クリスマス島、ココス（キーリング）諸島及びノーフォーク島を含む。

2-16　男女別平均寿命・健康寿命（2019年）

（単位：年）

国（地域）	平均寿命			健康寿命			国（地域）	平均寿命			健康寿命		
	男女平均	男	女	男女平均	男	女		男女平均	男	女	男女平均	男	女
アジア							アイルランド	82	80	83	71	71	71
日本	84	81	87	74	73	75	イギリス	81	80	83	70	70	71
アフガニスタン	63	63	63	54	55	53	イタリア	83	81	85	72	71	73
アラブ首長国連邦	76	75	78	66	66	66	ウクライナ	73	68	78	64	61	68
イエメン	67	64	69	58	57	58	オーストリア	82	79	84	71	70	72
イスラエル	83	81	84	72	72	73	オランダ	82	80	83	71	71	72
イラク	72	70	75	63	62	64	ギリシャ	81	79	84	71	70	72
イラン	77	76	79	66	66	67	スイス	83	82	85	73	72	73
インド	71	70	72	60	60	60	スウェーデン	82	81	84	72	72	72
インドネシア	71	69	73	63	62	64	スペイン	83	81	86	72	71	73
ウズベキスタン	73	71	75	65	64	66	スロバキア	78	75	81	69	66	71
オマーン	74	73	75	65	65	65	チェコ	79	76	82	69	67	71
カザフスタン	74	70	78	65	62	67	デンマーク	81	80	83	71	71	71
韓国	83	80	86	73	71	75	ドイツ	82	79	85	71	70	72
カンボジア	70	67	73	62	60	63	ノルウェー	83	81	84	71	71	72
北朝鮮	73	69	76	65	63	67	ハンガリー	76	73	80	67	65	69
クウェート	81	79	84	70	70	71	フィンランド	82	79	84	71	70	72
サウジアラビア	74	73	76	64	64	64	フランス	82	80	85	72	71	73
シリア	73	71	74	63	62	63	ブルガリア	75	72	79	66	64	69
シンガポール	83	81	85	74	72	75	ベラルーシ	75	70	80	66	62	69
スリランカ	77	74	80	67	65	69	ベルギー	81	79	84	71	70	71
タイ	78	74	81	68	66	71	ポーランド	78	75	82	69	66	71
中国	77	75	80	69	67	70	ポルトガル	82	79	84	71	70	72
トルコ	79	76	81	68	68	69	ルーマニア	76	72	79	67	64	69
ネパール	71	69	73	61	61	62	ルクセンブルク	82	81	84	72	71	72
パキスタン	66	65	67	57	57	57	ロシア	73	68	78	64	61	68
バングラデシュ	74	73	76	64	64	64	**アフリカ**						
フィリピン	70	67	74	62	60	64	アルジェリア	77	76	78	66	67	66
ブルネイ	74	73	75	66	65	66	アンゴラ	63	61	66	55	54	56
ベトナム	74	70	78	65	62	68	エジプト	72	70	74	63	62	64
マレーシア	75	73	77	66	65	67	エスワティニ	58	53	63	50	47	54
ミャンマー	69	66	72	61	59	63	エチオピア	69	67	71	60	59	61
北アメリカ							ケニア	66	64	68	58	56	59
アメリカ合衆国	79	76	81	66	65	67	コートジボワール	63	61	66	55	53	56
カナダ	82	80	84	71	71	72	コンゴ民主共和国	62	60	65	54	53	55
キューバ	78	75	80	68	67	69	ザンビア	62	60	65	54	53	56
グアテマラ	72	69	75	62	60	64	シエラレオネ	61	60	62	53	53	53
ドミニカ共和国	73	70	76	64	62	66	スーダン	69	68	71	60	60	60
パナマ	79	77	82	69	67	70	ソマリア	56	54	59	50	48	51
メキシコ	76	73	79	66	64	67	タンザニア	67	65	69	58	58	59
南アメリカ							チャド	60	58	61	52	51	53
アルゼンチン	77	74	80	67	65	69	中央アフリカ	53	50	56	46	44	48
ウルグアイ	77	73	81	68	65	70	チュニジア	77	75	79	67	66	68
エクアドル	78	76	81	68	68	69	ナイジェリア	63	61	64	54	54	55
コロンビア	79	77	82	69	67	70	南アフリカ	65	62	68	56	55	58
チリ	81	78	83	70	69	71	モザンビーク	58	54	62	50	48	53
ブラジル	76	72	79	65	63	67	モロッコ	73	72	74	64	64	64
ベネズエラ	74	70	78	64	62	67	レソト	51	48	54	44	42	46
ペルー	80	78	81	70	69	70	**オセアニア**						
ヨーロッパ							オーストラリア	83	81	85	71	70	72
アイスランド	82	81	84	72	72	72	ニュージーランド	82	80	84	70	70	71

2-17　婚姻率・離婚率

（単位：1,000人当たり）

国（地域）	年次	婚姻率	離婚率	国（地域）	年次	婚姻率	離婚率
アジア				イギリス j	19	k 3.4	1.6
日本 a	21	4.1	1.5	イタリア	20	1.6	1.1
アゼルバイジャン	21	5.6	1.7	ウクライナ	20	4.0	2.9
アルメニア	20	4.1	1.1	エストニア	21	4.8	1.9
イスラエル b	20	4.3	1.7	オーストリア	21	4.6	1.6
イラン	20	6.7	2.2	オランダ	21	g 3.2	h 1.5
ウズベキスタン	21	8.8	1.1	北マケドニア	21	6.4	0.9
カザフスタン	21	7.4	2.5	ギリシャ	20	2.9	m 1.8
カタール	21	1.6	0.8	クロアチア	*21	5.1	1.2
韓国	21	3.8	2.0	スイス	20	4.1	1.9
キプロス c	19	9.0	2.6	スウェーデン	21	g 3.7	h 2.3
キルギス	21	7.6	1.8	スペイン	20	g 1.9	1.6
クウェート	21	3.8	d 1.3	スロバキア	21	4.8	1.5
ジョージア	21	6.2	2.9	スロベニア	21	2.8	1.1
シンガポール	21	7.1	1.9	セルビア n	21	4.8	1.4
タジキスタン	19	8.8	1.4	チェコ	21	4.5	2.0
トルコ	*21	6.7	2.1	デンマーク p	21	4.7	2.2
香港	20	3.7	...	ドイツ	20	r 5.0	1.7
モンゴル	21	4.8	1.0	ノルウェー	20	g 3.3	h 1.8
ヨルダン e	21	6.8	1.8	ハンガリー	21	7.4	1.9
北アメリカ				フィンランド	21	3.5	2.2
アメリカ合衆国	19	6.1	f 2.3	フランス	20	g 2.3	...
カナダ	20	...	* 1.1	ブルガリア	21	3.8	1.4
キューバ	21	3.7	1.6	ベラルーシ	21	6.4	3.7
グアテマラ	21	5.1	0.6	ベルギー	20	g 2.8	1.8
コスタリカ	21	* 4.7	2.8	ボスニア・ヘルツェゴビナ	19	5.4	0.8
ジャマイカ	18	6.1	1.2	ポーランド	20	3.8	1.3
ドミニカ共和国	21	4.3	2.7	ポルトガル	21	g 2.8	dh 1.7
パナマ	*21	2.1	0.8	マルタ	20	2.2	0.5
バハマ	17	* 9.5	...	モルドバ	*21	8.6	3.8
メキシコ	20	g 2.6	h 0.7	モンテネグロ	21	5.1	1.2
南アメリカ				ラトビア	21	d 5.6	2.5
アルゼンチン	19	2.7	...	リトアニア	21	6.0	2.8
ウルグアイ	21	2.3	d 0.7	ルーマニア	21	5.9	1.4
チリ	20	* 1.9	...	ルクセンブルク	20	g 2.9	2.3
ベネズエラ	17	2.6	0.7	**アフリカ**			
ペルー	20	1.4	0.2	エジプト	20	8.7	2.2
ヨーロッパ				モーリシャス s	21	6.5	1.7
アイスランド	20	5.0	1.9	**オセアニア**			
アイルランド	21	g 3.4	d 0.6	オーストラリア	20	3.1	1.9
アルバニア	20	6.2	1.5	ニュージーランド	21	g 3.1	h 1.2

a 厚生労働省「令和3年　人口動態調査」による。　b 東エルサレム及び1967年6月以降の占領地の自国民を含む。　c 政府管理地域のみ。　d 2020年。　e 1967年6月以降イスラエル軍によって占領されているヨルダン領を除く。外国人を除く。登録されたパレスチナ難民を含む。　f カリフォルニア州・ハワイ州・インディアナ州・ミネソタ州・ニューメキシコ州を除く。　g 同性婚を含む。　h 同性離婚を含む。　j チャネル諸島・マン島を除く。　k 2018年。　m 2017年。　n コソボ・メトヒヤを除く。　p フェロー諸島・グリーンランドを除く。　r 2019年。　s セントブランドン諸島・アガレガ諸島を除く。

2-18　国籍別正規入国外国人数

（単位：人）

国籍・地域	2017	2018	2019	2020	2021
総数	27,428,782	30,102,102	31,187,179	4,307,257	353,119
アジア					
アフガニスタン	3,075	3,245	3,298	1,543	1,808
インド	140,778	162,097	183,419	29,795	11,060
インドネシア	355,845	401,642	418,477	80,359	6,543
ウズベキスタン	4,714	5,869	5,677	1,394	1,722
韓国	7,405,519	7,818,552	5,878,280	545,655	36,171
スリランカ	32,191	32,118	32,835	10,314	3,798
タイ	1,013,280	1,159,431	1,350,160	228,760	5,670
台湾	4,351,147	4,543,362	4,667,445	691,113	8,606
中国 a	7,996,924	9,145,265	10,778,157	1,409,147	66,297
トルコ	20,435	21,333	24,332	3,592	1,829
ネパール	43,796	48,158	56,148	18,894	13,141
パキスタン	20,073	22,526	23,709	9,519	7,170
バングラデシュ	15,993	17,186	18,392	5,623	2,436
フィリピン	561,451	625,738	774,026	158,227	20,275
ベトナム	323,451	405,873	517,234	159,826	27,747
マレーシア	437,556	469,628	504,310	78,008	2,121
ミャンマー	26,204	27,792	34,799	12,157	1,882
モンゴル	24,989	29,401	33,439	7,367	2,073
北アメリカ					
アメリカ合衆国	1,401,463	1,551,242	1,746,614	230,068	27,288
カナダ	306,124	330,926	375,627	55,029	4,495
メキシコ	63,706	68,890	71,959	9,920	1,366
南アメリカ					
アルゼンチン	19,231	24,398	24,581	4,470	882
コロンビア	9,604	10,860	12,612	1,479	691
ブラジル	80,294	86,581	93,948	23,305	10,959
ペルー	15,132	16,643	17,883	5,771	2,707
ボリビア	1,767	1,824	2,040	580	463
ヨーロッパ					
イギリス b	378,108	402,385	507,779	73,636	8,760
イタリア	128,030	152,492	165,460	14,516	4,152
ウクライナ	8,040	9,407	11,095	1,809	1,417
オーストリア	21,225	24,393	27,690	3,726	977
オランダ	63,503	72,429	79,178	8,669	1,993
スイス	47,923	52,701	54,657	6,290	1,596
スウェーデン	51,695	54,829	54,914	7,876	1,285
スペイン	101,175	120,074	131,797	12,257	3,394
ドイツ	194,657	217,472	234,127	30,750	5,993
ハンガリー	9,466	10,763	13,060	1,397	1,095
フランス	275,552	312,330	344,772	45,116	8,468
ベルギー	32,401	34,825	39,779	4,239	1,230
ポーランド	29,246	35,213	39,128	4,167	1,513
ルーマニア	11,593	13,437	15,882	1,798	995
ロシア	82,778	100,140	125,596	23,318	5,735
アフリカ					
エジプト	4,670	5,309	6,765	1,475	1,376
ガーナ	1,903	2,178	2,277	622	656
ナイジェリア	2,781	3,198	3,827	1,214	1,273
南アフリカ	8,904	9,682	19,358	1,614	880
オセアニア					
オーストラリア	494,731	550,637	620,397	144,834	3,809
ニュージーランド	66,255	74,714	95,465	16,689	1,589
無国籍	943	849	902	149	38

a　中国国籍を有する者で、香港特別行政区（SAR）旅券を所持する者を含む。中国国籍を有する者で、中国及び香港を除く政府が発給した身分証明書等を所持する者を含む。　b　香港の居住権を有する者で、イギリス政府が発給した英国海外市民（BNO）旅券を所持する者を含む。

2-19　在留資格別在留外国人数（2021年）

（単位：人）

国籍・地域 a	総数	男	女	永住者	非永住者 日本人の配偶者等	定住者	留学	就労 b	その他
総数	2,760,635	1,356,101	1,404,534	1,127,573	186,566	198,966	207,830	446,371	593,329
アジア									
アフガニスタン	3,782	2,517	1,265	249	65	152	148	1,227	1,941
イラン	4,055	3,237	818	2,652	421	218	166	338	260
インド	36,058	24,522	11,536	7,525	976	659	1,201	15,470	10,227
インドネシア	59,820	38,784	21,036	7,085	2,633	2,347	4,686	9,490	33,579
ウズベキスタン	3,670	2,781	889	357	122	66	1,264	687	1,174
韓国	409,855	187,539	222,316	340,107	14,160	7,069	8,616	29,642	10,261
カンボジア	14,736	7,663	7,073	1,664	534	185	579	1,394	10,380
シンガポール	2,738	1,058	1,680	1,079	375	30	191	881	182
スリランカ	28,986	20,784	8,202	3,573	1,491	494	3,452	10,095	9,881
タイ	50,324	13,330	36,994	20,996	7,915	4,024	2,216	5,350	9,823
台湾	51,191	16,666	34,525	23,890	4,703	1,508	3,907	14,267	2,916
中国	716,606	326,004	390,602	297,415	43,718	26,624	96,594	131,003	121,252
トルコ	5,900	4,726	1,174	1,121	1,355	332	185	615	2,292
ネパール	97,109	55,744	41,365	5,692	1,968	951	16,858	34,668	36,972
パキスタン	19,120	14,093	5,027	5,156	1,963	1,421	457	4,439	5,684
バングラデシュ	17,538	12,013	5,525	3,784	926	555	2,664	4,173	5,436
フィリピン	276,615	80,968	195,647	135,350	33,338	54,946	1,600	16,650	34,731
ベトナム	432,934	241,293	191,641	20,210	7,524	5,783	46,403	101,232	251,782
マレーシア	9,659	4,966	4,693	3,027	601	165	2,169	2,637	1,060
ミャンマー	37,246	17,391	19,855	2,550	749	2,397	3,207	8,896	19,447
モンゴル	12,425	5,876	6,549	1,271	528	364	2,426	2,788	5,048
ラオス	2,823	1,457	1,366	1,437	229	247	233	144	533
北アメリカ									
アメリカ合衆国	54,162	36,813	17,349	19,606	11,430	1,319	1,065	16,845	3,897
カナダ	9,848	7,056	2,792	4,103	1,861	149	198	3,045	492
メキシコ	2,656	1,568	1,088	951	624	157	204	530	190
南アメリカ									
アルゼンチン	2,903	1,632	1,271	1,754	396	318	54	211	170
コロンビア	2,461	976	1,485	1,295	428	449	73	175	41
パラグアイ	2,099	1,102	997	1,005	454	595	18	19	8
ブラジル	204,879	110,703	94,176	112,923	21,505	68,492	443	876	640
ペルー	48,291	25,173	23,118	33,304	3,761	10,784	105	165	172
ボリビア	6,227	3,282	2,945	2,984	772	2,409	13	31	18
ヨーロッパ									
イギリス	16,163	12,327	3,836	6,519	2,910	187	249	5,368	930
イタリア	4,044	2,886	1,158	1,273	997	76	222	1,248	228
ウクライナ	1,858	452	1,406	949	293	136	63	280	137
オランダ	1,160	880	280	379	221	13	46	381	120
スウェーデン	1,354	1,032	322	383	325	17	108	404	117
スペイン	3,017	2,094	923	889	656	71	145	975	281
ドイツ	5,553	3,713	1,840	1,876	949	95	180	1,837	616
フランス	11,319	8,354	2,965	3,317	2,347	154	432	3,834	1,235
ポーランド	1,377	633	744	505	285	19	75	372	121
ルーマニア	2,195	464	1,731	1,359	331	229	28	187	61
ロシア	9,118	3,070	6,048	4,280	1,324	416	552	1,692	854
アフリカ									
エジプト	1,947	1,206	741	362	152	51	304	374	704
ガーナ	2,543	1,994	549	1,221	460	225	157	199	281
ナイジェリア	3,347	2,778	569	1,626	698	178	178	269	398
オセアニア									
オーストラリア	8,960	6,495	2,465	3,245	1,848	129	156	2,778	804
ニュージーランド	3,160	2,328	832	1,138	516	41	62	983	420
無国籍	503	258	245	240	72	140	5	18	28

a 在留カード及び特別永住者証明書の「国籍・地域」欄に記載された国籍・地域。　b 専門的・技術的分野での就労。

第3章　国民経済計算

3-1　世界の国内総生産（名目 GDP、構成比）
〔出典〕
　UN, *National Accounts - Analysis of Main Aggregates (AMA)*
　2022年9月ダウンロード

3-2　国内総生産（名目 GDP、米ドル表示）
〔出典〕
　UN, *National Accounts - Analysis of Main Aggregates (AMA)*
　2022年9月ダウンロード

3-3　1人当たり国内総生産（名目 GDP、米ドル表示）
〔出典〕
　UN, *National Accounts - Analysis of Main Aggregates (AMA)*
　2022年9月ダウンロード

3-4　国内総生産の実質成長率
〔出典〕
　UN, *National Accounts - Analysis of Main Aggregates (AMA)*
　2022年9月ダウンロード
〔解説〕
　　名目 GDP から物価変動による影響を除いた実質 GDP の成長率（対前年増減率）。

3-5　支出項目別国内総生産（名目 GDP、構成比）
〔出典〕
　UN, *National Accounts - Analysis of Main Aggregates (AMA)*
　2022年9月ダウンロード
〔解説〕
　　国によっては国内総生産に統計上の不突合を含むため、割合の合計が100にならない場合がある。
　民間最終消費支出：家計最終消費支出（個人企業を除いた消費主体としての家計の新規の財貨・サービスに対する支出）と対家計民間非営利団体最終消費支出（非市場生産者としての対家計民間非営利団体による財貨・サービスの産出額から財貨・サービスの販売及び自己勘定総固定資本形成を除いた価額）の合計。
　政府最終消費支出：一般政府による財貨・サービスの産出額（＝雇用者報酬、中間消費、固定資本減耗といった生産費用の積上げ）から財貨・サービスの販売及び自己勘定総固定資本形成を除き、現物社会移転を加えた額。
　総固定資本形成：生産者による会計期間中の固定資産の取得から処分を控除したものに、非生産資産の価値を増大させるような支出を加えた価額。

3-6　経済活動別粗付加価値（名目、構成比）
〔出典〕
　UN, *National Accounts - Analysis of Main Aggregates (AMA)*
　2022年9月ダウンロード

〔解説〕
　　国際標準産業分類（ISIC：International Standard Industrial Classification of All Economic Activities）の第3版1（Rev. 3. 1）による。
　　粗付加価値：産出額から中間投入を除いたもの。資本減耗分を含む。

3-7　経済活動別粗付加価値の実質成長率
〔出典〕
　UN, *National Accounts - Analysis of Main Aggregates (AMA)*
　2022年9月ダウンロード
〔解説〕
　　対前年増減率。「3-6　経済活動別粗付加価値」の解説を参照。

3-8　国民総所得（名目 GNI、米ドル表示）
〔出典〕
　UN, *National Accounts - Analysis of Main Aggregates (AMA)*
　2022年9月ダウンロード
〔解説〕
　　国民総所得（GNI）：当該国の居住者主体によって受け取られた所得の総額を示すもので、GDP に海外からの所得（雇用者報酬及び財産所得）の純受取を加えたもの。

3-9　OECD 加盟国の購買力平価の推移
〔出典〕
　OECD, *OECD. Stat, National Accounts*
　2022年9月ダウンロード
〔解説〕
　　購買力平価（PPP：Purchasing Power Parities）：経済活動を国際比較するために、国家間の物価水準における差を除去することによって、異なる通貨の購買力を等しくする通貨換算率。OECD 推計値を含む場合がある。
　　なお、詳細な情報は、総務省ホームページ「国際比較プログラム（ICP）への参加」（https://www.soumu.go.jp/toukei_toukatsu/index/kokusai/icp.html）を参照。

3-10　OECD 加盟国の購買力平価による1人当たり国内総生産
〔出典〕
　OECD, *OECD. Stat, National Accounts*
　2022年9月ダウンロード
〔解説〕
　　ユーロ参加国については、ユーロ導入以前の年についても、EU が固定為替レートによりユーロ建てに換算した値が用いられている。

3-11　世界の購買力平価と購買力平価による国内総生産
〔出典〕
　The World Bank, *World Development Indicators*
　2022年9月ダウンロード
〔解説〕
　　詳細な情報については、世界銀行ホームページ「International Comparison Program」又は総務省ホームページ「国際比較プログラム（ICP）への参加」を参照。

3-1　世界の国内総生産（名目GDP、構成比）

（単位：%）

国（地域）	2016	2017	2018	2019	2020
世界					
GDP（10億ドル）	76,355.2	81,231.3	86,358.0	87,718.6	85,328.3
構成比	100.0	100.0	100.0	100.0	100.0
アジア					
日本	6.6	6.1	5.8	5.9	5.9
アラブ首長国連邦	0.5	0.5	0.5	0.5	0.4
イスラエル	0.4	0.4	0.4	0.5	0.5
イラン	0.6	0.6	0.6	0.7	1.1
インド	3.0	3.2	3.2	3.3	3.1
インドネシア	1.2	1.3	1.2	1.3	1.2
韓国	2.0	2.0	2.0	1.9	1.9
サウジアラビア	0.8	0.8	0.9	0.9	0.8
シンガポール	0.4	0.4	0.4	0.4	0.4
タイ	0.5	0.6	0.6	0.6	0.6
中国	14.7	15.2	16.1	16.3	17.3
トルコ	1.1	1.1	0.9	0.9	0.8
バングラデシュ	0.3	0.3	0.3	0.3	0.4
フィリピン	0.4	0.4	0.4	0.4	0.4
香港	0.4	0.4	0.4	0.4	0.4
マレーシア	0.4	0.4	0.4	0.4	0.4
北アメリカ					
アメリカ合衆国	24.5	24.0	23.8	24.4	24.5
カナダ	2.0	2.0	2.0	2.0	1.9
メキシコ	1.4	1.4	1.4	1.4	1.3
南アメリカ					
アルゼンチン	0.7	0.8	0.6	0.5	0.4
ブラジル	2.4	2.5	2.2	2.2	1.7
ヨーロッパ					
イギリス	3.6	3.3	3.4	3.3	3.2
イタリア	2.5	2.4	2.4	2.3	2.2
オランダ	1.0	1.0	1.1	1.0	1.1
スペイン	1.6	1.6	1.6	1.6	1.5
ドイツ	4.5	4.5	4.6	4.4	4.5
フランス	3.2	3.2	3.2	3.1	3.1
ポーランド	0.6	0.6	0.7	0.7	0.7
ロシア	1.7	1.9	1.9	1.9	1.7
アフリカ					
エジプト	0.4	0.2	0.3	0.4	0.4
ナイジェリア	0.5	0.5	0.5	0.5	0.5
南アフリカ	0.4	0.4	0.4	0.4	0.4
オセアニア					
オーストラリア	1.7	1.7	1.7	1.6	1.7

3-2　国内総生産（名目GDP、米ドル表示）(1)

（単位：100万米ドル）

国（地域）	2005	2010	2015	2016	2017	2018	2019	2020
世界	47,730,924	66,461,443	75,133,208	76,355,195	81,231,275	86,357,998	87,718,575	85,328,323
アジア								
日本 a	4,834,200	5,759,200	4,445,400	5,001,700	4,931,300	5,039,400	5,123,300	5,039,700
アラブ首長国連邦	182,978	289,787	358,135	357,045	385,606	422,215	417,216	358,869
イスラエル	142,657	234,655	300,078	319,025	355,277	373,641	397,935	407,101
イラク	49,955	138,517	166,774	166,602	187,218	227,367	235,097	166,757
イラン	228,899	523,804	417,210	466,083	503,710	526,365	653,593	939,316
インド	823,612	1,669,620	2,146,759	2,290,591	2,624,329	2,761,338	2,889,949	2,664,749
インドネシア	304,372	755,094	860,854	931,877	1,015,619	1,042,272	1,119,091	1,058,424
カザフスタン	57,124	148,047	184,388	137,278	166,806	179,340	181,667	171,082
カタール	44,530	125,122	161,740	151,732	161,099	183,335	175,838	146,401
韓国	934,901	1,144,067	1,465,773	1,500,112	1,623,901	1,724,755	1,651,223	1,637,896
サウジアラビア	328,461	528,207	654,270	644,936	688,586	786,522	792,967	700,118
シンガポール	127,808	239,808	307,999	318,753	343,332	375,970	374,398	339,988
タイ	189,318	341,105	401,296	413,366	456,357	506,611	544,264	501,795
台湾 b	374,042	444,245	534,474	543,002	590,780	609,251	611,336	669,324
中国	2,285,962	6,087,188	11,061,570	11,233,313	12,310,492	13,894,906	14,279,966	14,722,801
トルコ	506,315	776,967	864,314	869,683	858,989	778,477	761,002	720,098
ネパール	8,713	18,365	23,667	24,288	29,443	31,732	34,268	33,079
バーレーン	15,969	25,713	31,051	32,235	35,474	37,654	38,474	33,904
パキスタン	117,708	174,508	267,035	277,521	302,710	284,150	253,088	257,829
バングラデシュ	57,628	114,508	194,466	220,316	245,633	269,628	301,051	329,484
フィリピン	107,420	208,369	306,446	318,627	328,481	346,842	376,823	361,489
ベトナム	57,633	115,932	193,241	205,276	223,780	245,214	261,921	271,158
香港	181,569	228,639	309,386	320,840	341,242	361,692	365,708	349,445
マレーシア	143,534	255,018	301,355	301,255	319,109	358,712	364,684	336,664
北アメリカ								
アメリカ合衆国	13,039,197	15,048,970	18,206,023	18,695,106	19,479,623	20,527,159	21,372,582	20,893,746
カナダ	1,173,158	1,617,267	1,556,129	1,528,245	1,649,519	1,721,906	1,741,497	1,644,037
キューバ	42,644	64,328	87,206	91,370	96,851	100,050	103,428	107,352
コスタリカ	20,045	37,659	56,442	58,847	60,516	62,336	63,951	61,521
ドミニカ共和国	35,510	53,160	71,155	75,682	79,998	85,555	88,941	78,845
メキシコ	877,477	1,057,801	1,171,870	1,078,493	1,158,912	1,222,346	1,268,868	1,073,439
南アメリカ								
アルゼンチン	200,622	426,487	644,903	557,532	643,628	517,627	445,445	383,067
エクアドル	41,507	69,555	99,290	99,938	104,296	107,562	108,108	98,808
コロンビア	145,619	286,563	293,482	282,825	311,884	334,198	323,430	271,347
チリ	122,965	218,538	243,919	250,440	277,035	297,572	279,385	252,940
ブラジル	891,634	2,208,838	1,802,212	1,795,693	2,063,515	1,916,934	1,886,015	1,444,733
ベネズエラ	145,514	393,806	344,343	288,529	247,930	204,044	150,131	106,359
ペルー	76,080	147,528	189,803	191,898	211,008	222,575	228,473	203,196
ヨーロッパ								
アイスランド	16,853	13,751	17,517	20,793	24,728	26,267	24,858	21,718
アイルランド	211,793	221,660	291,463	298,725	335,431	385,042	399,122	425,889

3-2　国内総生産（名目GDP、米ドル表示）（2）

（単位：100万米ドル）

国（地域）	2005	2010	2015	2016	2017	2018	2019	2020
イギリス	2,544,837	2,491,110	2,956,574	2,722,852	2,699,017	2,900,791	2,878,674	2,764,198
イタリア	1,857,478	2,134,018	1,835,899	1,875,797	1,961,796	2,091,932	2,009,384	1,888,709
エストニア	14,104	19,535	22,882	24,056	26,924	30,490	31,046	30,650
オーストリア	315,967	391,893	381,818	395,569	417,261	455,168	445,012	433,258
オランダ	685,076	846,555	765,265	783,528	833,870	914,043	910,194	913,865
ギリシャ	247,777	296,835	195,605	193,017	199,844	212,049	205,144	188,835
スイス	420,553	603,434	702,150	695,601	704,479	735,539	731,718	752,248
スウェーデン	392,219	495,813	505,104	515,655	541,019	555,455	533,880	541,064
スペイン	1,153,257	1,420,722	1,195,119	1,232,076	1,312,539	1,420,994	1,393,046	1,281,485
スロバキア	49,033	90,713	88,601	89,614	95,394	105,613	105,284	105,173
スロベニア	36,204	48,161	43,090	44,736	48,589	54,164	54,179	53,590
チェコ	137,143	209,070	188,033	196,272	218,629	248,950	252,498	245,349
デンマーク	264,467	321,995	302,673	313,116	332,121	356,841	347,561	356,085
ドイツ	2,845,732	3,396,354	3,356,236	3,467,498	3,690,849	3,977,289	3,888,327	3,846,414
ノルウェー	308,884	428,757	385,802	368,820	398,394	437,000	405,510	362,522
ハンガリー	113,237	132,231	125,210	128,636	143,136	160,587	163,526	155,808
フィンランド	204,804	249,181	234,440	240,608	255,648	275,715	268,782	269,751
フランス	2,196,071	2,642,610	2,438,208	2,471,286	2,595,151	2,790,957	2,728,870	2,630,318
ベルギー	385,561	480,952	462,150	475,740	502,765	543,274	535,289	521,861
ポーランド	306,146	479,834	477,812	472,632	526,504	587,409	597,284	596,618
ポルトガル	197,175	237,881	199,314	206,286	221,358	242,313	239,987	228,539
ラトビア	17,003	23,964	27,252	28,065	30,484	34,429	34,309	33,707
リトアニア	26,113	37,138	41,419	43,018	47,759	53,751	54,697	56,547
ルーマニア	98,454	166,309	177,731	188,130	211,696	241,456	249,880	248,716
ルクセンブルク	37,657	56,159	60,047	62,175	65,712	71,285	70,196	73,353
ロシア	771,495	1,539,845	1,363,482	1,276,786	1,574,199	1,657,328	1,687,450	1,483,498
アフリカ								
アルジェリア	103,198	161,207	165,979	160,034	170,097	175,415	171,158	147,689
アンゴラ	36,971	83,799	116,194	101,124	122,124	101,353	89,417	62,307
エジプト	94,456	214,630	317,745	270,254	195,135	249,751	317,359	369,309
エチオピア	12,164	26,311	63,079	72,158	76,795	80,210	92,562	96,611
ガーナ	22,765	42,587	50,034	56,165	60,403	67,277	68,353	68,532
ケニア	23,559	43,820	70,120	74,815	82,065	92,203	100,554	101,014
コンゴ民主共和国	11,965	21,566	37,918	40,338	37,642	47,146	47,320	45,308
スーダン	...	54,740	83,933	89,671	122,073	48,363	34,895	62,057
チュニジア	32,272	44,051	43,173	41,801	39,802	39,771	39,195	39,218
ナイジェリア	176,134	363,360	494,583	404,649	375,770	421,821	474,517	429,899
南アフリカ	257,772	375,348	317,416	296,341	349,007	368,094	351,431	302,141
モロッコ	62,545	93,217	101,179	103,312	109,683	118,096	119,871	114,724
リビア	48,853	75,418	48,522	49,807	66,122	76,231	59,830	29,153
オセアニア								
オーストラリア	760,940	1,299,463	1,247,634	1,310,105	1,416,784	1,458,953	1,380,208	1,423,473
ニュージーランド	114,722	146,518	178,064	188,838	206,624	211,953	213,435	212,044

a 内閣府経済社会総合研究所「2020年度国民経済計算年次推計」による。　b 台湾行政院主計総処による。

3-3 1人当たり国内総生産（名目GDP、米ドル表示）(1)

（単位：米ドル）

国（地域）	2005	2010	2015	2016	2017	2018	2019	2020
世界	7,298	9,556	10,183	10,232	10,765	11,319	11,375	10,949
アジア								
日本 a	37,839	44,979	34,973	39,396	38,907	39,839	40,590	40,048
アラブ首長国連邦	39,880	33,893	38,663	38,142	40,645	43,839	42,701	36,285
イスラエル	21,848	31,941	37,611	39,342	43,096	44,579	46,709	47,034
イラク	1,856	4,657	4,688	4,551	4,985	5,916	5,981	4,146
イラン	3,281	7,101	5,315	5,858	6,244	6,435	7,883	11,183
インド	718	1,353	1,639	1,729	1,960	2,041	2,115	1,931
インドネシア	1,345	3,122	3,332	3,563	3,838	3,894	4,135	3,870
カザフスタン	3,709	9,109	10,493	7,699	9,226	9,790	9,793	9,111
カタール	51,456	67,403	63,039	57,163	59,125	65,908	62,088	50,815
韓国	19,197	23,091	28,841	29,423	31,781	33,705	32,235	31,947
サウジアラビア	13,792	19,263	20,628	19,879	20,802	23,337	23,140	20,110
シンガポール	29,962	46,736	55,077	56,380	60,149	65,301	64,503	58,114
タイ	2,894	5,076	5,840	5,993	6,594	7,297	7,817	7,189
台湾 b	16,456	19,197	22,780	23,091	25,080	25,838	25,908	28,383
中国	1,718	4,447	7,863	7,944	8,663	9,733	9,960	10,229
トルコ	7,456	10,742	11,006	10,894	10,590	9,454	9,121	8,538
ネパール	338	680	876	891	1,066	1,129	1,198	1,135
バーレーン	17,959	20,722	22,634	22,608	23,743	23,992	23,443	19,925
パキスタン	734	973	1,339	1,363	1,456	1,339	1,169	1,167
バングラデシュ	414	776	1,245	1,395	1,538	1,671	1,846	2,001
フィリピン	1,244	2,217	3,001	3,074	3,123	3,252	3,485	3,299
ベトナム	687	1,318	2,085	2,192	2,366	2,566	2,715	2,786
香港	26,821	32,821	43,054	44,293	46,705	49,065	49,180	46,611
マレーシア	5,587	9,041	9,955	9,818	10,259	11,378	11,414	10,402
北アメリカ								
アメリカ合衆国	44,202	48,700	56,738	57,877	59,922	62,756	64,949	63,123
カナダ	36,474	47,361	43,194	42,004	44,907	46,444	46,550	43,560
キューバ	3,787	5,730	7,700	8,061	8,541	8,824	9,126	9,478
コスタリカ	4,677	8,227	11,643	12,011	12,226	12,469	12,670	12,077
ドミニカ共和国	3,903	5,483	6,921	7,279	7,609	8,051	8,282	7,268
メキシコ	8,278	9,271	9,617	8,745	9,288	9,686	9,946	8,326
南アメリカ								
アルゼンチン	5,158	10,429	14,971	12,814	14,649	11,668	9,947	8,476
エクアドル	3,002	4,634	6,124	6,060	6,214	6,296	6,223	5,600
コロンビア	3,414	6,337	6,176	5,871	6,377	6,730	6,425	5,333
チリ	7,599	12,808	13,574	13,754	14,999	15,888	14,742	13,232
ブラジル	4,790	11,286	8,814	8,710	9,929	9,151	8,936	6,797
ベネズエラ	5,505	13,847	11,447	9,666	8,432	7,063	5,265	3,740
ペルー	2,730	5,082	6,229	6,205	6,711	6,958	7,028	6,163
ヨーロッパ								
アイスランド	57,133	42,928	53,043	62,591	73,950	78,010	73,320	63,644
アイルランド	51,143	48,670	62,648	63,616	70,568	79,906	81,746	86,251

3-3　1人当たり国内総生産（名目GDP、米ドル表示）（2）

（単位：米ドル）

国（地域）	2005	2010	2015	2016	2017	2018	2019	2020
イギリス	42,211	39,255	44,892	41,070	40,448	43,204	42,628	40,718
イタリア	31,871	35,972	30,306	30,922	32,334	34,505	33,185	31,238
エストニア	10,404	14,665	17,396	18,273	20,407	23,047	23,419	23,106
オーストリア	38,282	46,599	43,995	45,222	47,309	51,192	49,694	48,106
オランダ	41,857	50,744	45,179	46,141	48,990	53,580	53,237	53,334
ギリシャ	22,074	27,264	18,350	18,183	18,908	20,152	19,587	18,117
スイス	56,933	77,277	84,629	83,008	83,313	86,274	85,169	86,919
スウェーデン	43,394	52,801	51,726	52,425	54,621	55,704	53,194	53,575
スペイン	26,199	30,273	25,607	26,420	28,137	30,433	29,806	27,409
スロバキア	9,082	16,785	16,300	16,467	17,510	19,368	19,293	19,264
スロベニア	18,148	23,570	20,804	21,568	23,401	26,067	26,064	25,777
チェコ	13,369	19,842	17,737	18,483	20,546	23,341	23,622	22,911
デンマーク	48,779	57,967	53,206	54,823	57,939	62,036	60,216	61,477
ドイツ	34,873	42,020	41,036	42,187	44,652	47,847	46,557	45,909
ノルウェー	66,680	87,754	74,195	70,239	75,221	81,866	75,390	66,871
ハンガリー	11,227	13,320	12,805	13,189	14,711	16,543	16,885	16,129
フィンランド	38,944	46,439	42,772	43,765	46,386	49,925	48,585	48,685
フランス	34,807	40,685	36,612	36,980	38,721	41,538	40,517	38,959
ベルギー	36,557	43,968	40,942	41,899	44,026	47,315	46,388	45,028
ポーランド	7,979	12,519	12,563	12,441	13,872	15,490	15,765	15,764
ポルトガル	18,763	22,450	19,223	19,978	21,515	23,626	23,468	22,413
ラトビア	7,550	11,310	13,642	14,215	15,624	17,853	17,993	17,871
リトアニア	7,808	11,889	14,127	14,887	16,784	19,188	19,821	20,772
ルーマニア	4,597	8,124	8,920	9,503	10,771	12,378	12,904	12,929
ルクセンブルク	82,250	110,574	105,952	107,334	111,017	117,974	114,004	117,182
ロシア	5,370	10,732	9,404	8,789	10,817	11,372	11,568	10,166
アフリカ								
アルジェリア	3,113	4,481	4,178	3,946	4,110	4,154	3,976	3,368
アンゴラ	1,902	3,588	4,167	3,506	4,096	3,290	2,810	1,896
エジプト	1,251	2,593	3,437	2,861	2,023	2,538	3,161	3,609
エチオピア	159	300	626	696	722	734	826	840
ガーナ	1,044	1,719	1,797	1,972	2,074	2,260	2,247	2,206
ケニア	643	1,043	1,465	1,525	1,634	1,794	1,913	1,879
コンゴ民主共和国	218	334	497	512	462	561	545	506
スーダン	...	1,585	2,158	2,250	2,991	1,157	815	1,415
チュニジア	3,193	4,142	3,862	3,698	3,481	3,439	3,352	3,318
ナイジェリア	1,268	2,292	2,730	2,176	1,969	2,154	2,361	2,085
南アフリカ	5,384	7,329	5,731	5,272	6,122	6,369	6,001	5,094
モロッコ	2,054	2,882	2,919	2,941	3,083	3,278	3,287	3,108
リビア	8,425	12,169	7,560	7,672	10,048	11,414	8,828	4,243
オセアニア								
オーストラリア	37,710	58,654	52,131	53,997	57,629	58,597	54,763	55,823
ニュージーランド	27,742	33,528	38,588	40,530	43,943	44,686	44,623	43,972

a 内閣府経済社会総合研究所「2020年度国民経済計算年次推計」による。　b 台湾行政院主計総処による。

3-4　国内総生産の実質成長率(1)

(単位：%)

国（地域）	2010	2011	2012	2013	2014	2015	2016	2017	2018	2019	2020
世界	**4.5**	**3.4**	**2.7**	**2.8**	**3.0**	**3.1**	**2.7**	**3.3**	**3.2**	**2.5**	**-3.4**
アジア											
日本 a	4.1	0.0	1.4	2.0	0.3	1.6	0.8	1.7	0.6	-0.2	-4.5
アラブ首長国連邦	1.6	6.9	4.5	5.1	4.4	5.1	3.0	2.4	1.2	3.4	-6.1
イスラエル	5.7	5.5	2.8	4.8	4.1	2.3	4.5	4.4	4.0	3.8	-2.2
イラク	6.4	7.5	13.9	7.6	0.2	4.7	13.8	-1.8	2.6	6.0	-15.7
イラン	6.9	3.8	-3.7	-1.5	5.0	-1.4	8.8	2.8	-2.3	-6.8	3.4
インド	8.5	5.2	5.5	6.4	7.4	8.0	8.3	6.8	6.5	4.0	-7.3
インドネシア	6.2	6.2	6.0	5.6	5.0	4.9	5.0	5.1	5.2	5.0	-2.1
カザフスタン	7.3	7.4	4.8	6.0	4.2	1.2	1.1	4.1	4.1	4.5	-2.5
カタール	16.7	13.0	4.7	5.6	5.3	4.8	3.1	-1.5	1.2	0.8	-3.7
韓国	6.8	3.7	2.4	3.2	3.2	2.8	2.9	3.2	2.9	2.2	-0.9
サウジアラビア	5.0	10.0	5.4	2.7	3.7	4.1	1.7	-0.7	2.4	0.3	-4.1
シンガポール	14.5	6.3	4.5	4.8	3.9	3.0	3.3	4.5	3.5	1.3	-5.4
タイ	7.5	0.8	7.2	2.7	1.0	3.1	3.4	4.2	4.2	2.3	-6.1
台湾 b	10.3	3.7	2.2	2.5	4.7	1.5	2.2	3.3	2.8	3.1	3.4
中国	10.6	9.6	7.9	7.8	7.4	7.0	6.8	6.9	6.7	6.0	2.3
トルコ	8.4	11.2	4.8	8.5	4.9	6.1	3.3	7.5	3.0	0.9	1.8
ネパール	6.2	4.8	4.4	3.5	6.0	4.0	0.4	9.0	7.6	6.7	-2.1
バーレーン	4.3	2.0	3.7	5.4	4.4	2.5	3.6	4.3	1.7	2.0	-5.4
パキスタン	1.6	2.7	3.5	4.4	4.7	4.7	5.5	5.6	5.8	1.0	0.5
バングラデシュ	5.6	6.5	6.5	6.0	6.1	6.6	7.1	7.3	7.9	8.2	5.2
フィリピン	7.3	3.9	6.9	6.8	6.3	6.3	7.1	6.9	6.3	6.1	-9.6
ベトナム	6.4	6.2	5.2	5.4	6.0	6.7	6.2	6.8	7.1	7.0	2.9
香港	6.8	4.8	1.7	3.1	2.8	2.4	2.2	3.8	2.8	-1.2	-6.1
マレーシア	7.4	5.3	5.5	4.7	6.0	5.1	4.4	5.8	4.8	4.3	-5.6
北アメリカ											
アメリカ合衆国	2.7	1.5	2.3	1.8	2.3	2.7	1.7	2.3	2.9	2.3	-3.4
カナダ	3.1	3.1	1.8	2.3	2.9	0.7	1.0	3.0	2.4	1.9	-5.3
キューバ	2.4	2.8	3.0	2.7	1.0	4.4	0.5	1.8	2.2	-0.2	-10.9
コスタリカ	5.4	4.4	4.9	2.5	3.5	3.7	4.2	4.2	2.1	2.2	-4.5
ドミニカ共和国	8.3	3.1	2.7	4.9	7.1	6.9	6.7	4.7	7.0	5.1	-6.7
メキシコ	5.1	3.7	3.6	1.4	2.8	3.3	2.6	2.1	2.2	-0.1	-8.3
南アメリカ											
アルゼンチン	10.1	6.0	-1.0	2.4	-2.5	2.7	-2.1	2.8	-2.6	-2.1	-9.9
エクアドル	3.5	7.9	5.6	4.9	3.8	0.1	-1.2	2.4	1.3	0.0	-7.8
コロンビア	4.5	6.9	3.9	5.1	4.5	3.0	2.1	1.4	2.6	3.3	-6.8
チリ	5.8	6.1	5.3	4.0	1.8	2.3	1.7	1.2	3.7	0.9	-5.8
ブラジル	7.5	4.0	1.9	3.0	0.5	-3.5	-3.3	1.3	1.8	1.4	-4.1
ベネズエラ	-1.5	4.2	5.6	1.3	-3.9	-6.2	-17.0	-15.7	-19.6	-27.7	-30.0
ペルー	8.3	6.3	6.1	5.9	2.4	3.3	4.0	2.5	4.0	2.2	-11.1
ヨーロッパ											
アイスランド	-2.8	1.8	1.1	4.6	1.7	4.4	6.3	4.2	4.9	2.4	-6.5
アイルランド	1.8	1.1	-0.1	1.3	8.7	25.2	2.0	8.9	9.0	4.9	5.9

3-4　国内総生産の実質成長率(2)

(単位：%)

国（地域）	2010	2011	2012	2013	2014	2015	2016	2017	2018	2019	2020
イギリス	2.1	1.5	1.5	1.9	3.0	2.6	2.3	2.1	1.7	1.7	-9.7
イタリア	1.7	0.7	-3.0	-1.8	-0.0	-0.8	1.3	1.7	0.9	0.4	-8.9
エストニア	2.4	7.3	3.2	1.5	3.0	1.9	3.2	5.8	4.1	4.1	-3.0
オーストリア	1.8	2.9	0.7	0.0	0.7	1.0	2.0	2.3	2.5	1.5	-6.7
オランダ	1.3	1.6	-1.0	-0.1	1.4	2.0	2.2	2.9	2.4	2.0	-3.8
ギリシャ	-5.5	-10.1	-7.1	-2.5	0.5	-0.2	-0.5	1.1	1.7	1.8	-9.0
スイス	3.3	1.9	1.2	1.8	2.4	1.7	2.0	1.6	2.9	1.2	-2.4
スウェーデン	6.0	3.2	-0.6	1.2	2.7	4.5	2.1	2.6	2.0	2.0	-2.8
スペイン	0.2	-0.8	-3.0	-1.4	1.4	3.8	3.0	3.0	2.3	2.1	-10.8
スロバキア	6.3	2.6	1.4	0.7	2.6	5.2	1.9	3.0	3.8	2.6	-4.4
スロベニア	1.3	0.9	-2.6	-1.0	2.8	2.2	3.2	4.8	4.4	3.3	-4.2
チェコ	2.4	1.8	-0.8	-0.0	-2.3	5.4	2.5	5.2	3.2	3.0	-5.8
デンマーク	1.9	1.3	0.2	0.9	1.6	2.3	3.2	2.8	2.0	2.1	-2.1
ドイツ	4.2	3.9	0.4	0.4	2.2	1.5	2.2	2.7	1.1	1.1	-4.6
ノルウェー	0.7	1.0	2.7	1.0	2.0	2.0	1.1	2.3	1.1	0.9	-0.8
ハンガリー	1.1	1.9	-1.3	1.8	4.2	3.7	2.2	4.3	5.4	4.6	-4.7
フィンランド	3.2	2.5	-1.4	-0.9	-0.4	0.5	2.8	3.2	1.1	1.3	-2.9
フランス	1.9	2.2	0.3	0.6	1.0	1.1	1.1	2.3	1.9	1.8	-7.9
ベルギー	2.9	1.7	0.7	0.5	1.6	2.0	1.3	1.6	1.8	2.1	-5.7
ポーランド	3.7	4.8	1.3	1.1	3.4	4.2	3.1	4.8	5.4	4.7	-2.5
ポルトガル	1.7	-1.7	-4.1	-0.9	0.8	1.8	2.0	3.5	2.8	2.7	-8.4
ラトビア	-4.5	2.6	7.0	2.0	1.9	3.9	2.4	3.3	4.0	2.5	-3.6
リトアニア	1.7	6.0	3.8	3.6	3.5	2.0	2.5	4.3	4.0	4.6	-0.1
ルーマニア	-3.9	1.9	2.0	3.8	3.6	3.0	4.7	7.3	4.5	4.2	-3.9
ルクセンブルク	3.8	1.0	1.6	3.2	2.6	2.3	5.0	1.3	2.0	3.3	-1.8
ロシア	4.5	4.0	4.0	1.8	0.7	-2.0	0.2	1.8	2.8	2.0	-3.0
アフリカ											
アルジェリア	3.6	2.9	3.4	2.8	3.8	3.7	3.2	1.3	1.2	0.8	-4.9
アンゴラ	4.9	3.5	8.5	5.0	4.8	0.9	-2.6	-0.1	-2.0	-0.6	-4.0
エジプト	5.1	1.8	2.2	2.2	2.9	4.4	4.3	4.2	5.3	5.6	3.6
エチオピア	12.6	13.2	8.6	10.6	10.3	10.4	7.6	9.6	6.8	8.4	6.1
ガーナ	7.9	14.0	9.3	8.0	2.9	2.1	3.4	8.1	6.2	6.5	0.4
ケニア	8.4	6.1	4.6	5.9	5.4	5.7	4.2	3.8	5.6	5.0	-0.3
コンゴ民主共和国	7.1	6.9	7.1	8.5	9.5	6.9	2.4	3.7	5.8	4.4	1.7
スーダン	8.3	-2.8	0.7	6.8	7.0	4.0	3.6	4.7	2.8	1.3	-1.6
チュニジア	3.5	-1.9	4.1	2.8	2.9	1.2	1.2	1.9	2.7	1.0	-8.6
ナイジェリア	8.0	5.3	4.2	6.7	6.3	2.7	-1.6	0.8	1.9	2.2	-1.8
南アフリカ	3.0	3.3	2.2	2.5	1.8	1.2	0.4	1.4	0.8	0.2	-7.0
モロッコ	4.0	6.3	2.3	4.9	4.0	4.9	3.2	5.8	3.8	3.7	-5.0
リビア	5.3	-50.2	86.4	-18.1	-23.2	-1.0	-1.5	32.3	8.1	-28.1	-59.7
オセアニア											
オーストラリア	2.5	3.9	2.6	2.5	2.2	2.8	2.3	2.9	2.2	-0.3	1.4
ニュージーランド	0.9	2.7	2.6	2.1	3.7	4.4	3.8	4.4	4.2	2.1	-0.3

a 内閣府経済社会総合研究所「2020年度国民経済計算年次推計」による。　b 台湾行政院主計総処による。

3-5　支出項目別国内総生産（名目GDP、構成比）（2020年）

国（地域）	通貨単位	国内総生産	国内総生産に対する割合（%）				
			民間最終消費支出	政府最終消費支出	総固定資本形成	在庫変動	財貨・サービスの純輸出
アジア							
日本 a	10億円	538,155	54	21	25	0	-0
イスラエル	10億新シェケル	1,401	50	24	20	2	5
イラン	10億イランリアル	39,451,282	47	15	29	9	-5
インド	10億インドルピー	197,457	60	11	27	4	-1
インドネシア	10億ルピア	15,434,152	59	9	32	1	1
韓国	10億ウォン	1,933,152	46	18	31	1	4
サウジアラビア	10億サウジアラビアリヤル	2,625	43	29	23	4	2
シンガポール	10億シンガポールドル	469	33	12	21	1	32
タイ	10億バーツ	15,703	53	18	23	1	5
中国	10億人民元	101,599	38	16	43	1	3
トルコ	10億トルコリラ	5,047	57	15	27	...	-4
フィリピン	10億フィリピンペソ	17,939	75	15	21	-4	-8
マレーシア	10億リンギット	1,415	61	13	21	-1	6
北アメリカ							
アメリカ合衆国	10億米ドル	20,894	67	15	21	-0	-3
カナダ	10億カナダドル	2,205	57	23	23	-1	-2
メキシコ	10億メキシコペソ	23,063	64	13	19	0	2
南アメリカ							
アルゼンチン	10億アルゼンチンペソ	27,021	64	16	13	0	3
ブラジル	10億レアル	7,448	63	20	16	-1	1
ヨーロッパ							
イギリス	10億スターリングポンド	2,156	61	22	17	-0	0
イタリア	10億ユーロ	1,654	58	21	18	-0	4
オーストリア	10億ユーロ	379	50	21	26	0	3
オランダ	10億ユーロ	800	42	26	21	0	10
ギリシャ	10億ユーロ	165	70	23	12	3	-8
スイス	10億スイスフラン	706	51	12	28	1	9
スウェーデン	10億スウェーデンクローナ	4,983	44	27	25	-0	5
スペイン	10億ユーロ	1,122	56	22	20	0	1
デンマーク	10億デンマーククローネ	2,330	46	25	22	0	6
ドイツ	10億ユーロ	3,368	51	22	22	-1	6
フィンランド	10億ユーロ	236	51	24	24	0	0
フランス	10億ユーロ	2,303	53	25	23	1	-2
ベルギー	10億ユーロ	457	50	25	24	0	1
ポーランド	10億ズロチ	2,327	57	19	17	1	7
ポルトガル	10億ユーロ	200	64	19	19	-0	-2
ロシア	10億ルーブル	106,967	52	18	22	2	5
アフリカ							
エジプト	10億エジプトポンド	5,820	86	8	14	...	-8
南アフリカ	10億ランド	4,973	60	23	16	-3	5
オセアニア							
オーストラリア	10億オーストラリアドル	2,068	52	21	22	0	4

a 内閣府経済社会総合研究所「2020年度国民経済計算年次推計」による。

3-6　経済活動別粗付加価値（名目、構成比）（2020年）

国（地域）	粗付加価値値 （100万米ドル）	構成比　（%）						
		農林 水産業、 狩猟業	鉱工業 a	製造業	建設業	卸売・ 小売業、 飲食店、 ホテル業 b	運輸・ 倉庫・ 通信業	その他の 経済活動 c
アジア								
日本	5,029,788	1	24	21	5	15	10	44
イラン	868,018	15	29	14	4	12	9	32
インド	2,418,762	18	21	16	8	12	6	35
インドネシア	1,019,942	14	29	21	11	16	9	21
韓国	1,499,267	2	30	27	6	10	8	45
サウジアラビア	701,256	3	35	13	6	11	7	39
シンガポール	324,163	0	23	22	3	20	10	44
タイ	501,795	9	30	25	3	21	8	30
中国	14,722,801	8	31	26	7	11	8	35
トルコ	640,164	8	26	22	6	16	12	33
フィリピン	361,489	10	22	18	7	20	6	35
北アメリカ								
アメリカ合衆国	20,893,800	1	14	11	4	14	10	57
カナダ	1,532,167	2	18	11	8	13	8	52
メキシコ	1,018,544	4	25	18	7	22	8	35
南アメリカ								
アルゼンチン	320,408	8	23	17	4	19	6	40
ブラジル	1,245,644	7	17	12	4	15	8	50
ヨーロッパ								
イギリス	2,499,495	1	13	10	6	13	10	58
イタリア	1,705,433	2	20	16	4	15	9	50
オーストリア	388,648	1	21	18	7	15	9	46
オランダ	815,221	2	14	12	5	16	9	53
ギリシャ	165,771	5	15	10	2	17	11	51
スイス	731,609	1	21	19	5	16	8	49
スウェーデン	479,647	2	17	14	7	12	13	49
スペイン	1,169,747	3	16	12	6	16	7	51
デンマーク	309,878	2	18	16	6	14	10	50
ドイツ	3,484,066	1	23	20	6	11	9	49
フィンランド	233,164	3	20	17	8	10	10	49
フランス	2,346,381	2	13	11	5	13	9	58
ベルギー	468,076	1	16	14	5	12	10	55
ポーランド	525,173	3	24	18	7	19	11	36
ロシア	1,338,015	4	27	15	7	17	8	38
アフリカ								
エジプト	350,714	12	27	17	7	17	9	28
南アフリカ	269,074	3	25	13	3	15	9	45
オセアニア								
オーストラリア	1,329,708	2	20	6	7	11	7	53
ニュージーランド	194,204	6	15	11	7	12	7	52

a 採石業及び電気・ガス・水供給業を含む。　b 自動車、オートバイ、個人・家庭用品修理業を含む。　c 金融仲介業、不動産業、コミュニティサービス、行政サービス等を含む。

3-7　経済活動別粗付加価値の実質成長率(2020年)

(単位：%)

国(地域)	農林水産業、狩猟業	鉱工業 a	製造業	建設業	卸売・小売業、飲食店、ホテル業 b	運輸・倉庫・通信業	その他の経済活動 c
アジア							
日本	-3.4	1.8	2.0	1.4	-0.3	0.7	1.0
イラン	4.0	2.9	-6.6	15.2	-6.7	-4.0	-6.5
インド	4.2	5.9	6.3	4.4	10.0	5.4	7.4
インドネシア	1.8	-2.6	-2.9	-3.3	-4.9	-0.7	1.3
韓国	-4.0	-0.4	-0.9	-1.4	-5.7	-4.8	0.9
サウジアラビア	-1.7	-6.3	-7.7	-0.4	-4.8	-6.0	0.2
シンガポール	-10.0	6.7	7.3	-35.9	-6.5	-14.5	-4.8
タイ	-3.4	-5.9	-5.7	2.3	-13.3	-9.4	-0.7
中国	3.1	2.4	2.6	3.5	-3.1	4.2	4.2
トルコ	5.9	3.1	3.2	-5.5	-3.1	-3.3	4.5
フィリピン	-0.2	-8.9	-9.8	-25.7	-10.3	-15.5	-7.3
北アメリカ							
アメリカ合衆国	14.1	-3.5	-3.0	-3.6	-7.3	-1.3	-2.9
カナダ	-7.5	-4.4	-4.1	-3.9	-5.0	-5.6	-5.8
メキシコ	0.3	-7.5	-9.6	-17.4	-13.0	-14.6	-2.3
南アメリカ							
アルゼンチン	-7.5	-7.4	-7.7	-22.6	-10.7	-17.0	-8.7
ブラジル	2.0	-3.5	-4.3	-3.8	-5.2	-4.7	-4.2
ヨーロッパ							
イギリス	-9.7	-8.9	-9.4	-16.7	-10.6	-16.1	-7.9
イタリア	-6.3	-10.9	-11.5	-6.4	-16.0	-10.3	-5.4
オーストリア	-5.9	-7.4	-7.3	-7.5	-6.7	-8.2	-6.6
オランダ	0.4	-3.4	-2.5	-0.8	-4.9	-7.3	-3.3
ギリシャ	-4.2	2.8	7.5	-1.2	-19.8	-15.8	-6.9
スイス	-2.1	-2.9	-3.0	-2.6	-5.9	-4.9	-0.1
スウェーデン	0.1	-5.2	-8.4	-2.9	0.9	-2.7	-1.9
スペイン	4.3	-10.1	-12.1	-11.3	-23.0	-22.5	-5.0
デンマーク	6.1	-1.1	-0.3	1.2	-2.2	-9.0	-2.0
ドイツ	18.0	-6.4	-7.0	0.5	-5.6	-3.5	-4.3
フィンランド	-2.8	-0.4	-0.9	-4.1	-2.2	-9.0	-2.5
フランス	-0.1	-9.4	-10.9	-16.0	-12.0	-12.1	-5.4
ベルギー	-6.8	-2.5	-3.7	-4.9	-13.2	-4.5	-4.2
ポーランド	13.8	-5.3	-7.2	-4.6	-4.7	-3.5	-0.2
ロシア	0.2	-2.5	-4.0	-5.5	-2.1	-2.1	-2.2
アフリカ							
エジプト	3.3	-0.3	1.4	4.4	0.2	7.0	4.5
南アフリカ	13.1	-10.8	-11.6	-20.3	-9.1	-14.8	-2.2
オセアニア							
オーストラリア	22.0	-0.9	1.6	-1.5	5.2	-4.8	1.8
ニュージーランド	1.0	-3.2	-1.4	-2.2	0.8	-9.6	0.2

a 採石業及び電気・ガス・水供給業を含む。　b 自動車、オートバイ、個人・家庭用品修理業を含む。　c 金融仲介業、不動産業、コミュニティサービス、行政サービス等を含む。

3-8　国民総所得（名目GNI、米ドル表示）（1）

国（地域）	国民総所得（100万米ドル）				1人当たり（米ドル）			
	2017	2018	2019	2020	2017	2018	2019	2020
世界	81,274,711	86,263,547	87,616,509	85,225,773	10,771	11,307	11,362	10,936
アジア								
日本	5,040,348	5,135,479	5,252,426	5,156,421	39,531	40,373	41,403	40,770
アラブ首長国連邦	388,383	423,639	419,277	357,317	40,938	43,987	42,912	36,128
イスラエル	353,488	373,367	395,686	402,948	42,879	44,546	46,445	46,554
イラク	173,917	209,259	215,561	164,934	4,631	5,445	5,484	4,101
イラン	504,327	528,889	653,639	886,837	6,251	6,466	7,883	10,558
インド	2,595,949	2,731,758	2,862,526	2,635,927	1,939	2,020	2,095	1,910
インドネシア	983,433	1,011,213	1,085,070	1,029,919	3,716	3,778	4,009	3,765
カザフスタン	148,433	157,201	158,691	149,445	8,210	8,581	8,554	7,959
カタール	160,680	179,590	171,428	143,348	58,971	64,562	60,531	49,755
韓国	1,630,521	1,731,702	1,665,474	1,650,493	31,911	33,841	32,513	32,193
サウジアラビア	699,284	793,855	800,686	706,933	21,126	23,555	23,365	20,306
シンガポール	317,182	332,410	329,662	298,430	55,568	57,735	56,796	51,011
タイ	435,913	482,064	524,213	487,772	6,298	6,943	7,529	6,988
中国	12,300,804	13,820,027	14,246,152	14,623,751	8,656	9,680	9,936	10,160
トルコ	839,920	766,528	748,166	711,415	10,355	9,309	8,968	8,435
ネパール	29,740	31,940	34,623	33,468	1,076	1,137	1,210	1,149
バーレーン	33,484	35,576	36,213	31,994	22,411	22,668	22,065	18,803
パキスタン	319,244	299,304	270,110	276,143	1,536	1,410	1,247	1,250
バングラデシュ	256,188	281,923	314,503	345,278	1,604	1,747	1,929	2,097
フィリピン	364,719	383,817	414,552	389,324	3,468	3,599	3,834	3,553
ベトナム	207,929	230,004	246,721	255,422	2,198	2,407	2,558	2,624
香港	356,069	378,891	384,049	368,578	48,734	51,398	51,646	49,164
マレーシア	310,120	347,540	354,963	330,425	9,970	11,023	11,110	10,209
北アメリカ								
アメリカ合衆国	19,893,073	20,946,778	21,708,650	21,286,637	61,193	64,039	65,971	64,310
カナダ	1,628,542	1,692,830	1,719,170	1,626,425	44,336	45,660	45,954	43,093
キューバ	95,497	98,651	101,982	105,851	8,422	8,701	8,998	9,345
コスタリカ	57,353	59,010	60,212	58,036	11,587	11,803	11,929	11,393
ドミニカ共和国	76,204	81,710	84,666	75,055	7,248	7,689	7,884	6,919
メキシコ	1,128,822	1,189,366	1,232,368	1,035,765	9,047	9,425	9,660	8,033
南アメリカ								
アルゼンチン	627,200	498,933	427,696	367,804	14,275	11,247	9,551	8,138
エクアドル	101,858	104,605	104,935	95,951	6,068	6,123	6,040	5,438
コロンビア	306,185	325,604	316,299	265,364	6,260	6,557	6,283	5,215
チリ	265,577	284,105	269,286	242,005	14,378	15,169	14,209	12,660
ブラジル	2,024,937	1,863,631	1,835,497	1,417,069	9,743	8,897	8,697	6,667
ベネズエラ	235,468	172,677	115,171	96,115	8,008	5,978	4,039	3,380
ペルー	201,300	211,455	218,652	194,461	6,402	6,610	6,726	5,898
ヨーロッパ								
アイスランド	24,849	26,546	25,376	22,259	74,311	78,839	74,850	65,230
アイルランド	266,317	298,216	309,766	324,081	56,028	61,887	63,444	65,633
イギリス	2,664,014	2,860,062	2,862,007	2,723,175	39,924	42,597	42,381	40,114

3-8　国民総所得（名目GNI、米ドル表示）（2）

国（地域）	国民総所得（100万米ドル）				1人当たり（米ドル）			
	2017	2018	2019	2020	2017	2018	2019	2020
イタリア	1,972,735	2,115,037	2,026,751	1,911,917	32,514	34,886	33,472	31,622
エストニア	26,262	29,849	30,467	30,368	19,905	22,563	22,983	22,893
オーストリア	413,349	450,713	443,403	432,771	46,865	50,691	49,514	48,051
オランダ	840,204	924,513	913,992	897,973	49,362	54,193	53,459	52,406
ギリシャ	198,843	209,712	203,279	188,029	18,813	19,930	19,409	18,040
スイス	694,939	706,130	705,415	725,286	82,185	82,825	82,107	83,803
スウェーデン	550,407	565,956	549,426	557,392	55,569	56,757	54,743	55,191
スペイン	1,313,028	1,424,746	1,395,572	1,289,015	28,148	30,513	29,860	27,570
スロバキア	93,664	104,169	103,455	103,993	17,193	19,103	18,958	19,048
スロベニア	47,713	53,358	53,359	53,184	22,979	25,680	25,670	25,582
チェコ	206,251	235,281	237,234	236,797	19,383	22,060	22,194	22,112
デンマーク	339,391	366,755	357,604	368,106	59,207	63,760	61,956	63,552
ドイツ	3,778,789	4,105,202	4,014,394	3,953,466	45,716	49,386	48,067	47,186
ノルウェー	413,028	453,417	417,279	378,698	77,984	84,942	77,578	69,855
ハンガリー	137,346	154,298	159,224	151,621	14,116	15,895	16,441	15,695
フィンランド	255,776	276,823	270,142	274,361	46,409	50,126	48,831	49,517
フランス	2,653,805	2,855,661	2,787,417	2,671,814	39,596	42,501	41,386	39,573
ブルガリア	58,986	64,212	66,967	68,558	8,305	9,106	9,567	9,867
ベルギー	507,374	548,082	540,432	527,385	44,430	47,733	46,834	45,505
ポーランド	504,659	563,132	572,794	574,983	13,297	14,850	15,118	15,192
ポルトガル	216,162	236,395	233,753	224,931	21,010	23,049	22,858	22,059
ラトビア	30,407	33,871	33,796	33,699	15,585	17,564	17,724	17,866
リトアニア	46,032	52,084	52,791	54,912	16,178	18,593	19,130	20,171
ルーマニア	207,370	236,051	246,563	245,414	10,551	12,101	12,733	12,757
ルクセンブルク	41,383	45,178	45,471	46,921	69,915	74,768	73,849	74,956
ロシア	1,532,146	1,616,936	1,633,929	1,448,704	10,528	11,095	11,201	9,927
アフリカ								
アルジェリア	167,910	171,267	167,258	144,324	4,057	4,056	3,885	3,291
アンゴラ	114,534	93,075	81,508	57,127	3,841	3,021	2,561	1,738
エジプト	191,354	243,471	305,831	357,760	1,984	2,474	3,046	3,496
エチオピア	76,338	79,851	91,993	96,088	717	731	821	836
ガーナ	58,799	65,957	66,867	67,042	2,019	2,216	2,198	2,158
ケニア	80,527	90,811	98,945	99,326	1,603	1,767	1,882	1,847
コートジボワール	50,052	55,809	56,976	59,385	2,048	2,226	2,216	2,251
コンゴ民主共和国	36,964	46,297	46,467	44,492	454	551	535	497
スーダン	111,095	50,189	36,395	58,030	2,722	1,201	850	1,323
チュニジア	38,573	38,407	37,478	38,179	3,374	3,321	3,205	3,230
ナイジェリア	344,771	384,819	436,672	401,228	1,806	1,965	2,173	1,946
南アフリカ	338,540	356,460	341,522	296,479	5,938	6,168	5,832	4,999
モロッコ	107,533	115,795	117,528	113,027	3,022	3,214	3,222	3,062
リビア	68,360	77,554	60,893	30,225	10,388	11,612	8,985	4,399
オセアニア								
オーストラリア	1,371,862	1,412,416	1,351,406	1,383,392	55,802	56,728	53,620	54,251
ニュージーランド	199,194	204,641	207,570	206,218	42,363	43,145	43,397	42,764

3-9　OECD加盟国の購買力平価の推移

（1米ドル当たり各国通貨）

国（地域）	通貨単位	2016	2017	2018	2019	2020	2021
アジア							
日本	円	105.5	105.1	104.2	104.3	101.2	100.4
イスラエル	新シェケル	3.789	3.752	3.785	3.916	3.851	3.800
韓国	ウォン	858.8	872.6	854.9	864.6	824.6	847.5
トルコ	トルコリラ	1.241	1.384	1.633	1.926	2.197	2.782
北アメリカ							
アメリカ合衆国	米ドル	1.000	1.000	1.000	1.000	1.000	1.000
カナダ	カナダドル	1.207	1.212	1.207	1.247	1.246	1.253
コスタリカ	コスタリカコロン	343.0	341.0	337.9	331.2	320.8	332.0
メキシコ	メキシコペソ	8.446	8.914	9.276	9.650	9.703	10.043
南アメリカ							
コロンビア	コロンビアペソ	1,298.1	1,328.0	1,322.2	1,343.6	1,320.1	1,358.7
チリ	チリペソ	397.3	397.7	396.2	408.0	417.7	430.3
ヨーロッパ							
アイスランド	アイスランドクローナ	140.0	138.3	141.0	145.0	149.7	150.6
アイルランド	ユーロ	0.7943	0.7944	0.7922	0.8269	0.8012	0.7875
イギリス	スターリングポンド	0.6886	0.6846	0.6877	0.6881	0.6890	0.6928
イタリア	ユーロ	0.7005	0.6899	0.6812	0.6778	0.6638	0.6544
エストニア	ユーロ	0.5278	0.5349	0.5388	0.5522	0.5362	0.5467
オーストリア	ユーロ	0.7769	0.7750	0.7654	0.7708	0.7639	0.7708
オランダ	ユーロ	0.7954	0.7822	0.7767	0.7944	0.7740	0.7698
ギリシャ	ユーロ	0.5886	0.5750	0.5649	0.5630	0.5528	0.5478
スイス	スイスフラン	1.202	1.188	1.179	1.177	1.140	1.105
スウェーデン	スウェーデンクローナ	8.823	8.852	8.866	8.998	8.748	8.709
スペイン	ユーロ	0.6426	0.6308	0.6318	0.6332	0.6274	0.6245
スロバキア	ユーロ	0.5032	0.5164	0.5260	0.5394	0.5379	0.5401
スロベニア	ユーロ	0.5771	0.5701	0.5676	0.5698	0.5618	0.5659
チェコ	チェココルナ	12.58	12.42	12.37	12.66	12.79	12.92
デンマーク	デンマーククローネ	7.080	6.872	6.766	6.792	6.633	6.594
ドイツ	ユーロ	0.7526	0.7448	0.7354	0.7511	0.7384	0.7415
ノルウェー	ノルウェークローネ	10.04	9.750	9.584	9.975	10.12	9.675
ハンガリー	フォリント	132.0	136.0	139.1	145.1	148.8	154.8
フィンランド	ユーロ	0.8809	0.8637	0.8537	0.8632	0.8450	0.8298
フランス	ユーロ	0.7800	0.7701	0.7562	0.7387	0.7273	0.7253
ベルギー	ユーロ	0.7810	0.7756	0.7664	0.7669	0.7455	0.7427
ポーランド	ズロチ	1.733	1.743	1.748	1.787	1.791	1.837
ポルトガル	ユーロ	0.5714	0.5757	0.5712	0.5762	0.5686	0.5716
ラトビア	ユーロ	0.4845	0.4845	0.4899	0.5023	0.4932	0.5063
リトアニア	ユーロ	0.4384	0.4427	0.4466	0.4537	0.4556	0.4644
ルクセンブルク	ユーロ	0.8519	0.8483	0.8489	0.8619	0.8644	0.8513
オセアニア							
オーストラリア	オーストラリアドル	1.450	1.478	1.470	1.483	1.446	1.439
ニュージーランド	ニュージーランドドル	1.441	1.431	1.470	1.428	1.436	1.486

3-10　OECD加盟国の購買力平価による1人当たり国内総生産

(単位：米ドル)

国（地域）	2016	2017	2018	2019	2020	2021
OECD加盟国	41,885	43,487	45,182	* 46,102	* 45,069	* 48,794
アジア						
日本	40,643	41,531	42,239	42,439	42,285	* 43,002
イスラエル	37,855	39,137	39,914	40,020	39,493	* 43,712
韓国	39,575	40,957	43,026	43,045	* 45,274	* 46,731
トルコ	26,696	28,193	28,281	27,106	27,554	30,967
北アメリカ						
アメリカ合衆国	57,846	59,897	62,784	65,056	63,285	69,558
カナダ	46,472	48,317	49,892	49,287	46,572	* 52,022
コスタリカ	19,119	20,368	21,313	22,598	* 22,181	* 23,287
メキシコ	19,516	19,947	20,355	* 20,146	* 18,963	* 20,387
南アメリカ						
コロンビア	14,055	14,480	15,439	16,131	* 15,306	* 17,342
チリ	23,385	24,479	25,496	25,117	24,648	28,415
ヨーロッパ						
アイスランド	53,487	55,638	57,208	58,210	53,554	57,939
アイルランド	71,633	78,052	84,824	87,551	93,442	107,862
イギリス	44,611	46,386	47,591	49,070	46,527	49,525
イタリア	40,267	41,951	43,428	44,376	41,995	45,902
エストニア	29,402	31,797	34,349	36,104	36,781	41,300
オーストリア	52,665	54,188	56,978	58,091	55,686	58,396
オランダ	52,289	55,090	57,825	59,004	* 59,001	* 63,445
ギリシャ	27,512	28,605	29,617	* 30,356	* 27,924	* 31,282
スイス	68,105	69,104	71,660	72,034	71,732	* 77,236
スウェーデン	50,430	51,948	53,522	54,599	55,631	60,102
スペイン	37,314	39,580	40,756	* 41,721	* 37,764	* 40,775
スロバキア	29,646	30,066	31,219	31,972	31,346	32,987
スロベニア	33,943	36,518	39,008	40,773	39,805	43,767
チェコ	36,101	38,843	41,157	42,866	41,707	44,198
デンマーク	51,967	55,356	57,479	58,496	60,099	64,877
ドイツ	50,579	53,071	55,196	* 55,651	* 55,461	* 58,386
ノルウェー	58,923	64,050	69,807	66,798	62,650	79,163
ハンガリー	27,948	29,501	31,913	33,515	* 33,274	* 36,752
フィンランド	44,934	47,570	49,573	50,323	50,925	54,682
フランス	42,856	44,446	46,337	* 48,701	* 46,714	50,544
ベルギー	48,599	50,443	52,536	54,278	* 53,071	* 58,925
ポーランド	27,985	29,715	31,588	33,428	34,060	37,400
ポルトガル	31,608	33,045	34,929	36,172	* 34,177	* 35,914
ラトビア	26,724	28,690	30,892	31,894	31,418	34,471
リトアニア	30,925	33,762	36,376	38,541	38,881	42,551
ルクセンブルク	112,955	114,863	116,801	117,059	117,721	134,340
オセアニア						
オーストラリア	50,151	50,699	52,981	52,669	55,635	* 61,632
ニュージーランド	39,697	42,008	42,334	45,251	44,698	* 46,389

3-11　世界の購買力平価と購買力平価による国内総生産（2021年）（1）

国（地域）	購買力平価 (1米ドル当たり 各国通貨) (A)	為替相場 (1米ドル当たり各国 通貨、年平均値) (B)	物価水準 (A)／(B)	国内総生産（購買力平価表示）	
				(100万米ドル)	1人当たり (米ドル)
アジア					
日本	100. 412	109. 754	0. 91	5, 396, 818. 5	42, 940. 4
アラブ首長国連邦 a	1. 996	3. 673	0. 54	660, 343. 0	66, 766. 1
イスラエル	3. 800	3. 230	1. 18	409, 409. 3	43, 721. 6
イラク	703. 257	1, 450. 00	0. 49	428, 633. 6	10, 408. 9
イラン a	29, 704. 310	42, 000. 00	0. 71	1, 326, 346. 1	15, 791. 2
インド	23. 138	73. 918	0. 31	10, 218, 573. 0	7, 333. 5
インドネシア	4, 758. 701	14, 308. 14	0. 33	3, 566, 265. 1	12, 904. 3
カザフスタン	149. 537	425. 908	0. 35	543, 473. 7	28, 600. 0
カタール	2. 385	3. 640	0. 66	274, 066. 8	93, 521. 4
韓国	847. 457	1, 143. 95	0. 74	2, 427, 790. 7	46, 918. 5
クウェート a	0. 161	0. 306	0. 52	202, 011. 0	47, 303. 1
サウジアラビア	1. 785	3. 750	0. 48	1, 751, 177. 9	49, 551. 3
シンガポール	0. 840	1. 343	0. 62	635, 266. 7	116, 486. 5
スリランカ	53. 703	…	…	313, 002. 5	14, 127. 2
タイ	12. 041	31. 977	0. 38	1, 343, 720. 2	19, 209. 5
中国	4. 187	6. 449	0. 65	27, 312, 548. 3	19, 338. 2
トルコ	2. 782	8. 850	0. 31	2, 591, 454. 6	30, 472. 4
パキスタン	41. 921	162. 906	0. 26	1, 323, 644. 7	5, 877. 6
バングラデシュ	32. 099	85. 084	0. 38	1, 099, 767. 2	6, 613. 0
フィリピン	19. 167	49. 255	0. 39	1, 012, 713. 8	9, 119. 7
ベトナム	7, 405. 190	23, 159. 78	0. 32	1, 134, 151. 3	11, 553. 1
香港	5. 851	7. 773	0. 75	489, 061. 2	65, 972. 6
マレーシア	1. 591	4. 143	0. 38	970, 742. 3	29, 617. 3
ミャンマー	407. 064	…	…	238, 129. 0	4, 344. 9
北アメリカ					
アメリカ合衆国	1	1	1	22, 996, 100. 0	69, 287. 5
カナダ	1. 253	1. 254	1. 00	1, 992, 049. 9	52, 085. 0
コスタリカ	332. 027	620. 79	0. 53	120, 187. 7	23, 387. 1
メキシコ	10. 043	20. 272	0. 50	2, 609, 993. 2	20, 036. 5
南アメリカ					
アルゼンチン	43. 135	94. 991	0. 45	1, 082, 341. 3	23, 627. 4
コロンビア	1, 358. 651	3, 743. 59	0. 36	866, 075. 7	16, 893. 8
チリ	430. 350	758. 955	0. 57	559, 157. 7	29, 104. 1
ブラジル	2. 526	5. 394	0. 47	3, 435, 882. 2	16, 056. 0
ベネズエラ b	2. 681	4. 289	0. 63	506, 339. 4	17, 527. 7
ペルー	1. 869	3. 881	0. 48	463, 538. 3	13, 895. 3
ヨーロッパ					
アイスランド	150. 642	126. 989	1. 19	21, 461. 5	57, 646. 4
アイルランド	0. 787	0. 845	0. 93	535, 284. 0	106, 455. 8
イギリス	0. 693	0. 727	0. 95	3, 344, 467. 8	49, 675. 3
イタリア	0. 654	0. 845	0. 77	2, 713, 265. 9	45, 936. 0
ウクライナ	9. 279	27. 286	0. 34	588, 384. 3	14, 219. 8
エストニア	0. 547	0. 845	0. 65	56, 083. 2	42, 191. 5

3-11　世界の購買力平価と購買力平価による国内総生産（2021年）（2）

国（地域）	購買力平価 （1米ドル当たり 各国通貨） （A）	為替相場 （1米ドル当たり各国 通貨、年平均値） （B）	物価水準 （A）/（B）	国内総生産（購買力平価表示）	
				（100万米ドル）	1人当たり （米ドル）
オーストリア	0.771	0.845	0.91	523,293.0	58,427.5
オランダ	0.770	0.845	0.91	1,118,050.7	63,766.9
ギリシャ	0.548	0.845	0.65	333,749.2	31,295.1
スイス	1.105	0.914	1.21	672,543.5	77,324.1
スウェーデン	8.709	8.577	1.02	617,907.2	59,324.0
スペイン	0.624	0.845	0.74	1,929,758.8	40,775.3
スロバキア	0.540	0.845	0.64	179,815.2	33,010.3
スロベニア	0.566	0.845	0.67	91,917.5	43,624.7
チェコ	12.920	21.678	0.60	473,743.7	44,260.9
デンマーク	6.594	6.287	1.05	378,644.9	64,651.2
ドイツ	0.741	0.845	0.88	4,815,479.1	57,927.6
ノルウェー	9.675	8.590	1.13	428,345.6	79,201.2
ハンガリー	154.840	303.141	0.51	356,862.7	36,752.5
フィンランド	0.830	0.845	0.98	304,830.1	55,006.6
フランス	0.725	0.845	0.86	3,424,151.7	50,728.7
ブルガリア	0.720	1.654	0.44	184,244.2	26,705.4
ベルギー	0.743	0.845	0.88	682,884.7	58,930.9
ポーランド	1.837	3.862	0.48	1,416,885.1	37,502.6
ポルトガル	0.572	0.845	0.68	369,627.4	35,888.2
ラトビア	0.506	0.845	0.60	64,910.0	34,468.6
リトアニア	0.464	0.845	0.55	119,263.3	42,665.3
ルーマニア	1.746	4.160	0.42	676,943.6	35,414.0
ルクセンブルク	0.851	0.845	1.01	86,117.1	134,753.8
ロシア	27.332	73.654	0.37	4,785,445.0	32,803.4
アフリカ					
アルジェリア	42.245	135.064	0.31	537,071.8	12,037.5
アンゴラ	220.269	631.442	0.35	223,318.5	6,581.0
ウガンダ	1,309.505	3,587.05	0.37	112,991.0	2,397.8
エジプト	4.567	15.645	0.29	1,388,329.4	13,316.2
エチオピア	14.167	...	...	306,447.1	2,599.7
ガーナ	2.342	5.81	0.40	196,050.1	6,178.3
ケニア	43.799	109.638	0.40	276,221.3	5,023.5
コートジボワール	240.751	554.531	0.43	160,692.2	5,939.8
コンゴ民主共和国	953.435	1,989.391	0.48	112,587.3	1,218.8
スーダン	70.685	...	...	189,392.6	4,217.2
タンザニア	890.581	2,297.764	0.39	175,034.9	2,932.6
チュニジア	0.946	2.794	0.34	138,391.8	11,594.7
ナイジェリア	152.569	...	...	1,154,070.0	5,459.2
南アフリカ	7.168	14.779	0.49	865,816.0	14,420.2
モロッコ	3.860	8.988	0.43	309,101.0	8,143.5
オセアニア					
オーストラリア	1.439	1.331	1.08	1,436,442.1	55,807.4
ニュージーランド	1.486	1.414	1.05	237,788.6	46,419.5

a 2020年。　b 2011年。

第4章　農林水産業

4-1　農用地面積
〔出典〕
FAO, *FAOSTAT: Land, Inputs and Sustainability*
2022年8月ダウンロード
〔解説〕
　　土地利用の定義は国により異なる場合がある。
陸地面積：内水面（主要な河川及び湖沼）及び沿岸水域を除いた総土地面積。
耕地：一時的に作物の収穫が行われている土地、採草地、牧草地及び休閑地の合計。
永年作物地：ココア、コーヒーなどの収穫後の植替えが必要ない永年性作物を長期
　　間にわたり栽培・収穫している土地。

4-2　農業生産指数
〔出典〕
FAO, *FAOSTAT: Production*
2022年8月ダウンロード
〔解説〕
　　ラスパイレス式による。FAO における指数の作成においては、1商品1価格とし、
為替レートの影響を受けないよう、国際商品価格を用いて推計。
総合：全ての農作物及び畜産物。
食料：食用可能かつ栄養分を含有する品目。コーヒー、茶などを除く。

4-3　農業生産量
〔出典〕
FAO, *FAOSTAT: Production*
2022年8月ダウンロード
〔解説〕
　　生産量の多い15か国を掲載。ただし、日本が16位以下で出典資料に記載されてい
る場合には、15位の国に代えて、括弧付きで掲載。
穀類：米、小麦、大麦、ライ麦、えん麦、とうもろこしなど。
米：脱穀・選別後の米粒。
小麦：スペルト麦を含む。
いも類：ばれいしょ、かんしょ、キャッサバ、ヤム芋、タロ芋など。
落花生：殻付き。
キャベツ：白菜、赤キャベツ、芽キャベツ、ちりめんキャベツなどを含む。
ぶどう：ワイン用を含む。
バナナ：料理用を除く。
コーヒー豆：生の豆。
カカオ豆：生の豆及び焙煎済みの豆。
茶：緑茶、紅茶など。
牛、豚、羊、鶏：家畜・家きん。
鶏卵：ふ化用を含む。
亜麻：茎から取り出した繊維。麻くずを含む。
ジュート：ジュート類似繊維を含む。
天然ゴム：安定化又は濃縮したラテックス及び加硫ゴムラテックスを含む。

4-4　1人当たり供給食料
〔出典〕
　FAO, *FAOSTAT: Food Balances*
　2022年 8 月ダウンロード
〔解説〕
　　食料として直接利用可能な 1 人 1 年当たりの供給量。国内消費仕向量（国内生産量＋輸入量－輸出量－在庫の増加量（又は＋在庫の減少量））から食用以外の飼料用、種子用、加工用（食用及び食用以外）、減耗などを除いたものに可食部の全体に対する重量割合を乗じたものを、当該年の人口で除したもの。各項目の内容は国により異なる場合がある。
穀類：小麦、米、大麦、とうもろこし、ライ麦、えん麦及びその他の穀物。ビールを除く。
いも類：ばれいしょ、かんしょ、キャッサバ及びその他の塊根類。
砂糖類：砂糖、はちみつ及びその他の甘味料。
豆類：いんげん（乾燥豆）、えんどう及びその他の豆類。大豆及びナッツ類を除く。
果実類：果実酒を除く。
肉類：牛肉、羊・山羊肉、豚肉、家きん肉及びその他の食肉。くず肉を含む。
魚介類：甲殻類、軟体動物、海草類及び水生哺乳動物を含む。

4-5　主要農水産物の自給率
〔出典〕
　FAO, *FAOSTAT: Food Balances*
　2022年 8 月ダウンロード
〔解説〕
　　重量ベース。国内生産量を国内消費仕向量（国内生産量＋輸入量－輸出量－在庫の増加量（又は＋在庫の減少量））で除して算出。食用以外の飼料用、種子用、加工用（食用及び食用以外）、減耗などを含む。
　　各項目については、「4-4　1人当たり供給食料」の解説を参照。

4-6 肥料消費量
〔出典〕
　FAO, *FAOSTAT: Land, Inputs and Sustainability*
　2022年 8 月ダウンロード
〔解説〕
　　消費された肥料に含まれる植物栄養素（N、P_2O_5、K_2O）の量。
窒素質肥料：硫酸アンモニア、硝酸アンモニア、尿素など。
りん酸質肥料：過りん酸石灰、熔成りん肥など。
カリ質肥料：硫酸カリ、塩化カリなど。

4-7 木材生産量
〔出典〕
　FAO, *FAOSTAT: Forestry*
　2022年 8 月ダウンロード
〔解説〕
　　加工前の生産量。
総量：森林及び森林外から伐採・回収された全ての樹木。倒木を含む。
用材：製材・ベニヤ材、パルプ材などの産業用素材。

4-8　水産物生産量－漁獲・養殖
〔出典〕
FAO, *Fishery and Aquaculture Statistics*
2022年8月ダウンロード
〔解説〕
　　FAO 水棲（すいせい）動植物国際標準統計分類（ISSCAAP : International Standard Statistical Classification of Aquatic Animals and Plants）による。漁獲・採集及び養殖による水産物の生体重量。食用以外の商業用・産業用・レクリエーション用を含むが、鯨、アザラシ、ワニ、さんご、真珠、海綿などを除く。FAO 推計値を含む場合がある。
水産物：魚類、甲殻類、軟体類及び藻類。
養殖：所有権を明確にして人工的に魚介類や藻類の発生・生育を図る給餌養殖、広い海域へ種苗（いわゆる稚魚）をまいて成長させ、成魚にして捕獲する栽培漁業など。
内水面：湖沼、河川、池など、陸地内の水面。

4-9　水産物生産量－種類別
〔出典〕
FAO, *Fishery and Aquaculture Statistics*
2022年8月ダウンロード
〔解説〕
　　ISSCAAP による。漁獲・採集及び養殖による水産物の生体重量。食用以外の商業用・産業用・レクリエーション用を含むが、鯨、アザラシ、ワニ、さんご、真珠、海綿などを除く。FAO 推計値を含む場合がある。
かに類：タラバガニ（ヤドカリ類に属する。）を除く。

4-10　水産物生産量－海域別漁獲量
〔出典〕
FAO, *Fishery and Aquaculture Statistics*
2022年9月ダウンロード
〔解説〕
　　「4-8　水産物生産量－漁獲・養殖」のうち、魚類・甲殻類・軟体類の海洋における漁獲量10万トン以上の国（漁獲量10万トン以上の国がない海域については漁獲量第1位の国）について、海域ごとに掲載。日本の漁獲量が10万トン未満で出典資料に記載されている場合には、括弧付きで掲載。FAO 推計値を含む場合がある。

4-1　農用地面積（2020年）(1)

（単位：1,000ha）

国（地域）	陸地面積	耕地	永年作物地	国（地域）	陸地面積	耕地	永年作物地
世界	13,031,197	1,387,173	174,493	ホンジュラス	11,189	1,020	576
				メキシコ	194,395	20,071	2,798
アジア							
日本	36,450	4,104	268	**南アメリカ**			
アラブ首長国連邦	7,102	49	41	アルゼンチン	273,669	32,633	1,068
イエメン	52,797	1,158	294	ウルグアイ	17,502	2,024	39
イスラエル	2,164	380	101	エクアドル	24,836	1,038	1,443
イラン	162,250	15,645	1,891	ガイアナ	19,685	420	40
インド	297,319	155,369	13,300	コロンビア	110,950	4,878	3,861
インドネシア	187,752	26,300	25,000	スリナム	15,600	62	5
ウズベキスタン	44,065	4,023	415	チリ	74,353	1,197	498
オマーン	30,950	75	33	パラグアイ	39,730	4,734	90
カザフスタン	269,970	29,553	132	ブラジル	835,814	55,762	7,756
カタール	1,149	21	3	ベネズエラ	88,205	2,600	700
韓国	9,760	1,352	213	ペルー	128,000	3,580	2,098
カンボジア	17,652	3,876	413	ボリビア	108,330	4,540	247
北朝鮮	12,041	2,280	260				
キプロス	924	102	29	**ヨーロッパ**			
キルギス	19,180	1,287	77	アイスランド	10,083	121	…
クウェート	1,782	8	6	アイルランド	6,889	444	1
サウジアラビア	214,969	3,430	166	イギリス	24,193	5,979	45
シリア	18,363	4,662	1,071	イタリア	29,572	6,831	2,427
スリランカ	6,186	1,372	1,000	ウクライナ	57,940	32,924	853
タイ	51,089	16,810	5,400	エストニア	4,275	694	5
中国	938,821	118,881	16,000	オーストリア	8,252	1,321	67
トルコ	76,963	19,586	3,559	オランダ	3,367	1,005	37
ネパール	14,335	2,114	212	ギリシャ	12,890	2,132	1,088
パキスタン	77,088	30,930	793	クロアチア	5,596	889	79
バングラデシュ	13,017	8,000	1,301	スイス	3,952	400	25
フィリピン	29,817	5,590	5,585	スウェーデン	40,728	2,539	3
ブルネイ	527	4	6	スペイン	49,956	11,639	5,007
ベトナム	31,343	6,787	4,931	スロバキア	4,808	1,346	18
マレーシア	32,855	826	7,460	スロベニア	2,014	181	53
ミャンマー	65,267	11,018	1,510	セルビア	8,746	2,604	207
				チェコ	7,720	2,484	50
北アメリカ				デンマーク	4,000	2,371	27
アメリカ合衆国	914,742	157,737	2,700	ドイツ	34,939	11,664	198
エルサルバドル	2,072	721	160	ノルウェー	36,429	804	3
カナダ	896,559	38,235	167	ハンガリー	9,126	4,012	158
キューバ	10,380	2,909	653	フィンランド	30,394	2,243	5
グアテマラ	10,716	862	1,183	フランス	54,756	17,957	1,014
コスタリカ	5,106	245	317	ブルガリア	10,856	3,492	152
ジャマイカ	1,083	120	95	ベラルーシ	20,298	5,660	100
ドミニカ共和国	4,831	877	355	ベルギー	3,028	865	24
トリニダード・トバゴ	513	25	22	ポーランド	30,613	10,921	350
パナマ	7,418	565	100	ポルトガル	9,161	952	867
バハマ	1,001	8	4	モンテネグロ	1,345	9	6
ベリーズ	2,281	90	32	ラトビア	6,223	1,334	9

4-1　農用地面積（2020年）(2)

（単位：1,000ha）

国（地域）	陸地面積	耕地	永年作物地	国（地域）	陸地面積	耕地	永年作物地
リトアニア	6,262	2,249	35	ナイジェリア	91,077	35,000	6,500
ルーマニア	23,008	8,915	416	ナミビア	82,329	800	10
ロシア	1,637,687	121,649	1,793	ニジェール	126,670	17,700	115
				ブルキナファソ	27,360	6,000	143
アフリカ				ブルンジ	2,568	1,200	350
アルジェリア	238,174	7,505	1,012	ベナン	11,276	2,800	600
アンゴラ	124,670	4,900	315	ボツワナ	56,673	260	2
ウガンダ	20,052	6,900	2,200	マダガスカル	58,180	3,000	600
エジプト	99,545	3,365	606	マラウイ	9,428	3,600	200
エチオピア	112,857	16,195	2,281	マリ	122,019	6,411	150
ガーナ	22,753	2,513	2,708	南アフリカ	121,309	12,000	413
ガボン	25,767	325	170	モーリシャス	203	75	4
カメルーン	47,271	6,200	1,550	モーリタニア	103,070	400	11
ギニア	24,572	3,100	700	モザンビーク	78,638	5,650	300
ケニア	56,914	5,800	530	モロッコ	44,630	7,649	1,733
コートジボワール	31,800	3,500	4,500	リビア	175,954	1,720	330
コンゴ共和国	34,150	550	78	リベリア	9,632	500	200
コンゴ民主共和国	226,705	13,477	1,895	ルワンダ	2,467	1,152	250
ザンビア	74,339	3,800	36				
ジンバブエ	38,685	4,000	100	**オセアニア**			
セネガル	19,253	3,200	78	オーストラリア	769,202	30,644	352
タンザニア	88,580	13,503	2,019	ニュージーランド	26,331	527	74
チャド	125,920	5,200	38	パプアニューギニア	45,286	300	700
中央アフリカ	62,298	1,800	80	フィジー	1,827	77	62
チュニジア	15,536	2,595	2,386				

4-2　農業生産指数(1)

(2014～2016年＝100)

国（地域）	総合			食料			1人当たり食料		
	2018	2019	2020	2018	2019	2020	2018	2019	2020
世界	**105.3**	**106.1**	**107.4**	**105.2**	**105.6**	**107.1**	**101.7**	**101.1**	**101.4**
アジア									
日本	99.5	100.4	99.1	99.5	100.4	99.2	100.1	101.3	100.4
イエメン	90.2	103.3	105.3	90.1	102.3	104.6	83.6	92.8	92.8
イスラエル	99.5	99.8	101.4	99.8	100.2	101.9	95.0	93.8	93.9
イラン	89.0	95.3	99.1	89.1	95.5	99.4	85.5	90.4	92.9
インド	113.5	114.7	115.6	115.0	115.3	116.4	111.4	110.5	110.5
インドネシア	119.1	116.8	119.1	115.7	112.2	114.5	111.7	107.1	108.2
ウズベキスタン	99.9	101.4	104.6	104.5	104.4	106.3	99.6	97.9	98.3
カザフスタン	114.8	111.5	117.9	113.8	110.2	116.8	109.2	104.4	109.3
韓国	99.4	100.3	98.4	99.4	100.3	98.4	98.7	99.5	97.5
カンボジア	111.8	112.8	111.6	110.0	109.5	107.3	105.1	103.1	99.6
サウジアラビア	126.1	137.4	150.8	126.2	137.7	151.1	118.8	127.4	137.7
シリア	98.1	113.0	122.2	98.1	113.2	123.2	104.3	119.5	126.9
スリランカ	102.0	104.4	119.0	105.0	108.1	126.2	103.5	106.0	123.2
タイ	105.1	102.1	96.7	103.9	100.0	94.3	102.9	98.7	92.8
中国	103.2	102.5	104.1	103.2	101.9	102.9	101.7	100.0	100.6
トルコ	107.5	111.9	114.5	107.0	112.3	115.6	102.1	105.8	107.7
ネパール	106.9	112.6	114.6	106.9	112.7	114.7	103.0	106.6	106.5
パキスタン	106.0	110.2	114.0	107.6	108.4	112.2	101.3	104.0	107.0
バングラデシュ	107.9	108.9	111.3	107.6	108.4	112.2	104.1	103.9	106.4
フィリピン	101.5	101.2	100.6	101.6	101.3	100.7	97.2	95.6	93.8
ベトナム	106.1	105.4	107.5	105.4	104.3	106.0	102.3	100.2	101.0
マレーシア	102.4	101.6	99.7	100.5	97.2	97.6	96.6	92.1	91.3
ミャンマー	103.3	103.5	102.8	103.3	103.7	103.0	101.3	101.0	99.7
北アメリカ									
アメリカ合衆国	103.6	100.8	104.3	103.4	100.1	104.5	101.4	97.6	101.3
エルサルバドル	100.3	101.8	103.8	99.3	101.7	104.5	97.8	99.7	101.9
カナダ	109.1	110.5	113.4	109.4	110.9	113.7	106.4	106.8	108.5
キューバ	95.6	96.5	74.3	95.2	96.0	73.7	95.0	96.0	73.7
グアテマラ	104.2	105.4	107.8	103.0	104.8	106.4	97.0	96.9	96.7
コスタリカ	104.5	100.9	98.2	105.7	101.9	98.3	102.5	97.9	93.6
ジャマイカ	105.8	104.6	101.1	105.7	104.8	100.6	104.2	102.8	98.4
ドミニカ共和国	113.0	116.2	117.0	113.0	116.6	117.3	109.3	111.6	111.2
トリニダード・トバゴ	108.7	102.6	104.3	108.2	102.0	103.9	106.6	100.2	101.7
パナマ	108.0	109.1	106.6	107.6	108.9	106.5	102.3	101.8	98.0
ホンジュラス	117.0	115.5	106.4	106.8	106.0	103.6	101.6	99.2	95.3
メキシコ	111.1	112.5	112.8	110.8	112.3	112.8	106.7	107.2	106.7
南アメリカ									
アルゼンチン	97.9	113.2	110.3	97.4	112.9	109.8	94.6	108.7	104.7
ウルグアイ	89.3	101.6	91.8	89.4	101.9	92.0	88.4	100.4	90.4
エクアドル	93.8	95.2	95.7	94.4	96.4	96.9	89.6	90.0	89.0
コロンビア	102.8	106.0	103.3	102.0	104.7	103.0	97.7	98.9	96.3
チリ	108.3	106.8	107.9	108.3	106.8	108.0	104.0	101.3	101.6
ブラジル	107.8	110.2	113.3	107.1	109.3	111.9	104.5	105.9	107.6
ベネズエラ	90.2	83.7	85.6	89.9	83.2	85.1	93.4	87.5	89.8
ペルー	112.7	117.2	119.2	111.6	116.4	118.5	106.4	109.2	109.6

4-2　農業生産指数(2)

(2014～2016年＝100)

国（地域）	総合			食料			1人当たり食料		
	2018	2019	2020	2018	2019	2020	2018	2019	2020
ヨーロッパ									
アイルランド	110.0	114.2	115.8	110.1	114.3	115.9	106.4	109.1	109.4
イギリス	99.6	103.6	96.9	99.6	103.6	96.8	97.7	101.0	93.9
イタリア	99.1	98.4	99.8	99.1	98.5	99.9	99.0	98.5	100.1
ウクライナ	107.3	108.9	99.3	107.3	108.9	99.3	109.0	111.2	102.0
オーストリア	100.5	99.9	101.7	100.5	100.0	101.7	98.1	96.9	98.0
オランダ	96.1	100.5	102.0	96.2	100.5	102.1	95.5	99.6	101.0
ギリシャ	98.6	96.5	99.6	98.3	96.0	99.3	99.6	97.7	101.5
スイス	101.7	97.2	98.3	101.7	97.1	98.3	98.9	93.8	94.2
スウェーデン	84.1	100.7	101.1	84.2	100.8	101.2	82.4	98.1	97.9
スペイン	117.6	106.6	117.5	117.7	106.7	117.6	117.7	106.6	117.4
チェコ	92.9	92.9	97.3	92.9	93.0	97.3	92.4	92.2	96.4
デンマーク	92.9	100.6	102.6	92.9	100.6	102.6	91.8	99.1	100.8
ドイツ	91.6	93.6	94.6	91.6	93.7	94.7	90.1	91.7	92.5
ノルウェー	96.6	101.4	100.3	96.6	101.4	100.3	94.1	98.0	96.2
ハンガリー	98.3	97.0	93.6	98.3	97.1	93.7	99.1	98.0	94.8
フィンランド	93.0	102.2	98.6	93.0	102.2	98.6	92.2	101.2	97.5
フランス	97.6	98.8	92.9	97.0	97.9	92.2	96.2	96.8	91.0
ベルギー	98.3	101.3	101.5	98.4	101.0	101.5	96.7	98.8	98.8
ポーランド	103.0	101.9	110.8	103.0	101.9	110.9	103.3	102.3	111.4
ポルトガル	101.7	111.0	107.0	101.8	111.1	107.1	102.9	112.7	108.9
ルーマニア	118.1	111.9	90.6	118.6	112.4	91.0	121.1	115.6	94.2
ロシア	104.8	110.0	112.0	104.8	110.0	111.9	104.2	109.3	111.2
アフリカ									
アルジェリア	108.6	112.2	112.4	108.7	112.3	112.5	102.3	103.7	102.0
アンゴラ	106.1	108.6	108.0	106.2	108.7	108.1	96.1	95.2	91.7
ウガンダ	103.7	128.4	117.1	101.6	128.2	116.2	90.8	110.6	97.0
エジプト	97.1	100.8	99.6	96.4	100.6	99.6	90.5	92.6	89.9
エチオピア	106.3	110.0	119.8	106.0	110.2	119.2	97.9	99.1	104.6
ガーナ	112.7	111.9	115.6	112.8	112.0	115.6	105.6	102.5	103.6
カメルーン	101.6	103.6	104.2	101.0	102.3	103.1	93.3	92.1	90.5
ケニア	93.5	103.9	110.0	92.1	104.0	108.9	85.8	94.7	96.9
コートジボワール	114.3	119.2	123.2	113.9	115.9	118.4	105.6	104.8	104.3
コンゴ民主共和国	107.7	109.7	110.5	107.8	109.8	110.5	97.7	96.4	94.0
ジンバブエ	121.3	97.2	113.3	115.0	92.1	110.6	110.0	86.8	102.7
タンザニア	108.9	110.8	116.5	108.6	110.2	116.2	99.2	97.8	100.1
チュニジア	113.2	112.6	122.3	113.3	112.7	122.5	109.6	107.8	115.9
ナイジェリア	104.8	106.6	106.4	104.7	106.5	106.3	96.9	96.0	93.5
マダガスカル	100.6	104.0	102.0	100.3	103.4	102.4	92.5	92.9	89.6
南アフリカ	104.2	104.1	111.2	103.9	103.7	111.0	99.6	98.0	103.6
モザンビーク	133.9	136.3	132.6	135.1	135.6	130.9	123.8	120.7	113.2
モロッコ	115.1	110.2	100.6	115.4	110.4	100.6	110.9	104.9	94.4
オセアニア									
オーストラリア	99.6	91.6	86.3	97.4	91.4	89.0	93.6	86.7	83.5
ニュージーランド	102.1	101.7	102.8	102.2	101.7	102.9	99.4	98.1	98.5
フィジー	117.8	120.2	114.8	117.9	120.3	114.8	115.9	117.4	111.3

4-3　農業生産量（2020年）（1）

穀類		米		小麦	
国（地域）	（1,000t）	国（地域）	（1,000t）	国（地域）	（1,000t）
世界	2,996,142	世界	756,744	世界	760,926
中国	615,518	中国	211,860	中国	134,250
アメリカ合衆国	434,875	インド	178,305	インド	107,590
インド	335,035	バングラデシュ	54,906	ロシア	85,896
ロシア	130,038	インドネシア	54,649	アメリカ合衆国	49,691
ブラジル	125,568	ベトナム	42,759	カナダ	35,183
アルゼンチン	86,573	タイ	30,231	フランス	30,144
インドネシア	77,149	ミャンマー	25,100	パキスタン	25,248
カナダ	65,014	フィリピン	19,295	ウクライナ	24,912
ウクライナ	64,342	ブラジル	11,091	ドイツ	22,172
バングラデシュ	59,960	カンボジア	10,960	トルコ	20,500
フランス	56,850	アメリカ合衆国	10,323	アルゼンチン	19,777
ベトナム	47,321	日本	9,706	イラン	15,000
ドイツ	43,265	パキスタン	8,419	オーストラリア	14,480
パキスタン	42,541	ナイジェリア	8,172	カザフスタン	14,258
（日本）	10,923	ネパール	5,551	（日本）	949

大麦		ライ麦		えん麦	
国（地域）	（1,000t）	国（地域）	（1,000t）	国（地域）	（1,000t）
世界	157,031	世界	15,022	世界	25,182
ロシア	20,939	ドイツ	3,513	カナダ	4,576
スペイン	11,465	ポーランド	2,905	ロシア	4,132
ドイツ	10,769	ロシア	2,378	ポーランド	1,627
カナダ	10,741	ベラルーシ	1,051	スペイン	1,378
フランス	10,274	デンマーク	699	フィンランド	1,213
オーストラリア	10,127	中国	524	オーストラリア	1,143
トルコ	8,300	カナダ	488	イギリス	1,031
イギリス	8,117	ウクライナ	457	アメリカ合衆国	949
ウクライナ	7,636	スペイン	408	ブラジル	898
アルゼンチン	4,483	トルコ	296	スウェーデン	808
デンマーク	4,157	アメリカ合衆国	293	ドイツ	722
カザフスタン	3,659	アルゼンチン	221	アルゼンチン	600
イラン	3,600	オーストリア	218	中国	511
アメリカ合衆国	3,600	スウェーデン	190	ウクライナ	510
（日本）	222	ラトビア	178	（日本）	0

とうもろこし		いも類		ばれいしょ	
国（地域）	（1,000t）	国（地域）	（1,000t）	国（地域）	（1,000t）
世界	1,162,353	世界	847,622	世界	359,071
アメリカ合衆国	360,252	中国	133,947	中国	78,184
中国	260,670	ナイジェリア	118,327	インド	51,300
ブラジル	103,964	インド	57,529	ウクライナ	20,838
アルゼンチン	58,396	コンゴ民主共和国	42,761	ロシア	19,607
ウクライナ	30,290	ガーナ	31,736	アメリカ合衆国	18,790
インド	30,160	タイ	29,496	ドイツ	11,715
メキシコ	27,425	ブラジル	23,071	バングラデシュ	9,606
インドネシア	22,500	インドネシア	21,547	フランス	8,692
南アフリカ	15,300	ウクライナ	20,838	ポーランド	7,849
ロシア	13,879	アメリカ合衆国	20,349	オランダ	7,020
カナダ	13,563	ロシア	19,607	イギリス	5,520
フランス	13,419	コートジボワール	14,286	ペルー	5,467
ナイジェリア	12,000	マラウイ	14,095	カナダ	5,295
ルーマニア	10,942	タンザニア	13,075	ベラルーシ	5,231
（日本）	0	（日本）	3,324	（日本）	2,274

4-3　農業生産量(2020年)(2)

国（地域）	かんしょ (1,000t)	国（地域）	大豆 (1,000t)	国（地域）	落花生 (1,000t)
世界	89,488	世界	353,464	世界	53,639
中国	48,949	ブラジル	121,798	中国	17,993
マラウイ	6,918	アメリカ合衆国	112,549	インド	9,952
タンザニア	4,435	アルゼンチン	48,797	ナイジェリア	4,493
ナイジェリア	3,868	中国	19,600	アメリカ合衆国	2,782
アンゴラ	1,728	インド	11,226	スーダン	2,773
エチオピア	1,599	パラグアイ	11,024	セネガル	1,797
アメリカ合衆国	1,558	カナダ	6,359	ミャンマー	1,647
ウガンダ	1,536	ロシア	4,308	アルゼンチン	1,285
インドネシア	1,487	ボリビア	2,829	ギニア	1,074
ベトナム	1,373	ウクライナ	2,798	インドネシア	* 860
ルワンダ	1,276	ウルグアイ	1,990	チャド	840
インド	1,186	南アフリカ	1,246	タンザニア	690
マダガスカル	1,131	インドネシア	1,040	ブラジル	651
ブルンジ	950	イタリア	1,006	ニジェール	594
（日本）	688	（日本）	219	（日本）	13

国（地域）	キャベツ (1,000t)	国（地域）	トマト (1,000t)	国（地域）	きゅうり (1,000t)
世界	70,862	世界	186,821	世界	91,258
中国	33,797	中国	64,768	中国	72,780
インド	9,207	インド	20,573	トルコ	1,927
ロシア	2,630	トルコ	13,204	ロシア	1,687
韓国	2,556	アメリカ合衆国	12,227	イラン	1,206
ウクライナ	1,759	エジプト	6,731	メキシコ	1,160
日本	1,414	イタリア	6,248	ウクライナ	1,013
インドネシア	1,407	イラン	5,787	ウズベキスタン	813
アメリカ合衆国	1,203	スペイン	4,313	スペイン	795
ベトナム	1,028	メキシコ	4,137	アメリカ合衆国	646
ケニア	944	ブラジル	3,754	エジプト	613
トルコ	852	ナイジェリア	3,694	日本	539
ポーランド	755	ロシア	2,976	カザフスタン	538
ドイツ	725	ウクライナ	2,250	ポーランド	443
ウズベキスタン	659	ウズベキスタン	1,929	インドネシア	441
北朝鮮	653	（日本）	706	オランダ	430

国（地域）	たまねぎ (1,000t)	国（地域）	オレンジ (1,000t)	国（地域）	りんご (1,000t)
世界	104,554	世界	75,459	世界	86,443
インド	26,738	ブラジル	16,708	中国	40,500
中国	23,660	インド	9,854	アメリカ合衆国	4,651
アメリカ合衆国	3,821	中国	7,500	トルコ	4,300
エジプト	3,156	アメリカ合衆国	4,766	ポーランド	3,554
トルコ	2,280	メキシコ	4,649	インド	2,734
パキスタン	2,122	スペイン	3,344	イタリア	2,462
イラン	2,064	エジプト	3,158	イラン	2,207
バングラデシュ	1,954	インドネシア	2,723	ロシア	* 2,041
スーダン	1,950	イラン	2,226	フランス	1,620
インドネシア	1,815	イタリア	1,773	チリ	1,620
ロシア	1,738	パキスタン	1,625	ウズベキスタン	1,148
オランダ	1,701	南アフリカ	1,555	ウクライナ	1,115
アルジェリア	1,666	トルコ	1,334	ドイツ	1,023
メキシコ	1,500	アルゼンチン	1,175	南アフリカ	993
（日本）	1,263	（日本）	28	（日本）	720

4-3　農業生産量(2020年)(3)

ぶどう		バナナ		コーヒー豆	
国（地域）	(1,000t)	国（地域）	(1,000t)	国（地域）	(1,000t)
世界	78,034	世界	119,834	世界	10,688
中国	14,769	インド	31,504	ブラジル	3,700
イタリア	8,222	中国	11,513	ベトナム	1,763
スペイン	6,818	インドネシア	8,183	コロンビア	833
フランス	5,884	ブラジル	6,637	インドネシア	773
アメリカ合衆国	5,389	エクアドル	6,023	エチオピア	585
トルコ	4,209	フィリピン	5,955	ペルー	377
インド	3,125	グアテマラ	4,477	ホンジュラス	365
チリ	2,773	アンゴラ	4,115	インド	298
アルゼンチン	2,056	タンザニア	3,419	ウガンダ	291
南アフリカ	2,028	コスタリカ	2,529	グアテマラ	225
イラン	1,991	メキシコ	2,464	ラオス	186
ウズベキスタン	1,607	コロンビア	2,435	メキシコ	176
エジプト	1,586	ペルー	2,315	ニカラグア	159
オーストラリア	1,475	ベトナム	2,191	中国	114
（日本）	163	（日本）	0	コスタリカ	76

カカオ豆		茶		葉たばこ	
国（地域）	(1,000t)	国（地域）	(1,000t)	国（地域）	(1,000t)
世界	5,757	世界	7,024	世界	5,886
コートジボワール	2,200	中国	2,970	中国	2,134
ガーナ	800	インド	1,425	インド	761
インドネシア	739	ケニア	570	ブラジル	702
ナイジェリア	340	アルゼンチン	335	ジンバブエ	203
エクアドル	328	スリランカ	278	インドネシア	200
カメルーン	290	トルコ	255	アメリカ合衆国	177
ブラジル	270	ベトナム	240	モザンビーク	159
シエラレオネ	193	インドネシア	138	パキスタン	133
ペルー	160	ミャンマー	126	アルゼンチン	109
ドミニカ共和国	78	タイ	98	マラウイ	94
コロンビア	63	バングラデシュ	90	タンザニア	91
パプアニューギニア	38	イラン	85	バングラデシュ	86
ウガンダ	35	日本	70	北朝鮮	83
メキシコ	29	ウガンダ	63	トルコ	77
インド	26	マラウイ	48	（日本）	14

牛飼養数		豚飼養数		羊飼養数	
国（地域）	(1,000頭)	国（地域）	(1,000頭)	国（地域）	(1,000頭)
世界	1,525,939	世界	952,632	世界	1,263,137
ブラジル	218,150	中国	406,500	中国	173,095
インド	194,482	アメリカ合衆国	77,312	インド	68,100
アメリカ合衆国	93,793	ブラジル	41,124	オーストラリア	63,529
エチオピア	70,292	スペイン	32,796	ナイジェリア	47,744
中国	60,976	ドイツ	26,070	イラン	46,587
アルゼンチン	54,461	ロシア	25,163	エチオピア	42,915
パキスタン	49,624	ベトナム	22,028	トルコ	42,127
メキシコ	35,639	ミャンマー	19,193	スーダン	40,946
チャド	32,237	メキシコ	18,788	チャド	38,705
スーダン	31,757	カナダ	13,970	イギリス	32,697
タンザニア	28,335	フランス	13,737	パキスタン	31,225
コロンビア	28,245	デンマーク	13,391	アルジェリア	30,906
バングラデシュ	24,391	フィリピン	12,796	モンゴル	30,049
オーストラリア	23,503	ポーランド	11,727	ニュージーランド	26,029
（日本）	3,907	（日本）	9,124	（日本）	15

4-3　農業生産量(2020年)(4)

鶏飼養数		牛乳		鶏卵	
国（地域）	（100万羽）	国（地域）	（1,000t）	国（地域）	（1,000t）
世界	**33,097**	**世界**	**718,038**	**世界**	**86,670**
アメリカ合衆国	9,222	アメリカ合衆国	101,251	中国	* 29,825
中国	4,748	インド	87,822	アメリカ合衆国	6,608
インドネシア	3,560	ブラジル	36,508	インド	6,292
ブラジル	1,479	中国	34,400	インドネシア	5,044
パキスタン	1,443	ドイツ	33,165	ブラジル	3,261
イラン	1,009	ロシア	31,960	メキシコ	3,016
インド	791	フランス	25,147	日本	2,633
メキシコ	592	パキスタン	22,508	ロシア	2,492
ロシア	497	ニュージーランド	21,871	トルコ	1,237
ベトナム	410	トルコ	* 20,000	フランス	985
トルコ	379	イギリス	15,558	コロンビア	983
ミャンマー	349	ポーランド	14,822	パキスタン	946
日本	320	オランダ	14,522	ウクライナ	924
バングラデシュ	297	イタリア	12,712	スペイン	913
マレーシア	296	（日本）	7,438	アルゼンチン	873

はちみつ		生繭		実綿	
国（地域）	（t）	国（地域）	（t）	国（地域）	（1,000t）
世界	**1,770,119**	**世界**	**663,083**	**世界**	**83,113**
中国	458,100	中国	* 400,000	中国	29,500
トルコ	104,077	インド	* 200,000	インド	17,731
イラン	79,955	ウズベキスタン	20,942	アメリカ合衆国	9,737
アルゼンチン	74,403	ベトナム	14,937	ブラジル	7,070
ウクライナ	68,028	タイ	* 11,400	パキスタン	3,454
アメリカ合衆国	66,948	イラン	* 6,000	ウズベキスタン	3,064
ロシア	66,368	北朝鮮	* 2,857	トルコ	1,774
インド	62,132	ブラジル	2,742	アルゼンチン	1,046
メキシコ	54,165	タジキスタン	1,429	ブルキナファソ	783
ブラジル	51,508	インドネシア	857	ベナン	728
カナダ	37,601	アフガニスタン	500	メキシコ	675
タンザニア	31,405	アゼルバイジャン	447	トルクメニスタン	636
スペイン	30,513	キルギス	* 357	コートジボワール	490
韓国	29,375	カンボジア	* 280	カメルーン	446
（日本）	2,932	（日本）	80	タジキスタン	401

亜麻		ジュート		天然ゴム	
国（地域）	（t）	国（地域）	（t）	国（地域）	（1,000t）
世界	**976,113**	**世界**	**2,688,912**	**世界**	**14,845**
フランス	745,570	インド	1,807,264	タイ	4,703
ベルギー	81,660	バングラデシュ	804,520	インドネシア	3,366
ベラルーシ	47,778	中国	36,510	ベトナム	1,226
ロシア	39,262	ウズベキスタン	19,122	インド	963
中国	23,646	ネパール	10,165	コートジボワール	936
イギリス	14,773	南スーダン	3,677	中国	688
エジプト	7,768	ジンバブエ	2,656	マレーシア	515
オランダ	7,350	エジプト	2,276	グアテマラ	436
チリ	3,078	ブラジル	1,185	フィリピン	422
アルゼンチン	2,601	ブータン	342	カンボジア	349
イタリア	1,220	ベトナム	331	ミャンマー	260
ポーランド	790	カンボジア	267	ブラジル	226
台湾	263	ペルー	263	ラオス	154
ラトビア	200	エルサルバドル	170	ナイジェリア	148
ウクライナ	110	カメルーン	100	メキシコ	93

4-4　1人当たり供給食料（2019年）

（単位：kg）

国（地域）	穀類	小麦	米	いも類	砂糖類	豆類	野菜類	果実類	肉類	卵類	魚介類
アジア											
日本	140.3	44.3	80.0	25.1	26.4	1.4	96.7	33.4	53.4	19.9	47.0
イラン	199.9	156.0	40.3	31.1	31.7	5.1	138.7	144.2	38.7	8.3	11.5
インド	186.4	60.4	108.4	30.6	22.2	15.3	89.2	63.6	5.2	3.1	6.8
インドネシア	240.8	30.2	180.1	68.1	25.3	0.7	44.7	69.0	12.9	15.8	43.7
韓国	150.6	50.8	83.5	17.4	50.5	1.3	201.5	52.2	84.3	12.2	90.4
サウジアラビア	186.9	97.6	53.3	17.3	32.3	5.5	70.5	69.7	54.2	8.7	11.0
タイ	183.8	17.5	156.5	12.9	64.3	2.8	37.3	77.5	28.6	12.1	29.4
中国	203.4	66.1	128.1	68.7	7.5	1.4	386.9	102.4	67.2	20.8	51.0
トルコ	204.4	168.7	15.8	46.8	31.8	12.9	239.0	128.2	40.9	9.6	4.8
パキスタン	144.9	103.9	19.7	16.4	22.5	5.3	25.5	35.6	18.1	3.5	1.7
フィリピン	250.2	32.4	195.2	17.9	22.0	1.3	63.4	101.0	42.6	4.9	25.5
マレーシア	176.6	43.9	111.9	18.1	43.1	2.8	69.1	41.2	55.0	18.0	56.3
北アメリカ											
アメリカ合衆国	109.9	80.1	10.9	53.0	66.1	2.7	107.5	106.7	128.6	16.4	22.1
カナダ	115.9	75.3	14.6	83.7	49.9	10.1	101.9	96.8	94.5	15.5	21.8
メキシコ	162.7	33.4	8.2	16.9	44.2	9.6	66.5	120.3	75.5	20.3	14.4
南アメリカ											
アルゼンチン	130.9	104.7	11.8	44.2	44.9	3.5	66.1	80.5	120.1	15.9	7.2
コロンビア	124.6	32.8	53.2	80.1	68.4	7.2	54.9	145.0	65.2	13.3	6.9
ブラジル	122.2	52.6	37.5	50.5	42.1	13.0	50.7	98.9	103.8	12.5	9.0
ヨーロッパ											
アイルランド	136.0	105.2	4.2	67.6	87.3	3.0	80.2	68.4	83.0	9.0	22.8
イギリス	131.8	111.2	7.4	77.0	38.5	3.0	79.3	78.8	80.6	11.3	18.5
イタリア	160.7	144.3	9.5	36.3	33.4	5.3	99.6	123.0	78.1	11.3	29.8
オーストリア	119.0	86.8	5.4	58.8	45.8	1.2	90.9	92.8	86.2	14.1	13.9
オランダ	95.8	70.3	3.9	76.4	41.5	1.6	71.1	101.6	53.8	19.9	21.9
ギリシャ	126.7	115.7	6.8	60.2	33.7	3.5	150.2	144.0	83.3	8.4	19.6
スイス	104.2	95.0	2.5	46.5	45.2	1.9	88.7	80.4	73.1	10.3	16.7
スウェーデン	109.8	87.3	6.1	54.6	48.4	1.8	83.9	59.3	77.3	14.0	32.4
スペイン	112.0	96.8	11.2	59.5	35.1	6.6	119.2	86.2	108.0	13.3	42.4
デンマーク	118.3	85.0	4.9	61.0	56.5	1.1	96.4	59.7	81.3	14.2	26.5
ドイツ	116.9	88.3	4.7	64.6	45.4	0.8	88.5	75.5	78.4	12.0	12.6
ノルウェー	124.5	101.7	4.7	49.2	42.3	11.9	74.8	77.2	70.4	11.9	50.6
フィンランド	119.2	78.9	4.7	58.7	40.8	1.2	85.1	73.1	75.2	10.9	33.5
フランス	143.9	120.1	8.2	50.6	38.1	1.7	96.3	91.2	86.0	11.5	34.2
ポーランド	149.8	107.7	3.0	99.4	44.6	0.8	124.2	61.8	85.1	6.9	12.4
ポルトガル	135.1	91.0	16.1	61.8	36.0	3.5	132.4	131.7	99.8	10.5	57.2
ロシア	154.9	137.6	7.4	89.4	63.9	2.4	103.7	61.2	80.7	16.6	20.1
アフリカ											
アルジェリア	213.6	182.4	3.8	66.9	30.1	7.3	206.7	108.4	20.8	6.7	3.7
エジプト	258.9	145.9	50.9	32.3	26.7	3.8	149.8	93.3	31.3	2.9	22.8
ナイジェリア	132.9	25.6	39.7	274.6	10.3	9.5	72.8	54.9	8.1	2.9	8.7
南アフリカ	177.3	58.5	21.3	34.3	40.2	1.3	38.4	27.1	68.9	7.2	6.3
オセアニア											
オーストラリア	95.7	75.2	14.2	49.7	44.1	1.5	85.7	65.1	124.4	8.3	26.1
ニュージーランド	111.2	86.1	10.6	46.6	57.4	2.9	112.6	57.4	105.2	11.2	24.6

4-5　主要農水産物の自給率（2019年）

（単位：%）

国（地域）	穀類	小麦	米	いも類	砂糖類	豆類	野菜類	果実類	肉類	卵類	魚介類
アジア											
日本	32.7	15.7	93.5	84.8	66.8	43.1	81.5	51.1	61.0	99.1	54.2
イラン	71.0	118.9	47.7	119.5	59.9	76.4	114.1	107.7	94.9	100.1	...
インド	109.9	108.8	110.2	97.2	123.1	87.5	101.9	100.8	117.8	101.6	116.8
インドネシア	88.6	0.0	96.0	91.4	33.5	71.1	95.2	99.5	131.3	99.9	103.6
韓国	24.6	0.4	91.2	69.7	57.1	21.6	90.5	73.7	65.1	99.6	73.0
サウジアラビア	10.6	14.8	0.0	66.1	11.8	8.3	60.3	69.5	61.0	94.3	...
タイ	120.2	0.0	146.6	148.6	348.6	94.1	98.7	134.9	140.1	101.4	94.6
中国	98.9	107.1	101.4	87.1	87.2	79.4	102.3	98.9	82.6	100.4	95.3
トルコ	92.7	94.1	73.2	106.0	109.2	91.9	105.9	137.8	114.4	127.9	57.1
パキスタン	112.0	96.1	194.8	119.5	91.2	46.8	99.1	106.0	123.8	101.2	142.9
フィリピン	69.8	0.0	84.9	78.7	79.3	40.8	95.0	144.3	88.8	99.5	95.0
マレーシア	29.7	1.6	72.9	12.2	31.8	...	42.0	136.3	49.2	237.4	89.1
北アメリカ											
アメリカ合衆国	116.3	175.0	152.6	101.8	88.6	136.5	83.7	55.9	114.8	104.0	64.3
カナダ	185.7	350.6	0.0	137.9	18.2	469.9	58.8	24.7	141.8	91.3	93.5
メキシコ	62.3	47.4	18.1	85.8	118.7	88.4	177.9	126.0	80.7	98.4	100.8
南アメリカ											
アルゼンチン	277.9	331.3	161.7	113.4	114.9	380.4	106.7	124.5	118.0	100.4	258.5
コロンビア	34.4	0.3	92.0	94.8	106.6	55.7	94.6	122.3	92.4	99.9	...
ブラジル	131.8	46.5	100.2	97.3	231.5	92.6	98.7	142.3	136.0	101.0	66.9
ヨーロッパ											
アイルランド	50.0	47.6	0.0	77.3	1.0	136.7	42.3	11.1	402.2	96.4	223.8
イギリス	97.8	98.8	0.0	89.0	50.3	102.6	41.6	12.4	78.1	93.6	64.5
イタリア	60.4	61.5	197.5	55.3	31.9	46.6	169.5	107.8	81.7	99.0	17.3
オーストリア	94.6	94.8	0.0	96.9	61.7	70.7	61.0	50.4	122.7	89.6	...
オランダ	10.9	18.6	0.0	180.8	154.0	1.0	563.2	40.0	346.6	191.4	129.1
ギリシャ	64.4	56.9	221.0	60.6	12.8	98.3	116.6	153.4	53.1	79.6	36.7
スイス	46.0	44.2	0.0	83.8	68.1	50.0	48.5	42.1	81.4	62.6	...
スウェーデン	137.4	140.0	0.0	85.2	67.5	117.0	34.0	5.4	73.9	102.1	...
スペイン	56.6	54.2	109.3	64.5	49.6	52.5	216.1	158.6	152.2	116.9	58.5
デンマーク	118.0	125.8	0.0	113.7	107.8	102.4	44.4	10.9	403.5	85.7	454.4
ドイツ	100.8	125.2	0.0	123.7	113.3	77.9	41.0	32.4	129.1	70.3	...
ノルウェー	64.0	45.0	...	86.9	1.3	17.6	45.2	7.6	97.4	100.0	194.9
フィンランド	118.3	92.6	0.0	102.7	32.3	118.5	52.0	7.2	100.5	113.4	...
フランス	187.4	199.7	11.6	137.6	153.4	118.0	68.4	65.6	103.3	97.6	29.7
ポーランド	114.3	127.8	0.0	107.3	137.0	101.8	106.0	107.0	171.5	193.8	...
ポルトガル	23.0	4.6	90.5	61.3	4.2	22.2	148.5	83.6	88.1	110.9	31.3
ロシア	151.1	173.6	94.2	94.5	112.2	157.1	88.8	41.5	97.0	94.1	156.4
アフリカ											
アルジェリア	33.2	36.9	0.0	96.8	8.4	39.5	98.3	95.0	96.9	100.0	60.0
エジプト	55.3	48.5	88.4	114.7	84.5	51.4	107.5	125.0	78.2	100.0	79.4
ナイジェリア	84.5	1.1	100.5	100.2	2.2	114.7	98.5	99.4	99.2	99.5	66.7
南アフリカ	76.2	44.0	0.2	105.6	121.9	84.4	106.3	206.4	89.1	103.1	133.0
オセアニア											
オーストラリア	181.8	204.2	13.8	91.6	296.2	221.4	92.9	101.5	168.2	98.1	32.8
ニュージーランド	56.5	44.6	0.0	126.7	20.5	111.1	151.0	192.6	245.6	100.0	331.2

4-6　肥料消費量

(単位：1,000t)

国（地域）	窒素質肥料（N）			りん酸質肥料（P_2O_5）			カリ質肥料（K_2O）		
	2018	2019	2020	2018	2019	2020	2018	2019	2020
世界	108,408	108,458	113,292	44,261	43,828	48,121	39,005	37,346	39,158
アジア									
日本	369	369	369	338	338	338	270	270	270
イラン	730	815	903	110	110	110	63	63	59
インド	17,628	* 18,864	* 20,404	6,968	* 7,465	* 8,978	2,779	* 2,641	* 3,154
インドネシア	3,237	2,928	3,541	1,527	1,235	1,211	2,165	1,733	1,775
ウズベキスタン	721	721	721	226	226	226	77	77	77
韓国	216	212	206	144	144	143	145	144	141
サウジアラビア	178	178	178	93	93	93	29	29	29
タイ	1,516	1,263	1,472	368	368	368	620	389	568
中国	28,141	26,738	25,742	10,930	10,221	9,804	10,779	10,245	9,880
トルコ	1,528	1,683	2,053	521	667	764	116	117	115
パキスタン	3,447	3,505	3,534	1,258	1,100	1,204	54	47	61
バングラデシュ	1,331	1,328	1,362	710	760	747	434	430	458
フィリピン	650	710	750	133	177	206	162	207	213
ベトナム	1,573	1,494	1,814	750	731	740	579	511	619
マレーシア	387	387	387	173	173	173	1,053	1,053	1,053
北アメリカ									
アメリカ合衆国	11,627	11,672	11,621	3,983	3,974	3,974	4,409	4,305	4,305
カナダ	2,769	2,520	3,083	1,130	1,120	1,194	427	427	784
メキシコ	1,332	1,332	1,416	506	506	454	302	249	270
南アメリカ									
アルゼンチン	1,161	1,278	1,400	689	759	869	41	39	48
コロンビア	490	462	530	223	235	257	437	395	465
ブラジル	4,594	4,912	5,911	5,107	4,860	7,234	6,686	6,774	7,222
ヨーロッパ									
イギリス	1,033	* 1,038	967	188	* 186	174	262	* 267	253
イタリア	595	599	575	164	176	225	114	111	131
ウクライナ	1,405	1,468	1,716	410	367	433	335	308	340
スペイン	1,033	1,011	1,059	426	480	487	415	369	399
チェコ	352	332	285	51	58	47	30	22	25
ドイツ	1,342	1,372	1,265	201	248	192	410	420	446
ハンガリー	424	416	445	117	114	112	111	100	97
フランス	2,185	2,025	2,078	440	400	453	489	406	503
ブルガリア	339	352	364	76	77	79	43	43	43
ベラルーシ	405	407	462	105	88	101	383	384	460
ポーランド	994	1,034	912	344	359	322	568	559	495
ロシア	1,542	1,727	1,916	600	601	686	390	419	478
アフリカ									
エジプト	1,245	1,245	1,245	223	223	223	125	125	125
ナイジェリア	436	436	436	136	136	136	114	114	114
南アフリカ	381	381	381	249	249	249	132	132	132
オセアニア									
オーストラリア	1,411	1,338	1,338	955	958	958	294	288	288
ニュージーランド	458	452	470	310	306	301	153	158	139

4-7　木材生産量（2020年）

（単位：1,000m³）

国（地域）	総量	薪炭材	用材	製材・ベニヤ材	国（地域）	総量	薪炭材	用材	製材・ベニヤ材
世界	3,911,952	1,928,264	1,983,688	1,136,671	ノルウェー	11,771	1,530	10,242	5,458
アジア					ハンガリー	5,575	2,684	2,892	1,274
日本	30,349	6,932	23,417	17,620	フィンランド	60,233	8,937	51,296	22,279
インド	350,667	301,150	49,517	47,804	フランス	47,703	23,444	24,259	15,965
インドネシア	121,950	38,604	83,346	33,114	ブルガリア	5,404	2,332	3,072	1,417
カンボジア	7,439	7,117	322	313	ベラルーシ	27,050	10,058	16,992	9,836
北朝鮮	7,802	6,302	1,500	1,000	ベルギー	5,212	893	4,319	2,815
スリランカ	5,142	4,449	693	116	ポーランド	40,584	4,720	35,864	16,958
タイ	32,957	18,357	14,600	6,200	ポルトガル	13,311	1,618	11,692	1,820
中国	337,140	156,903	180,237	96,352	ラトビア	15,347	2,620	12,727	7,379
トルコ	28,703	5,397	23,306	9,791	リトアニア	6,366	1,994	4,372	3,032
ネパール	12,950	11,650	1,300	1,300	ルーマニア	15,530	4,582	10,948	9,020
パキスタン	33,593	29,533	4,060	3,093	ロシア	217,000	15,109	201,891	135,325
バングラデシュ	25,672	25,267	405	312	**アフリカ**				
ブータン	5,444	5,319	125	28	アルジェリア	8,929	8,791	139	28
フィリピン	15,228	11,376	3,853	657	アンゴラ	6,223	4,973	1,250	200
ベトナム	57,335	20,000	37,335	16,300	ウガンダ	49,961	44,631	5,330	3,553
マレーシア	17,172	2,381	14,791	12,048	エジプト	18,161	17,893	268	134
ミャンマー	42,648	38,288	4,360	2,560	エチオピア	117,374	114,439	2,935	11
ラオス	7,127	5,695	1,432	1,300	ガーナ	52,380	50,166	2,214	1,464
北アメリカ					カメルーン	14,554	10,722	3,832	3,332
アメリカ合衆国	429,700	60,525	369,175	180,237	ギニア	13,071	12,420	651	138
カナダ	132,180	1,750	130,430	116,298	ケニア	25,917	24,948	969	486
グアテマラ	22,271	21,617	654	639	コートジボワール	11,659	9,259	2,400	2,400
ニカラグア	6,274	6,169	105	105	コンゴ民主共和国	92,412	87,801	4,611	329
ホンジュラス	8,983	8,138	845	805	ザンビア	25,725	23,033	2,692	1,345
メキシコ	46,090	38,439	7,651	6,671	シエラレオネ	6,355	6,025	330	210
南アメリカ					ジンバブエ	10,047	9,424	623	550
アルゼンチン	16,977	4,079	12,898	7,654	スーダン	16,740	15,583	1,157	360
ウルグアイ	17,975	2,629	15,346	4,260	セネガル	6,442	5,626	816	62
エクアドル	7,500	5,060	2,440	1,280	ソマリア	16,545	16,435	110	28
コロンビア	9,014	6,410	2,604	787	タンザニア	28,178	25,340	2,838	785
チリ	59,487	15,924	43,563	18,585	チャド	8,965	8,204	761	14
パラグアイ	11,745	7,701	4,044	3,515	ナイジェリア	76,905	66,883	10,022	7,600
ブラジル	266,288	123,299	142,989	55,421	ニジェール	12,804	12,103	701	...
ベネズエラ	5,670	4,353	1,317	299	ブルキナファソ	15,699	14,528	1,171	73
ペルー	7,283	6,524	759	635	ブルンジ	6,624	5,999	625	307
ヨーロッパ					ベナン	7,053	6,668	385	133
イギリス	10,533	2,429	8,103	5,987	マダガスカル	15,384	15,210	174	155
イタリア	15,841	10,839	5,002	3,352	マラウイ	7,475	6,045	1,430	230
ウクライナ	16,773	7,777	8,996	6,027	マリ	6,706	5,889	817	388
エストニア	10,638	4,136	6,502	4,134	南アフリカ	28,687	12,025	16,662	5,310
オーストリア	16,790	5,327	11,462	8,504	モザンビーク	18,708	16,724	1,984	480
クロアチア	5,234	2,207	3,027	2,469	モロッコ	6,684	6,575	109	11
スウェーデン	76,060	5,460	70,600	38,200	リベリア	10,237	9,773	463	422
スペイン	18,308	2,951	15,356	5,337	ルワンダ	6,212	5,000	1,212	962
スロバキア	7,448	524	6,924	3,913	**オセアニア**				
セルビア	8,236	6,454	1,782	1,217	オーストラリア	36,836	4,125	32,710	12,830
チェコ	33,347	6,726	26,621	18,844	ニュージーランド	35,969	0	35,969	32,214
ドイツ	84,051	22,261	61,790	48,213	パプアニューギニア	9,605	5,533	4,072	4,033

4-8　水産物生産量－漁獲・養殖（2020年）

（単位：1,000t）

国（地域）	水産物			魚類・甲殻類・軟体類			藻類		
	合計	漁獲・採集	養殖	合計	漁獲	養殖	合計	採集	養殖
世界	213,989	91,411	122,579	177,757	90,256	87,501	36,232	1,155	35,078
世界(海洋)	148,068	79,938	68,130	111,902	78,785	33,117	36,165	1,152	35,013
アジア									
日本	4,160	3,193	967	3,700	3,130	570	460	63	397
イラン	756	699	56	756	699	56	...	...	...
インド	4,804	3,727	1,077	4,781	3,709	1,072	23	18	5
インドネシア	17,948	6,494	11,454	8,266	6,430	1,836	9,682	64	9,618
オマーン	794	793	1	794	793	1	...	...	...
韓国	3,678	1,370	2,308	1,909	1,362	547	1,769	8	1,761
北朝鮮	863	197	666	260	197	63	603	...	603
タイ	2,080	1,524	557	2,080	1,524	557	...	-	...
台湾	765	606	159	763	606	157	2	0	2
中国	51,525	11,986	39,538	30,507	11,769	18,738	21,018	217	20,800
トルコ	624	331	293	624	331	293	...	...	...
バングラデシュ	903	671	232	903	671	232	...	...	...
フィリピン	3,803	1,765	2,038	2,334	1,764	569	1,469	0	1,469
ベトナム	4,954	3,273	1,680	4,940	3,273	1,667	14	...	14
マレーシア	1,686	1,383	303	1,504	1,383	121	182	...	182
ミャンマー	1,074	1,010	64	1,074	1,010	64	...	...	-
北・南アメリカ									
アメリカ合衆国	4,446	4,241	205	4,439	4,234	205	7	7	0
アルゼンチン	818	818	0	818	818	0	...	...	...
エクアドル	1,396	635	761	1,396	635	761	0	...	0
カナダ	878	718	160	868	708	160	10	10	...
チリ	3,686	2,183	1,504	3,259	1,774	1,485	428	409	18
ブラジル	563	484	78	562	484	78	1	...	1
ペルー	5,742	5,659	83	5,693	5,610	83	49	49	-
メキシコ	1,566	1,363	204	1,556	1,352	204	10	10	...
ヨーロッパ									
アイスランド	1,075	1,035	40	1,060	1,020	40	15	15	...
イギリス	836	625	211	836	625	211	...	...	...
スペイン	1,056	798	257	1,053	796	257	2	2	0
デンマーク	739	733	7	739	733	7	0	...	0
ノルウェー	4,094	2,603	1,490	3,940	2,451	1,490	153	153	0
フェロー諸島	735	646	89	735	646	89	0	...	0
フランス	615	465	150	563	413	150	52	52	0
ロシア	4,903	4,801	102	4,874	4,792	81	30	9	21
アフリカ									
南アフリカ	610	602	8	600	595	5	11	7	4
モーリタニア	663	663	...	663	663	...	...	...	...
モロッコ	1,383	1,382	1	1,360	1,360	1	22	22	0
世界(内水面)	65,921	11,473	54,449	65,855	11,471	54,384	67	2	64
アジア									
日本	51	22	29	51	22	29	...	...	...
イラン	527	103	424	527	103	424	...	...	...
インド	9,360	1,796	7,564	9,360	1,796	7,564	...	...	...
インドネシア	3,886	495	3,391	3,886	495	3,391	...	...	...
カンボジア	790	410	380	790	410	380	...	...	...
タイ	537	132	406	537	132	406	...	...	...
中国	32,405	1,460	30,945	32,339	1,457	30,882	65	2	63
バングラデシュ	3,601	1,248	2,352	3,601	1,248	2,352	...	...	...
ベトナム	3,083	148	2,934	3,083	148	2,934	...	...	...
ミャンマー	1,924	843	1,081	1,924	843	1,081	...	...	...
北・南アメリカ									
ブラジル	777	225	552	777	225	552	...	...	...
アフリカ									
ウガンダ	690	566	124	690	566	124	...	...	...
エジプト	1,557	317	1,240	1,557	317	1,240	...	...	...
ナイジェリア	616	354	262	616	354	262	...	...	...

4-9　水産物生産量－種類別(2020年)(A)

(単位：t)

国（地域）	合計	養殖	漁獲			
			魚類・甲殻類・軟体類計	魚類		
				さけ・ます類	ひらめ・かれい類	たら類
世界	213,989,041	122,578,505	90,255,908	712,795	934,234	8,977,798
アジア						
日本	4,211,411	996,281	3,151,730	100,120	47,428	216,342
イラン	1,282,381	480,500	801,881	10	5,880	...
インド	14,164,000	8,641,286	5,504,713	...	59,000	13,000
インドネシア	21,834,094	14,845,014	6,925,050	...	12,206	...
オマーン	794,726	1,307	793,419	...	...	...
韓国	3,703,318	2,327,903	1,367,835	160	27,411	44,143
カンボジア	933,260	400,400	532,860	...	...	...
北朝鮮	882,300	680,300	202,000	...	4,000	57,000
タイ	2,617,847	962,467	1,655,380	...	3,402	...
台湾	885,027	278,503	606,207	...	351	...
中国	83,929,065	70,483,082	13,226,203	...	...	...
トルコ	785,822	421,411	364,411	279	875	10,550
パキスタン	655,245	162,462	492,783	...	1,304	...
バングラデシュ	4,503,371	2,583,866	1,919,505	...	...	...
フィリピン	4,235,157	2,322,831	1,911,941	...	639	...
ベトナム	8,036,572	4,614,692	3,421,880	...	...	...
マレーシア	1,788,941	400,017	1,388,924	...	8,327	...
ミャンマー	2,998,582	1,145,018	1,853,564	...	...	...
北・南アメリカ						
アメリカ合衆国	4,701,654	448,535	4,246,059	227,278	256,039	1,907,578
アルゼンチン	839,674	2,085	837,590	...	2,549	318,555
エクアドル	1,409,760	774,569	635,192	...	...	10,514
カナダ	910,687	171,007	729,794	15,326	42,619	145,793
チリ	3,688,254	1,505,486	1,773,510	...	81	62,039
ブラジル	1,339,591	630,200	709,391	–	2,520	7,060
ペルー	5,819,039	143,830	5,626,542	82	541	31,360
メキシコ	1,789,884	278,694	1,500,987	114	4,984	8,884
ヨーロッパ						
アイスランド	1,075,309	40,595	1,019,689	0	22,993	634,857
イギリス	847,043	221,000	626,043	288	18,986	147,693
スペイン	1,080,955	276,571	801,983	1,851	12,029	175,650
デンマーク	775,519	42,629	732,890	184	19,956	146,820
ノルウェー	4,093,986	1,490,412	2,450,901	370	20,517	1,066,380
フェロー諸島	735,345	89,055	646,290	...	4,359	428,628
フランス	657,222	191,350	414,023	934	13,736	80,788
ロシア	5,372,211	291,194	5,072,094	344,591	136,569	2,691,929
アフリカ						
ウガンダ	690,158	123,897	566,261	...	...	...
エジプト	2,010,579	1,591,896	418,683	...	1,987	455
ナイジェリア	1,044,812	261,711	783,102	...	15,710	3,649
南アフリカ	612,456	9,753	595,855	...	220	142,764
モーリタニア	678,425	...	678,425	...	...	45
モロッコ	1,399,151	1,618	1,375,314	–	8,512	7,962

4-9　水産物生産量－種類別(2020年)(B)

(単位：t)

国（地域）	漁獲						採集
	魚類		甲殻類		軟体類	その他	藻類
	にしん・いわし類	かつお・まぐろ類	かに類	えび類	いか・たこ類		
世界	17,395,996	7,814,592	1,383,319	3,489,238	3,741,935	45,806,002	1,154,628
アジア							
日本	956,900	356,844	20,243	11,900	112,200	1,329,753	63,400
イラン	97,830	255,348	2,470	10,070	4,480	425,793	…
インド	551,000	138,835	32,000	507,735	164,000	4,039,143	18,001
インドネシア	324,104	1,402,165	104,638	260,046	230,351	4,591,539	64,030
オマーン	443,731	125,575	…	1,664	16,346	206,103	…
韓国	240,122	344,566	38,000	33,044	124,992	515,396	7,580
カンボジア	…	－	4,875	9,065	4,475	514,445	…
北朝鮮	…	…	…	…	9,000	132,000	…
タイ	222,043	51,693	47,621	55,165	113,688	1,161,768	…
台湾	772	294,183	812	7,885	59,497	242,707	317
中国	761,424	470,947	604,473	1,000,337	999,901	9,389,121	219,780
トルコ	219,322	26,830	7	5,215	1,903	99,430	…
パキスタン	82,735	47,144	6,504	20,969	9,900	324,227	…
バングラデシュ	…	4,130	…	…	…	1,915,375	…
フィリピン	439,131	380,058	33,545	37,900	49,086	971,581	385
ベトナム	…	471,006	50,942	153,556	359,943	2,386,432	…
マレーシア	87,348	97,893	14,116	107,275	62,583	1,011,383	…
ミャンマー	…	10,223	…	24,390	…	1,818,951	…
北・南アメリカ							
アメリカ合衆国	618,551	220,576	104,981	184,312	62,663	664,081	7,060
アルゼンチン	8,387	7	18	183,975	171,170	152,929	…
エクアドル	42,734	349,778	203	6,991	4,668	220,304	…
カナダ	92,784	4,478	81,467	136,649	3,507	207,171	9,886
チリ	801,085	5,778	5,757	4,115	56,895	837,760	409,258
ブラジル	78,835	50,067	10,000	40,600	3,020	517,289	…
ペルー	4,399,462	149,536	1,463	37,589	495,233	511,276	48,668
メキシコ	569,962	158,185	38,848	86,234	49,854	583,923	10,203
ヨーロッパ							
アイスランド	134,163	0	15	3,321	13	224,326	15,025
イギリス	90,653	290	26,387	27,765	11,169	302,813	…
スペイン	74,015	278,880	1,579	9,779	34,103	214,097	2,402
デンマーク	306,516	…	408	12,458	356	246,190	…
ノルウェー	538,606	194	9,188	24,689	148	790,809	152,673
フェロー諸島	113,745	－	52	4,352	65	95,089	…
フランス	49,834	102,151	10,186	3,814	13,642	138,937	51,849
ロシア	930,209	3,917	54,203	37,414	125,570	747,692	8,923
アフリカ							
ウガンダ	…	…	…	…	…	566,261	
エジプト	23,404	3,429	3,942	6,619	3,340	375,507	…
ナイジェリア	109,216	478	5,290	47,718	532	600,509	…
南アフリカ	363,423	6,015	82	1,443	9,729	72,178	6,848
モーリタニア	471,910	1,295	－	185	46,265	158,725	…
モロッコ	895,891	13,020	42	6,243	115,461	328,183	22,219

4-10　水産物生産量－海域別漁獲量(1)

（単位：1,000t）

海域・国（地域）	2018	2019	2020	海域・国（地域）	2018	2019	2020
世界	84,505	80,094	78,785	**(7)大西洋南西部**			
				アルゼンチン	815	801	818
(1)北極海				ブラジル	465	466	465
ロシア	0	1	0	スペイン	117	132	118
				（日本）	0	0	0
(2)大西洋北西部				**(8)大西洋南東部**			
アメリカ合衆国	884	902	744	南アフリカ	556	438	593
カナダ	607	561	537	アンゴラ	414	386	368
グリーンランド	168	180	182	ナミビア	487	464	327
（日本）	3	3	2	（日本）	10	9	7
(3)大西洋北東部				**(9)大西洋南氷洋**			
ノルウェー	2,287	2,081	2,203	ノルウェー	205	230	245
アイスランド	1,259	1,043	1,020	中国	40	55	114
ロシア	1,051	1,016	1,011	（日本）	0	0	0
デンマーク	787	626	730				
フェロー諸島	657	648	644	**(10)インド洋西部**			
イギリス	690	613	619	インド	2,226	2,235	2,157
フランス	401	328	294	オマーン	555	579	793
オランダ	393	299	275	イラン	723	727	699
スペイン	311	275	271	パキスタン	364	344	345
ポーランド	177	181	186	モザンビーク	247	284	303
アイルランド	221	209	179	スペイン	213	178	150
ドイツ	236	189	176	モルディブ	151	135	149
スウェーデン	215	178	171	セーシェル	146	142	132
ポルトガル	135	142	120	イエメン	131	131	131
フィンランド	152	139	116	（日本）	9	8	7
（日本）	6	3	3				
				(11)インド洋東部			
(4)大西洋中西部				インドネシア	1,869	1,929	1,692
アメリカ合衆国	708	654	564	インド	1,396	1,439	1,552
メキシコ	297	248	237	ミャンマー	1,148	1,064	1,010
ベネズエラ	227	223	205	マレーシア	753	784	748
（日本）	1	2	2	バングラデシュ	655	660	671
				タイ	366	371	473
(5)大西洋中東部				スリランカ	415	398	313
モロッコ	1,321	1,412	1,320	オーストラリア	106	100	108
モーリタニア	953	706	663	（日本）	9	8	9
ナイジェリア	486	452	429				
セネガル	447	476	418	**(12)インド洋南氷洋**			
ガーナ	300	237	275	フランス	7	7	6
ギニア	254	308	270	（日本）	-	0	-
カメルーン	251	266	251				
シエラレオネ	200	200	199	**(13)太平洋北西部**			
ベリーズ	209	201	180	中国	12,055	11,606	11,111
ジョージア	113	162	141	ロシア	3,464	3,422	3,589
ロシア	216	180	100	日本	2,991	2,907	2,909
（日本）	6	10	10	韓国	1,000	941	963
				台湾	408	333	259
(6)地中海、黒海				北朝鮮	203	200	197
トルコ	284	432	331	香港	124	123	119
イタリア	193	176	130				
チュニジア	103	105	103				

4-10　水産物生産量－海域別漁獲量(2)

（単位：1,000t）

海域・国（地域）	2018	2019	2020	海域・国（地域）	2018	2019	2020
(14)太平洋北東部				**(16)太平洋中東部**			
アメリカ合衆国	2,906	2,990	2,687	メキシコ	1,169	1,168	1,114
カナダ	199	192	171	アメリカ合衆国	172	145	172
				パナマ	104	169	119
(15)太平洋中西部				（日本）	8	5	4
インドネシア	4,840	4,634	4,738				
ベトナム	3,190	3,294	3,273	**(17)太平洋南西部**			
フィリピン	1,655	1,672	1,764	ニュージーランド	404	410	362
タイ	1,027	1,040	1,050	（日本）	11	11	11
マレーシア	697	669	633				
韓国	292	264	258	**(18)太平洋南東部**			
キリバス	198	239	213	ペルー	7,151	4,796	5,610
パプアニューギニア	320	273	204	チリ	2,108	1,954	1,750
ミクロネシア連邦	138	182	194	エクアドル	513	506	555
台湾	210	253	167	中国	380	333	344
日本	192	188	157	（日本）	7	8	8
カンボジア	131	118	123				
				(19)太平洋南氷洋			
				韓国	1	1	1

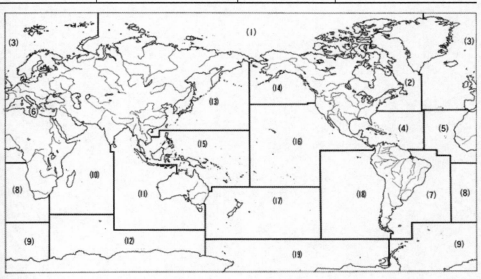

海域名
(1)北極海	(6)地中海、黒海	(11)インド洋東部	(16)太平洋中東部
(2)大西洋北西部	(7)大西洋南西部	(12)インド洋南氷洋	(17)太平洋南西部
(3)大西洋北東部	(8)大西洋南東部	(13)太平洋北西部	(18)太平洋南東部
(4)大西洋中西部	(9)大西洋南氷洋	(14)太平洋北東部	(19)太平洋南氷洋
(5)大西洋中東部	(10)インド洋西部	(15)太平洋中西部	

第5章 鉱工業

5-1 鉱工業生産指数
〔出典〕
UNIDO, *UNIDO Statistics Data Portal*
2022年8月ダウンロード
〔解説〕
　産業分類は国際標準産業分類（ISIC：International Standard Industrial Classification of All Economic Activities）の第4版（Rev. 4）による。

5-2 製造業の事業所数、雇用者数及び付加価値額
〔出典〕
UNIDO, *International Yearbook of Industrial Statistics 2020, 2021*
〔解説〕
　「製造業」のうち主要な業種について、産業中分類別に掲載。産業分類は ISIC の第4版（Rev. 4）による。
事業所数（企業数）：事業所とは、作業場や工場のように、単一の経営主体の下で一定の場所（一区画）を占めて主に一つの経済活動を行っている単位。企業数の場合は括弧付きで注記。
雇用者数（従業者数）：雇用者とは、あらゆる生産活動に従事する就業者のうち、事業主、無給の家族従業者などを除く全ての者。従業者数の場合は括弧付きで注記。
付加価値額：生産活動によって新たに生み出された価値。「国民経済計算上の付加価値額」と「センサス付加価値額」（国民経済計算上の付加価値額から非鉱工業サービスの純収入（受取と支出の差額）を差し引いたもの）がある。
　　表示（評価）方法には、支払った間接税と受け取った補助金の差額が含まれる「生産者価格表示」と、含まれない「要素費用表示」とがある。出典資料に付加価値額の種類が記載されている国については注記。

※各業種は下記に掲載している産業小分類又は産業細分類を足し上げているが、データが報告されていないなど、一部データが含まれていない場合がある。

「製造業」の主要な12業種
食料品：101（肉の加工・保存業）、102（魚類、甲殻類及び軟体動物の加工・保存業）、 103（果実及び野菜加工・保存業）、104（植物・動物油脂製造業）、105（酪農製品製造業）、106（精穀・製粉業、でん粉・でん粉製品製造業）、107（その他の食料品製造業）、108（加工飼料製造業）
飲料：1101（酒類の蒸留、精留及び混合業）、1102（ワイン製造業）、1103（麦芽酒及び麦芽製造業）、1104（清涼飲料製造業；ミネラルウォーターその他の瓶詰め水生産業）
織物：131（紡績業、織物業及び整理仕上げ業）、139（その他の織物製造業）
印刷業：181（印刷業及び印刷関連サービス業）、182（記録媒体複製業）
化学製品：201（基礎化学品、肥料及び窒素化合物、プラスチック及び合成ゴム素材製造業）、202（その他の化学製品製造業）、203（人造繊維製造業）
第1次金属：241（第1次鉄鋼製造業）、242（第1次貴金属・その他非鉄金属製造業）、243（金属鋳造業）

金属製品：251（構造用金属製品、タンク、貯槽及び蒸気発生装置製造業）、252（武器及び弾薬製造業）、259（その他の金属製品製造業、金属加工サービス活動）

電子・光学製品：261（電子部品及び基板製造業）、262（コンピュータ及び周辺装置製造業）、263（通信装置製造業）、264（家庭用電子機器製造業）、265（測定、試験、操縦及び制御装置製造業；時計製造業）、266（照射、電気医療及び電気療法装置製造業）、267（光学機器及び写真用装置製造業）、268（磁気及び光媒体製造業）

電気機器：271（電動機、発電機、変圧器、配電及び制御装置製造業）、272（電池及び蓄電池製造業）、273（配線及び配線装置製造業）、274（電気照明器具製造業）、275（民生用機械器具製造業）、279（その他の電気機器製造業）

機械器具：281（一般機械製造業）、282（特殊産業用機械製造業）

自動車：291（自動車製造業）、292（自動車車体製造（設計）業、トレーラ及びセミトレーラ製造業）、293（自動車部品及び付属品製造業）

輸送用機械器具：301（船舶製造業）、302（鉄道機関車及び車両製造業）、303（航空機及び宇宙船並びに関連機械製造業）、304（軍用戦闘車両製造業）、309（他に分類されない輸送用機械器具製造業）

5-3　鉱業生産量－エネルギー資源

〔出典〕
UN, *Industrial Commodity Statistics Database*
2019年11月ダウンロード

〔解説〕
　　各国の領土内における総生産量。2014年～2016年のうち、各国における最新年の値から生産量が多い15か国を掲載。ただし、日本が16位以下で出典資料に記載されている場合には、15位の国に代えて、括弧付きで掲載。

　　本章解説における品目名の後の括弧内の数字は、出典元のコード番号。中央生産物分類（CPC：Central Product Classification Ver.1.1）を基に付与されている。

石炭（11010-0）：石炭化度の低いものを含む。
原油（12010-0）：オイルシェール及びオイルサンドから抽出した鉱油を含む。
天然ガス（12020-1）：採取過程で損失したガス、再投入されたガス及び燃焼・放出したガスを除く。
ウラン鉱（13000-1）：鉱石及び精鉱。

5-4　鉱業生産量－金属資源

〔出典〕
UN, *Industrial Commodity Statistics Database*
2019年11月ダウンロード

〔解説〕
　　2014年～2016年のうち、各国における最新年の値から生産量の多い10か国を掲載。ただし、日本が11位以下で出典資料に記載されている場合には、10位の国に代えて、括弧付きで掲載。

　　本章解説における品目名の後の括弧内の数字は、出典元のコード番号。CPC Ver.1.1を基に付与されている。

鉄鉱（14100-0）：鉱石及び精鉱（焼いた硫化鉄鉱を除く。）。
銅鉱（14210-0）、**ニッケル鉱**（14220-0）、**ボーキサイト**（14230-0）、**金鉱**（14240-1）、**銀鉱**（14240-2）、**すず鉱**（14290-1）、**鉛鉱**（14290-2）、**亜鉛鉱**（14290-3）、**モリブデン鉱**（14290-5）：鉱石及び精鉱。

5-5　鉱業生産量－非金属資源

〔出典〕

UN, *Industrial Commodity Statistics Database*

2019年11月ダウンロード

〔解説〕

「5-4　鉱業生産量－金属資源」の解説を参照。

石碑用・建築用岩石（15130-1）：花こう岩、はん岩、玄武岩、砂岩など。

石こう・石灰石（15200-0）：石こう、無水石こう、ライムストーン・フラックス、石灰石などの石灰質の岩石。

粘土（15400-0）：カオリン、アンダルサイト、カイアナイト、シリマナイト、ムライト、シャモット、ダイナスアースなど。

天然リン酸塩（16110-1）：P_2O_5含有物。天然リン酸カルシウム、天然リン酸アルミニウムカルシウム及びリン酸塩含有白亜。

天然カリウム塩類（16110-2）：K_2O含有物。カーナライト、カリ岩塩など。

塩（16200-1）：塩（食卓塩を含む。）及び純塩化ナトリウム。

5-6　工業生産量－食品

〔出典〕

UN, *Industrial Commodity Statistics Database*

2019年11月ダウンロード

〔解説〕

「5-4　鉱業生産量－金属資源」の解説を参照。

牛肉（21110-1）：生鮮、冷蔵又は冷凍の肉。

豚肉（21110-2）：生鮮、冷蔵又は冷凍の肉。

鳥肉（21120-1）：生鮮、冷蔵又は冷凍の家きんの肉。食用くず肉を含む。

冷凍魚類（21220-0）：冷凍の魚類及び魚類製品。

塩干魚類（21230-0）：乾燥・塩漬・くん製の魚及び魚粉。

大豆油（21630-1）：未精製のもの。

マーガリン（21680-1）：液体マーガリンを除く。

バター（22940-0）：ミルクから得たバターその他の油脂及びデイリースプレッド。

チーズ（22950-0）：凝乳（カード）を含む。

小麦粉（23110-0）：小麦又はメスリン（小麦とライ麦を混合したもの）から製造されたもの。

粗糖（23510-0）：てん菜糖及びかんしょ糖。香味料又は着色料を添加したものを除く。

蒸留酒（24130-0）：ウイスキー、ラム酒、ジン、ウォッカ、リキュール及びコーディアルなど。

ワイン（24210-0）：グレープマスト、スパークリングワイン、ベルモット酒及び香味付けしたワインを含む。

ビール（24310-0）：麦芽から製造されたもの。

ミネラルウォーター（24410-0）：無加糖・無香料のミネラルウォーター及び炭酸水。

ソフトドリンク（24490-0）：水及びフルーツジュースを除く。

5-7　工業生産量－繊維

〔出典〕

UN, *Industrial Commodity Statistics Database*

2019年11月ダウンロード

〔解説〕

「5-4　鉱業生産量－金属資源」の解説を参照。

毛糸（26300-1）：紡毛糸、梳毛（そもう）糸及び獣毛糸。

綿糸（26300-2）：縫糸以外。
毛織物（26500-1）：衣類、家庭用、産業用の紡毛、梳毛織物又は繊獣毛製の織物。
絹織物（26510-0）：絹又はくず絹。
綿織物（26600-0）：綿の重量が85パーセント未満のものは、主に人工繊維を含む。
合成繊維織物（26700-0）：強力糸、長・短繊維、綿などを含む合成繊維の織物。

5-8　工業生産量－木材・パルプ・紙
〔出典〕
UN, *Industrial Commodity Statistics Database*
2019年11月ダウンロード
〔解説〕
　「5-4　鉱業生産量－金属資源」の解説を参照。
製材（31000-2）：針葉樹の木材を加工したもの（厚さ6ミリメートルを超えるもの）。
合板（31400-1）：合板、ベニヤパネルと同様の集成材。
木材パルプ（32112-1）：化学パルプ（ソーダパルプ及び硫酸塩パルプ）。
新聞用紙（32121-0）
段ボール紙（32151-0）
衛生用紙（32193-0）：トイレットペーパー、ペーパータオルなど。

5-9　工業生産量－石油・化学・セメント
〔出典〕
UN, *Industrial Commodity Statistics Database*
2019年11月ダウンロード
〔解説〕
　「5-4　鉱業生産量－金属資源」の解説を参照。
コークス（33100-0）：石炭を乾留（蒸し焼き）して得られる固形の残留物。ガス工場製のもの、コークス炉製のもの及び褐炭コークス。
発動機用ガソリン（33310-2）：航空機を除く内燃機関に使用する軽質炭化水素油。オクタン価を高めたもの。
ナフサ（33330-0）：高規格の発動機用ガソリン、ジェット燃料及び各種化学製品の原料。
灯油（33340-1）：灯油、揮発油及び動力用ケロシン。
残渣（ざんさ）燃料油（33370-0）：蒸留残油を含む燃料油。重油の主成分。
アスファルト（33500-3）：天然のアスファルトを除く。
か性ソーダ（34230-1）：固体又は液体ソーダ。
窒素質肥料（34613-0）
カリ質肥料（34615-0）：カーナライト、カリ岩塩及び天然カリウム塩を除く。
ポリスチレン（34720-1）：一次製品。
ポリ塩化ビニル（34730-1）：不純物を含まないもの。一次製品。
ポリプロピレン（34790-1）：一次製品。
合成ゴム（34800-0）
タイヤ（36111-0）：新品の自動車（ステーションワゴン及びレーシングカーを含む。）用のタイヤ。
石灰（37420-0）：生石灰、消石灰及び水硬性石灰。
セメント（37440-0）：ポルトランドセメント、アルミナセメント、スラグセメント及び類似の水硬性セメント。クリンカー状のものを除く。

5-10　工業生産量－金属
〔出典〕
UN, *Industrial Commodity Statistics Database*
2019年11月ダウンロード
〔解説〕
　　「5-4　鉱業生産量－金属資源」の解説を参照。
銑（せん）鉄（41111-0）：銑鉄及びスピーゲル（マンガンと鉄の合金）。
粗鋼（41120-0）：粗鋼、鉄の半製品、非合金鋼鉄、ステンレス鋼及びその他の合金鋼。
熱間圧延鋼板（41210-0）：鉄又は非合金鋼鉄の熱間圧延鋼板。
亜鉛めっき鋼板（41232-2）：亜鉛をめっきした圧延板。
棒鋼（41240-0）：鉄又は鋼鉄の棒。
鋼管（41270-1）：石油、ガスのパイプラインで使用する、鋳鉄以外の鉄又はスチールの鋼管。
精製銅（41413-1）：加工していないもの。非合金。
アルミニウム（41431-1）：加工していないもの。非合金。
鉛（41441-1）：加工していないもの。精製鉛。
亜鉛（41442-1）：加工していないもの。非合金。

5-11　工業生産量－機械器具
〔出典〕
UN, *Industrial Commodity Statistics Database*
2019年11月ダウンロード
〔解説〕
　　「5-4　鉱業生産量－金属資源」の解説を参照。
内燃機関（43110-1）：ディーゼル機関、自動車用及び航空機用を除く。
ディーゼル機関（43110-2）：圧縮点火内燃機関（ディーゼル又はセミディーゼル機関）。自動車用及び航空機用を除く。
コンバイン（44130-1）：収穫脱穀機。
旋盤（44213-0）：金属加工用のターニングセンターを含む旋盤。
ボール盤、中ぐり盤（44214-0）：金属加工用穴あけ機械。旋盤及びターニングセンターを除く。
掘削機械（44420-1）：機械ショベル、掘削機及びショベルローダー。
冷蔵庫（44811-1）：冷凍冷蔵庫。ドアが別々に取り付いているもの。
洗濯機、乾燥機（44812-1）：家庭用。洗濯乾燥機を含む。
デスクトップパソコン（45230-0）
固定電話（47220-1）：テレビ電話を含む。
ラジオ（47310-1）：自動車用の受信機及び無線電話・無線電信の機能があるものを含む。
テレビ（47313-2）
バス（49112-0）：運転手を含む乗車定員10人以上の輸送用自動車。
乗用自動車（49113-0）：公的輸送機関の自動車、ゴルフカートなどを除く。
トラック（49114-0）：オフハイウェイ用のダンプカーを除く。
自動二輪車（49910-1）：オートバイ、スクーターなど（排気量50cc以下及びサイドカーを除く。）。

5-1　鉱工業生産指数（2021年）

(2015年=100)

国（地域）	鉱業及び採石業	製造業	電気、ガス、蒸気及び空調供給業	水供給業、下水処理並びに廃棄物管理及び浄化活動
アジア				
日本	86.6	95.7	98.6	98.6
インド	117.0	114.0	128.6	...
インドネシア	107.1	118.1	121.0	134.6
韓国	81.4	114.5	111.5	...
シンガポール	...	147.1	...	...
タイ	...	99.0	...	...
トルコ	129.3	135.9	126.3	...
バングラデシュ	89.5	191.3	181.6	...
香港	...	101.0	...	109.2
マレーシア	91.3	128.1	117.5	...
北アメリカ				
アメリカ合衆国	100.4	99.3	101.3	...
カナダ	113.0	99.6	102.6	112.2
メキシコ	80.2	104.8	99.9	99.9
南アメリカ				
アルゼンチン	...	93.3	99.0	...
コロンビア	...	115.3	...	...
チリ	97.2	105.8	106.3	106.3
ブラジル	83.5	96.9	...	...
ペルー	110.2	106.3	120.0	120.0
ヨーロッパ				
アイルランド	...	139.4	90.4	...
イギリス	76.3	105.4	106.6	108.3
イタリア	74.4	105.7	102.8	...
オーストリア	99.0	116.4	152.9	...
オランダ	...	114.0	104.1	112.9
ギリシャ	96.7	118.2	113.5	98.9
スイス	105.0	126.5	99.8	...
スウェーデン	113.0	116.5	103.8	...
スペイン	92.0	105.0	93.5	105.6
チェコ	73.9	114.7	104.1	...
デンマーク	43.6	123.3	111.5	...
ドイツ	73.9	95.4	89.2	...
ノルウェー	100.1	99.8	108.6	...
ハンガリー	151.0	119.3	112.1	...
フィンランド	124.8	115.3	103.8	...
フランス	102.5	98.4	98.8	...
ベルギー	104.9	126.6	143.2	...
ポルトガル	127.0	97.5	107.3	...
ルクセンブルク	58.1	96.5	88.8	...
ロシア	109.8	121.9	108.2	127.8
アフリカ				
アルジェリア	83.0	91.6	123.6	...
南アフリカ	98.1	93.2	97.6	...
モロッコ	141.5	109.5	131.6	...
オセアニア				
オーストラリア	119.4	101.7	101.0	101.0
ニュージーランド	65.5	108.2	106.5	106.5

5-2　製造業の事業所数、雇用者数及び付加価値額(1)

産業	アジア					
	日本 a (2016)			インド d (2017)		
	事業所数	雇用者数 (1,000人)	付加価値額 (10億円)	事業所数	雇用者数 (1,000人)	付加価値額 (10億インドルピー)
製造業	191,339	7,571	97,342	220,648	14,931	13,834
食料品	25,466	1,130	9,781	37,832	1,758	1,113
飲料	3,996	102	2,977	2,329	160	194
織物	12,171	259	1,503	17,958	1,674	714
印刷業	10,589	260	2,221	4,503	158	126
化学製品	4,599	358	11,064	12,568	826	1,442
第1次金属	6,580	353	5,161	11,798	1,030	1,456
金属製品	25,579	592	5,703	16,791	687	438
電子・光学製品	b 17,760	b 1,209	b 15,220	2,341	231	323
電気機器	b …	b …	b …	7,622	597	536
機械器具	25,302	907	10,949	12,805	845	926
自動車	c 9,991	c 1,057	c 17,833	6,183	1,017	1,041
輸送用機械器具	c …	c …	c …	2,307	347	390

産業	アジア					
	インドネシア e (2017)			韓国 (2017)		
	事業所数	雇用者数 (1,000人)	付加価値額(I) (10億ルピア)	事業所数	雇用者数 (1,000人)	付加価値額 (10億ウォン)
製造業	33,577	6,615	2,887,374	…	2,844	543,341
食料品	7,508	1,043	519,553	…	190	26,997
飲料	650	94	34,167	…	15	6,585
織物	2,740	650	117,591	…	82	7,190
印刷業	1,008	84	34,226	…	25	2,004
化学製品	1,519	234	281,259	…	129	46,874
第1次金属	568	125	114,240	…	138	30,046
金属製品	1,542	199	54,444	…	263	30,357
電子・光学製品	506	187	56,756	…	428	145,813
電気機器	552	149	248,348	…	185	25,880
機械器具	728	106	87,709	…	329	45,197
自動車	687	234	242,952	…	321	53,736
輸送用機械器具	537	143	57,861	…	128	15,989

産業	アジア					
	中国 (2018)			トルコ (2017)		
	(企業数) f	雇用者数 (1,000人)	付加価値額 (10億人民元)	(企業数)	雇用者数 (1,000人)	付加価値額(I) (100万トルコリラ)
製造業	354,142	70,842	…	391,024	3,724	343,595
食料品	33,988	4,937	…	47,617	465	36,554
飲料	6,805	1,296	…	595	17	2,647
織物	19,122	3,318	…	22,854	432	32,859
印刷業	5,706	845	…	11,620	44	2,724
化学製品	25,345	4,161	…	5,408	83	19,378
第1次金属	12,080	3,963	…	5,466	145	32,810
金属製品	23,739	3,406	…	62,369	344	24,792
電子・光学製品	21,011	9,413	…	1,421	30	5,334
電気機器	24,190	5,470	…	9,876	169	18,230
機械器具	41,926	6,899	…	16,707	231	21,177
自動車	15,174	4,588	…	4,726	182	26,415
輸送用機械器具	4,790	1,190	…	1,145	34	6,022

5-2　製造業の事業所数、雇用者数及び付加価値額(2)

産業	北アメリカ					
	アメリカ合衆国 g (2017)			カナダ h (2017)		
	(企業数)	雇用者数 (1,000人)	付加価値額 (10億米ドル)	事業所数	雇用者数 (1,000人)	付加価値額 (100万カナダドル)
製造業	...	11,558	2,482	...	1,561	241,603
食料品	7,780	944	182	...	149	20,909
飲料	8,329	195	60	...	33	7,199
織物	7,294	199	22	...	16	1,548
印刷業	23,771	426	48	...	54	5,344
化学製品	7,881	516	242	...	55	17,197
第1次金属	3,497	363	84	...	54	16,401
金属製品	49,880	1,371	190	...	167	18,308
電子・光学製品	7,919	541	114	...	29	3,899
電気機器	4,848	345	61	...	35	4,660
機械器具	19,961	1,005	175	...	...	...
自動車	5,921	930	183	...	128	22,764
輸送用機械器具	3,716	598	166	...	72	12,590

産業	北アメリカ			南アメリカ		
	メキシコ (2018)			チリ j (2017)		
	事業所数	雇用者数 (1,000人)	付加価値額(II) (10億メキシコペソ)	事業所数	雇用者数 (1,000人)	付加価値額 (10億チリペソ)
製造業	244,471	4,298	3,170	4,336	433	17,137
食料品	527	204	162	1,105	143	5,096
飲料	19,955	146	201	166	19	1,974
織物	153	26	7	111	5	142
印刷業	215	37	13	134	8	127
化学製品	487	116	191	222	23	2,060
第1次金属	292	98	189	61	5	154
金属製品	59,438	289	114	405	32	1,666
電子・光学製品	377	329	102	16	1	-1
電気機器	307	180	90	98	8	128
機械器具	452	120	84	151	10	285
自動車	922	975	847	31	1	19
輸送用機械器具	99	61	34	9	1	14

産業	南アメリカ			ヨーロッパ		
	ブラジル (2018)			イギリス (2017)		
	(企業数)	雇用者数 (1,000人)	付加価値額 (100万レアル)	(企業数)	雇用者数 (1,000人)	付加価値額(I) (100万英ポンド)
製造業	166,342	6,965	812,882	136,720	2,526	170,085
食料品	24,782	1,676	139,801	8,036	410	22,652
飲料	1,700	170	26,494	2,227	44	...
織物	5,248	238	14,729	4,234	59	2,658
印刷業	5,543	85	6,764	11,787	99	4,948
化学製品	5,371	416	87,407	2,897	29	9,022
第1次金属	1,946	206	60,927	1,758	68	4,240
金属製品	18,291	372	30,990	28,284	88	16,334
電子・光学製品	1,878	127	16,065	6,096	98	8,627
電気機器	2,622	197	22,215	3,032	60	5,055
機械器具	8,327	332	38,706	7,652	201	13,766
自動車	3,632	434	59,059	3,312	18	17,342
輸送用機械器具	650	53	7,019	2,377	138	12,201

5-2　製造業の事業所数、雇用者数及び付加価値額(3)

産業	ヨーロッパ					
	イタリア (2018)			オランダ (2018)		
	(企業数)	雇用者数 (1,000人)	付加価値額(I) (100万ユーロ)	(企業数)	雇用者数 (1,000人)	付加価値額(I) (100万ユーロ)
製造業	377,730	3,309	246,941	70,497	671	74,284
食料品	51,579	342	22,896	6,203	122	11,078
飲料	3,281	39	4,337	836	8	1,264
織物	12,615	99	6,275	2,420	11	790
印刷業	14,527	62	3,754	3,688	17	1,214
化学製品	4,179	115	13,082	1,051	45	7,302
第1次金属	3,183	113	9,579	483	21	2,229
金属製品	67,287	461	30,433	12,406	50	4,379
電子・光学製品	4,730	83	6,358	1,788	26	3,068
電気機器	7,860	140	10,506	1,305	21	2,036
機械器具	19,873	446	37,217	3,322	84	10,778
自動車	2,167	176	14,431	754	25	2,732
輸送用機械器具	2,332	86	7,568	1,482	17	948

産業	ヨーロッパ					
	スペイン (2018)			ドイツ (2018)		
	(企業数)	雇用者数 (1,000人)	付加価値額(I) (100万ユーロ)	(企業数)	雇用者数 (1,000人)	付加価値額(I) (100万ユーロ)
製造業	171,994	1,912	120,876	206,043	7,934	650,201
食料品	24,438	361	17,754	26,543	875	39,701
飲料	5,061	54	5,123	2,257	80	7,497
織物	6,435	42	1,724	4,334	78	4,183
印刷業	13,492	53	2,278	10,746	143	6,961
化学製品	3,604	93	8,890	3,174	375	44,913
第1次金属	1,304	60	5,086	2,430	283	23,901
金属製品	32,408	237	12,193	42,741	957	62,179
電子・光学製品	2,229	26	1,591	7,721	385	35,300
電気機器	1,957	71	4,646	5,917	515	45,479
機械器具	5,631	111	6,846	15,910	1,268	108,621
自動車	1,623	161	11,759	2,757	917	108,655
輸送用機械器具	624	47	3,952	1,205	149	14,622

産業	ヨーロッパ					
	フランス (2018)			ベルギー (2018)		
	(企業数)	雇用者数 (1,000人)	付加価値額(I) (100万ユーロ)	(企業数)	雇用者数 (1,000人)	付加価値額(I) (100万ユーロ)
製造業	203,013	3,034	241,205	31,669	472	59,371
食料品	45,546	605	30,745	5,123	85	6,970
飲料	3,755	51	7,249	446	12	2,531
織物	5,946	34	1,916	1,122	14	898
印刷業	14,781	51	3,521	3,174	9	786
化学製品	520	187	21,030	643	45	8,609
第1次金属	703	72	5,583	226	25	3,137
金属製品	18,350	212	13,496	6,986	46	4,253
電子・光学製品	2,372	125	12,416	288	8	1,064
電気機器	1,244	116	8,368	423	14	1,259
機械器具	4,331	217	16,025	1,065	30	3,524
自動車	1,611	238	20,280	384	30	2,531
輸送用機械器具	282	27	18,874	119	7	827

5-2　製造業の事業所数、雇用者数及び付加価値額(4)

産業	アフリカ					
	エジプト k （2016）			ケニア n （2017）		
	事業所数	雇用者数 （1,000人）m	付加価値額(I) （100万エジプト ポンド）	事業所数	（従業者数） （1,000人）	付加価値額 （100万ケニア シリング）
製造業	7,837	923	277,420	...	303	655,331
食料品	4,600	210	31,951	...	32	134,067
飲料	12	17	5,145	...	...	79,658
織物	415	107	...	...	...	69,831
印刷業	128	16	1,247	...	...	57,712
化学製品	252	51	22,692	...	...	48,839
第1次金属	69	50	12,723	...	8	6,086
金属製品	319	31	5,114	...	...	31,950
電子・光学製品	28	5	1,937	...	0	...
電気機器	137	46	8,133	...	5	581
機械器具	86	23	5,241	...	...	111
自動車	58	21	...	...	3	11,570
輸送用機械器具	17	7	953	...	0	...

産業	オセアニア					
	オーストラリア （2017）			ニュージーランド p （2017）		
	（企業数）	（従業者数） （1,000人）	付加価値額 （100万オーストラリア ドル）	（企業数）	（従業者数） （1,000人）	付加価値額 （100万ニュージー ランドドル）
製造業	125,043	830	99,799	12,024	254	27,293
食料品	11,873	85	7,971	1,992	85	6,684
飲料	1,697	30	5,363	342	10	2,414
織物	5,411	15	1,268	408	5	729
印刷業	3,430	33	3,539	639	7	715
化学製品	2,492	26	5,490	267	8	1,461
第1次金属	1,230	29	7,076	120	5	766
金属製品	14,372	103	9,756	1,707	26	2,230
電子・光学製品	2,910	29	3,784	186	5	r 3,360
電気機器	2,237	16	1,988	204	4	r ...
機械器具	7,466	45	5,303	1,386	16	r ...
自動車	3,456	40	3,685	327	4	c 1,232
輸送用機械器具	4,004	14	2,842	354	5	c ...

注）付加価値額の右の( )内は付加価値額の種類である。I－要素費用表示付加価値額、II－生産者価格表示付加価値額。

a 雇用者４人以上の事業所。　b 「電子・光学製品製造業」は「電気機器製造業」を含む。　c 「自動車製造業」は「輸送用機械器具製造業」を含む。　d 動力機械設備がある事業所は工員10人以上、動力機械設備がない事業所は工員20人以上。e 雇用者20人以上の事業所。　f 年間収入2000万人民元を超える企業。　g 雇用者１人以上の事業所。　h 主に製造業及び素材生産業に携わる全ての事業所で営業所や倉庫を含む。　j 雇用者10人以上の単一事業所。全ての複数事業所。　k 全ての公営事業所。雇用者10人以上の民営事業所。　m 在宅勤務者を含む。　n 従業者５人以上の事業所。　p 年間の物品サービス税（GST）の費用あるいは売上が30,000ニュージーランドドルを超える企業。又は従業者４人以上の企業。　r 「電子・光学製品製造業」は「電気機器製造業」及び「機械器具製造業」を含む。

5-3　鉱業生産量－エネルギー資源（2016年）

石炭		原油	
国（地域）	（1,000t）	国（地域）	（1,000t）
中国 a	3,410,604	サウジアラビア	523,010
インド	662,792	ロシア	521,715
インドネシア	456,000	アメリカ合衆国	438,053
オーストラリア	413,200	イラク	220,339
ロシア	* 294,950	中国	199,685
アメリカ合衆国	294,084	イラン	187,209
南アフリカ	255,309	カナダ	158,046
カザフスタン	97,324	アラブ首長国連邦	154,189
コロンビア	90,512	クウェート	149,758
ポーランド	70,385	ベネズエラ	125,410
ベトナム	38,527	ブラジル	121,299
ウクライナ	31,631	メキシコ	111,482
モンゴル	28,851	ナイジェリア	89,333
北朝鮮	28,305	アンゴラ	86,319
（日本）	1,288	（日本）	187

天然ガス		ウラン鉱	
国（地域）	（ペタジュール）	国（地域）	（t）
アメリカ合衆国	29,183	カザフスタン	24,575
ロシア	24,497	カナダ	14,039
イラン	7,865	オーストラリア	6,315
カタール	6,993	ナミビア	3,654
カナダ	6,793	ニジェール	3,479
中国	5,533	ロシア	3,004
ノルウェー	4,761	ウズベキスタン	2,404
サウジアラビア	4,326	中国	1,616
アルジェリア	3,705	アメリカ合衆国	1,125
オーストラリア	3,373	ウクライナ	1,005
トルクメニスタン	3,022	南アフリカ	490
インドネシア	2,606	インド	385
マレーシア	2,393	チェコ	138
アラブ首長国連邦	2,384	ルーマニア	50
（日本）	114	パキスタン	45

a 褐炭を含む。

5-4　鉱業生産量－金属資源(1)

鉄鉱			銅鉱		
国(地域)	年次	(1,000t)	国(地域)	年次	(1,000t)
オーストラリア	15	811,239	カザフスタン	16	95,298
ブラジル	15	487,775	トルコ	16	6,817
インド	15	142,500	北マケドニア c	16	4,751
中国	15	123,500	インドネシア	16	2,696
ロシア	16	101,097	モンゴル	16	1,445
スーダン	14	82,180	ペルー	14	1,294
ウクライナ ab	16	62,876	ブラジル	15	1,260
南アフリカ	15	61,380	メキシコ	16	767
カナダ	16	46,731	ザンビア	15	711
アメリカ合衆国	15	43,100	カナダ	16	679

ニッケル鉱			ボーキサイト		
国(地域)	年次	(t)	国(地域)	年次	(1,000t)
フィリピン a	16	25,498,634	ブラジル	15	39,926
インドネシア c	16	1,262,000	カザフスタン	16	4,801
カナダ	16	230,210	ギリシャ	15	2,141
ニューカレドニア	16	204,207	スリナム	15	1,825
ブラジル	15	175,681	ボスニア・ヘルツェゴビナ	16	1,611
トルコ	16	107,225	トルコ	16	577
キューバ	15	53,798	インドネシア	16	495
フィンランド	16	22,916	マレーシア	16	343
ジンバブエ	16	17,743	フランス	16	92
ボツワナ	16	16,878	パキスタン	15	25

金鉱			銀鉱		
国(地域)	年次	(t)	国(地域)	年次	(t)
スウェーデン c	16	3,987	ボツワナ	14	22,288
カナダ	16	161	メキシコ	16	5,421
ペルー	14	140	ペルー	14	3,768
メキシコ	16	133	ボリビア	15	1,306
インドネシア	16	81	ブラジル	15	1,003
スーダン	14	73	カナダ	16	385
タンザニア	15	43	インドネシア	16	185
エクアドル a	16	35	フィリピン	16	35
フィリピン	16	23	サウジアラビア a	16	18
(日本)	16	6	タンザニア	15	15

5-4　鉱業生産量－金属資源(2)

すず鉱			鉛鉱		
国（地域）	年次	（t）	国（地域）	年次	（1,000t）
フィンランド d	16	66,320	カザフスタン	16	7,038
インドネシア	16	42,698	ボスニア・ヘルツェゴビナ	16	805
ペルー	14	23,105	ペルー	14	277
ボスニア・ヘルツェゴビナ	14	21,297	メキシコ	16	242
ボリビア	15	20,139	スウェーデン c	16	118
ブラジル	15	9,181	ボリビア	15	75
マレーシア	16	4,123	北マケドニア	16	42
ミャンマー	16	451	ナミビア	16	15
ポルトガル	14	125	カナダ	16	12
			パキスタン	15	0

亜鉛鉱			モリブデン鉱		
国（地域）	年次	（1,000t）	国（地域）	年次	（t）
ペルー	14	1,315	ペルー	14	17,018
カザフスタン	16	972	メキシコ	16	11,896
メキシコ	16	662	アルメニア c	16	10,662
スウェーデン c	16	489	モンゴル	16	5,174
ボリビア	15	442	カナダ	16	2,777
カナダ	16	301	ポルトガル	14	1
ポルトガル	14	155			
ナミビア	16	117			
モンゴル	16	100			
北マケドニア	16	50			

a 精鉱の総重量。　　b 凝結させていない鉄鉱石。　　c 総重量。　　d 鉛鉱及び亜鉛鉱を含む。

5-5 鉱業生産量－非金属資源

石碑用・建築用岩石			石こう・石灰石		
国（地域）	年次	（1,000t）	国（地域）	年次	（1,000t）
アンゴラ	16	64,886	トルコ	16	101,834
ウクライナ	16	36,970	サウジアラビア	16	54,000
ロシア	16	17,825	パキスタン	15	41,889
日本	16	7,552	ブラジル	15	40,961
トルコ	16	7,275	ドイツ	16	16,075
ルーマニア	16	4,427	ポーランド	16	15,625
ポーランド	16	3,904	ロシア	16	11,855
イギリス	16	3,246	イタリア	16	9,740
サウジアラビア	16	2,291	ウクライナ	16	8,978
ボスニア・ヘルツェゴビナ	14	2,054	スペイン	16	8,936

粘土			天然リン酸塩		
国（地域）	年次	（1,000t）	国（地域）	年次	（1,000t）
ロシア	16	15,913	ペルー	14	10,884
トルコ	16	13,157	サウジアラビア	16	7,895
ウクライナ	16	12,434	ブラジル	15	6,757
スペイン	16	10,809	ロシア	16	4,759
パキスタン	15	9,566	メキシコ	16	2,909
ブラジル	15	8,767	エジプト	16	* 2,556
サウジアラビア	16	7,090	アルジェリア	15	1,289
カザフスタン	16	5,889	トーゴ	16	843
イタリア	16	2,669	カザフスタン	16	781
（日本）	15	284	タンザニア	15	223

天然カリウム塩類			塩		
国（地域）	年次	（1,000t）	国（地域）	年次	（1,000t）
カナダ	16	10,790	中国	16	66,201
ロシア	16	362	ドイツ	16	15,046
ギリシャ	16	321	カナダ	16	10,252
キューバ	16	14	メキシコ	16	10,028
ウズベキスタン	16	7	ブラジル	15	8,179
チリ	14	4	トルコ	16	5,527
ポルトガル	14	0	スペイン	16	4,586
			オランダ	16	4,528
			ポーランド	16	4,373
			（日本）	16	928

5-6　工業生産量-食品(1)

牛肉			豚肉		
国(地域)	年次	(1,000t)	国(地域)	年次	(1,000t)
ブラジル	15	8,471	ドイツ	16	8,387
イタリア	16	1,597	スペイン	16	4,882
スーダン a	14	1,476	ブラジル	15	2,760
ドイツ	16	1,242	オランダ	16	2,157
フランス	16	1,113	イタリア	16	2,098
スペイン	16	777	ロシア	16	2,042
イギリス	16	758	ポーランド	16	1,645
アイルランド	16	659	日本 b	16	1,279
ニュージーランド b	16	648	デンマーク	16	1,241
(日本) b	16	464	ベルギー	16	505

鳥肉			冷凍魚類		
国(地域)	年次	(1,000t)	国(地域)	年次	(1,000t)
ブラジル	15	10,843	ロシア c	16	4,029
ロシア	16	4,444	ベトナム	16	1,763
ポーランド	16	2,627	日本 d	16	1,402
ドイツ	16	1,928	ペルー	16	275
トルコ	16	1,916	アイスランド	16	257
オランダ	16	1,890	チリ	16	211
スペイン	16	1,830	イギリス	16	155
イギリス	14	1,667	トルコ	16	100
ペルー	16	1,514	ポルトガル	16	95
メキシコ	16	1,333	スーダン	14	91

塩干魚類			大豆油		
国(地域)	年次	(1,000t)	国(地域)	年次	(1,000t)
日本	16	484	中国 e	14	* 11,700
ポーランド	16	113	アメリカ合衆国 e	14	9,706
イギリス	16	79	アルゼンチン	16	8,670
アイスランド	16	63	ブラジル	15	6,575
ポルトガル	16	42	インド e	14	* 1,247
スペイン	16	34	パラグアイ e	14	* 713
リトアニア	16	34	ロシア	16	640
デンマーク	16	31	スペイン	15	524
ドイツ	16	28	ボリビア e	14	475
エクアドル	16	27	日本 e	16	442

5-6　工業生産量－食品(2)

マーガリン			バター		
国(地域)	年次	(1,000t)	国(地域)	年次	(1,000t)
ブラジル	15	809	ドイツ	16	528
ロシア	16	495	フランス	16	426
ドイツ	16	349	ロシア	16	253
エジプト	15	288	イギリス	16	221
オランダ	16	227	ポーランド	16	193
日本	16	225	イタリア	16	133
ベルギー	16	181	ベラルーシ	16	118
メキシコ	16	143	ブラジル	15	108
ウクライナ	16	135	ウクライナ	16	103
イタリア	16	127	(日本)	16	66

チーズ			小麦粉		
国(地域)	年次	(1,000t)	国(地域)	年次	(1,000t)
フランス	16	2,021	アメリカ合衆国	16	19,933
イタリア	16	1,424	トルコ	16	9,383
ロシア	16	1,390	ロシア	16	9,124
ブラジル	15	1,063	ブラジル	16	8,285
ポーランド	16	851	パキスタン	15	6,003
オランダ	16	613	インドネシア	16	5,841
トルコ	16	611	ドイツ	16	5,461
イギリス	16	552	イタリア	16	5,382
スペイン	16	495	日本	16	4,860
(日本)	16	144	フランス	16	4,220

粗糖			蒸留酒		
国(地域)	年次	(1,000t)	国(地域)	年次	(1,000hL)
ブラジル f	16	38,987	日本	16	33,868
インド f	16	24,794	ブラジル	15	18,747
タイ f	16	9,258	イギリス	14	8,403
アメリカ合衆国 f	16	7,752	ロシア h	16	8,125
ロシア g	16	6,045	ボスニア・ヘルツェゴビナ	16	7,876
パキスタン f	16	5,612	ドイツ	16	3,738
メキシコ	16	5,597	ウクライナ	16	2,493
オーストラリア f	16	4,619	メキシコ	16	2,275
グアテマラ f	16	2,904	スペイン	16	1,522
インドネシア f	16	2,225	アルゼンチン	16	1,510

5-6　工業生産量－食品(3)

ワイン			ビール		
国（地域）	年次	(1,000hL)	国（地域）	年次	(1,000hL)
スペイン	16	41,878	中国	16	450,644
ポルトガル	16	11,287	ブラジル	15	140,274
アルゼンチン	16	9,416	メキシコ	16	104,422
ロシア j	16	8,867	ドイツ	16	83,139
チリ	16	7,222	ロシア	16	78,274
ドイツ	16	7,130	イギリス	16	51,470
日本 j	16	3,798	ポーランド	16	40,498
ブラジル	15	3,276	ベトナム	16	38,451
ウクライナ	16	2,881	スペイン	16	37,005
ハンガリー	16	1,866	日本	16	26,659
ミネラルウォーター			ソフトドリンク		
国（地域）	年次	(1,000hL)	国（地域）	年次	(1,000hL)
ドイツ	14	128,128	メキシコ	16	197,600
トルコ	16	119,805	日本	16	170,734
スペイン	16	74,899	ブラジル	15	162,452
ロシア	16	59,867	ドイツ	16	121,886
ブラジル	15	53,569	イギリス	15	83,405
ポーランド	16	43,200	ロシア	16	61,025
日本	16	31,762	フランス	16	55,332
韓国	15	27,606	スペイン	16	51,126
ルーマニア	16	19,292	ポーランド	16	42,937
ウクライナ	16	17,715	トルコ	16	40,350

a 牛肉以外を含む。　b 枝肉としての重量。　c 魚の缶詰を含む。　d 魚のすり身を含む。　e 精製された大豆油を含む。
f 精製糖を含む。　g グラニュー糖。　h ウォッカ及びリキュール。　j その他の果実酒を含む。

5-7　工業生産量－繊維

毛糸			綿糸		
国（地域）	年次	（t）	国（地域）	年次	（1,000t）
トルコ	16	68,049	パキスタン	15	3,360
イタリア	16	42,328	トルコ	16	1,248
イギリス	14	15,566	ブラジル	15	486
日本	16	11,050	ウズベキスタン	16	367
リトアニア	16	10,666	韓国	15	254
ポーランド	16	5,591	スペイン	16	69
チェコ	16	5,518	ロシア	16	58
ロシア	16	5,118	メキシコ	16	58
ポルトガル	16	3,545	日本	16	55
スペイン	15	3,538	イタリア	16	37
毛織物			絹織物		
国（地域）	年次	（1,000m²）	国（地域）	年次	（1,000m²）
ロシア	16	9,129	ロシア	16	290,441
ドイツ	16	6,353	イタリア	16	18,429
ウクライナ	14	4,989	フランス	16	9,214
ポルトガル	16	3,283	日本	16	8,522
リトアニア	16	2,802	ルーマニア	16	7,971
スペイン	16	2,570	ウズベキスタン	16	1,919
エジプト	16	* 1,822	エジプト	16	* 1,517
ブルガリア	16	1,667	イギリス	15	356
ベラルーシ	16	1,592	サウジアラビア	16	316
ルーマニア	16	1,469	アゼルバイジャン	16	222
綿織物			合成繊維織物		
国（地域）	年次	（1,000m²）	国（地域）	年次	（1,000m²）
ロシア	16	1,168,375	ドイツ	16	529,922
パキスタン	15	1,036,950	イタリア	16	496,977
イタリア	16	336,644	チェコ	16	381,181
ポルトガル	16	169,945	日本	16	373,595
ウズベキスタン	16	162,403	イギリス	14	341,667
タンザニア	15	74,199	スペイン	16	275,561
ベラルーシ	16	61,613	ハンガリー	16	188,032
チェコ	16	40,766	ポーランド	16	100,161
ルーマニア	16	31,967	ギリシャ	16	78,776
キューバ	16	30,500	ウクライナ	16	76,014

5-8　工業生産量－木材・パルプ・紙

製材			合板		
国（地域）	年次	$(1,000m^3)$	国（地域）	年次	$(1,000m^3)$
アメリカ合衆国	16	55,627	中国	16	* 117,317
カナダ	16	* 48,161	アメリカ合衆国	16	9,398
中国	16	34,375	ロシア	16	3,812
ロシア a	16	23,736	インドネシア	16	* 3,800
スウェーデン	16	21,449	日本	16	3,063
ドイツ	16	* 21,109	ブラジル	16	* 2,700
フィンランド	16	11,370	インド	16	* 2,521
オーストリア	16	9,256	マレーシア	16	2,484
ブラジル	16	* 8,600	トルコ	16	2,395
日本	16	8,419	カナダ	16	2,205

木材パルプ			新聞用紙		
国（地域）	年次	$(1,000t)$	国（地域）	年次	$(1,000t)$
アメリカ合衆国	16	* 42,242	カナダ	16	3,342
ブラジル	16	18,210	日本	16	2,906
カナダ	16	8,914	中国	16	2,600
日本	16	8,030	ドイツ	16	2,191
中国	16	* 7,479	アメリカ合衆国	16	* 1,485
インドネシア	16	* 6,400	ロシア	16	1,469
ロシア	16	5,555	韓国	16	1,390
フィンランド	16	5,119	インド	16	* 1,380
チリ	16	4,238	スウェーデン	16	979
スウェーデン	16	3,816	フランス	16	* 787

段ボール紙			衛生用紙		
国（地域）	年次	$(1,000t)$	国（地域）	年次	$(1,000t)$
イタリア	16	3,337	ドイツ	16	2,629
ドイツ	16	1,546	トルコ	16	1,642
ポーランド	16	989	ブラジル	15	1,007
ブラジル	15	984	ポーランド	16	896
サウジアラビア	16	883	韓国	15	521
スペイン	16	822	オランダ	15	237
アルゼンチン	16	685	サウジアラビア	16	201
イギリス	16	645	スロバキア	16	199
フランス	16	499	ギリシャ	16	182
メキシコ	16	453	ルーマニア	16	169

a 非針葉樹の木材を加工したものを含む。

5-9　工業生産量－石油・化学・セメント(1)

コークス			発動機用ガソリン		
国（地域）	年次	(1,000t)	国（地域）	年次	(1,000t)
中国	16	449,115	アメリカ合衆国	16	360,503
日本	16	32,689	中国	16	128,465
ロシア	16	26,236	ロシア	16	40,004
韓国	16	15,924	日本	16	39,513
ウクライナ	16	12,722	インド	16	36,593
インド	16	12,503	カナダ	16	31,779
アメリカ合衆国	16	10,755	サウジアラビア	16	23,815
ポーランド	16	9,718	ブラジル	16	20,008
ドイツ	16	9,387	ドイツ	16	19,674
ブラジル	16	9,233	イギリス	16	17,342

ナフサ			灯油		
国（地域）	年次	(1,000t)	国（地域）	年次	(1,000t)
中国	16	50,324	日本	16	12,850
韓国	16	31,503	スペイン	16	8,673
ロシア	16	25,946	サウジアラビア	16	7,202
インド	16	19,946	インド	16	6,041
アラブ首長国連邦	16	17,038	クウェート	16	5,505
日本	16	14,656	韓国	16	2,716
タイ	16	10,478	イラン	16	2,523
オランダ	16	10,133	イギリス	16	2,015
サウジアラビア	16	9,539	タイ	16	1,756
アメリカ合衆国	16	8,225	中国	16	1,613

残渣燃料油			アスファルト		
国（地域）	年次	(1,000t)	国（地域）	年次	(1,000t)
ロシア	16	61,426	中国	16	21,716
中国	16	42,369	アメリカ合衆国	16	19,721
サウジアラビア	16	25,415	ロシア	16	7,633
アメリカ合衆国	16	23,064	インド	16	5,185
イラン	16	21,842	韓国	16	5,064
日本	16	17,788	イラン	16	4,837
ベネズエラ	16	14,448	カナダ	16	4,763
メキシコ	16	13,007	ドイツ	16	4,065
イラク	16	12,774	トルコ	16	3,436
オランダ	16	11,961	（日本）	16	3,249

5-9　工業生産量－石油・化学・セメント(2)

か性ソーダ			窒素質肥料		
国(地域)	年次	(1,000t)	国(地域)	年次	(1,000t)
日本	16	3,329	中国	16	41,055
韓国	16	2,642	ロシア a	16	9,475
トルコ	16	1,747	ポーランド	16	4,752
ブラジル	15	1,639	ブラジル	14	3,376
ロシア	16	1,151	パキスタン b	15	2,626
ベルギー	16	588	エジプト	15	2,384
スペイン	16	494	オランダ	16	2,290
ハンガリー	14	283	トルコ	16	1,771
メキシコ	16	258	ウクライナ	16	1,670
ルーマニア	16	187	ドイツ	16	1,339

カリ質肥料			ポリスチレン		
国(地域)	年次	(t)	国(地域)	年次	(t)
ロシア a	16	7,770,000	日本	16	1,100,530
中国	16	6,650,200	韓国	16	1,047,799
ベラルーシ	16	6,180,050	ブラジル	15	611,297
韓国	16	717,634	オランダ	16	606,310
ポーランド	15	57,956	ロシア c	16	535,865
ウクライナ	16	4,767	ドイツ	15	440,397
カザフスタン	16	1,455	メキシコ	16	413,990
チリ	16	474	イタリア	16	332,813
ポルトガル	16	1	トルコ	16	142,099
			ポーランド	16	132,550

ポリ塩化ビニル			ポリプロピレン		
国(地域)	年次	(1,000t)	国(地域)	年次	(1,000t)
日本	16	1,688	韓国	16	4,421
ドイツ	16	1,567	日本	16	2,336
ブラジル	15	1,211	フランス	16	1,900
ロシア d	16	824	ベルギー	16	1,681
メキシコ	16	653	ブラジル	15	1,655
スペイン	16	577	ロシア	16	1,410
イギリス	14	503	クウェート	16	1,400
オランダ	14	446	スペイン	16	1,046
ハンガリー	16	293	チリ	16	1,014
ポルトガル	16	258	オランダ	14	648

5-9　工業生産量－石油・化学・セメント(3)

合成ゴム			タイヤ		
国(地域)	年次	(1,000t)	国(地域)	年次	(1,000本)
日本	16	1,840	日本	16	114,117
韓国	16	1,575	ドイツ	16	60,484
ロシア	16	1,519	ロシア e	16	40,259
ドイツ	16	1,213	ブラジル	15	40,086
フランス	16	591	ルーマニア	16	33,077
イタリア	16	543	ポーランド	16	31,666
ブラジル	15	341	スペイン	16	28,562
オランダ	16	252	フランス	16	25,491
ポーランド	16	225	チェコ	16	23,056
フィンランド	16	194	イタリア	16	21,743

石灰			セメント		
国(地域)	年次	(1,000t)	国(地域)	年次	(1,000t)
ドイツ	16	6,973	中国	16	2,410,310
ブラジル	15	6,699	トルコ	16	78,458
メキシコ	16	3,660	ベトナム	16	74,457
トルコ	16	3,648	ブラジル	15	69,320
ロシア f	16	3,061	韓国	15	56,212
フランス	16	3,014	ロシア	16	54,935
ウクライナ g	16	2,881	メキシコ	16	45,703
イタリア	16	2,703	サウジアラビア	16	41,999
ポーランド	16	1,591	エジプト	15	38,947
ベルギー	16	1,357	ドイツ	16	32,737

a 有効成分100パーセント。　b 窒素100パーセント。　c ポリスチレン及びスチレン共重合体。　d 樹脂及び共重合体。
e 軽自動車用のみ。　f 建設用のみ。　g 水硬性石炭を除く。

5-10　工業生産量－金属(1)

銑鉄			粗鋼		
国(地域)	年次	(1,000t)	国(地域)	年次	(1,000t)
中国 a	16	700,740	中国	16	808,366
インド a	16	63,714	インド	16	95,477
ロシア	16	51,873	アメリカ合衆国	16	78,475
韓国 a	16	46,336	ロシア	16	69,807
ウクライナ	16	23,560	韓国	16	68,576
アメリカ合衆国 a	16	22,293	ブラジル	16	31,275
フランス a	16	9,724	ウクライナ	16	30,765
カナダ	16	6,240	トルコ	16	29,926
イギリス a	16	6,142	イタリア	16	23,373
(日本)	16	3,047	(日本)	16	10,759

熱間圧延鋼板			亜鉛めっき鋼板		
国(地域)	年次	(1,000t)	国(地域)	年次	(1,000t)
中国	16	345,000	中国 b	15	51,000
アメリカ合衆国	16	56,335	アメリカ合衆国 b	16	16,033
インド	16	* 51,560	韓国	16	11,434
韓国	16	46,748	日本	16	10,795
日本	16	37,555	インド b	16	7,390
ロシア	16	19,534	イタリア b	16	5,011
ベトナム	16	15,523	フランス b	16	4,189
ドイツ	16	13,432	ベルギー b	16	3,326
ブラジル	16	12,273	トルコ	16	3,184
イタリア	16	11,555	メキシコ b	16	2,733

棒鋼			鋼管		
国(地域)	年次	(1,000t)	国(地域)	年次	(1,000t)
中国	15	422,848	ロシア	16	10,420
トルコ	15	24,754	日本	16	6,311
韓国	16	15,992	トルコ	16	5,559
アメリカ合衆国	16	11,920	ドイツ	16	3,054
ドイツ	16	9,926	ブラジル	15	2,366
日本	16	8,955	ウクライナ	16	1,031
ベトナム	16	8,388	スペイン	16	1,000
ロシア	16	8,133	メキシコ	16	751
ブラジル	16	7,425	ポーランド	16	737
イタリア c	16	7,296	チェコ	16	631

5-10　工業生産量－金属(2)

精製銅			アルミニウム		
国(地域)	年次	(1,000t)	国(地域)	年次	(1,000t)
日本	16	1,161	中国	16	32,645
カザフスタン	16	408	アンゴラ	16	5,334
スウェーデン	16	206	ブラジル	15	819
ベルギー	16	180	アイスランド	16	642
フィンランド	16	165	アルゼンチン	16	425
ブラジル	15	102	カザフスタン	16	241
イタリア	16	28	モンテネグロ	16	38
ウクライナ	16	22	トルコ	16	37
ナミビア	16	16	アゼルバイジャン	16	37
モンゴル	16	15	フランス	16	36

鉛			亜鉛		
国(地域)	年次	(1,000t)	国(地域)	年次	(1,000t)
中国	16	4,243	中国	16	6,274
日本	16	465	スペイン	16	439
ドイツ	16	270	ブラジル	15	395
ブラジル	15	139	カザフスタン	16	326
カザフスタン	16	134	フィンランド	16	291
ベルギー	16	114	イタリア	16	179
ブルガリア	16	80	ベルギー	16	155
スウェーデン	16	61	日本	16	118
ポーランド	16	58	ポーランド	16	114
イタリア	16	56	ナミビア	16	89

a スピーゲルを除く。　　b すず以外でめっきした全ての金属。　　c 熱間圧延棒鋼を除く。

5-11　工業生産量－機械器具(1)

内燃機関			ディーゼル機関		
国（地域）	年次	（1,000台）	国（地域）	年次	（1,000台）
アンゴラ	16	26,646	日本	16	1,432
日本	16	1,194	ドイツ	16	267
イギリス	14	262	メキシコ	16	215
デンマーク	16	39	トルコ	16	44
ブラジル	15	33	スウェーデン	16	44
ドイツ	16	13	フィンランド	16	24
ペルー	14	2	アンゴラ	16	8
ベラルーシ	16	0	スロバキア	16	5
			アルジェリア	15	3
			ベラルーシ	16	1

コンバイン			旋盤		
国（地域）	年次	（台）	国（地域）	年次	（台）
日本	16	20,867	ドイツ	16	5,905
ロシア	16	6,057	トルコ	16	5,468
メキシコ	16	4,437	ブラジル	15	1,559
ブラジル	15	1,894	ブルガリア	16	1,022
ポーランド	16	1,135	スペイン	16	976
アルゼンチン	16	649	ロシア	16	738
アルジェリア	15	603	チェコ	16	542
カザフスタン	16	544	ポーランド	16	516
クロアチア	16	381	スロバキア	16	427
フィンランド	16	367	ベラルーシ	16	247

ボール盤、中ぐり盤			掘削機械		
国（地域）	年次	（台）	国（地域）	年次	（台）
ドイツ	16	12,505	ドイツ	16	28,230
日本	16	4,708	ブラジル	15	16,957
エクアドル	15	3,643	スウェーデン	16	5,109
トルコ	16	2,004	フィンランド	16	3,682
ベラルーシ	16	1,858	トルコ	16	1,975
韓国	15	1,786	オランダ	14	1,742
スペイン	16	1,033	ロシア a	16	1,398
クロアチア	16	912	ベラルーシ	16	1,296
ポーランド	15	698	チリ	16	446
イギリス	14	555	ポーランド	16	306

5-11　工業生産量－機械器具(2)

冷蔵庫			洗濯機、乾燥機		
国(地域)	年次	(1,000台)	国(地域)	年次	(1,000台)
ブラジル b	15	6,910	ウズベキスタン	16	172,233
メキシコ	16	5,428	中国	16	76,209
ポーランド	16	3,113	キルギス	16	15,600
ロシア	16	2,004	トルコ	16	9,387
ルーマニア	14	1,259	ポーランド	16	9,049
ハンガリー	16	680	ブラジル	15	8,209
エジプト	15	149	ロシア	16	4,040
リトアニア	16	143	イタリア	16	3,005
ウズベキスタン	16	142	日本	16	2,585
チリ	16	138	ベトナム	16	2,040
デスクトップパソコン			固定電話		
国(地域)	年次	(1,000台)	国(地域)	年次	(1,000台)
ブラジル	15	1,483	中国	16	105,248
ドイツ	16	797	ブラジル	15	8,024
エジプト	15	281	トルコ	16	1,372
ロシア	16	271	ポーランド	16	432
イタリア	16	153	ロシア	16	254
イギリス	16	113	カザフスタン	16	175
キューバ	16	55	スウェーデン	16	96
スウェーデン	16	54	ウズベキスタン	16	54
スペイン	16	54	イギリス	16	40
セルビア	16	48	ベラルーシ	16	8
ラジオ			テレビ		
国(地域)	年次	(1,000台)	国(地域)	年次	(1,000台)
マレーシア	16	13,985	ブラジル	15	20,031
ポルトガル	16	8,587	ポーランド	16	17,326
ブラジル	15	7,065	トルコ	14	14,332
ハンガリー	16	3,677	スロバキア	16	10,499
デンマーク	16	1,857	ロシア c	16	8,382
エジプト	15	1,800	ハンガリー	14	7,931
ドイツ	16	1,299	マレーシア	16	7,745
スペイン	14	635	アルゼンチン	16	3,203
日本	16	471	チェコ	15	2,087
アルゼンチン	16	234	日本	16	1,944

5-11　工業生産量－機械器具(3)

バス			乗用自動車		
国(地域)	年次	(1,000台)	国(地域)	年次	(1,000台)
トルコ	16	57	日本	16	8,405
ロシア	16	43	ドイツ	16	5,734
日本	16	35	スペイン	16	2,482
メキシコ	16	7	メキシコ	16	2,282
イギリス	14	5	ブラジル	15	2,142
チェコ	15	5	イギリス	14	1,573
イラク	16	5	トルコ	16	1,368
ポーランド	16	5	チェコ	16	1,344
ブラジル	15	4	ロシア	16	1,120
フランス	16	3	スロバキア	16	973

トラック			自動二輪車		
国(地域)	年次	(1,000台)	国(地域)	年次	(1,000台)
スペイン	16	396	中国	16	23,907
ドイツ	16	384	ベトナム	16	3,536
メキシコ	16	369	パキスタン	15	1,777
ロシア	16	137	ブラジル	15	1,264
ブラジル	15	68	ポルトガル	16	611
トルコ	16	57	マレーシア	16	311
ポルトガル	16	42	イタリア	16	267
オランダ	16	22	オランダ	16	207
スウェーデン	16	21	フランス	16	120
エクアドル	16	7	メキシコ	16	66

a 掘削機のみ。　　b 単一の冷蔵庫及び冷凍庫を含む。　　c ビデオモニタ及びビデオプロジェクタを含む。

第6章　エネルギー

6-1　エネルギーバランスー生産・輸出入・消費量
〔出典〕
UN, *Energy Statistics Yearbook 2019*
2022年8月ダウンロード
〔解説〕
　　一次エネルギー生産量＋輸入－輸出－国際輸送燃料－在庫変動＝供給量。
　一次エネルギー：自然界に存在する形状で得られるエネルギー。石油、石炭、天然ガ
　　ス、水力、地熱など。
　一次エネルギー生産量
　　固形：石炭（褐炭を含む。）、亜炭、泥炭及びオイルシェールなど。
　　液体：原油、天然ガス液、液体バイオ燃料など。
　　ガス：天然ガス及びバイオガス。
　　電力：水力、風力、潮汐（ちょうせき）、波力、太陽光発電などの一次電力。
　　熱：原子力、地熱、太陽熱などの一次熱。
　エネルギー輸出入量：一次及び二次エネルギー。
　国際輸送燃料：国際輸送のための航空機及び船舶用燃料。バンカーともいう。一次及
　　び二次エネルギー。
　在庫変動：在庫積増は「プラス」、在庫取崩は「マイナス」。一次及び二次エネルギー。
　最終エネルギー消費量：非エネルギー利用、エネルギー利用（産業、運輸、その他）
　　による。

6-2　石炭・原油・天然ガス・電力供給量
〔出典〕
UN, *Energy Statistics Yearbook 2019*
2022年8月ダウンロード

6-3　ガス生産量
〔出典〕
UN, *Energy Statistics Yearbook 2019*
2022年8月ダウンロード
〔解説〕
　天然ガス：メタン、エタン、プロパンなど炭化水素ガスの混合物。
　製造ガス：ガス工場などで製造されるガス。
　コークス炉ガス：コークス製造の際に発生するガス。
　高炉ガス：溶鉱炉から排出される副産ガス。
　他の回収ガス：製造などで回収された可燃性ガス。
　液化石油ガス：原油・天然ガスの採掘時、又は石油精製の過程で得られるプロパン、
　　ブタンを主成分としたガスを加圧冷却して液化したもの。LPガスともいう。

6-4　電力発電量
〔出典〕
UN, *Energy Statistics Yearbook 2019*
2022年8月ダウンロード
〔解説〕
　火力、水力、原子力及びその他（地熱、風力、潮汐、波力、太陽光発電など）による発電量。自家発電を含む。
発電量：総発電量。
発電能力：純設備容量。

6-5　石炭・原油・天然ガス・ウラン埋蔵量
〔出典〕
UN, *Energy Statistics Yearbook 2019*
2022年9月ダウンロード
〔解説〕
　各資源の確認可採埋蔵量（現在の技術・経済条件下で、採掘できることが確認された量）。
無煙炭、瀝青（れきせい）**炭、亜瀝青炭、褐炭**：石炭を石炭化度（石炭の根源植物が石炭に変質する過程の進行度合い）の高い方から順に無煙炭、瀝青炭、亜瀝青炭、褐炭及び亜炭・泥炭に分類し、一般に無煙炭から褐炭までを石炭と呼ぶ。

6-1　エネルギーバランスー生産・輸出入・消費量（2019年）(1-A)

（単位：ペタジュール）

国（地域）	一次エネルギー生産量						輸入	輸出
	総計	固形	液体	ガス	電力	熱		
世界	612,971	215,784	193,493	146,693	22,820	34,181	242,668	248,815
アジア								
日本	2,079	598	18	97	562	804	16,671	839
アラブ首長国連邦	9,723	...	7,772	1,935	13	2	2,130	8,673
イラク	10,308	2	9,881	418	7	...	473	8,464
イラン	14,786	* 126	6,281	8,241	61	77	293	3,523
インド	24,030	19,899	* 1,571	* 1,062	996	502	* 19,411	3,005
インドネシア	21,267	16,505	2,097	2,137	71	456	2,123	12,149
ウズベキスタン	2,286	61	137	2,064	23	...	96	428
オマーン	3,448	0	2,060	1,387	0	...	94	2,490
カザフスタン	6,984	1,883	3,853	1,206	42	...	653	4,609
カタール	9,363	0	3,118	6,245	...	...	11	7,448
韓国	1,992	244	73	17	68	1,589	13,256	2,905
北朝鮮	606	566	...	...	40	...	47	...
クウェート	6,766	0	6,097	669	0	1	179	5,339
サウジアラビア	27,418	...	22,732	4,682	2	2	* 1,236	18,567
タイ	3,125	1,136	869	1,064	55	0	3,456	502
中国	109,745	83,746	8,407	6,987	6,851	3,762	34,033	3,624
トルクメニスタン	3,399	0	442	2,956	0	...	0	2,187
トルコ	1,891	841	139	41	431	439	4,840	403
パキスタン	2,366	* 816	211	1,108	132	99	1,522	27
フィリピン	1,274	655	42	155	37	385	1,572	286
ベトナム	2,776	1,638	484	346	308	...	2,003	292
マレーシア	4,085	108	1,334	2,544	99	...	2,262	2,356
北アメリカ								
アメリカ合衆国	96,539	17,206	33,307	33,637	2,455	9,934	22,556	23,343
カナダ	22,413	1,718	11,457	6,644	1,499	1,095	3,723	13,356
トリニダード・トバゴ	1,444	0	164	1,280	0	...	90	807
メキシコ	6,328	569	4,109	1,151	172	327	4,309	2,844
南アメリカ								
アルゼンチン	3,292	107	1,394	1,553	152	86	400	362
コロンビア	5,507	2,568	2,027	715	197	...	243	3,696
チリ	572	360	22	58	122	10	1,220	23
ブラジル	12,975	3,047	7,218	877	1,658	174	2,589	3,047
ベネズエラ	3,238	36	2,393	631	179	...	238	2,104
ペルー	964	101	250	489	122	1	469	384
ヨーロッパ								
イギリス	5,087	363	2,278	1,537	300	609	5,868	3,170
イタリア a	1,437	390	238	249	325	235	6,362	1,241
ウクライナ	2,503	739	108	685	41	930	1,460	66
オーストリア	498	226	43	41	179	9	1,381	336
オランダ	1,376	121	118	1,017	61	58	8,435	6,075
ギリシャ	252	163	14	6	57	12	1,593	791
スイス b	544	103	1	6	145	289	715	148
スウェーデン	1,513	463	19	8	309	715	1,288	637
スペイン c	1,387	255	86	16	323	707	5,420	1,208
セルビア d	426	335	38	16	37	0	280	56
チェコ	1,119	722	18	32	18	329	1,008	269
ドイツ	4,362	2,032	283	499	691	855	10,063	1,364
ノルウェー	8,188	62	3,424	4,227	472	4	504	7,535

6-1　エネルギーバランス－生産・輸出入・消費量（2019年）（1-B）

（単位：ペタジュール）

国（地域）	国際輸送燃料 航空	国際輸送燃料 船舶	在庫変動	最終エネルギー消費量 総計	非エネルギー利用	エネルギー利用 産業	エネルギー利用 運輸	エネルギー利用 その他	1人当たり（ギガジュール）
世界	8,529	8,536	5,166	399,016	40,139	121,888	98,358	138,630	52
アジア									
日本	258	179	38	11,749	1,404	3,442	2,906	3,998	93
アラブ首長国連邦	316	677	* -2	2,605	* 480	1,211	502	412	267
イラク	28	12	-16	966	28	178	478	283	25
イラン	37	58	0	8,473	1,285	2,021	2,013	3,154	102
インド	* 175	* 70	-374	28,465	* 1,567	13,195	2,180	11,523	21
インドネシア	40	9	45	7,002	519	2,848	1,093	2,542	26
ウズベキスタン	* 3	…	-48	1,280	* 18	301	250	711	39
オマーン	27	* 4	0	1,000	151	258	168	423	201
カザフスタン	20	7	-3	1,711	* 54	540	248	869	92
カタール	203	…	0	854	201	365	168	* 120	302
韓国	234	334	37	7,688	2,254	1,993	1,538	1,903	150
北朝鮮	…	…	…	599	8	364	58	169	23
クウェート	41	38	-72	703	112	195	224	172	167
サウジアラビア	* 151	* 136	* -329	* 6,526	* 1,305	* 1,605	1,894	* 1,723	* 190
タイ	203	47	34	4,283	976	1,404	1,145	758	62
中国	467	426	2,658	82,666	9,227	39,869	10,889	22,681	58
トルクメニスタン	21	…	…	777	…	58	182	537	131
トルコ	189	37	-15	4,301	223	1,234	1,190	1,654	52
パキスタン	* 11	1	…	3,148	217	979	725	1,226	15
フィリピン	72	2	-36	1,543	48	305	556	634	14
ベトナム	56	7	22	3,017	22	1,721	536	737	31
マレーシア	116	18	* -39	2,727	587	833	904	403	85
北アメリカ									
アメリカ合衆国	1,060	965	1,192	66,735	6,501	11,011	27,062	22,161	203
カナダ	36	24	-59	8,626	801	1,972	2,883	2,971	231
トリニダード・トバゴ	7	3	-1	517	407	53	38	18	370
メキシコ	172	33	-176	4,809	171	1,386	2,084	1,168	38
南アメリカ									
アルゼンチン	39	19	-21	2,329	132	540	794	863	52
コロンビア	…	…	11	1,380	81	350	573	376	27
チリ	32	4	5	1,180	36	441	400	304	62
ブラジル	102	140	88	9,823	564	3,202	3,808	2,250	47
ベネズエラ	7	4	…	855	21	237	404	194	30
ペルー	31	17	-47	833	12	243	374	204	26
ヨーロッパ									
イギリス	508	98	40	5,369	300	892	1,755	2,422	80
イタリア a	170	112	55	4,959	296	1,049	1,524	2,089	82
ウクライナ	…	…	161	2,111	115	682	433	880	48
オーストリア	41	1	107	1,211	86	341	384	400	135
オランダ	169	495	102	2,398	506	582	468	843	140
ギリシャ	49	106	-16	675	39	109	257	270	64
スイス b	80	0	8	764	18	144	242	360	89
スウェーデン	38	85	39	1,365	96	467	298	504	136
スペイン c	205	301	58	3,612	224	827	1,391	1,170	77
セルビア d	6	1	11	377	29	89	97	161	54
チェコ	18	…	52	1,130	121	276	288	446	106
ドイツ	420	57	269	9,348	923	2,331	2,431	3,663	112
ノルウェー	24	9	-35	869	107	256	191	315	162

6-1　エネルギーバランス－生産・輸出入・消費量（2019年）（2-A）

（単位：ペタジュール）

国（地域）	一次エネルギー生産量						輸入	輸出
	総計	固形	液体	ガス	電力	熱		
ハンガリー	458	135	68	59	9	186	1,223	442
フィンランド	796	446	13	8	67	262	1,038	428
フランス e	5,444	552	139	41	376	4,336	6,507	1,448
ブルガリア	492	277	7	3	20	184	525	225
ベラルーシ	177	92	77	6	3	...	1,558	631
ベルギー	656	96	18	10	51	481	3,689	1,601
ポーランド	2,484	2,177	83	156	64	5	2,664	594
ポルトガル f	246	130	14	3	86	12	1,009	240
ルーマニア	1,031	315	161	344	87	123	677	249
ロシア	64,239	11,011	23,795	26,439	707	2,287	* 981	32,733
アフリカ								
アルジェリア	5,954	0	2,777	3,173	* 3	...	102	3,524
エジプト	3,982	207	1,331	2,379	66	...	796	659
チュニジア	218	46	84	78	3	7	348	74
ナイジェリア	10,795	4,931	4,260	1,579	24	...	941	5,123
南アフリカ	6,712	6,465	3	40	38	165	1,581	2,093
モロッコ	105	66	0	3	23	13	867	5
リビア	3,187	25	2,677	485	0	...	258	2,523
オセアニア								
オーストラリア	18,623	12,782	696	4,954	173	18	2,217	14,907
ニュージーランド	744	119	56	170	101	298	366	95

6-1　エネルギーバランス－生産・輸出入・消費量（2019年）(2-B)

（単位：ペタジュール）

国（地域）	国際輸送燃料		在庫変動	最終エネルギー消費量					1人当たり（ギガジュール）
	航空	船舶		総計	非エネルギー利用	エネルギー利用			
						産業	運輸	その他	
ハンガリー	12	...	112	848	92	188	215	352	88
フィンランド	36	14	-32	1,078	61	462	178	377	195
フランス e	262	72	56	6,345	569	1,154	1,939	2,684	94
ブルガリア	10	3	8	423	19	112	145	147	60
ベラルーシ	8	...	15	799	112	177	173	336	85
ベルギー	73	347	36	1,697	305	456	378	558	147
ポーランド	46	12	172	3,142	238	696	973	1,236	83
ポルトガル f	63	40	2	709	49	193	253	213	69
ルーマニア	6	1	59	1,029	51	262	278	438	53
ロシア	251	96	461	22,293	3,459	6,518	4,177	8,139	153
アフリカ									
アルジェリア	21	1	1	1,776	169	303	612	692	41
エジプト	35	3	...	2,620	296	777	736	810	26
チュニジア	13	0	0	346	9	88	102	146	30
ナイジェリア	20	14	-8	* 5,661	58	* 311	788	* 4,504	* 28
南アフリカ	52	101	56	2,843	179	996	810	858	49
モロッコ	34	6	-17	713	23	139	258	293	19
リビア	2	12	...	456	66	63	238	88	67
オセアニア									
オーストラリア	209	31	268	3,433	219	911	1,422	882	136
ニュージーランド	54	13	-11	631	66	192	226	146	132

a サンマリノ及びバチカンを含む。　b リヒテンシュタインを含む。　c カナリア諸島を含む。　d コソボを除く。　e モナコ及び海外県（仏領ギアナ、グアドループ島、マルチニーク島、マヨット島及びレユニオン）を含む。　f アゾレス諸島及びマディラ諸島を含む。

6-2　石炭・原油・天然ガス・電力供給量 (2019年)(1)

国 (地域)	石炭 (褐炭を除く) 供給 (1,000t)	石炭 (褐炭を除く) 1人当たり (kg)	原油 供給 (1,000t)	原油 1人当たり (kg)	天然ガス 供給 (兆ジュール)	天然ガス 1人当たり (100万ジュール)	電力 供給 (100万kWh)	電力 1人当たり (kWh)
世界	6,867,627	890	4,014,303	520	159,334,056	20,657	26,989,767	3,499
アジア								
日本	187,664	1,479	145,390	1,146	4,361,384	34,379	1,044,978	8,237
アゼルバイジャン	1	0	5,876	585	490,383	48,805	24,719	2,460
アラブ首長国連邦	2,670	273	32,103	3,286	2,662,286	272,481	138,442	14,169
イエメン	134	5	2,393	82	4,009	137	3,603	124
イスラエル	7,963	935	12,316	1,446	365,257	42,874	66,213	7,772
イラク	...	...	36,908	939	696,435	17,717	109,996	2,798
イラン	1,492	18	84,999	1,025	8,598,248	103,701	319,151	3,849
インド	1,002,154	733	* 259,124	* 190	* 2,581,329	* 1,889	1,573,600	1,152
インドネシア	160,027	591	49,137	182	1,787,024	6,603	299,603	1,107
ウズベキスタン	979	30	885	27	1,878,120	56,944	64,334	1,951
オマーン	...	...	6,025	1,211	1,064,036	213,877	38,337	7,706
カザフスタン	75,480	4,069	19,492	1,051	936,092	50,459	106,395	5,735
カタール	...	...	3,849	1,359	1,777,302	627,563	49,873	17,610
韓国	127,615	2,491	143,038	2,792	2,273,429	44,381	581,492	11,352
北朝鮮	18,438	718	532	21	...	...	13,579	529
クウェート	...	...	35,242	8,377	940,500	223,552	75,316	17,902
サウジアラビア	...	...	144,975	4,231	5,202,670	151,821	343,428	10,022
シリア	...	...	6,359	373	133,081	7,796	17,239	1,010
シンガポール	743	128	51,725	8,911	424,642	73,159	54,552	9,398
タイ	20,228	291	56,985	818	1,704,544	24,482	213,346	3,064
中国	a 4,055,370	a 2,828	680,075	474	12,810,204	8,935	7,486,668	5,222
トルクメニスタン	...	...	8,600	1,447	1,026,445	172,741	19,333	3,254
トルコ	40,288	483	33,760	405	1,723,319	20,656	303,320	3,636
バーレーン	...	...	13,149	8,012	673,471	410,362	33,658	20,509
パキスタン	21,829	101	10,562	49	1,524,145	7,038	136,960	632
バングラデシュ	7,920	49	1,166	7	1,186,684	7,278	91,337	560
フィリピン	...	...	8,175	76	172,032	1,591	107,517	994
ブルネイ	...	...	1,648	3,804	121,396	280,169	4,933	11,384
ベトナム	89,080	923	14,843	154	384,348	3,984	* 228,805	* 2,372
香港	9,794	1,317	...	...	127,799	17,186	49,292	6,629
マレーシア	35,601	1,114	23,532	737	1,835,323	57,444	175,129	5,481
ミャンマー	1,867	35	231	4	162,252	3,002	22,619	419
北アメリカ								
アメリカ合衆国	214,056	650	796,925	2,422	34,584,236	105,099	4,430,805	13,465
カナダ	6,062	162	65,780	1,758	5,438,249	145,365	598,353	15,994
キューバ	1	0	4,787	422	37,113	3,275	20,703	1,827
グアテマラ	1,725	98	210	12	...	...	* 13,034	* 741
コスタリカ	0	0	...	...	...	...	11,529	2,284
ドミニカ共和国	1,230	115	1,283	120	50,217	4,676	19,857	1,849
トリニダード・トバゴ	...	...	26	18	740,265	530,668	9,188	6,587
プエルトリコ	...	...	...	...	75,889	25,871	18,886	6,438
メキシコ	11,504	90	30,944	243	3,203,028	25,107	344,999	2,704
南アメリカ								
アルゼンチン	758	17	23,253	519	1,943,553	43,402	156,675	3,499
ウルグアイ	...	...	2,055	594	3,384	978	13,079	3,778
エクアドル	...	...	8,374	482	24,668	1,420	30,446	1,752
コロンビア	9,277	184	17,153	341	794,695	15,787	82,349	1,636
チリ	14,830	783	9,440	498	244,984	12,927	84,558	4,462
ブラジル	24,218	115	87,074	413	1,341,892	6,358	651,286	3,086
ベネズエラ	60	2	9,086	319	700,803	24,576	84,296	2,956
ペルー	933	29	7,494	231	318,686	9,803	57,099	1,756

6-2　石炭・原油・天然ガス・電力供給量（2019年）(2)

国（地域）	石炭（褐炭を除く） 供給 (1,000t)	石炭（褐炭を除く） 1人当たり (kg)	原油 供給 (1,000t)	原油 1人当たり (kg)	天然ガス 供給 (兆ジュール)	天然ガス 1人当たり (100万ジュール)	電力 供給 (100万kWh)	電力 1人当たり (kWh)
ヨーロッパ								
アイルランド	574	118	2,531	518	212,072	43,435	31,585	6,469
イギリス	7,971	118	52,295	774	3,128,659	46,330	344,014	5,094
イタリア b	10,426	172	67,272	1,110	2,837,254	46,832	331,994	5,480
ウクライナ	43,304	984	2,525	57	1,087,764	24,725	150,096	3,412
オーストリア	3,126	349	9,124	1,019	357,115	89,878	77,363	8,639
オランダ	10,180	595	56,929	3,330	1,497,346	87,579	121,917	7,131
ギリシャ	311	30	23,027	2,199	208,840	19,940	58,570	5,592
スイス c	48	6	2,723	317	137,681	16,026	67,211	7,823
スウェーデン	2,419	241	16,355	1,630	43,851	4,369	142,278	14,176
スペイン d	7,641	163	65,648	1,405	1,437,683	30,761	280,119	5,994
スロバキア	3,252	596	5,110	936	190,089	34,834	30,134	5,522
セルビア e	257	37	3,138	450	92,726	13,288	37,676	5,399
チェコ	5,529	517	7,847	734	332,999	31,153	73,934	6,917
デンマーク	1,525	264	7,602	1,317	129,835	22,494	35,337	6,122
ドイツ	38,552	462	87,391	1,046	3,517,861	42,121	576,398	6,902
ノルウェー	829	154	12,951	2,408	246,972	45,915	135,336	25,161
ハンガリー	1,382	143	6,805	703	393,984	40,681	46,738	4,826
フィンランド	3,298	596	12,027	2,174	99,356	17,960	88,684	16,031
フランス f	10,340	153	49,112	729	1,750,929	25,982	513,178	7,615
ブルガリア	958	137	6,810	973	113,593	16,227	38,492	5,499
ベラルーシ	749	79	17,876	1,891	759,440	80,344	38,126	4,033
ベルギー	3,515	305	34,517	2,991	707,142	61,281	91,891	7,963
ポーランド	68,774	1,815	27,276	720	787,334	20,781	174,611	4,609
ポルトガル g	2,106	206	11,118	1,087	245,786	24,035	56,553	5,530
ルーマニア	164	8	11,977	618	425,336	21,965	61,141	3,157
ロシア	167,189	1,146	261,818	1,795	19,446,951	133,315	1,103,061	7,562
アフリカ								
アルジェリア	17	0	26,341	612	1,854,980	43,086	81,391	1,890
アンゴラ	…	…	3,108	98	49,400	1,552	15,474	486
エジプト	4,513	45	27,008	269	2,449,969	24,405	193,993	1,932
ガーナ	…	…	882	29	83,440	2,743	17,065	561
カメルーン	…	…	602	23	26,980	1,043	8,495	328
ケニア	612	12	…	…	…	…	11,816	225
コートジボワール	…	…	2,981	116	86,558	3,366	9,518	370
コンゴ民主共和国	…	…	0	0	…	…	11,244	130
ザンビア	996	56	700	39	…	…	14,263	799
ジンバブエ	2,911	199	…	…	…	…	8,900	608
スーダン	…	…	* 4,322	* 101	…	…	17,842	417
タンザニア	712	12	…	…	38,065	656	7,978	138
チュニジア	…	…	288	25	255,286	21,829	21,924	1,875
ナイジェリア	55	0	370	2	713,640	3,551	31,422	156
南アフリカ	182,832	3,122	20,401	348	185,069	3,160	245,980	4,201
モザンビーク	19	1	…	…	35,183	1,159	16,487	543
モロッコ	10,099	273	4	0	40,705	1,099	40,723	1,099
リビア	…	…	9,422	1,390	322,607	47,600	34,184	5,044
オセアニア								
オーストラリア	32,104	1,274	20,141	799	1,594,811	63,278	264,025	10,476
ニュージーランド	131	27	5,319	1,112	186,167	38,922	44,811	9,369
パプアニューギニア	…	…	* 1,337	* 152	* 16,530	* 1,884	* 4,858	* 553

a 褐炭を含む。　b サンマリノ及びバチカンを含む。　c リヒテンシュタインを含む。　d カナリア諸島を含む。　e コソボを除く。　f モナコ及び海外県（仏領ギアナ、グアドループ島、マルチニーク島、マヨット島及びレユニオン）を含む。
g アゾレス諸島及びマディラ諸島を含む。

6-3　ガス生産量（2019年）（1）

国（地域）	生産量（兆ジュール）					生産量(1,000t)
	天然ガス	製造ガス	コークス炉ガス	高炉ガス	他の回収ガス	液化石油ガス
世界	**162,030,993**	**446,909**	**3,288,716**	**6,692,812**	**172,037**	**303,251**
アジア						
日本	175,021	...	294,493	412,431	59,053	3,401
アゼルバイジャン	957,529	...	...	...	...	210
アフガニスタン	5,022	...	...	...	...	...
アラブ首長国連邦	2,149,940	...	...	...	...	11,691
イスラエル	336,263	...	...	...	...	425
イラク	464,635	...	...	...	...	1,779
イラン	9,156,549	...	8,674	16,173	...	4,991
インド	* 1,179,996	* 1,173	203,658	* 434,391	...	12,823
インドネシア	2,374,248	...	...	...	...	2,001
ウズベキスタン	2,293,741	...	...	...	...	830
オマーン	1,541,267	...	...	...	...	776
カザフスタン	1,339,839	...	14,455	21,025	...	2,587
カタール	6,939,054	...	...	...	...	8,305
韓国	9,990	...	149,818	225,779	31,432	2,882
クウェート	742,900	...	...	...	...	6,037
サウジアラビア	5,202,670	...	...	...	...	* 28,130
シリア	133,081	...	...	3	...	151
タイ	1,122,001	...	...	390	...	5,980
中国	7,753,473	324,677	1,680,918	4,452,352	...	42,100
トルクメニスタン	3,284,976	...	...	...	...	1,096
トルコ	18,129	...	35,546	49,865	...	1,082
バーレーン	673,471	...	...	...	...	136
パキスタン	1,231,511	...	...	...	...	* 1,041
バングラデシュ	1,058,953	...	...	...	...	19
東ティモール	183,311	...	...	...	...	...
フィリピン	172,032	...	...	3,010	...	286
ブルネイ	426,939	...	...	...	...	93
ベトナム	384,348	...	...	...	...	887
香港	...	28,712	...	...	...	...
マレーシア	2,826,167	...	...	...	...	2,620
ミャンマー	738,693	...	...	...	...	13
北アメリカ						
アメリカ合衆国	37,265,372	52,531	62,439	105,426	...	71,223
カナダ	7,362,910	...	23,888	20,040	...	1,576
キューバ	37,113	3,261	...	14	...	22
トリニダード・トバゴ	1,421,840	...	...	...	...	436
バルバドス	1,002	...	...	...	...	...
メキシコ	1,285,121	...	8,158	15,823	...	3,270
南アメリカ						
アルゼンチン	1,725,250	...	3,276	7,194	...	2,768
エクアドル	24,668	...	...	...	...	267
コロンビア	794,188	...	1,198	821	...	682
スリナム	232	...	...	...	...	...
チリ	59,692	...	3,772	3,172	...	543
ブラジル	962,178	...	73,223	...	...	5,214
ベネズエラ	700,803	...	...	...	...	835
ペルー	542,941	...	...	...	...	1,476

6-3　ガス生産量（2019年）（2）

国（地域）	生産量（兆ジュール）					生産量(1,000t)
	天然ガス	製造ガス	コークス炉ガス	高炉ガス	他の回収ガス	液化石油ガス
ボリビア	639,675	…	…	…	…	563
ヨーロッパ						
アイルランド	99,654	…	…	…	…	45
アルバニア	2,682	…	…	…	…	…
イギリス	1,599,954	…	13,941	33,717	…	3,191
イタリア a	184,780	…	14,586	17,071	1,590	1,269
ウクライナ	759,092	…	72,116	78,358	18,375	409
エストニア	…	3,247	11,582	…	…	…
オーストリア	35,819	…	8,629	27,616	3,725	137
オランダ	1,120,426	…	17,657	34,062	…	1,566
クロアチア	39,601	…	…	…	…	196
スイス	1,443	…	…	…	…	108
スウェーデン	…	…	8,096	13,448	1,351	446
スペイン b	5,767	…	9,424	17,272	…	1,167
スロバキア	4,795	…	11,619	17,065	3,177	164
セルビア c	16,247	…	…	12,231	…	94
チェコ	8,026	12,670	18,950	17,571	5,824	400
デンマーク	139,274	…	…	…	…	127
ドイツ	203,460	…	64,151	151,471	25,494	3,232
ノルウェー	4,692,286	…	…	3,611	…	6,394
ハンガリー	62,010	…	8,162	7,080	…	153
フィンランド	382	…	7,719	8,413	4,081	289
フランス d	5,114	…	…	81,667	…	1,357
ブルガリア	1,506	…	…	…	…	131
ベラルーシ	5,952	…	…	…	…	390
ベルギー	149	…	9,906	24,319	3,754	1,069
ポーランド	159,408	…	74,779	24,327	3,322	630
ボスニア・ヘルツェゴビナ	…	…	6,978	5,082	…	1
ルーマニア	381,054	…	…	10,354	…	625
ロシア	29,376,729	…	260,383	217,202	…	29,077
アフリカ						
アルジェリア	3,525,508	…	…	5,108	…	8,917
アンゴラ	258,400	…	…	…	…	1,085
エジプト	2,643,004	128	…	2,697	…	1,764
ガーナ	58,367	…	…	…	…	70
ガボン	18,685	…	…	…	…	38
カメルーン	89,680	…	…	…	…	5
コートジボワール	86,558	…	…	…	…	28
コンゴ共和国	38,328	…	…	…	…	8
赤道ギニア	243,285	…	…	…	…	512
タンザニア	38,065	…	…	…	…	…
チュニジア	86,422	…	…	…	…	105
ナイジェリア	1,754,840	…	…	…	…	3
南アフリカ	44,827	20,472	20,183	18,125	…	221
モザンビーク	190,410	…	…	…	…	…
リビア	539,207	…	…	…	…	319
オセアニア						
オーストラリア	5,486,750	38	19,023	16,713	…	1,950
ニュージーランド	185,498	…	5,851	6,865	303	172
パプアニューギニア	＊117,377	…	…	…	…	＊18

a サンマリノ及びバチカンを含む。　b カナリア諸島を含む。　c コソボを除く。　d モナコ及び海外県（仏領ギアナ、グアド
ループ島、マルチニーク島、マヨット島及びレユニオン）を含む。

6-4　電力発電量（2019年）（1）

国（地域）	発電量（100万kWh）				発電能力 （1,000kW）
	総計	火力	水力	原子力	
世界	26,982,699	17,594,661	4,341,634	2,788,265	7,398,116
アジア					
日本	1,044,978	795,424	87,256	63,779	346,474
アゼルバイジャン	26,073	24,359	1,565	…	7,642
アラブ首長国連邦	138,454	134,674	…	…	* 33,042
イスラエル	72,524	68,796	…	…	19,493
イラク	95,816	93,941	1,818	…	27,412
イラン	322,778	298,753	15,865	7,148	* 80,467
インド	1,576,740	1,253,707	156,049	46,472	442,297
インドネシア	299,603	266,765	19,749	…	66,845
ウズベキスタン	63,021	56,544	6,462	…	15,948
オマーン	38,337	38,320	…	…	8,501
カザフスタン	106,879	95,346	9,994	…	23,965
カタール	49,873	49,873	…	…	* 10,590
韓国	581,492	410,786	6,249	145,910	132,104
クウェート	75,184	75,082	…	…	19,371
サウジアラビア	343,458	342,623	…	…	* 76,785
シンガポール	54,552	54,142	…	…	12,563
タイ	190,681	175,418	6,446	…	45,260
中国	7,503,458	5,220,150	1,304,440	348,350	2,064,680
トルクメニスタン	22,534	22,531	3	…	* 5,201
トルコ	303,898	174,041	88,823	…	91,267
バーレーン	33,453	33,442	…	…	* 6,977
パキスタン	136,461	89,621	32,789	9,134	37,681
バングラデシュ	84,551	83,407	769	…	18,291
フィリピン	107,517	86,496	8,043	…	26,187
ベトナム	* 227,715	* 142,200	85,097	…	55,187
香港	36,911	36,911	…	…	12,225
マレーシア	175,778	148,168	26,666	…	* 34,153
ミャンマー	23,778	14,328	9,369	…	7,129
ラオス	31,133	12,194	18,899	…	8,014
レバノン	23,819	22,736	965	…	3,741
北アメリカ					
アメリカ合衆国	4,391,761	2,818,743	310,571	843,330	1,127,772
カナダ	645,429	127,583	379,742	101,197	149,594
キューバ	20,703	20,328	125	…	6,508
グアテマラ	* 14,083	* 8,855	4,497	…	4,042
コスタリカ	11,508	295	7,827	…	3,626
ドミニカ共和国	19,857	18,121	928	…	6,194
トリニダード・トバゴ	9,188	9,183	…	…	2,118
パナマ	11,663	5,527	5,096	…	4,091
プエルトリコ	18,886	18,444	41	…	6,173
ホンジュラス	10,439	5,779	2,430	…	2,770
メキシコ	344,176	266,753	23,716	11,190	92,286
南アメリカ					
アルゼンチン	145,990	95,389	36,878	7,927	43,272
ウルグアイ	16,090	2,806	8,108	…	4,920
エクアドル	32,267	7,479	24,664	…	9,418
コロンビア	80,590	25,759	54,636	…	19,009
チリ	84,558	50,564	22,477	…	27,644
パラグアイ	49,448	2	49,446	…	8,761
ブラジル	626,329	149,682	397,877	16,129	172,280
ベネズエラ	85,166	35,432	49,637	…	32,620
ペルー	57,038	23,088	31,462	…	15,162

6-4　電力発電量（2019年）（2）

国（地域）	発電量（100万kWh）				発電能力 (1,000kW)
	総計	火力	水力	原子力	
ヨーロッパ					
アイルランド	30,941	19,768	1,132	...	11,137
イギリス	322,844	181,702	7,691	56,184	104,847
イタリア a	293,853	195,084	48,154	...	116,435
ウクライナ	154,141	58,201	7,855	83,003	51,444
オーストリア	74,234	21,208	43,833	...	b 25,901
オランダ	121,062	99,620	74	3,910	37,086
ギリシャ	48,626	32,880	4,051	...	20,479
スイス	73,471	3,768	40,962	26,418	22,422
スウェーデン	168,439	16,390	65,393	66,130	42,824
スペイン c	273,257	117,125	26,874	58,349	109,970
スロバキア	28,434	7,953	4,571	15,282	7,724
セルビア d	37,600	26,490	10,198	...	7,896
チェコ	87,031	50,474	3,175	30,246	22,011
デンマーク	29,526	12,395	17	...	15,166
ドイツ	609,065	334,353	25,671	75,071	231,821
ノルウェー	135,292	3,010	126,404	...	36,912
ハンガリー	34,154	15,292	219	16,288	9,914
フィンランド	68,642	25,923	12,413	23,870	17,472
フランス e	570,845	62,148	61,573	399,012	136,242
ブルガリア	44,302	21,573	3,383	16,555	11,433
ベラルーシ	40,465	39,756	350	...	10,183
ベルギー	93,746	34,633	1,181	43,524	24,061
ポーランド	163,989	145,269	2,665	...	43,440
ポルトガル f	53,154	27,687	10,243	...	21,575
ルーマニア	59,623	23,787	16,006	11,280	20,908
ロシア	1,121,492	713,955	196,510	208,984	* 275,820
アフリカ					
アルジェリア	81,533	80,691	* 152	...	* 21,653
アンゴラ	15,474	4,582	10,874	...	* 6,156
エジプト	194,279	175,998	13,121	...	58,353
エチオピア	15,149	35	14,564	...	4,300
ガーナ	18,368	11,065	7,252	...	5,382
カメルーン	8,476	3,227	5,229	...	1,669
ケニア	11,621	1,526	3,205	...	3,155
コートジボワール	10,697	7,197	3,481	...	2,233
コンゴ民主共和国	11,107	33	11,045	...	* 3,190
ザンビア	15,041	3,598	11,441	...	2,981
ジンバブエ	7,792	4,285	3,507	...	* 2,346
スーダン	17,024	* 6,792	10,210	...	* 4,138
タンザニア	7,865	5,298	2,477	...	1,530
チュニジア	22,083	20,986	66	...	5,526
ナイジェリア	31,422	24,633	6,745	...	11,681
南アフリカ	252,639	222,163	5,791	13,252	* 58,683
モザンビーク	18,981	4,021	14,930	...	* 2,814
モロッコ	41,650	32,414	1,654	...	13,977
リビア	33,719	33,711	...	...	10,516
オセアニア					
オーストラリア	264,025	215,498	15,967	...	73,528
ニュージーランド	44,811	8,765	25,575	...	9,391
パプアニューギニア	* 4,858	* 3,483	* 928	...	* 1,152

a サンマリノ及びバチカンを含む。　b 総最大出力。　c カナリア諸島を含む。　d コソボを除く。　e モナコ及び海外県
（仏領ギアナ、グアドループ島、マルチニーク島、マヨット島及びレユニオン）を含む。　f アゾレス諸島及びマディラ諸島
を含む。

6-5　石炭・原油・天然ガス・ウラン埋蔵量

国（地域）	無煙炭・瀝青炭 （100万t）	亜瀝青炭・褐炭 （100万t）	原油 a （100万t）	天然ガス （10億m³）	ウラン （t）
アジア					
日本	340	10	* 4	* 21	6,600
アラブ首長国連邦	...	...	12,976	6,091	...
イラク	...	...	19,308	3,694	...
イラン	1,203	...	* 21,433	34,020	700
インド	85,562	4,714	764	1,489	77,000
インドネシア	17,394	8,274	498	2,839	8,400
ウズベキスタン	1,375	1,853	81	1,086	59,400
カザフスタン	25,605	12,100	3,932	936	285,600
カタール	...	...	2,695	24,528	...
クウェート	...	...	13,981	1,784	...
サウジアラビア	...	...	36,618	8,325	...
中国	124,059	7,555	2,521	3,841	120,000
トルコ	380	12,466	* 46	* 7	7,300
モンゴル	1,170	1,350	* 35	...	30,600
北アメリカ					
アメリカ合衆国	222,641	30,483	* 6,857	10,441	207,400
カナダ	4,346	2,236	27,755	1,987	357,500
メキシコ	1,160	51	1,496	324	2,800
南アメリカ					
アルゼンチン	500	500	328	332	8,600
コロンビア	4,881	380	333	135	...
ブラジル	1,547	5,049	1,890	424	155,100
ベネズエラ	731	...	* 26,807	5,617	...
ペルー	102	100	170	414	1,300
ヨーロッパ					
イギリス	70	500	374	206	...
ウクライナ	32,039	2,336	* 54	604	84,800
スペイン b	868	319	* 19	* 3	14,000
セルビア c	402	7,112	* 7	31	...
チェコ	1,107	2,604	* 2	4	1,300
デンマーク	...	...	74	31	...
ドイツ	21	36,300	* 31	39	3,000
ノルウェー	2	5	994	1,857	...
ハンガリー	276	2,633	* 4	* 8	...
フランス d	95	21	* 11	* 10	11,500
ポーランド	16,203	5,429	15	95	...
ロシア	69,634	90,730	14,024	32,271	216,500
アフリカ					
アルジェリア	59	...	1,537	4,504	19,500
エジプト	16	22	458	1,846	...
ガボン	...	...	274	* 28	4,800
ジンバブエ	502	...	...	...	1,400
ナイジェリア	287	57	5,003	5,111	...
ナミビア	...	...	...	* 62	248,200
ニジェール	70	6	* 20	...	325,000
南アフリカ	9,893	...	* 2	10	175,300
リビア	...	...	6,297	1,505	...
オセアニア					
オーストラリア	62,095	44,164	442	3,471	1,174,000
ニュージーランド	825	6,750	* 17	* 28	...

a 天然ガス液を含む。　b カナリア諸島を含む。　c コソボを除く。　d モナコ及び海外県（仏領ギアナ、グアドループ島、マルチニーク島、マヨット島及びレユニオン）を含む。

第7章　科学技術・情報通信

7-1　国内研究費
〔出典〕
OECD, *OECD. Stat, Science, Technology and Patents*
2022年11月ダウンロード
〔解説〕
　　OECD の定義及び分類による。「企業」のデータについては、人文・社会科学を除く自然科学分野のみを計上している場合もある。
国内研究費：当該国内で使用された研究費。外国から割り当てられた資金で実施される研究・開発を含む。
財源：政府、企業、大学等、民間非営利団体、海外の5つの分類のうち、政府及び企業について掲載した。
研究主体：政府、企業、大学等、民間非営利団体の4つの分類のうち、政府、企業及び大学等について掲載した。
政府：中央・地方政府。主に政府に管理され、政府の資金によって運営されている非営利団体を含む。
企業：営利を目的とする会社、機関など。それらが運営する非営利団体を含む。
大学等：大学及びその他の高等教育機関。高等教育機関が直接管理・運営する実験施設及び病院を含む。

7-2　研究者数
〔出典〕
OECD, *OECD. Stat, Science, Technology and Patents*
2022年11月ダウンロード
〔解説〕
研究者数：研究開発業務に専従した時間割合を勘案した人数（フルタイム換算）。研究・開発に従事する大学院博士課程の在籍者などを含み、研究・開発機関などにおける研究補助者、技能者、研究事務従事者などを除く。

7-3　産業財産権（工業所有権）
〔出典〕
特許庁「特許行政年次報告書」（2022年版）
2022年9月ダウンロード
〔解説〕
　　産業財産権とは、特許権、意匠権、商標権などをいい、農業・鉱業・商業などの産業に関する知的財産を含む。
特許権：自然法則を利用した、新規性のある、産業上有用な発明に対して与えられる独占権。
意匠権：新たに考え出された物品の形状などに関するデザインに対して与えられる独占的排他的使用権。
商標権：登録した商標（商品・役務に使用する文字・図形などのマーク）の独占的排他的使用権。

7-4　電話
〔出典〕
ITU, *ICT Statistics Home Page*
2022年9月ダウンロード
〔解説〕
電話回線数：加入者の電話機及びファクシミリを公衆交換電話網（PSTN）に接続する主要な回線（アナログ、ISDN、VoIP、WLL）の数。公衆電話回線を含む。
移動電話契約数：PSTN にアクセスする移動電話サービス業者との契約数。

7-5　インターネット利用率
〔出典〕
ITU, *ICT Statistics Home Page*
2022年11月ダウンロード
〔解説〕
　原則として、各国の調査報告による。国により、インターネット・サービス・プロバイダー加入者数に基づく推計値の場合がある。

7-6　OECD 加盟国のブロードバンド契約数
〔出典〕
OECD, *Broadband Portal*
2022年11月ダウンロード
〔解説〕
　ブロードバンド回線（DSL、ケーブルインターネットなど、大容量のデータを短時間に送受信可能とする回線）の12月現在の契約数。
DSL（Digital Subscriber Line）：電話用のメタリックケーブルにモデムなどを設置する方式。
ケーブル：ケーブルテレビ用のケーブルを用いて提供するインターネット接続サービス。
光ファイバー：光ファイバーを使用した通信ケーブル。一般的に使用されているメタルケーブルより、高速なデータの伝送を行うことができる。

7-1　国内研究費

国（地域）	年次	国内研究費（購買力平価による100万米ドル）					
		総額	財源別割合（%）		研究主体別割合（%）		
			政府	企業	政府	企業	大学等
アジア							
日本	20	174,065.4	* 15.2	78.3	8.3	78.7	11.7
イスラエル	*19	a 18,616.3	a 9.6	a 38.1	a 1.4	a 89.7	a 8.1
韓国	20	112,868.2	22.4	76.6	10.1	79.1	9.0
シンガポール	19	11,013.6	36.6	55.3	11.5	60.9	27.6
台湾	20	47,935.4	16.8	82.5	9.6	82.5	7.8
中国	20	583,754.5	19.8	77.5	15.7	76.6	7.7
トルコ	20	25,012.7	28.4	57.2	a 6.8	64.8	28.4
北アメリカ							
アメリカ合衆国	*20	720,880.0	20.1	66.2	a 9.5	75.3	a 11.3
カナダ	*20	32,628.5	33.5	42.8	8.8	51.6	39.3
メキシコ	*20	7,157.1	76.9	17.8	26.3	21.5	50.9
南アメリカ							
アルゼンチン	19	4,724.3	60.8	26.5	39.1	36.1	23.7
コロンビア	*20	2,188.9	25.0	53.4	6.2	51.6	21.3
チリ	*20	1,615.2	39.3	34.7	11.1	35.6	47.6
ヨーロッパ							
アイスランド	20	485.7	30.4	38.6	3.4	a 67.9	28.7
アイルランド	*19	5,285.5	22.6	62.8	3.8	74.5	21.7
イギリス	19	55,983.7	27.1	53.6	6.9	67.4	23.5
イタリア	20	37,704.2	33.7	52.8	13.2	61.8	* 23.1
エストニア	20	896.9	37.0	50.1	9.8	55.0	33.6
オーストリア	*20	15,968.9	a 33.3	49.8	7.5	69.5	22.4
オランダ	20	23,893.8	30.3	56.9	a 5.6	66.6	27.8
ギリシャ	20	4,511.9	42.7	39.9	21.5	46.1	31.8
スイス	19	19,438.5	27.4	64.7	0.9	67.5	28.9
スウェーデン	19	19,011.6	24.2	62.4	4.5	71.7	23.7
スペイン	20	25,132.6	38.5	49.2	17.5	55.6	26.6
スロバキア	20	1,559.5	39.6	43.7	19.7	54.1	26.2
スロベニア	20	1,793.4	25.1	49.5	13.8	73.3	12.2
チェコ	20	8,862.8	34.0	35.6	17.1	61.0	21.6
デンマーク	19	9,857.1	a 28.7	59.2	3.0	62.1	34.5
ドイツ	*20	144,352.7	29.7	62.6	a 14.6	66.6	18.7
ノルウェー	20	7,676.9	46.1	44.5	12.4	54.3	33.2
ハンガリー	20	5,184.6	32.5	50.2	a 9.9	a 76.5	a 13.0
フィンランド	20	8,204.6	27.7	56.0	7.6	67.0	24.6
フランス	19	72,330.4	31.4	56.7	12.3	65.9	20.1
ベルギー	19	19,702.7	17.8	64.3	8.8	73.7	16.7
ポーランド	20	18,096.7	39.0	50.6	2.0	62.8	34.9
ポルトガル	20	5,692.0	37.3	52.2	4.9	57.0	36.0
ラトビア	20	422.2	38.1	27.0	18.8	30.9	50.2
リトアニア	20	1,269.3	28.4	38.7	15.5	48.2	36.3
ルーマニア	20	2,907.4	32.9	55.6	31.9	59.0	8.8
ルクセンブルク	19	856.0	43.2	51.3	a 23.8	54.3	21.9
ロシア	20	47,954.2	67.8	29.2	32.8	56.6	9.8
アフリカ							
南アフリカ	19	5,147.9	56.3	27.1	23.5	31.0	41.1
オセアニア							
オーストラリア	19	* 24,011.8	...	...	* 9.5	* 51.0	* 35.7
ニュージーランド	*19	3,185.0	31.1	49.9	16.7	59.6	23.8

a 定義が異なる。

7-2　研究者数

(単位：人)

国 (地域)	2016	2017	2018	2019	2020
アジア					
日本 a	665,566	676,292	# 678,134	681,821	689,889
韓国	361,292	383,100	408,370	430,690	446,739
シンガポール	39,207	38,898	39,293	42,295	...
台湾	147,141	149,886	153,998	159,160	163,536
中国	1,692,176	1,740,442	1,866,109	2,109,460	2,281,134
トルコ	100,158	111,893	126,249	135,515	149,731
北アメリカ					
アメリカ合衆国	* 1,373,194	* 1,434,176	* 1,553,328	* 1,586,497	...
カナダ	158,980	162,270	175,020	182,760	...
メキシコ	38,883	* 39,125	* 39,189	* 41,745	* 44,966
南アメリカ					
アルゼンチン	54,805	53,184	54,307	55,114	...
チリ	a 8,985	a 9,099	*a 9,804	*a 9,671	* 9,962
ヨーロッパ					
アイスランド	...	2,050	...	...	...
アイルランド	* 24,316	* 24,445	* 22,808	23,537	* 23,929
イギリス	* 291,103	295,842	* 306,578	316,296	...
イタリア a	133,706	140,378	152,307	160,824	156,989
エストニア	4,338	4,674	4,968	4,995	5,098
オーストリア	*a 46,993	a 47,521	* 50,139	a 52,794	* 51,892
オランダ	87,612	91,023	95,475	97,713	102,077
ギリシャ a	29,403	35,000	36,688	39,077	42,949
スイス	...	44,273	...	47,699	...
スウェーデン	* 70,372	73,132	* 75,151	78,629	80,089
スペイン a	126,633	133,213	140,120	143,974	145,372
スロバキア	a 14,149	a 15,226	a 16,337	a 16,977	17,276
スロベニア	8,119	a 9,301	a 10,068	a 10,507	10,845
チェコ	37,338	39,181	41,198	42,500	44,206
デンマーク	44,815	43,966	43,924	* 44,671	* 44,553
ドイツ	399,605	419,617	433,685	450,697	450,796
ノルウェー	31,913	33,632	34,337	35,898	36,316
ハンガリー	25,804	28,426	a 37,606	a 39,295	a 42,099
フィンランド	35,908	37,047	37,891	39,984	41,707
フランス	285,488	296,324	305,439	313,374	* 321,550
ベルギー	* 54,280	54,010	57,456	60,619	* 64,053
ポーランド	88,165	a 114,585	a 117,789	a 120,780	a 124,600
ポルトガル	41,349	44,938	47,652	50,166	53,174
ラトビア	a 3,152	a 3,482	a 3,456	a 3,632	4,072
リトアニア	8,525	8,741	8,938	9,630	10,183
ルーマニア	18,046	17,518	17,213	17,350	18,331
ルクセンブルク	2,767	2,936	2,863	3,126	* 2,937
ロシア	428,884	410,617	405,772	400,663	397,187
アフリカ					
南アフリカ	27,656	29,515	29,111	28,358	...
オセアニア					
オーストラリア	*b 100,414	...	...	...	...
ニュージーランド	...	24,000	...	28,000	...

a 定義が異なる。　b 2010年。

7-3　産業財産権（工業所有権）（2020年）

（単位：件数）

国（地域）	特許 a		意匠 b		商標 b	
	出願 c	登録 d	出願	登録	出願	登録
アジア						
日本	288,472	179,383	32,184	28,430	196,710	159,937
イスラエル	8,123	4,668	1,562	1,544	15,833	16,256
インド	56,771	26,361	e 12,793	e 8,721	419,210	252,834
韓国	226,759	134,766	68,408	51,561	269,699	133,499
シンガポール	13,265	5,386	2,840	3,221	37,343	38,723
タイ	7,525	3,525	e 5,818	e 3,491	53,613	46,140
中国	1,497,159	530,127	e 770,362	e 731,918	f 22,343	f 24,515
トルコ	8,158	2,063	12,325	11,268	178,518	109,619
フィリピン	3,993	1,002	e 1,293	e 674	40,690	31,860
香港	21,556	7,658	e 2,015	e 2,731	e 33,708	e 34,743
マレーシア	6,828	8,206	e 1,701	e 1,266	43,657	42,016
北アメリカ						
アメリカ合衆国	597,172	351,993	50,365	40,566	687,418	314,805
カナダ	34,565	21,284	7,258	6,088	88,952	62,889
メキシコ	14,312	7,726	3,728	2,582	158,947	138,904
南アメリカ						
ブラジル	24,338	20,407	e 6,263	e 5,391	294,594	158,677
ペルー	1,267	501	e 276	e 228	e 31,166	e 23,205
ヨーロッパ						
イギリス	20,649	9,772	9,619	25,607	157,336	118,490
イタリア	11,008	9,152	1,336	1,294	46,309	45,324
ウクライナ	3,183	2,179	2,982	3,171	41,565	34,922
オーストリア	2,297	1,058	e 373	e 468	10,972	9,996
オランダ	3,023	1,911	…	…	…	…
ギリシャ	763	223	183	185	f 1,018	f 1,098
スイス	1,685	745	3,661	4,691	48,906	50,686
スウェーデン	2,196	1,534	e 241	e 218	11,337	9,382
スペイン	1,555	641	1,635	1,582	56,816	45,978
チェコ	729	499	e 247	e 159	10,550	9,316
デンマーク	1,478	353	294	246	5,114	4,924
ドイツ	62,105	17,305	6,547	5,557	93,875	69,979
ノルウェー	1,444	907	1,878	2,095	24,451	25,040
ハンガリー	456	94	211	126	6,342	5,411
フランス	14,313	12,874	6,234	804	112,881	88,519
ベルギー	1,150	994	…	…	…	…
ポーランド	4,098	2,308	1,116	898	18,242	11,686
ポルトガル	958	110	e 257	e 352	23,058	18,458
ルクセンブルク	808	438	…	…	…	…
ルーマニア	864	367	400	263	12,116	9,244
ロシア	34,984	28,788	8,502	7,240	108,008	84,141
欧州特許庁	180,346	133,706	－	－	－	－
欧州連合知的財産庁	－	－	39,230	40,340	203,989	180,948
ベネルクス知的財産庁	－	－	776	643	29,070	24,676
ユーラシア特許庁	3,377	2,754	－	－	－	－
アフリカ						
エジプト	2,207	495	f 181	f 193	f 4,005	f 4,726
南アフリカ	6,688	3,466	e 1,708	e 1,495	e 36,323	e 22,895
モロッコ	2,688	400	1,199	1,340	18,017	16,898
オセアニア						
オーストラリア	29,294	17,778	e 7,359	e 6,405	96,286	80,477
ニュージーランド	5,765	1,841	e 1,367	e 1,353	35,394	33,077

a 居住者及び非居住者の合計。　b 居住者、非居住者及び国際登録出願の合計。　c PCT国内移行件数を含む。　d PCT国際出願に基づく登録件数を含む。　e 国際登録出願を除く。　f 国際登録出願のみ。

7-4　電話（2021年）

国（地域）	電話回線数		移動電話契約数	
	総数(1,000)	100人当たり	総数(1,000)	100人当たり
アジア				
日本	a 61,584	a 49.42	200,479	160.88
アラブ首長国連邦	2,243	23.95	18,237	194.73
イスラエル	3,500	39.33	12,500	140.45
イラン	29,307	33.33	135,889	154.55
インド	23,774	1.69	1,154,047	81.99
インドネシア	8,999	3.29	365,873	133.65
韓国	23,213	44.79	72,855	140.57
サウジアラビア	6,595	18.34	45,427	126.36
シンガポール	1,888	31.77	8,661	145.78
タイ	4,634	6.47	120,850	168.78
台湾	12,535	52.54	29,674	124.37
中国	180,701	12.67	1,732,661	121.51
トルコ	12,310	14.52	86,289	101.79
フィリピン	5,028	4.42	163,345	143.44
香港	3,856	51.45	23,940	319.43
マレーシア	8,247	24.56	47,202	140.59
北アメリカ				
アメリカ合衆国	97,113	28.82	361,617	107.31
カナダ	* 12,928	* 33.88	32,723	85.76
メキシコ	24,367	19.23	123,921	97.80
南アメリカ				
アルゼンチン	6,903	15.25	59,066	130.46
チリ	2,511	12.88	26,572	136.31
ブラジル	28,883	13.48	219,661	102.49
ヨーロッパ				
イギリス	32,192	47.85	79,773	118.57
イタリア	19,995	33.75	78,115	131.86
ウクライナ	2,283	5.51	55,926	135.03
オーストリア	3,809	42.69	10,882	121.97
オランダ	5,024	28.71	21,888	125.06
ギリシャ	4,913	47.04	11,494	110.04
スイス ＊	2,957	34.02	11,061	127.26
スウェーデン	1,382	13.20	12,844	122.71
スペイン	19,076	40.17	56,805	119.62
デンマーク	707	12.07	7,288	124.49
ドイツ	* 38,600	* 46.28	106,400	127.56
ノルウェー b	349	6.48	5,826	108.29
フィンランド	207	3.74	7,150	129.15
フランス b	37,759	58.56	72,751	112.83
ベルギー	3,293	28.36	11,740	101.11
ポーランド	5,308	13.86	50,589	132.06
ポルトガル	5,319	51.69	12,476	121.24
ルーマニア	2,606	13.48	22,929	118.63
ロシア	b 25,892	b 17.74	246,569	168.98
アフリカ				
アルジェリア	5,097	11.54	47,029	106.45
エジプト	11,031	10.10	103,450	94.68
南アフリカ	1,472	2.48	100,328	168.92
モロッコ	2,460	6.59	52,012	139.28
オセアニア				
オーストラリア	4,600	17.75	27,090	104.51
ニュージーランド	651	12.69	5,846	113.96

a　一部のデータは2020年。　　b　2020年。

7-5　インターネット利用率

（単位：%）

国（地域）	2000	2005	2010	2015	2020	2021
アジア						
日本 a	37.10	70.80	78.20	83.00	83.40	82.90
アラブ首長国連邦	23.63	* 40.00	68.00	#* 90.50	100.00	100.00
イスラエル	20.87	25.19	67.50	77.35	90.13	...
イラン	0.93	* 8.10	15.90	45.33	75.57	78.60
インド	0.53	* 2.39	* 7.50	* 14.90	43.00	...
インドネシア	0.93	3.60	10.92	# 22.06	53.73	62.10
韓国	44.70	73.50	83.70	89.90	96.51	97.57
サウジアラビア	2.21	12.71	41.00	69.62	97.86	100.00
シンガポール	36.00	61.00	* 71.00	83.20	92.00	...
タイ	3.69	15.03	22.40	# 39.32	77.84	85.27
台湾	28.10	58.01	71.50	78.04	88.96	...
中国	1.78	8.52	34.30	* 50.30	70.05	73.05
トルコ	3.76	15.46	39.82	53.74	77.67	81.41
フィリピン	1.98	* 5.40	25.00	* 36.90	* 49.80	...
香港	27.83	56.90	72.00	84.95	92.41	93.09
マレーシア	21.38	48.63	56.30	71.06	89.56	96.75
北アメリカ						
アメリカ合衆国	* 43.08	* 67.97	71.69	74.55	* 90.90	...
カナダ	51.30	71.66	# 80.30	* 90.00	92.30	...
メキシコ	5.08	* 17.21	* 31.05	57.43	71.97	71.97
南アメリカ						
アルゼンチン	7.04	17.72	* 45.00	68.04	85.50	87.15
チリ	16.60	* 31.18	* 45.00	76.63	* 88.30	...
ブラジル	2.87	21.02	40.65	58.33	81.34	
ヨーロッパ						
イギリス	26.82	70.00	85.00	92.00	94.82	...
イタリア	23.11	35.00	53.68	# 58.14	70.48	74.86
ウクライナ	0.72	* 3.75	23.30	48.88	75.04	...
オーストリア	33.73	58.00	75.17	83.94	87.53	92.53
オランダ	43.98	81.00	90.72	# 91.72	91.33	92.05
ギリシャ	9.14	24.00	44.40	66.83	78.12	78.49
スイス	47.10	70.10	83.90	87.48	* 94.20	95.57
スウェーデン	45.69	84.83	90.00	90.61	94.54	88.31
スペイン	13.62	47.88	65.80	78.69	93.21	93.90
デンマーク	39.17	82.74	88.72	96.33	96.55	98.87
ドイツ	30.22	68.71	82.00	87.59	# 89.81	91.43
ノルウェー	* 52.00	81.99	93.39	96.81	97.00	99.00
フィンランド	37.25	74.48	86.89	# 86.42	92.17	92.81
フランス	14.31	42.87	77.28	# 78.01	* 84.80	86.10
ベルギー	29.43	* 55.82	75.00	85.05	91.53	92.79
ポーランド	7.29	38.81	62.32	68.00	83.18	85.37
ポルトガル	* 16.43	34.99	53.30	68.63	78.26	82.31
ルーマニア	3.61	* 21.50	39.93	55.76	78.46	83.59
ロシア	1.98	15.23	49.00	# 70.10	84.99	88.21
アフリカ						
アルジェリア	0.49	5.84	12.50	* 38.20	* 62.90	...
エジプト	* 0.64	12.75	21.60	37.82	71.91	...
南アフリカ	5.35	7.49	* 24.00	* 51.92	* 70.00	...
モロッコ	0.69	15.08	* 52.00	57.08	84.12	88.13
オセアニア						
オーストラリア	46.76	63.00	* 76.00	84.56	* 89.60	...
ニュージーランド	* 47.38	* 62.72	* 80.46	* 85.20	* 91.50	...

a 総務省「通信利用動向調査」による。

7-6　OECD加盟国のブロードバンド契約数（2021年）

(100人当たり)

国（地域）	総計	DSL	ケーブル	光ファイバー	契約数 (1,000)
OECD加盟国	**34.38**	**9.29**	**11.15**	**11.99**	**471,716**
アジア					
日本	34.77	0.60	5.20	28.98	43,637
イスラエル	28.16	14.91	7.95	5.30	2,637
韓国	44.16	0.86	5.06	38.25	22,944
トルコ	21.55	13.53	1.63	5.75	18,136
北アメリカ					
アメリカ合衆国	38.45	5.11	23.38	8.38	127,113
カナダ	41.48	8.71	20.84	9.06	15,863
コスタリカ	20.52	2.57	12.20	5.60	1,059
メキシコ ＊	18.90	4.23	7.18	6.41	24,200
南アメリカ					
コロンビア	16.89	2.05	10.19	3.74	8,435
チリ	21.78	0.69	7.90	12.34	4,283
ヨーロッパ					
アイスランド	38.42	9.34	0.21	28.80	143
アイルランド	31.42	14.87	7.51	7.41	1,577
イギリス	41.08	30.20	7.93	2.91	27,739
イタリア	31.61	6.93	0.00	4.49	18,687
エストニア	35.67	7.21	6.65	16.03	474
オーストリア	28.95	16.12	10.93	1.65	2,592
オランダ	43.29	12.71	19.78	10.80	7,590
ギリシャ	41.25	41.04	0.00	0.16	4,401
スイス ＊	48.42	23.38	12.12	11.91	4,216
スウェーデン	40.83	2.22	6.62	31.86	4,253
スペイン	34.64	2.68	4.06	27.35	16,392
スロバキア	32.56	8.13	3.21	12.87	1,775
スロベニア	31.64	7.15	8.65	15.51	667
チェコ	36.82	9.26	5.84	6.92	3,939
デンマーク	44.65	8.77	15.39	19.75	2,614
ドイツ	44.33	30.49	10.58	3.15	36,881
ノルウェー	44.91	2.19	10.00	29.52	2,429
ハンガリー	34.83	5.40	15.89	12.18	3,382
フィンランド	33.64	3.93	9.04	20.18	1,864
フランス	46.13	18.17	5.88	21.21	31,468
ベルギー	41.69	18.30	22.07	1.21	4,832
ポーランド	22.71	3.91	7.69	8.40	8,667
ポルトガル	41.91	2.51	11.62	25.12	4,314
ラトビア	26.01	5.06	0.76	18.88	490
リトアニア	28.63	4.16	0.67	22.29	802
ルクセンブルク	38.00	12.76	3.60	21.00	244
オセアニア					
オーストラリア	35.53	17.27	7.93	8.29	9,145
ニュージーランド	35.75	5.58	0.76	23.60	1,833

第8章　運輸・観光

8-1　道路
〔出典〕
OECD, *OECD. Stat, Transport*
〔解説〕
高速道路：主に自動車のために設計、建設された(1)中央帯により往復交通が方面別
　　に分離され、(2)道路と同じ高さに踏切、鉄道及び路面電車の軌道又は歩道がない、
　　(3)特定の車両に対する専用の標識がある道路。
舗装道路：アスファルト、コンクリート又は石畳で表面が覆われた道路。
未舗装道路：アスファルト、コンクリート又は石畳で表面が覆われていない道路。

8-2　自動車保有台数
〔出典〕
　　公益財団法人　矢野恒太記念会「世界国勢図会」（2022/23年）
〔解説〕
自動車：乗用車及びトラック・バスの合計。
　　乗用車及びトラック・バスの分類及び定義は、国により異なる。

8-3　鉄道輸送量
〔出典〕
The World Bank, *World Development Indicators*
2022年10月ダウンロード
〔解説〕
　　国により調査期間が異なる。
人キロ：旅客１人を１キロメートル輸送した場合、１人キロという。
トンキロ：貨物１トンを１キロメートル運送した場合、１トンキロという。

8-4　商船船腹量
〔出典〕
　　一般社団法人　日本船主協会「海運統計要覧」（2021年）
2022年９月ダウンロード
〔解説〕
　　経済活動に従事している100総トン以上の船舶の年末現在の全容量。単位の１総ト
ンは、100立方フィート又は2.83立方メートル。
　　原則として、各国の海外自治領及び第二船籍制度については本国の船籍に含めて
いる。

8-5　海上貨物輸送量（月平均）
〔出典〕
UN, *Monthly Bulletin of Statistics Online*
2022年9月ダウンロード
〔解説〕
　　当該国の港において、あらゆる国の船舶によって積荷又は揚荷された貿易貨物（輸送用容器を含む。）及び家畜の重量。保税倉庫への揚荷又は保税倉庫からの積荷を含む。郵便物、金銀塊、貨幣、乗客荷物、船用燃料、船舶用品、底荷、他の船舶に積み込まれずに取引される船舶そのもの、政府専用船により輸送された政府用品及び積替え貨物（輸入船舶から輸出船舶へ積み替えられたもの）は除く。

8-6　航空輸送量
〔出典〕
UN, *Statistical Yearbook 2017, 60th issue*
2017年10月ダウンロード
〔解説〕
　　単位については「8-3　鉄道輸送量」の解説を参照。

8-7　到着旅行客数
〔出典〕
UN, *Statistical Yearbook 2022, 65th issue*
2022年11月ダウンロード
〔解説〕
　　旅行客の到着数（延べ人数）。
　旅行客：外国人入国者のうち、収入を得ることを目的としない、滞在期間が1年を超えない旅行者。移民、国境地帯居住者、本国と駐在国を移動する軍人・外交官・領事官、乗換客などを除く。

8-8　旅行収支
〔出典〕
The World Bank, *World Development Indicators*
2022年10月ダウンロード
〔解説〕
　　他国の旅行客から得た収入額及び自国の旅行客が外国で支出した額。旅行費用（宿泊費、現地での交通費等）及び国際旅客運賃（渡航時の旅客運賃）。国により一部の費用を除く場合がある。

8-1　道路

(単位：km)

国（地域）	年次	高速道路	舗装道路	未舗装道路
アジア				
日本 a	18	9,021	349,144	214,678
アゼルバイジャン	18	19,176	19,056	120
アルメニア	17	...	5,956	1,619
イスラエル	18	622	...	...
カザフスタン	18	96,246	83,240	13,006
ジョージア	16	20,727	...	...
トルコ	18	2,842	224,319	20,392
北アメリカ				
アメリカ合衆国	17	108,394	4,359,571	2,199,009
ヨーロッパ				
アイルランド	18	916	...	...
アルバニア	13	1,000	...	...
イギリス	17	* 3,803	* 418,888	...
イタリア	17	6,943	...	...
ウクライナ	18	164,000	160,560	3,440
エストニア	18	154	...	...
オーストリア	18	1,743	...	...
オランダ	18	2,756	129,921	...
北マケドニア	18	287	9,117	5,442
クロアチア	18	1,310	23,345	2,036
スイス	18	1,462	...	...
スウェーデン	18	2,132	129,767	83,792
スペイン	18	15,585	149,007	1,033
スロバキア	18	482	...	...
スロベニア	18	623	37,978	−
セルビア	17	963	28,113	15,163
チェコ	18	1,252	129,411	−
デンマーク	18	1,329	...	...
ドイツ	18	13,141	...	...
ノルウェー	18	599	80,179	14,716
ハンガリー	18	1,982	77,124	134,194
フィンランド	18	926	50,676	27,266
フランス	18	11,671	...	...
ブルガリア	18	757	19,556	320
ベラルーシ	18	...	88,911	13,623
ベルギー	10	1,763	105,185	48,262
ポーランド	18	1,637	303,957	120,607
ボスニア・ヘルツェゴビナ	18	198	9,150	1,008
ポルトガル	18	3,065	...	...
マルタ	16	...	* 2,410	* 446
モルドバ	18	...	9,079	367
モンテネグロ	18	...	6,296	2,742
ラトビア	18	−	58,443	−
リトアニア	18	324	26,196	59,376
リヒテンシュタイン	18	−	420	...
ルーマニア	18	823	...	...
ルクセンブルク	18	165	...	...
ロシア	18	1,293	1,075,978	453,396

a 国土交通省「道路統計年報2020」による。

8-2　自動車保有台数(1)

(単位：1,000台)

国（地域）	2000 自動車	2010 自動車	2019 自動車	2019 乗用車	2019 トラック・バス	2019 人口100人当たり（台）
アジア						
日本	72, 649	75, 362	78, 417	62, 140	16, 276	62. 3
アフガニスタン	60	843	a 2, 168	a 1, 190	a 979	a 6. 1
アラブ首長国連邦	542	...	a 2, 924	a 2, 779	a 145	a 32. 2
イスラエル	1, 596	2, 400	a 3, 238	a 2, 857	a 381	a 39. 0
イラク	1, 060	1, 043	a 2, 219	a 1, 600	a 619	a 5. 6
イラン	...	9, 181	b 14, 130	b 12, 700	b 1, 430	b 17. 3
インド	7, 540	23, 813	61, 331	34, 504	26, 827	4. 4
インドネシア	5, 205	18, 900	27, 788	17, 238	10, 549	10. 3
ウズベキスタン	c 1, 500	...	a 2, 387	a 1, 775	a 612	a 7. 5
カザフスタン	d 1, 247	3, 579	b 4, 397	b 3, 857	b 541	b 24. 7
韓国	11, 164	17, 941	23, 634	19, 129	4, 505	45. 6
クウェート	954	1, 180	a 2, 225	a 1, 796	a 428	a 53. 9
サウジアラビア	7, 064	5, 425	a 7, 515	a 5, 170	a 2, 344	a 22. 0
シリア	445	1, 425	a 2, 483	a 1, 438	a 1, 045	a 13. 1
タイ	6, 120	10, 700	18, 597	10, 506	8, 091	26. 1
台湾	5, 600	6, 666	a 7, 884	a 6, 763	a 1, 121	a 33. 3
中国	16, 089	78, 018	253, 764	224, 743	29, 021	17. 8
トルコ	6, 021	11, 266	17, 917	12, 503	5, 414	21. 5
パキスタン	1, 342	2, 264	a 3, 734	a 3, 020	a 714	a 1. 7
フィリピン	2, 361	3, 123	a 4, 094	a 1, 025	a 3, 069	a 3. 8
ベトナム	226	1, 536	b 2, 170	b 2, 000	b 170	b 2. 4
マレーシア	5, 242	10, 050	a 14, 375	a 12, 900	a 1, 475	a 45. 0
北アメリカ						
アメリカ合衆国	221, 475	248, 231	286, 884	121, 231	165, 653	85. 8
カナダ	17, 571	21, 231	24, 821	23, 600	1, 221	66. 1
グアテマラ	203	1, 475	a 2, 044	a 718	a 1, 326	a 12. 3
メキシコ	14, 850	30, 427	44, 867	33, 008	11, 860	35. 9
南アメリカ						
アルゼンチン	6, 607	10, 116	14, 644	11, 067	3, 576	32. 7
コロンビア	1, 782	3, 949	a 5, 900	a 4, 083	a 1, 817	a 12. 2
チリ	2, 036	3, 053	a 4, 719	a 3, 238	a 1, 481	a 25. 7
ブラジル	15, 468	32, 065	45, 479	37, 720	7, 759	21. 5
ベネズエラ	2, 439	3, 180	a 3, 646	a 2, 744	a 901	a 11. 9
ペルー	993	1, 544	a 2, 560	a 1, 333	a 1, 227	a 8. 1
ヨーロッパ						
アイルランド	1, 546	2, 383	a 2, 428	a 2, 073	a 356	a 50. 9
イギリス	31, 463	35, 479	41, 009	35, 732	5, 277	61. 4
イタリア	36, 165	41, 650	44, 837	39, 545	5, 292	75. 1
ウクライナ	d 5, 730	9, 418	a 9, 980	a 8, 639	a 1, 341	a 22. 3
オーストリア	4, 493	4, 847	5, 564	5, 040	524	62. 7
オランダ	7, 489	9, 113	10, 130	8, 939	1, 192	58. 3
ギリシャ	3, 507	6, 610	a 6, 606	a 5, 236	a 1, 370	a 61. 8
スイス	3, 864	4, 464	5, 222	4, 624	598	60. 9
スウェーデン	4, 387	4, 875	5, 572	4, 888	684	54. 3

8-2　自動車保有台数(2)

(単位：1,000台)

国（地域）	2000 自動車	2010 自動車	2019 自動車	乗用車	トラック・バス	人口100人当たり（台）
スペイン	21,427	27,513	29,463	25,008	4,455	62.5
スロバキア	1,407	1,974	a 2,545	a 2,218	a 327	a 46.8
セルビア e	...	1,725	a 2,069	a 1,855	a 215	a 27.7
チェコ	4,292	5,197	a 6,370	a 5,618	a 752	a 60.5
デンマーク	2,237	2,663	a 2,981	a 2,530	a 451	a 52.0
ドイツ	47,306	# 45,261	51,605	47,716	3,890	62.1
ノルウェー	2,303	2,880	a 3,307	a 2,719	a 588	a 62.7
ハンガリー	2,749	3,418	a 3,953	a 3,472	a 481	a 40.4
フィンランド	2,449	3,332	a 3,416	a 2,988	a 428	a 62.0
フランス	33,813	37,744	40,252	32,125	8,127	62.5
ブルガリア	2,070	3,325	a 3,214	a 2,771	a 444	a 44.8
ベラルーシ	d 1,502	2,654	a 3,544	a 3,095	a 450	a 36.5
ベルギー	5,222	6,092	6,724	5,814	910	58.4
ポーランド	11,045	20,319	28,646	24,456	4,190	74.4
ポルトガル	4,750	5,920	a 5,855	a 4,640	a 1,215	a 56.8
ルーマニア	3,281	5,113	a 7,024	a 5,998	a 1,026	a 35.7
ロシア	25,394	40,654	61,924	52,956	8,968	42.5
アフリカ						
アルジェリア	2,575	4,050	a 5,641	a 3,944	a 1,696	a 13.7
エジプト	1,943	3,862	a 5,830	a 4,384	a 1,445	a 5.7
コンゴ民主共和国	277	1,631	a 2,114	a 1,236	a 878	a 2.5
ナイジェリア	...	3,090	b 3,750	b 2,970	b 780	b 2.0
南アフリカ	6,046	7,890	14,095	9,642	4,453	24.3
モロッコ	1,491	1,885	a 3,736	a 2,671	a 1,065	a 10.5
リビア	820	858	a 3,019	a 2,394	a 625	a 47.3
オセアニア						
オーストラリア	12,025	15,352	18,924	14,679	4,245	74.6
ニュージーランド	2,662	3,099	a 4,070	a 3,314	a 755	a 85.7

a 2017年。　b 2015年。　c 2002年。　d 2001年。　e コソボを除く。

8-3　鉄道輸送量

国（地域）	旅客 （100万人キロ） 2018	貨物 （100万トンキロ） 2019	国（地域）	旅客 （100万人キロ） 2018	貨物 （100万トンキロ） 2019
アジア			オランダ	18,895	7,018
日本 a	263,211	18,340	北マケドニア	64	350
アゼルバイジャン	466	5,152	ギリシャ	1,104	491
イスラエル	3,032	1,242	クロアチア	756	2,911
イラク b	100	249	スイス	d 20,865	11,673
イラン	15,239	c 34,859	スウェーデン	13,778	22,717
インド d	1,161,333	654,285	スペイン	28,434	c 10,792
インドネシア	29,066	15,573	スロバキア	3,915	8,480
ウズベキスタン	4,329	22,860	スロベニア	d 650	5,292
カザフスタン	19,110	c 219,927	セルビア	d 377	2,861
韓国	d 89,964	7,357	チェコ	10,286	16,180
キルギス	35	870	デンマーク	h 6,653	c 2,592
ジョージア	634	2,935	ドイツ	98,000	113,114
サウジアラビア	135	b 1,852	ノルウェー	h 4,527	3,903
シリア	e 1,223	b 2,206	ハンガリー	7,770	10,625
スリランカ f	7,407	127	フィンランド	4,534	10,270
タイ	d 6,020	g 2,562	フランス	107,920	31,829
中国	d 1,345,690	c 2,882,100	ブルガリア	1,479	3,902
トルクメニスタン d	2,340	13,327	ベラルーシ	6,215	48,205
トルコ	8,938	14,707	ベルギー	d 10,167	g 6,698
パキスタン	24,903	c 8,080	ポーランド	21,043	54,584
バングラデシュ h	10,040	1,053	ポルトガル	4,487	2,701
ベトナム	3,542	c 3,989	ラトビア	624	15,019
マレーシア	2,317	c 1,315	リトアニア	468	16,181
モンゴル	d 973	17,384	ルーマニア	5,577	13,312
ヨルダン b	504	344	ルクセンブルク	f 383	191
北アメリカ			ロシア	129,542	2,602,493
アメリカ合衆国	31,963	2,364,144	**アフリカ**		
カナダ	1,598	433,139	アルジェリア	1,602	c 1,026
キューバ j	1,285	1,351	エジプト	k 40,837	b 1,592
メキシコ	1,591	89,049	ガーナ m	85	181
南アメリカ			ガボン	d 174	c 3,211
アルゼンチン d	8,361	8,377	カメルーン	257	c 812
ウルグアイ	f 8	j 284	ケニア	j 109	n 1,399
チリ	677	3,079	コンゴ民主共和国	30	158
ブラジル	d 15,807	j 9,394	チュニジア	1,109	c 535
ヨーロッパ			ボツワナ	m 94	j 674
アイルランド	2,281	72	南アフリカ	j 13,865	k 113,342
イギリス	80,526	c 17,206	モーリタニア	k 47	b 7,536
イタリア	55,493	21,309	モザンビーク g	247	1,193
ウクライナ	28,685	181,844	モロッコ	4,475	d 3,896
エストニア	417	2,155	**オセアニア**		
オーストリア	13,205	21,736	オーストラリア	17,586	h 413,490

a 国土交通省「鉄道輸送統計年報　2020年度分」による。データの年次は2020年度。　　b 2010年。　　c 2018年。　　d 2017年。
e 2013年。　　f 2015年。　　g 2011年。　　h 2016年。　　j 2007年。　　k 2008年。　　m 2006年。　　n 2004年。

8-4　商船船腹量（2019年末）

船籍 （国・地域）	商船合計 a		貨物船		オイルタンカー		鉱石・ばら荷運搬船	
	隻	1,000総t	隻	1,000総t	隻	1,000総t	隻	1,000総t
世界	121,368	1,398,245	61,197	1,324,665	8,405	285,085	12,263	474,850
アジア								
日本	5,346	29,592	3,381	28,703	552	5,366	475	11,353
イラン	1,072	11,098	593	10,866	67	7,890	42	1,170
インド	1,729	10,170	624	9,155	111	4,858	84	2,351
インドネシア	9,547	19,080	3,982	16,612	687	4,564	241	3,623
韓国	3,036	11,666	1,261	10,928	175	608	138	3,695
キプロス	1,053	23,297	859	22,494	39	1,391	286	12,118
クウェート	231	2,426	48	2,370	20	1,980	...	...
サウジアラビア	360	7,536	130	7,416	59	5,890	5	219
シンガポール	3,267	92,942	2,265	88,961	417	18,011	539	28,399
タイ	878	4,010	539	2,785	204	1,011	25	664
台湾	1,240	5,074	231	4,533	28	168	43	2,156
中国	6,541	58,400	3,396	54,109	587	8,054	1,061	30,049
トルコ	1,574	5,346	852	4,949	94	804	52	1,341
バングラデシュ	483	1,949	353	1,903	140	263	53	1,365
フィリピン	2,777	5,048	1,802	4,727	197	279	118	2,120
ベトナム	1,465	5,075	1,171	4,763	96	809	160	1,723
香港	2,590	127,602	2,502	127,324	223	20,804	1,095	57,952
マレーシア	1,559	7,336	470	5,733	127	1,780	12	369
北アメリカ								
アメリカ合衆国	5,964	13,262	671	10,089	32	1,512	58	1,076
アンティグア・ バーブーダ	693	4,958	669	4,904	...	...	28	504
カナダ	997	2,988	299	2,314	9	355	49	1,001
ケイマン諸島	172	4,928	151	4,824	19	1,364	38	1,466
パナマ	8,089	216,190	6,593	211,358	529	26,280	2,562	104,383
バハマ	1,336	60,923	1,124	55,004	196	14,754	285	10,301
バミューダ島	137	9,753	133	9,749	11	578	...	...
ベリーズ	522	2,046	351	1,782	24	53	80	920
南アメリカ								
ブラジル	765	3,777	109	2,800	38	1,582	11	341
ヨーロッパ								
イギリス	1,822	24,723	651	22,742	64	2,586	127	9,177
イタリア	1,461	14,670	687	14,043	30	1,081	41	1,931
オランダ	1,414	7,590	785	6,492	4	11	13	126
ギリシャ	1,356	39,578	1,019	39,488	293	22,647	170	9,906
ジブラルタル	216	1,880	172	1,752	15	87	9	248
スウェーデン	399	2,145	241	2,041	8	9	7	23
スペイン	1,185	2,849	181	2,389	11	54	4	14
デンマーク	1,089	22,052	546	21,368	30	1,106	1	39
ドイツ	641	7,974	289	7,695	20	308	1	155
ノルウェー	2,135	19,713	1,056	16,253	66	3,799	78	2,598
フランス	969	6,549	234	5,995	16	1,708	3	5
ベルギー	254	6,375	96	5,438	24	2,994	21	1,470
ポルトガル	861	15,677	589	15,541	23	1,357	78	3,489
マルタ	2,197	80,906	2,018	79,866	267	17,131	594	24,412
ロシア	3,957	10,352	1,667	7,091	338	2,201	45	348
アフリカ								
リベリア	3,754	174,842	3,623	171,607	586	45,030	1,334	65,154
オセアニア								
マーシャル諸島	3,710	161,271	3,425	155,439	550	42,772	1,620	67,289

a 貨物船以外の漁船、調査船及び作業船などを含む。

8-5　海上貨物輸送量（月平均）

（単位：1,000 t）

国（地域）	積荷			揚荷		
	2019	2020	2021	2019	2020	2021
アジア						
アゼルバイジャン	687	726	740	19	30	30
イスラエル a	1,634	1,594	1,594	3,174	3,194	3,194
イラン	6,796	5,520	6,303	4,699	4,319	5,127
クウェート	4,187	4,187	...	43,792	43,792	...
シンガポール b	c 49,441	...	...	...	...	...
バングラデシュ	592	592	...	8,267	8,267	...
香港 d	7,699	6,613	6,569	14,244	14,161	11,242
マレーシア e	f 11,047	...	...	f 13,160	...	...
北アメリカ						
カナダ	g 18,940	...	...	g 9,522	...	...
メキシコ	10,883	9,959	9,967	11,026	8,407	9,563
南アメリカ						
アルゼンチン h	...	...	...	j 2,285	...	...
エクアドル	k 2,753	...	...	k 1,226	...	...
ペルー	...	1,355	...	...	2,002	2,002
ヨーロッパ						
ウクライナ	j 8,428	...	...	j 1,342	...	...
エストニア	1,899	...	2,199	1,146	...	1,079
ギリシャ	j 3,858	...	...	j 4,991	...	...
クロアチア	387	491	486	1,200	1,044	1,195
スウェーデン	5,374	5,413	5,413	6,771	6,595	6,595
スロベニア	542	487	461	1,301	1,040	1,211
ドイツ	m 9,638	...	...	m 14,604	...	...
ノルウェー	9,982	11,208	11,208	2,515	2,446	2,446
フィンランド	4,441	4,184	4,198	3,998	3,819	3,640
フランス	m 9,263	...	...	m 17,303	...	...
ブルガリア	1,410	1,410	...	1,215	1,215	...
ポーランド	2,491	2,739	2,721	5,158	4,403	4,991
ポルトガル	2,173	2,222	2,222	3,836	3,477	3,477
モンテネグロ	86	86		85	85	...
ラトビア	4,755	...	2,642	760	...	836
リトアニア	2,995	2,938	2,938	1,688	1,670	1,670
ルーマニア	2,228	1,980	1,980	2,197	1,955	1,955
ロシア	3,674	8,467	7,595	181	262	517
アフリカ						
ケニア	g 1,412	...	...	g 232	...	...
モロッコ	...	2,847	2,847	...	4,805	4,805
オセアニア						
オーストラリア	125,922	126,233	128,317	8,181	7,872	8,329
ニュージーランド	3,632	3,439	3,424	2,048	1,914	2,212

a 商業港のみ。　b 「積荷」は「揚荷」を含む。　c 2016年。　d 河川輸送を含む。　e マレー半島のみ。積替え貨物を含む。　f 2013年。　g 2011年。　h 再輸出、輸送用容器を除く。　j 2014年。　k 2012年。　m 2017年。

8-6　航空輸送量（2015年）（1）

国（地域）	総輸送量（国際線・国内線計）		国際線輸送量	
	総量（100万トンキロ）	旅客（100万人キロ）	総量（100万トンキロ）	旅客（100万人キロ）
アジア				
日本	8,869	167,906	7,908	79,992
アゼルバイジャン	42	3,318	41	2,967
アラブ首長国連邦	16,647	357,194	16,647	357,194
イエメン	…	1,801	…	1,648
イスラエル	759	20,290	759	19,882
イラン	107	18,169	88	7,287
インド	1,834	140,474	1,181	63,928
インドネシア	747	87,569	315	24,678
ウズベキスタン	114	6,464	114	6,095
オマーン	412	14,709	411	14,151
カザフスタン	38	9,692	29	5,427
カタール	7,563	108,311	7,563	108,311
韓国	11,297	119,739	11,242	112,357
キプロス	0	33	0	33
クウェート	276	8,950	276	8,950
サウジアラビア	1,783	55,541	1,725	40,134
シンガポール	6,154	123,329	6,154	123,329
スリランカ	381	14,104	381	14,104
タイ	2,134	87,124	2,108	69,473
中国	19,806	725,901	13,579	169,981
トルコ	2,882	157,419	2,857	126,684
バーレーン	240	8,908	240	8,908
パキスタン	183	19,263	164	16,392
バングラデシュ	183	6,928	173	6,646
フィリピン	484	51,554	407	37,932
ブルネイ	115	3,718	115	3,718
ベトナム	384	39,402	222	21,783
マレーシア	2,006	93,692	1,936	73,742
ヨルダン	169	7,322	169	7,308
レバノン	54	4,544	54	4,544
北アメリカ				
アメリカ合衆国	37,219	1,451,694	21,596	436,967
エルサルバドル	14	4,948	14	4,948
カナダ	2,075	177,507	1,676	124,742
キューバ	21	2,734	21	2,392
コスタリカ	9	2,282	9	2,198
トリニダード・トバゴ	43	4,247	43	4,181
パナマ	122	26,216	122	25,311
メキシコ	714	64,923	601	28,897
南アメリカ				
アルゼンチン	244	26,354	225	14,054
エクアドル	86	6,655	79	5,181
コロンビア	1,318	29,062	1,235	17,785
チリ	1,392	28,734	1,345	17,740

8-6　航空輸送量（2015年）（2）

国（地域）	総輸送量（国際線・国内線計）		国際線輸送量	
	総量（100万トンキロ）	旅客（100万人キロ）	総量（100万トンキロ）	旅客（100万人キロ）
ブラジル	1,494	122,868	982	32,032
ベネズエラ	6	5,411	4	2,153
ペルー	224	20,635	201	14,746
ボリビア	9	1,425	4	826
ヨーロッパ				
アイスランド	102	9,394	102	9,315
アイルランド	139	143,527	139	143,527
イギリス	5,467	283,184	5,465	274,528
イタリア	945	38,429	944	31,283
ウクライナ	38	7,969	36	7,685
オーストリア	351	22,527	351	22,394
オランダ	5,293	103,516	5,293	102,757
ギリシャ	27	11,578	25	9,424
クロアチア	1	1,248	1	1,097
スイス	1,322	49,162	1,322	48,996
スペイン	1,041	103,431	1,016	85,889
セルビア	3	2,459	3	2,459
チェコ	27	8,077	27	8,054
ドイツ	6,985	244,664	6,980	234,622
ハンガリー	...	29,603	...	29,603
フィンランド	713	25,655	713	24,744
フランス	4,098	184,146	3,637	143,494
ブルガリア	2	1,545	2	1,487
ベルギー	1,464	21,250	1,464	21,249
ポーランド	120	7,580	120	7,234
ポルトガル	344	31,295	334	29,365
マルタ	3	2,410	3	2,410
ラトビア	2	2,559	2	2,559
ルーマニア	5	4,986	5	4,813
ルクセンブルク	6,309	2,100	6,309	2,100
ロシア	4,761	179,680	4,129	82,983
アフリカ				
アルジェリア	25	7,249	24	6,116
アンゴラ	46	3,535	45	3,179
エジプト	398	20,507	397	19,743
エチオピア	1,229	25,118	1,229	24,638
ケニア	286	10,197	283	9,715
チュニジア	10	4,869	10	4,790
ナイジェリア	22	2,464	22	1,184
マダガスカル	31	1,302	30	1,137
南アフリカ	885	31,075	825	18,909
モーリシャス	169	6,497	169	6,403
モロッコ	48	14,690	47	14,273
オセアニア				
オーストラリア	1,887	144,361	1,752	77,599
ニュージーランド	999	31,776	983	27,103
フィジー	84	4,554	84	4,513

8-7　到着旅行客数(1)

（単位：1,000人）

到着国（地域）	調査対象 a	1995	2005	2010	2019	2020
アジア						
日本 b	VF	3,345	6,728	8,611	31,881	4,116
イスラエル b	TF	2,215	1,903	2,803	4,552	831
インド	TF	2,124	3,919	5,776	c 17,914	c 6,337
インドネシア	VF	4,324	5,002	7,003	16,107	4,053
韓国 d	VF	3,753	6,023	8,798	17,503	2,519
サウジアラビア	TF	3,325	8,037	10,850	17,526	4,138
シンガポール e	TF	6,070	7,079	9,161	15,119	2,086
タイ	TF	c 6,952	c 11,567	15,936	39,916	6,702
中国	TF	20,034	46,809	55,664	65,725	7,967
トルコ	TF	7,083	20,273	f 31,364	f 51,192	f 15,894
フィリピン c	TF	1,760	2,623	3,520	8,261	1,483
香港	TF	…	14,773	20,085	23,752	1,359
マレーシア g	TF	7,469	16,431	24,577	26,101	4,333
北アメリカ						
アメリカ合衆国	TF	43,318	49,206	60,010	# 79,442	19,457
カナダ	TF	16,932	18,771	16,219	22,145	2,960
グアテマラ	TF	…	…	1,119	1,752	396
メキシコ c	TF	20,241	21,915	23,290	45,024	24,824
南アメリカ						
アルゼンチン	TF	2,289	3,823	# 6,800	7,399	2,090
チリ	TF	1,540	2,027	c 2,801	c 4,518	c 1,119
ブラジル c	TF	1,991	5,358	5,161	6,353	2,146
ヨーロッパ						
アイルランド h	TF	4,818	7,333	7,134	10,951	…
イギリス	TF	21,719	28,039	28,911	39,418	10,714
イタリア j	TF	31,052	36,513	43,626	64,513	25,190
ウクライナ	TF	3,716	17,631	21,203	13,438	3,141
オーストリア k	TCE	17,173	19,952	22,004	31,884	15,091
オランダ	TCE	6,574	10,012	10,883	20,129	7,265
ギリシャ	TF	10,130	14,765	15,007	31,348	7,374
クロアチア	TCE	1,485	* 7,743	m 9,111	m 17,353	m 5,545
スイス	THS	n 6,946	n 7,229	n 8,628	p 11,818	p 3,690
スウェーデン	TCE	r 2,310	4,883	5,183	7,616	1,957
スペイン	TF	32,971	55,914	52,677	# 83,509	18,933
スロバキア	TF	903	1,515	1,327	5,630	…
チェコ	TF	3,381	9,404	8,629	* 14,651	…
デンマーク	TCE	…	# 9,178	8,744	# 14,763	5,935
ドイツ s	TCE	14,847	21,500	26,875	39,563	12,449
ハンガリー	TF	2,878	9,979	9,510	16,937	* 7,417
フィンランド	TF	s 1,779	3,140	3,670	s 3,290	896
フランス	TF	* 60,033	t 74,988	t 76,647	t 90,914	t 41,684

8-7　到着旅行客数(2)

(単位：1,000人)

到着国（地域）	調査対象 a	1995	2005	2010	2019	2020
ブルガリア	TF	3,466	4,837	6,047	9,312	2,688
ベルギー	TCE	5,560	6,747	7,186	# 9,343	2,584
ポーランド	TF	19,215	15,200	12,470	21,158	8,418
ポルトガル	TCE	9,511	10,612	s 6,756	s 17,283	s 4,208
ルーマニア	VF	5,445	5,839	7,498	12,815	5,023
ロシア	VF	10,290	22,201	22,281	24,419	6,359
アフリカ						
エジプト	TF	2,871	8,244	14,051	12,876	...
チュニジア	TF	4,120	6,378	c 7,828	c 9,429	c 2,012
南アフリカ	TF	u 4,488	u 7,369	# 8,074	#v 10,228	v 2,802
モロッコ c	TF	2,602	5,843	9,288	12,932	2,778
オセアニア						
オーストラリア w	VF	3,726	5,499	5,790	9,466	1,828
ニュージーランド	TF	...	2,353	2,435	3,702	948

a TF-非居住観光客の国境への到着。　TCE-あらゆる種類の宿泊施設への非居住観光客の到着。　THS-ホテル及び同種の施設への非居住観光客の到着。　VF-非居住訪問者の国境への到着。　b 海外に居住する自国民を除く。　c 海外に居住する自国民を含む。　d 海外に居住する国民及び乗務員を含む。　e 陸路で到着するマレーシア国民を除く。　f トルコ国籍の海外居住者を含む。　g ジョホール・カウスウェイを通って陸路国境を越えるシンガポール居住者を含む。　h 北アイルランドからの旅行者を含む。　j 季節労働者及び国境労働者を除く。　k 費用を伴う宿泊のみ。知人・親戚宅及び二次的住宅を除く。　m 海上観光船での到着を除く。　n 療養施設を含む。　p 全ての団体観光施設。　r 野営（キャンプ）を除く。　s あらゆる種類の宿泊施設に滞在中の非居住観光客。　t 非居住者の到着。　u 仕事目的又は契約労働者の到着は除く。　v 乗り継ぎを除く。　w 海外に居住する国民及び乗務員を除く。

8-8　旅行収支

(単位：100万米ドル)

国（地域）	旅行収入			旅行支出		
	2010	2015	2020	2010	2015	2020
アジア						
日本	15,356	27,285	11,395	39,306	23,252	6,741
イスラエル	5,638	6,605	2,661	4,683	7,506	2,175
インド	...	21,472	13,413	...	17,686	15,777
インドネシア	7,618	12,054	3,533	8,432	9,800	1,980
韓国	14,315	18,711	11,776	20,788	27,957	16,705
サウジアラビア	7,536	11,183	5,960	22,076	20,366	9,069
シンガポール	14,178	16,617	...	18,700	23,658	...
タイ	23,796	44,851	15,360	7,155	9,539	3,681
トルコ	26,318	35,648	13,771	5,817	5,635	1,639
フィリピン	3,441	6,414	2,769	5,964	11,868	4,872
ベトナム	4,450	7,350	3,232	1,470	3,595	4,360
香港	27,208	42,491	...	17,357	23,059	...
マカオ	22,688	31,620	9,442	883	1,435	886
マレーシア	19,619	19,194	3,386	9,258	11,599	5,206
北アメリカ						
アメリカ合衆国	161,821	230,574	84,205	123,831	144,669	48,837
カナダ	18,440	...	...	37,225	...	...
メキシコ	12,628	18,729	11,449	9,001	12,668	4,286
南アメリカ						
アルゼンチン	5,605	5,441	1,702	6,448	9,348	2,746
チリ	2,362	3,412	1,034	1,736	2,518	720
ブラジル	5,522	6,254	3,099	18,883	20,356	6,490
ヨーロッパ						
アイルランド	8,185	11,476	4,160	7,176	5,704	2,334
イタリア	...	41,415	20,459	...	30,312	12,965
オーストリア	...	20,422	15,362	...	11,337	5,551
オランダ	...	17,558	10,926	...	20,234	7,436
ギリシャ	13,857	17,547	6,193	3,400	3,535	1,500
スイス	17,883	20,140	9,994	14,332	19,675	10,372
スウェーデン	10,674	...	...	13,973	...	...
スロバキア	2,334	2,480	1,303	2,146	2,266	1,291
チェコ	8,068	6,766	3,890	4,354	4,819	3,495
デンマーク	5,704	6,685	...	9,082	8,918	...
ドイツ	49,116	50,669	...	90,866	85,334	...
ノルウェー	5,299	6,370	2,196	14,658	16,485	4,230
ハンガリー	6,595	6,929	4,224	2,897	2,456	1,334
フィンランド	4,496	4,011	1,757	5,268	5,786	1,940
フランス	56,178	66,441	35,958	46,695	47,713	31,193
ベルギー	12,680	8,975	7,447	20,884	15,856	13,928
ポーランド	9,875	11,164	8,379	8,888	8,285	5,547
ポルトガル	12,984	16,007	10,522	4,692	4,576	3,536
ルクセンブルク	4,519	6,182	4,454	3,626	2,333	2,458
ロシア	13,239	13,186	4,961	30,169	38,432	10,800
アフリカ						
エジプト	13,633	6,897	4,874	2,696	3,636	2,578
南アフリカ	10,309	9,140	2,716	8,139	5,734	1,594
モロッコ	8,176	7,765	4,514	1,879	2,155	1,509
オセアニア						
オーストラリア	31,064	36,249	26,234	27,851	34,071	7,654
ニュージーランド	6,523	9,464	...	3,039	3,721	...

第9章　貿易

9-1　国別輸出入総額
〔出典〕
UN, *Monthly Bulletin of Statistics Online*
2021年11月ダウンロード
〔解説〕
貿易方式：貿易を記録するには、一般的に「一般貿易方式」又は「特別貿易方式」が用いられる。各方式の定義は次のとおりである。輸送途中で通過しただけ又は積み替えられただけの商品は計上されない。
　一般貿易方式：
　　輸出…(1)国産品（全部又は一部が国内で生産された商品）の輸出、(2)市場に流通していた外国商品の再輸出、(3)保税倉庫に保管されていた外国商品の再輸出の合計。
　　輸入…(1)国内での消費を目的とする商品の輸入、(2)外国商品の保税倉庫への搬入の合計。
　特別貿易方式：
　　輸出…(1)国産品（全部又は一部が国内で生産された商品）の輸出、(2)市場に流通していた外国商品の再輸出の合計。
　　輸入…(1)国内での消費を目的とする商品の輸入、(2)国内での消費を目的とする外国商品の保税倉庫からの搬出の合計。
　輸出額：FOB 価格（free on board：本船渡し価格）。本船に約定品を積み込むまでの費用を売り手が負担する取引条件。
　輸入額：CIF 価格（cost, insurance and freight：保険料・運賃込み価格）。本船に約定品を積み込むまでの費用、仕向港までの運賃及び保険料を売り手が負担する取引条件。

9-2　貿易指数
〔出典〕
UN, *Monthly Bulletin of Statistics Online*
2021年11月ダウンロード
〔解説〕
　輸出額は FOB 価格、輸入額は CIF 価格。輸出入額については「9-1　国別輸出入総額」の解説を参照。指数算出時の価格は、米ドル換算による。
数量指数：輸出入の数量の変化を示す。
価格指数：輸出入の平均価格の変化を示す。

9-3　輸出依存度・輸入依存度
〔出典〕
IMF, *The Principal Global Indicators*
2020年12月ダウンロード
〔解説〕
　国内総生産（GDP）に対する輸出額及び輸入額の割合。原則として、輸出額は FOB 価格、輸入額は CIF 価格。輸出入額については「9-1　国別輸出入総額」の解説を参照。

9-4　商品分類別輸出入額
〔出典〕

UN, *Comtrade Database*

2022年11月ダウンロード

〔解説〕

　　各国の最新年の輸出額（FOB 価格）及び輸入額（CIF 価格）。商品分類は標準国際貿易分類（SITC：Standard International Trade Classification）第4版の大分類による。輸出入額及び貿易方式については「9-1　国別輸出入総額」の解説を参照。

　商品分類：　SITC コード（5桁）は、左から1桁目が大分類、　2桁目が中分類、3桁目が小分類、4桁目が細分類、5桁目が細々分類。

　　大分類は次のとおりである。

　0　食料品及び動物（食用）
　1　飲料及びたばこ
　2　非食品原材料（鉱物性燃料を除く。）
　3　鉱物性燃料
　4　動植物性油脂
　5　化学製品
　6　工業製品
　7　機械類及び輸送用機器
　8　雑製品（中分類による内訳　81…プレハブ建築物、衛生器具、配管工事関係品、暖房器具及び照明器具、82…家具及びその部品、83…旅行用具、ハンドバッグ類、84…衣類及びその付属品、85…履物、87…光学機器、医療用機器、計測機器及び制御機器、88…写真用機器、その他の光学用品及び時計、89…その他の雑製品）
　9　その他（中分類による内訳　91…郵便小包（種類別に分類されないもの）、93…特殊取扱品（種類別に分類されないもの）、96…金貨以外の貨幣（法定通貨でないもの。）、97…金（非貨幣用。金鉱石及び濃縮したものを除く。））

9-5　主要商品別輸出入額
〔出典〕

UN, *Comtrade Database*

2022年11月ダウンロード

〔解説〕

　　商品名の後の括弧内の数字はSITCコード（「9-4　商品分類別輸出入額」の解説を参照）。輸出額はFOB価格、輸入額はCIF価格（「9-1　国別輸出入総額」の解説を参照）。原則として、出典資料に記載されている国について、最新年の主要商品別輸出入額上位10か国を掲載。ただし、日本が11位以下で出典資料に記載されている場合には、10位の国に代えて括弧付きで掲載。

　肉類（牛肉以外）：生鮮、冷蔵又は冷凍の肉。牛肉その他のくず肉を含む。
　魚類：生鮮、冷蔵又は冷凍の魚。
　甲殻類、軟体動物：生鮮、冷蔵又は冷凍のもの。塩漬けなどを含む。
　小麦、メスリン：未製粉のもの。メスリンは、小麦とライ麦を混合したもの。
　とうもろこし：未製粉のもの。種子を含み、スイートコーンを除く。
　野菜、いも、豆類：生鮮、冷蔵、冷凍又は簡単な保存状態にしたもの。いも、豆類は乾燥品を含む。
　果実、ナッツ：生鮮又は乾燥品。採油用ナッツを除く。
　羊毛：羊以外の獣毛及びウールトップを含む。
　鉄鉱石：精鉱を含む。
　石炭：凝結させたものを除く。

原油：瀝青（れきせい）油を含む。
石油製品：揮発油、灯油、軽油、燃料油、潤滑油など。
紙、板紙：特定の形状に切ったもの及び製品を除く。
真珠、貴石、半貴石：未加工品、合成品及び再生品を含む。製品を除く。
銅：沈殿銅を除く。
アルミニウム：合金及び加工品を含む。
自動データ処理機械：データをメディアに転写するための機械。周辺機器を含む。
通信機器及び同付属品等：通信や音声の録音・再生装置。
乗用自動車：運転手を含む乗車定員 9 人以下のもの。
自動車部品・付属品等：シャシー及び車体を含む。
航空機等：ヘリコプター、飛行船、気球、宇宙船、関連機器及び部品を含む。
船舶等：浮体構造物（浮き桟橋など）を含む。
衣類：帽子、手袋などの付属品を含む。

9-6　主要相手国別輸出入額
〔出典〕
UN, *Comtrade Database*
2022年11月ダウンロード
〔解説〕
　輸出額はFOB価格、輸入額はCIF価格。輸出入額及び貿易方式については「9-1 国別輸出入総額」の解説を参照。
　相手国：各国の最新年の貿易相手国について、主要先進国は輸出、輸入それぞれ上位10か国を、それ以外の国は上位 5 か国を掲載。

9-1　国別輸出入総額（2020年）

(単位：100万米ドル)

国（地域）	貿易方式	輸出	輸入	国（地域）	貿易方式	輸出	輸入
世界 *		17,584,213	17,594,834	オーストリア c	特別	171,860	176,710
アジア				オランダ	特別	551,303	484,785
日本	一般	641,341	634,431	ギリシャ	特別	35,170	55,695
イスラエル a	特別	49,372	69,810	クロアチア	特別	16,835	25,635
インド b	一般	276,214	372,318	スイス	特別	319,174	291,672
インドネシア	一般	163,308	141,568	スウェーデン	特別	154,297	148,940
韓国	一般	509,347	471,115	スペイン	特別	306,752	325,193
カンボジア	一般	17,153	18,883	スロバキア	特別	83,272	86,476
キプロス	一般	3,113	8,617	スロベニア	特別	37,345	36,354
サウジアラビア	一般	175,349	131,354	チェコ	特別	192,566	170,992
シンガポール	一般	363,330	329,299	デンマーク	一般	107,227	96,800
タイ	特別	229,511	208,769	ドイツ	特別	1,380,379	1,170,726
中国	一般	2,590,646	2,055,612	ノルウェー	一般	82,699	81,312
トルコ	特別	169,835	219,758	ハンガリー	特別	119,412	110,443
フィリピン	一般	63,902	90,791	フィンランド	特別	65,668	68,085
ブルネイ c	特別	7,253	5,101	フランス	特別	478,333	572,028
ベトナム	一般	282,529	262,673	ブルガリア	特別	31,802	34,881
香港	一般	507,069	550,827	ベルギー	特別	419,365	394,703
マレーシア	一般	234,158	189,902	ポーランド	特別	270,939	257,064
ミャンマー c	一般	18,118	18,611	ポルトガル	特別	61,510	77,515
ラオス d	特別	5,541	5,848	マルタ	一般	3,355	5,627
北アメリカ				ラトビア	特別	15,101	17,264
アメリカ合衆国 e	一般	1,434,117	2,334,330	リトアニア	特別	32,768	33,141
カナダ f	一般	392,129	405,169	ルーマニア	特別	71,146	92,187
コスタリカ	一般	12,443	15,237	ルクセンブルク	特別	13,646	20,930
メキシコ fg	一般	416,235	381,851	ロシア	一般	324,477	236,593
南アメリカ				**アフリカ**			
アルゼンチン	特別	54,884	42,354	アルジェリア d	特別	40,583	46,500
コロンビア	特別	31,057	43,489	エジプト hj	一般	25,108	57,857
チリ c	一般	69,853	69,476	ナイジェリア d	一般	60,547	43,007
ブラジル	特別	209,891	166,280	南アフリカ cf	一般	89,944	88,162
ヨーロッパ				モロッコ	特別	27,049	43,433
アイスランド	特別	4,592	5,719	**オセアニア**			
アイルランド	一般	178,734	97,969	オーストラリア f	一般	250,419	202,927
イギリス	一般	381,130	543,961	ニュージーランド	一般	38,897	37,135
イタリア	特別	494,934	421,945				
エストニア	特別	16,375	17,335				

a ヨルダン川西岸地区及びガザ地区を除く。再輸出入を控除。　　b 軍需品、船舶、航空機などを除く。　　c 2019年。
d 2018年。　　e 米領バージン諸島及びプエルトリコとの貿易を含み、他の米領（グアム及び米領サモア）との貿易を除く。非
貨幣用金の輸出入を含む。　　f 「輸入」はFOB価格。　　g 保税倉庫からの品物の貿易を除く。　　h 2017年。　　j 「輸入」は公
定価格以外の石油の輸入を除く。「輸出」は国内輸出を含む。

9-2　貿易指数

(2000年=100)

国（地域）	輸出						輸入					
	数量指数			価格指数			数量指数			価格指数		
	2018	2019	2020	2018	2019	2020	2018	2019	2020	2018	2019	2020
アジア												
日本	107	108	95	a 90	a 93	a 95	127	125	116	a 139	a 135	a 127
イスラエル	129	123	112	155	152	143	146	149	146	144	140	134
インド	328	337	...	228	212	...	342	336	...	226	208	...
韓国	435	417	421	a 81	a 75	a 70	235	231	238	a 145	a 138	a 125
サウジアラビア	...	...	...	298	272	...	...	...	...	...	...	...
シンガポール	...	...	...	a 99	a 96	a 89	...	...	...	a 119	a 117	a 108
タイ	229	219	204	125	133	124	243	231	203	124	125	110
トルコ	423	450	427	150	143	141	234	222	243	161	154	145
香港	221	210	209	125	127	127	230	212	207	129	131	131
北アメリカ												
アメリカ合衆国	b 173	b 173	b 157	ab 129	ab 129	...	170	171	164	a 134	a 133	...
カナダ	122	125	117	148	142	137	160	161	144	132	132	132
メキシコ	...	...	...	a 70	a 70	a 60	...	...	...	a 74	a 74	a 66
南アメリカ												
アルゼンチン	131	147	127	179	168	163	209	165	148	124	117	113
コロンビア	162	160	...	a 195	a 187	a 144	385	415	365	a 115	a 110	...
ブラジル	301	277	...	75	68	48	164	165	...	98	87	64
ヨーロッパ												
アイスランド	189	189	173	156	148	141	175	160	140	187	174	172
アイルランド	199	205	226	112	106	104	169	172	167	119	109	110
イギリス	138	133	...	a 117	...	...	160	164	...	a 118	...	...
イタリア	105	105	95	216	211	218	106	105	96	198	188	183
エストニア	...	...	...	a 250	a 236	a 229	...	...	...	a 176	a 157	a 152
オーストリア	190	194	181	a 144	a 137	a 136	172	173	161	a 156	a 147	a 143
オランダ	206	210	206	141	133	130	202	211	208	137	128	123
ギリシャ	...	...	...	a 175	a 164	...	...	...	...	a 185	a 181	a 165
スイス	146	145	131	253	260	285	139	139	120	226	226	246
スウェーデン	160	162	161	a 131	a 124	a 122	189	187	180	a 146	a 137	a 134
スペイン	204	209	181	149	142	144	176	178	150	145	137	136
スロバキア	...	...	...	210	198	199	...	...	...	162	150	148
スロベニア	...	...	...	236	255	250	...	...	...	250	277	261
チェコ	...	...	...	a 169	a 161	a 164	...	...	...	a 160	a 152	a 152
デンマーク	146	152	144	147	144	149	157	161	160	144	138	137
ドイツ	185	179	161	a 156	a 153	a 154	170	169	158	a 159	a 158	a 153
ノルウェー c	102	101	107	177	172	129	179	180	174	146	149	144
ハンガリー	327	332	...	a 117	a 111	...	279	288	...	a 123	a 116	...
フィンランド	97	98	88	a 130	a 125	a 123	115	115	106	a 171	a 159	a 161
フランス	123	126	102	a 155	a 148	a 156	158	161	139	a 136	a 128	a 132
ベルギー	106	105	100	159	154	156	105	102	96	163	159	159
ポーランド	445	461	...	a 186	a 180	...	323	329	...	a 166	a 159	...
ラトビア	...	...	...	228	216	219	...	...	...	...	...	...
リトアニア	476	502	...	189	179	175	421	438	...	169	158	152
ロシア	437	411	328	...	...	...	703	725	688	...	...	...
アフリカ												
南アフリカ	...	...	...	114	106	...	...	...	...	91	78	...
オセアニア												
オーストラリア	236	240	230	a 233	a 245	a 236	243	240	236	a 132	a 127	a 122
ニュージーランド	167	170	...	a 176	a 172	...	269	270	...	a 121	a 117	...

a 物価指数。　b 軍需品を除く。　c 船舶を除く。

9-3　輸出依存度・輸入依存度

(単位：%)

国（地域）	輸出依存度					輸入依存度				
	2013	2014	2015	2016	2017	2013	2014	2015	2016	2017
アジア										
日本	13.9	14.2	14.2	13.1	14.3	16.1	16.7	14.8	12.3	13.8
インド	16.3	15.8	12.5	11.7	11.6	24.4	22.7	18.4	16.0	17.3
インドネシア	20.0	19.8	17.5	15.5	16.6	20.4	20.0	16.6	14.5	15.4
韓国	40.8	38.6	35.9	33.0	35.3	37.6	35.4	29.8	27.1	29.4
サウジアラビア	50.3	45.3	31.1	28.5	32.2	22.5	23.0	26.7	21.7	19.5
シンガポール	133.4	129.9	112.5	106.1	109.1	121.3	116.3	96.3	91.6	95.8
中国	22.9	22.2	20.4	19.1	18.9	20.2	18.6	15.0	14.2	15.3
トルコ	16.0	16.9	16.7	16.5	18.4	26.5	25.9	24.0	23.0	27.4
香港	166.6	162.6	150.5	144.2	145.8	190.1	187.0	168.9	161.1	164.0
北アメリカ										
アメリカ合衆国	9.4	9.3	8.2	7.8	7.9	13.9	13.8	12.7	12.0	12.3
カナダ	25.2	26.5	26.3	25.7	25.7	25.6	26.3	27.6	27.0	26.8
メキシコ	29.8	30.2	32.5	34.7	35.4	31.4	31.9	35.5	35.9	36.3
南アメリカ										
アルゼンチン	13.5	12.7	8.8	10.4	...	12.1	11.5	9.3	10.0	...
ブラジル	9.8	9.1	10.7	10.3	10.6	10.1	9.7	9.8	8.0	7.6
ヨーロッパ										
アイルランド	49.0	46.9	42.4	43.6	41.0	30.8	31.8	26.5	27.0	26.5
イギリス	17.4	15.8	15.2	15.2	16.6	23.5	21.9	21.4	22.0	23.3
イタリア	24.3	24.6	25.0	24.9	26.3	22.5	22.0	22.4	22.0	23.5
オーストリア	38.9	38.4	38.2	37.1	38.3	40.4	39.0	38.8	38.4	39.9
オランダ	77.5	76.4	75.2	73.4	78.9	68.0	66.9	67.6	64.5	69.5
スイス	31.7	32.4	31.4	32.4	33.0	28.0	27.7	25.8	26.7	27.8
スウェーデン	28.9	28.6	28.1	27.1	28.3	27.7	28.2	27.8	27.5	28.6
スペイン	22.9	23.5	23.6	23.2	24.3	24.5	26.1	26.1	25.1	26.7
デンマーク	32.1	31.3	31.4	31.0	31.3	28.3	28.0	28.3	27.8	28.4
ドイツ	38.4	38.3	39.3	38.4	39.2	31.4	30.9	31.2	30.4	31.5
ノルウェー	29.8	28.9	26.8	24.1	25.7	17.2	17.9	19.7	19.6	20.8
フィンランド	27.6	27.2	25.7	24.0	26.6	28.7	28.1	26.0	25.5	27.7
フランス	20.7	20.4	20.8	20.4	20.7	24.3	23.8	23.6	23.2	24.1
ベルギー	89.8	88.2	85.8	83.6	85.4	86.6	84.7	81.3	79.7	81.2
ポーランド	39.0	39.8	41.6	43.3	44.6	39.6	40.4	40.7	42.3	44.5
ルクセンブルク	29.8	28.8	29.7	26.9	25.2	43.2	40.2	40.4	37.1	36.6
ロシア	22.8	24.1	25.0	22.1	22.5	...	...	...	...	...
ユーロ圏	19.1	19.1	19.4	19.0	19.7	17.6	17.3	17.2	16.5	17.6
アフリカ										
南アフリカ	26.2	26.6	25.4	25.8	...	29.5	29.9	28.4	26.7	...
オセアニア										
オーストラリア	16.7	16.5	15.2	15.2	16.7	16.0	16.3	16.9	15.5	16.5

9-4　商品分類別輸出入額（2021年）（1）

（単位：100万米ドル）

| 商品分類 | アジア | | | | | | | |
| | 日本
（一般貿易方式） | | イスラエル
（特別貿易方式） | | インド
（一般貿易方式） | | インドネシア
（一般貿易方式） | |
	輸出	輸入	輸出	輸入	輸出	輸入	輸出	輸入
総額	757,066	772,276	60,160	92,159	394,814	570,402	231,522	196,190
食料品及び動物（食用）	7,466	59,052	1,929	7,101	40,339	9,436	16,987	19,597
飲料及びたばこ	1,559	8,339	88	878	1,178	534	1,253	857
非食品原材料	13,050	62,946	1,152	1,469	14,487	28,688	20,461	11,276
鉱物性燃料	10,228	154,728	…	9,131	56,398	170,395	45,110	28,838
動植物性油脂	274	1,653	41	340	1,641	17,378	30,794	300
化学製品	94,747	88,594	12,655	11,524	62,588	79,104	18,718	32,624
工業製品	90,684	73,110	12,445	17,451	107,650	69,944	43,822	32,673
機械類及び輸送用機器	419,211	215,826	18,847	30,971	68,001	118,184	26,981	56,532
雑製品	61,820	95,312	10,735	11,533	42,426	19,568	25,775	10,329
その他	58,026	12,716	2,267	1,760	106	57,171	1,620	3,162

| 商品分類 | アジア | | | | | | | |
| | 韓国
（一般貿易方式） | | サウジアラビア
（一般貿易方式） | | シンガポール
（一般貿易方式） | | タイ
（特別貿易方式） | |
	輸出	輸入	輸出	輸入	輸出	輸入	輸出	輸入
総額	644,411	615,014	286,467	152,695	457,474	406,622	266,675	268,205
食料品及び動物（食用）	7,549	32,591	3,543	20,411	10,429	9,382	32,618	14,538
飲料及びたばこ	1,818	1,598	202	800	3,702	3,771	2,099	567
非食品原材料	9,340	42,942	3,037	2,601	3,003	2,723	13,436	9,378
鉱物性燃料	40,015	137,563	212,585	7,385	45,936	75,397	9,633	41,170
動植物性油脂	109	2,136	383	1,198	222	2,209	1,357	249
化学製品	101,023	65,632	45,727	18,492	60,080	33,774	28,571	32,698
工業製品	79,551	62,613	7,223	21,989	15,335	20,458	34,449	48,533
機械類及び輸送用機器	356,063	207,527	10,234	51,436	240,134	206,305	117,792	92,743
雑製品	48,194	59,727	2,321	16,691	38,596	33,253	22,819	19,977
その他	750	2,685	1,211	11,693	40,037	19,351	3,900	8,352

| 商品分類 | アジア | | | | | | | |
| | 中国
（一般貿易方式） | | トルコ
（一般貿易方式） | | フィリピン
（一般貿易方式） | | 香港
（一般貿易方式） | |
	輸出	輸入	輸出	輸入 a	輸出	輸入	輸出	輸入
総額	3,362,302	2,684,363	225,214	271,426	74,620	124,390	670,926	713,173
食料品及び動物（食用）	70,787	123,023	20,988	11,393	4,541	13,922	7,635	22,892
飲料及びたばこ	2,751	7,625	1,216	1,008	518	610	1,478	3,553
非食品原材料	21,357	426,181	6,630	24,441	3,906	2,468	3,493	2,508
鉱物性燃料	41,678	402,518	8,310	17,410	882	15,428	638	11,319
動植物性油脂	2,331	14,577	1,875	2,441	1,485	1,632	53	239
化学製品	264,241	264,079	16,392	44,891	1,947	15,041	18,894	23,311
工業製品	543,361	210,818	63,718	47,769	4,880	16,398	44,442	47,927
機械類及び輸送用機器	1,618,638	1,005,704	60,682	70,868	49,632	51,358	486,712	485,864
雑製品	756,725	169,424	39,669	12,250	5,763	7,440	73,713	83,706
その他	40,432	60,413	5,734	38,954	1,066	94	33,868	31,854

9-4　商品分類別輸出入額（2021年）（2）

（単位：100万米ドル）

商品分類	アジア		北アメリカ					
	マレーシア（一般貿易方式）		アメリカ合衆国 b（一般貿易方式）		カナダ（一般貿易方式）		コスタリカ（特別貿易方式）	
	輸出	輸入	輸出	輸入	輸出	輸入 c	輸出	輸入
総額	299,230	238,250	1,753,137	2,932,976	501,463	489,391	14,345	18,428
食料品及び動物（食用）	9,345	15,415	129,449	148,743	50,244	35,677	4,850	1,962
飲料及びたばこ	603	635	6,851	32,991	1,438	5,017	87	195
非食品原材料	6,952	14,099	97,640	51,726	52,759	12,760	393	461
鉱物性燃料	37,246	29,854	239,634	223,738	119,708	30,230	3	1,674
動植物性油脂	19,102	3,566	3,882	9,949	5,187	1,116	291	76
化学製品	25,948	26,949	270,499	329,956	45,618	62,635	953	3,530
工業製品	30,767	25,676	145,291	344,172	61,632	67,425	1,393	3,534
機械類及び輸送用機器	125,803	100,554	532,575	1,151,221	100,783	192,814	1,043	4,363
雑製品	42,483	15,742	165,624	505,437	26,977	60,213	5,298	2,632
その他	980	5,758	161,692	135,043	37,118	21,503	34	1

商品分類	北アメリカ		南アメリカ					
	メキシコ（一般貿易方式）		アルゼンチン（特別貿易方式）		コロンビア（特別貿易方式）		チリ（一般貿易方式）	
	輸出	輸入 c	輸出	輸入	輸出	輸入	輸出	輸入
総額	494,596	506,565	77,934	63,184	41,390	61,099	94,677	92,191
食料品及び動物（食用）	32,326	26,387	31,927	1,884	6,809	6,908	16,578	8,826
飲料及びたばこ	9,568	858	994	154	48	448	2,037	733
非食品原材料	11,876	12,400	3,745	4,694	2,491	1,052	39,608	1,911
鉱物性燃料	27,395	42,327	2,060	5,802	19,165	3,766	772	14,004
動植物性油脂	298	1,505	5,936	75	683	769	408	754
化学製品	15,534	58,095	4,115	14,846	3,785	14,285	4,313	11,667
工業製品	35,002	65,163	764	7,971	2,578	9,647	27,562	11,581
機械類及び輸送用機器	286,305	214,702	5,407	23,014	1,354	18,909	1,964	32,162
雑製品	46,979	48,232	392	4,077	1,328	4,677	575	10,546
その他	29,312	36,898	22,593	666	3,151	636	859	7

商品分類	南アメリカ		ヨーロッパ					
	ブラジル（特別貿易方式）		アイスランド（特別貿易方式）		アイルランド（一般貿易方式）		イギリス（一般貿易方式）	
	輸出	輸入 a	輸出	輸入	輸出	輸入	輸出	輸入
総額	280,815	234,690	5,974	7,838	195,998	122,755	470,548	688,237
食料品及び動物（食用）	54,366	9,616	2,609	700	14,347	8,785	18,266	51,754
飲料及びたばこ	1,681	921	34	134	2,080	1,199	9,684	8,797
非食品原材料	105,799	5,698	93	746	2,446	1,237	12,682	20,157
鉱物性燃料	38,353	31,873	69	592	1,121	7,313	37,419	70,265
動植物性油脂	2,520	1,562	102	50	135	437	835	2,234
化学製品	12,937	64,151	116	730	121,353	30,638	70,165	80,957
工業製品	29,065	27,620	2,537	923	3,323	8,163	48,404	83,346
機械類及び輸送用機器	26,083	79,570	250	2,922	29,599	48,246	151,065	209,854
雑製品	4,699	13,674	135	1,040	20,584	14,537	51,607	94,329
その他	5,310	5	29	1	1,011	2,201	70,420	66,543

9-4　商品分類別輸出入額（2021年）（3）

（単位：100万米ドル）

商品分類	ヨーロッパ							
	イタリア（特別貿易方式）		エストニア（一般/特別貿易方式）d		オーストリア（特別貿易方式）		オランダ（特別貿易方式）	
	輸出	輸入	輸出	輸入	輸出	輸入	輸出	輸入
総額	615,910	568,202	22,282	24,152	201,647	218,972	696,130	622,870
食料品及び動物（食用）	41,731	42,694	1,484	1,685	11,606	12,917	83,964	55,171
飲料及びたばこ	14,857	4,536	165	331	4,082	1,768	7,588	5,374
非食品原材料	8,509	24,425	1,946	1,148	6,044	9,924	33,670	23,208
鉱物性燃料	18,337	75,436	3,720	3,786	4,067	11,454	62,740	79,069
動植物性油脂	2,996	5,196	317	236	471	954	5,906	8,266
化学製品	88,174	94,590	1,368	2,855	27,923	31,156	128,531	89,168
工業製品	110,147	90,758	3,218	3,573	41,649	35,741	59,252	63,519
機械類及び輸送用機器	201,168	152,361	6,392	7,043	74,521	74,723	197,336	190,336
雑製品	109,769	64,453	3,020	2,264	21,530	29,666	86,001	85,806
その他	20,224	13,753	653	1,230	9,755	10,671	31,143	22,953

商品分類	ヨーロッパ							
	ギリシャ（特別貿易方式）		スイス e（特別貿易方式）		スウェーデン（特別貿易方式）		スペイン（特別貿易方式）	
	輸出	輸入	輸出	輸入	輸出	輸入	輸出	輸入
総額	94,489	154,570	379,771	323,356	189,845	187,116	391,559	426,060
食料品及び動物（食用）	13,675	14,874	8,078	11,365	9,911	15,370	55,167	35,579
飲料及びたばこ	2,153	1,572	2,604	2,639	1,452	1,862	5,790	3,837
非食品原材料	4,391	4,157	2,532	2,971	16,145	4,941	10,395	17,826
鉱物性燃料	26,646	40,057	4,277	10,895	13,190	18,242	23,126	55,087
動植物性油脂	1,726	867	38	413	432	1,071	6,271	4,868
化学製品	13,208	25,337	144,390	62,598	24,635	20,800	59,848	71,008
工業製品	14,485	17,705	20,936	32,706	31,090	25,060	59,561	47,138
機械類及び輸送用機器	8,915	28,280	43,895	57,658	68,569	68,284	106,404	113,926
雑製品	6,690	15,165	65,356	48,515	16,241	22,433	39,005	53,600
その他	2,598	6,558	87,666	93,596	8,180	9,054	25,993	23,190

商品分類	ヨーロッパ							
	スロバキア（特別貿易方式）		スロベニア（特別貿易方式）		チェコ（特別貿易方式）		デンマーク（一般貿易方式）	
	輸出	輸入	輸出	輸入	輸出	輸入	輸出	輸入
総額	104,733	105,142	46,692	49,067	227,161	211,839	125,015	121,784
食料品及び動物（食用）	3,393	5,041	1,733	2,645	7,806	9,486	19,090	12,584
飲料及びたばこ	261	809	219	353	1,534	1,498	1,545	1,603
非食品原材料	2,268	3,194	1,420	1,997	6,058	4,715	4,544	3,750
鉱物性燃料	3,352	8,982	1,918	3,663	5,035	12,072	5,548	9,902
動植物性油脂	181	237	89	129	508	417	874	901
化学製品	4,634	9,223	12,889	14,389	16,771	26,171	30,389	16,668
工業製品	17,754	15,632	8,368	8,016	33,714	33,756	10,950	16,965
機械類及び輸送用機器	63,547	51,100	15,388	13,451	126,738	98,329	31,382	38,607
雑製品	9,156	10,598	4,563	4,190	27,797	24,258	18,382	19,081
その他	188	327	105	234	1,201	1,138	2,309	1,724

9-4　商品分類別輸出入額（2021年）（4）

(単位：100万米ドル)

商品分類	ヨーロッパ							
	ドイツ （特別貿易方式）		ノルウェー f （一般貿易方式）		ハンガリー （特別貿易方式）		フィンランド （特別貿易方式）	
	輸出	輸入	輸出	輸入	輸出	輸入	輸出	輸入
総額	1,635,600	1,424,675	161,687	99,193	141,157	139,132	81,500	86,264
食料品及び動物（食用）	75,073	87,415	14,570	6,739	9,447	6,370	1,846	4,901
飲料及びたばこ	9,713	11,578	131	1,738	672	855	209	669
非食品原材料	32,063	58,514	2,570	6,600	2,818	2,814	9,647	6,975
鉱物性燃料	42,551	124,241	107,849	5,479	4,514	12,531	5,704	10,214
動植物性油脂	3,999	4,684	304	1,404	930	367	23	516
化学製品	291,010	209,743	4,488	10,176	17,955	18,678	6,139	9,046
工業製品	204,548	182,891	11,863	13,469	14,351	19,815	20,310	10,152
機械類及び輸送用機器	733,162	498,341	11,152	38,244	77,625	62,999	25,338	27,919
雑製品	187,784	183,733	3,534	14,309	12,162	12,497	5,048	7,786
その他	55,697	63,535	5,226	1,036	683	2,205	7,236	8,086

商品分類	ヨーロッパ							
	フランス g （特別貿易方式）		ベルギー （特別貿易方式）		ポーランド （特別貿易方式）		ポルトガル （特別貿易方式）	
	輸出	輸入	輸出	輸入	輸出	輸入	輸出	輸入
総額	585,148	714,842	386,354	393,655	317,832	335,451	75,243	98,337
食料品及び動物（食用）	53,214	58,678	33,114	27,965	34,914	22,711	6,123	11,049
飲料及びたばこ	22,182	6,484	4,454	3,547	6,081	2,600	2,371	917
非食品原材料	15,681	16,747	9,742	21,642	7,173	9,919	3,566	3,706
鉱物性燃料	18,683	71,504	34,066	54,406	7,039	20,957	4,340	11,238
動植物性油脂	2,262	2,768	1,617	2,966	726	1,719	1,186	967
化学製品	122,106	103,833	133,341	106,918	29,647	48,192	7,645	15,866
工業製品	62,494	91,302	65,100	51,027	59,238	59,876	16,807	15,573
機械類及び輸送用機器	192,442	238,596	77,245	94,670	115,340	115,548	20,660	28,447
雑製品	75,864	111,785	23,933	29,309	57,164	45,806	12,324	10,499
その他	20,220	13,145	3,741	1,205	509	8,123	220	76

商品分類	ヨーロッパ							
	ラトビア （特別貿易方式）		リトアニア （特別貿易方式）		ルクセンブルク （特別貿易方式）		ロシア （一般貿易方式）	
	輸出	輸入	輸出	輸入	輸出	輸入	輸出	輸入
総額	19,459	23,086	40,818	44,571	16,247	25,537	492,314	293,497
食料品及び動物（食用）	2,550	2,488	4,876	3,753	1,211	2,227	24,875	23,566
飲料及びたばこ	676	660	1,352	899	299	828	1,353	4,184
非食品原材料	3,155	1,229	2,757	2,126	239	1,989	24,036	11,496
鉱物性燃料	1,148	2,144	4,136	7,350	26	1,605	212,418	2,278
動植物性油脂	32	134	115	304	6	24	4,950	2,040
化学製品	1,950	2,986	7,936	7,117	1,914	3,179	31,133	42,554
工業製品	3,708	3,403	4,720	6,258	6,201	3,911	73,720	34,710
機械類及び輸送用機器	3,950	6,792	7,804	11,678	4,419	8,101	22,952	124,221
雑製品	1,960	2,403	6,657	4,005	1,515	2,454	6,164	34,568
その他	330	847	464	1,082	417	1,217	90,713	13,882

9-4　商品分類別輸出入額（2021年）（5）

（単位：100万米ドル）

商品分類	アフリカ		オセアニア			
	南アフリカ （一般貿易方式）		オーストラリア （一般貿易方式）		ニュージーランド （一般貿易方式）	
	輸出	輸入 c	輸出	輸入 c	輸出	輸入 a
総額	121,321	93,440	342,036	261,586	73,366	49,882
食料品及び動物（食用）	9,745	4,970	32,887	13,311	43,242	4,642
飲料及びたばこ	1,432	729	1,901	2,740	2,729	736
非食品原材料	21,224	2,122	148,508	3,474	9,095	954
鉱物性燃料	10,500	15,480	94,765	26,858	781	3,992
動植物性油脂	331	857	820	662	336	290
化学製品	8,836	13,485	7,576	29,425	3,427	5,792
工業製品	39,434	11,197	12,600	30,450	3,837	6,158
機械類及び輸送用機器	19,612	27,021	11,095	105,812	4,602	19,425
雑製品	2,801	9,610	6,044	40,220	2,961	7,082
その他	7,407	7,968	25,840	8,635	2,356	811

a CIF価格及びFOB価格。　b プエルトリコ及び米領バージン諸島を含む。　c FOB価格。　d EU域外は一般貿易方式、EU域内は特別貿易方式。　e リヒテンシュタインを含む。　f スバールバル諸島及びヤンマイエン島を含む。　g モナコを含む。

9-5　主要商品別輸出入額(1)

(単位：100万米ドル)

牛肉　(011)			肉類　(牛肉以外)　(012)			魚類　(034)		
国(地域)	2020	2021	国(地域)	2020	2021	国(地域)	2020	2021
輸出			**輸出**			**輸出**		
アメリカ合衆国 a	6,554	9,265	アメリカ合衆国 a	11,303	12,597	ノルウェー d	9,740	12,281
ブラジル	7,447	7,967	ブラジル	8,115	9,905	中国	6,574	6,494
オーストラリア	6,615	6,844	スペイン	7,962	8,444	チリ	4,654	5,536
ニュージーランド	2,399	4,612	オランダ	6,425	7,007	スウェーデン	3,870	4,369
オランダ	2,555	3,189	ドイツ	6,614	5,530	アメリカ合衆国 a	2,912	3,283
カナダ	2,203	3,147	ニュージーランド	2,856	5,395	ベトナム	2,703	3,048
インド	2,795	3,001	ポーランド	3,785	4,382	ロシア	2,798	3,035
アルゼンチン	2,707	2,733	オーストラリア	3,436	4,232	オランダ	2,353	2,806
アイルランド	2,201	2,546	カナダ	3,788	4,059	デンマーク	2,153	2,581
(日本)	271	489	(日本)	36	30	(日本)	926	1,044
輸入			**輸入**			**輸入**		
中国	10,178	12,488	中国	19,928	18,809	アメリカ合衆国 a	8,774	11,126
アメリカ合衆国 a	6,430	7,613	日本	6,783	7,159	日本	6,422	7,116
日本	3,343	3,713	アメリカ合衆国 a	2,745	3,995	中国	5,002	4,815
韓国	2,896	3,560	メキシコ b	2,717	3,929	スウェーデン	4,201	4,712
ドイツ	2,107	2,313	ドイツ	4,020	3,907	フランス c	3,277	3,919
イタリア	1,994	2,257	フランス c	2,825	3,466	スペイン	2,960	3,393
オランダ	1,680	1,922	香港	3,399	3,094	イタリア	2,223	2,820
チリ	1,095	1,718	イギリス	2,907	2,749	ドイツ	2,634	2,720
香港	1,834	1,555	イタリア	2,552	2,594	韓国	2,327	2,644
イギリス	1,273	1,534	韓国	2,035	2,453	ポーランド	2,308	2,627

甲殻類、軟体動物　(036)			小麦、メスリン　(041)			米　(042)		
国(地域)	2020	2021	国(地域)	2020	2021	国(地域)	2020	2021
輸出			**輸出**			**輸出**		
インド	4,323	5,843	ロシア	7,918	7,302	インド	7,980	9,624
エクアドル	3,829	5,326	アメリカ合衆国 a	6,318	7,287	タイ	3,710	3,342
中国	3,295	3,662	オーストラリア	2,698	7,106	ベトナム	2,791	3,006
ベトナム	2,475	2,834	カナダ	6,299	6,640	パキスタン	2,101	2,153
インドネシア	1,946	2,163	ウクライナ	3,594	4,723	アメリカ合衆国 a	1,889	1,929
スペイン	1,094	1,663	フランス c	4,544	4,536	中国	916	1,036
アルゼンチン	1,211	1,378	アルゼンチン	2,029	2,454	イタリア	723	728
モロッコ	822	1,244	ドイツ	2,119	1,989	ミャンマー	773	671
タイ	876	942	ルーマニア	949	1,820	カンボジア	471	423
(日本)	401	754	インド	243	1,723	(日本)	59	63
輸入			**輸入**			**輸入**		
アメリカ合衆国 a	5,620	7,613	インドネシア	2,616	3,548	中国	1,459	2,187
中国	4,643	5,843	中国	2,262	3,039	フィリピン	922	1,197
スペイン	2,687	3,660	ナイジェリア	2,151	2,723	サウジアラビア	1,404	1,095
日本	2,826	2,855	トルコ e	2,335	2,693	アメリカ合衆国 a	1,284	1,018
イタリア	1,531	2,277	エジプト	2,694	2,465	ベトナム	127	719
韓国	1,446	1,513	イタリア	2,026	2,303	エチオピア	317	687
フランス c	1,152	1,473	フィリピン	1,628	1,951	ベナン	393	640
香港	925	1,078	ブラジル	1,459 e	1,851	マレーシア	589	576
オランダ	579	734	日本	1,525	1,784	イギリス	625	575
タイ	654	705	モロッコ	1,422	1,590	(日本)	503	520

9-5　主要商品別輸出入額(2)

(単位：100万米ドル)

とうもろこし (044)			野菜、いも、豆類 (054)			果実、ナッツ (057)		
国(地域)	2020	2021	国(地域)	2020	2021	国(地域)	2020	2021
輸出			**輸出**			**輸出**		
アメリカ合衆国 a	9,575	19,112	スペイン	7,871	8,822	アメリカ合衆国 a	14,057	14,812
アルゼンチン	6,047	8,380	中国	8,065	8,536	スペイン	10,783	11,855
ウクライナ	4,885	5,855	メキシコ	8,380	8,507	オランダ	7,759	8,288
ブラジル	5,853	4,189	オランダ	7,891	8,414	メキシコ	6,749	7,781
ルーマニア	1,226	1,936	カナダ	5,508	5,408	チリ	6,061	6,253
フランス c	1,717	1,922	アメリカ合衆国 a	4,820	4,977	中国	6,827	6,057
ハンガリー	1,016	1,039	ベルギー	2,386	2,533	タイ	3,927	5,808
インド	389	936	フランス c	2,369	2,482	ベトナム	4,955	5,330
南アフリカ	566	809	イタリア	1,822	2,113	トルコ	4,709	5,221
（日本）	0	0	（日本）	81	75	（日本）	211	290
輸入			**輸入**			**輸入**		
中国	2,481	8,023	アメリカ合衆国 a	12,724	13,388	アメリカ合衆国 a	18,330	20,776
メキシコ b	3,090	5,124	ドイツ	7,097	7,700	中国	11,647	15,234
日本	3,293	4,739	イギリス	4,357	4,244	ドイツ	11,566	11,688
韓国	2,371	3,224	フランス c	3,516	3,788	オランダ	7,916	8,137
ベトナム	2,402	2,853	カナダ b	3,326	3,464	フランス c	5,876	6,315
エジプト	1,881	2,411	オランダ	2,785	3,170	イギリス	6,176	6,141
スペイン	1,653	2,199	中国	2,126	3,029	ロシア	5,083	5,301
コロンビア	1,222	1,776	ベルギー	2,066	2,249	カナダ b	4,655	5,105
オランダ	1,290	1,530	日本	2,094	2,192	香港	4,025	4,791
イタリア	1,214	1,436	イタリア	1,900	2,161	（日本）	3,249	3,261

コーヒー、代用品 (071)			茶、マテ茶 (074)			アルコール飲料 (112)		
国(地域)	2020	2021	国(地域)	2020	2021	国(地域)	2020	2021
輸出			**輸出**			**輸出**		
ブラジル	5,530	6,373	中国	2,169	2,529	フランス c	15,039	19,730
ドイツ	3,424	3,803	スリランカ	1,354	1,420	イタリア	9,145	10,872
スイス f	3,056	3,796	ケニア	1,241	1,213	イギリス	7,537	8,942
コロンビア	2,802	3,491	インド	747	751	メキシコ	7,115	8,439
ベトナム	2,444	2,638	アラブ首長国連邦	322	344	スペイン	4,167	4,919
イタリア	1,793	2,159	ドイツ	312	343	ドイツ	3,474	4,119
フランス c	1,622	1,642	オランダ	247	311	アメリカ合衆国 a	3,959	4,098
インドネシア	1,346	1,448	アメリカ合衆国 a	257	278	オランダ	3,467	3,928
ホンジュラス	872	1,292	ポーランド	274	274	シンガポール	2,227	2,937
（日本）	140	160	日本	177	210	（日本）	666	1,045
輸入			**輸入**			**輸入**		
アメリカ合衆国 a	6,177	7,427	アメリカ合衆国 a	686	761	アメリカ合衆国 a	21,474	25,500
ドイツ	3,831	4,267	パキスタン	590	595	イギリス	6,299	6,947
フランス c	3,100	3,316	ロシア	438	470	ドイツ	5,118	5,836
イタリア	1,600	1,851	イギリス	373	333	中国	4,125	5,061
カナダ b	1,371	1,586	ドイツ	242	293	カナダ b	3,420	3,749
オランダ	1,344	1,526	香港	242	278	フランス c	3,151	3,516
日本	1,342	1,507	フランス c	263	269	オランダ	2,867	3,350
スペイン	1,094	1,225	エジプト	197	221	ロシア	2,516	2,939
イギリス	1,336	1,175	モロッコ	202	208	シンガポール	2,161	2,797
ロシア	1,037	1,175	（日本）	182	199	日本	2,400	2,535

9-5　主要商品別輸出入額(3)

（単位：100万米ドル）

採油用種子 (222)			製材、まくら木 (248)			パルプ、くず紙 (251)		
国（地域）	2020	2021	国（地域）	2020	2021	国（地域）	2020	2021
輸出			**輸出**			**輸出**		
ブラジル	28,961	39,061	カナダ	7,893	13,657	アメリカ合衆国 a	7,627	9,677
アメリカ合衆国 a	26,884	28,440	ロシア	4,349	6,292	ブラジル	5,987	6,731
カナダ	6,803	7,691	スウェーデン	3,443	5,440	カナダ	4,981	6,111
アルゼンチン	3,160	3,067	ドイツ	2,828	4,728	インドネシア	2,536	3,285
パラグアイ	2,216	3,047	アメリカ合衆国 a	2,920	3,835	スウェーデン	2,508	3,169
オーストラリア	805	2,360	フィンランド	1,842	3,149	フィンランド	2,155	3,082
ウクライナ	1,775	2,033	オーストリア	1,586	2,745	チリ	2,101	2,771
オランダ	1,641	1,904	ブラジル	1,277	1,658	オランダ	1,144	1,474
ルーマニア	1,046	1,724	ラトビア	842	1,539	ドイツ	1,049	1,416
（日本）	15	18	（日本）	66	94	（日本）	592	771
輸入			**輸入**			**輸入**		
中国	43,098	57,774	アメリカ合衆国 a	9,795	16,202	中国	16,860	20,188
ドイツ	4,824	5,959	中国	7,804	8,114	ドイツ	3,184	4,699
日本	2,886	3,992	イギリス	2,235	4,012	アメリカ合衆国 a	3,114	4,184
オランダ	3,734	3,986	日本	1,936	2,799	インド	1,809	3,218
メキシコ b	3,008	3,514	ドイツ	1,737	2,752	イタリア	1,723	2,350
アルゼンチン	1,989	2,630	オランダ	1,337	2,175	インドネシア	1,250	2,000
スペイン	1,673	2,485	イタリア	1,247	1,912	オランダ	1,291	1,762
タイ	1,713	2,370	フランス c	1,213	1,878	韓国	1,306	1,734
トルコ e	2,175	2,323	ベルギー	758	1,212	フランス c	1,080	1,397
エジプト	1,796	2,284	オーストリア	666	1,196	日本	1,062	1,275

綿花 (263)			羊毛 (268)			鉄鉱石 (281)		
国（地域）	2020	2021	国（地域）	2020	2021	国（地域）	2020	2021
輸出			**輸出**			**輸出**		
アメリカ合衆国 a	6,030	5,770	オーストラリア	1,529	2,339	オーストラリア	80,234	115,827
ブラジル	3,246	3,428	中国	584	786	ブラジル	25,789	44,661
インド	1,560	2,854	ニュージーランド	243	518	南アフリカ	6,118	9,860
ギリシャ	453	1,625	南アフリカ	308	412	カナダ	5,718	8,077
オーストラリア	309	1,440	モンゴル	232	324	ウクライナ	4,239	6,811
ベナン	462	626	ドイツ	135	204	スウェーデン	3,080	4,722
ブルキナファソ	262	455	チェコ	148	183	インド	3,875	4,159
トルコ	219	409	イタリア	131	173	中国	1,627	3,897
エジプト	162	220	ウルグアイ	94	166	ロシア	1,978	3,812
（日本）	8	7	（日本）	0	0	（日本）	0	0
輸入			**輸入**			**輸入**		
中国	3,591	4,187	中国	1,908	2,715	中国	123,732	182,642
ベトナム	2,215	3,062	イタリア	588	885	日本	9,655	17,979
トルコ e	1,673	2,475	インド	158	215	韓国	6,931	12,079
パキスタン	1,318	1,771	ドイツ	162	203	ドイツ	3,660	6,951
インドネシア	777	1,110	チェコ	171	195	ベトナム	1,495	3,242
インド	369	541	イギリス	81	139	フランス c	1,170	2,385
タイ	228	335	韓国	114	132	トルコ e	1,051	2,046
韓国	191	264	ルーマニア	107	104	オマーン	994	1,876
メキシコ b	214	262	ポーランド	81	104	マレーシア	1,163	1,599
（日本）	96	110	（日本）	79	66	インドネシア	682	1,544

9-5　主要商品別輸出入額(4)

(単位：100万米ドル)

石炭 (321)			原油 (333)			石油製品 (334)		
国(地域)	2020	2021	国(地域)	2020	2021	国(地域)	2020	2021
輸出			**輸出**			**輸出**		
オーストラリア	30,097	46,598	サウジアラビア	...	150,844	アラブ首長国連邦	47,548	88,833
インドネシア	14,534	26,538	ロシア	72,564	110,968	アメリカ合衆国 a	60,709	84,937
ロシア	12,388	17,584	アラブ首長国連邦	105,123	99,039	ロシア	45,360	69,966
アメリカ合衆国 a	6,093	9,709	カナダ	47,574	81,940	インド	26,175	54,037
カナダ	3,399	6,090	アメリカ合衆国 a	50,286	69,356	オランダ	34,735	52,288
南アフリカ	3,924	6,018	ノルウェー d	22,559	41,535	サウジアラビア	27	52,250
コロンビア	3,543	4,380	ナイジェリア	26,322	35,998	シンガポール	27,392	41,362
モンゴル	2,124	2,759	ブラジル	19,614	30,609	韓国	23,169	37,024
モザンビーク	591	1,079	アンゴラ	18,297	27,811	中国	25,596	32,478
（日本）	1	2	（日本）	...	0	（日本）	5,558	7,227
輸入			**輸入**			**輸入**		
中国	16,412	27,050	中国	178,453	258,053	アメリカ合衆国 a	36,320	64,098
インド	15,871	25,710	アメリカ合衆国 a	81,630	138,384	シンガポール	31,235	46,630
日本	15,963	25,162	インド	64,580	106,407	アラブ首長国連邦	16,175	33,297
韓国	9,489	14,524	韓国	44,462	67,020	オランダ	17,867	27,999
ドイツ	2,711	5,313	日本	43,495	63,103	フランス c	16,513	25,059
トルコ e	2,721	4,077	ドイツ	27,496	40,339	メキシコ b	17,025	24,779
マレーシア	2,301	4,020	オランダ	21,980	35,433	韓国	12,738	23,532
ベトナム	3,594	3,934	イタリア	16,215	29,921	ドイツ	15,134	22,175
ブラジル	1,816 e	3,172	スペイン	18,215	29,581	マレーシア	13,379	20,033
フィリピン	1,577	2,889	タイ	17,636	25,421	（日本）	11,035	18,460

天然ガス (343)			医薬品 (54)			紙、板紙 (641)		
国(地域)	2020	2021	国(地域)	2020	2021	国(地域)	2020	2021
輸出			**輸出**			**輸出**		
ノルウェー d	12,558	55,343	ドイツ	100,829	120,621	ドイツ	12,373	15,271
アメリカ合衆国 a	18,672	39,766	スイス f	93,282	106,170	アメリカ合衆国 a	9,311	10,342
オーストラリア	0	37,195	アメリカ合衆国 a	57,850	81,768	スウェーデン	7,532	8,319
ドイツ	9,454	13,923	ベルギー	48,066	75,672	中国	7,358	7,949
ベルギー	1,904	10,839	アイルランド	70,768	74,089	フィンランド	6,286	7,337
カナダ	5,072	10,626	中国	22,067	48,650	カナダ	4,532	5,165
マレーシア	7,106	8,831	フランス c	38,766	40,095	フランス c	3,612	4,652
インドネシア	5,397	7,479	イタリア	37,822	38,425	イタリア	3,587	4,594
ロシア	6,746	7,320	オランダ	34,701	37,811	インドネシア	3,634	3,686
（日本）	0	0	（日本）	7,838	7,847	（日本）	1,971	2,454
輸入			**輸入**			**輸入**		
中国	36,929	53,558	アメリカ合衆国 a	147,418	158,531	アメリカ合衆国 a	8,403	9,551
ドイツ	22,777	46,134	ドイツ	69,841	83,648	ドイツ	8,056	9,132
日本	30,057	38,977	ベルギー	38,493	49,809	中国	6,727	8,145
イタリア	10,214	26,991	中国	36,979	44,352	フランス c	4,409	5,221
イギリス	5,808	26,219	スイス f	39,496	42,808	イタリア	3,962	4,822
韓国	15,718	25,456	日本	29,528	38,143	ポーランド	3,689	4,757
フランス c	7,206	18,245	フランス c	33,228	36,861	イギリス	4,291	4,553
ベルギー	3,735	17,900	イタリア	32,045	34,293	メキシコ b	3,126	3,915
メキシコ b	4,702	12,726	イギリス	26,961	27,581	カナダ b	2,836	3,298
インド	7,909	12,079	オランダ	22,017	26,303	（日本）	1,478	1,510

9-5　主要商品別輸出入額(5)

（単位：100万米ドル）

真珠、貴石、半貴石 (667)			鉄鋼 (67)			銅 (682)		
国（地域）	2020	2021	国（地域）	2020	2021	国（地域）	2020	2021
輸出			**輸出**			**輸出**		
インド	16,031	26,741	中国	46,451	84,454	チリ	16,755	23,779
香港	12,561	18,125	日本	24,129	34,753	ドイツ	8,774	13,033
アラブ首長国連邦	8,918	17,095	ドイツ	24,423	34,233	日本	7,895	10,268
アメリカ合衆国 a	11,651	16,704	韓国	22,246	30,861	中国	5,437	9,355
ベルギー	8,333	12,662	ロシア	16,828	29,315	ザンビア	5,733	8,437
イスラエル	5,514	8,985	イタリア	16,833	26,567	韓国	4,471	7,308
ボツワナ	3,749	6,714	インド	12,562	23,610	ロシア	5,606	5,941
ロシア	3,264	4,561	インドネシア	11,222	21,372	ポーランド	3,242	5,152
中国	1,582	3,111	トルコ	10,114	18,941	アメリカ合衆国 a	3,183	5,093
（日本）	145	256	フランス c	10,234	16,399	イタリア	2,747	4,356
輸入			**輸入**			**輸入**		
インド	16,891	29,080	中国	39,171	45,669	中国	43,522	52,463
アメリカ合衆国 a	14,021	22,615	アメリカ合衆国 a	23,604	45,563	アメリカ合衆国 a	7,944	14,546
香港	13,135	18,275	ドイツ	23,247	36,996	イタリア	5,003	8,953
アラブ首長国連邦	8,757	15,139	イタリア	14,641	26,829	ドイツ	6,528	8,691
ベルギー	8,153	11,692	トルコ e	9,559	17,411	タイ	3,495	5,854
中国	6,480	11,630	フランス c	11,360	17,339	韓国	3,029	5,431
イスラエル	2,891	6,318	韓国	10,849	17,154	インド	3,308	5,027
ボツワナ	1,998	2,962	ポーランド	9,790	16,970	トルコ e	2,921	4,759
スイス f	1,953	2,538	タイ	9,977	15,760	フランス c	2,697	4,128
（日本）	748	997	（日本）	6,611	9,678	（日本）	1,024	1,633

アルミニウム (684)			自動データ処理機械 (752)			テレビ受像機 (761)		
国（地域）	2020	2021	国（地域）	2020	2021	国（地域）	2020	2021
輸出			**輸出**			**輸出**		
中国	13,094	19,463	中国	170,178	204,529	中国	31,900	39,951
ドイツ	9,176	11,748	メキシコ	31,997	33,319	メキシコ	13,062	15,597
カナダ	6,722	9,882	香港	24,230	31,732	ポーランド	4,778	6,466
ロシア	5,213	8,343	アメリカ合衆国 a	24,776	26,821	ベトナム	4,505	5,739
インド	4,490	7,950	ドイツ	15,745	18,636	スロバキア	4,376	5,231
アラブ首長国連邦	3,898	7,213	チェコ	14,380	14,957	オランダ	3,392	4,213
マレーシア	3,103	6,433	オランダ	12,517	14,465	ハンガリー	3,443	3,986
アメリカ合衆国 a	4,933	5,800	タイ	11,795	14,176	アメリカ合衆国 a	2,607	2,616
ノルウェー d	3,171	5,092	シンガポール	7,316	9,492	チェコ	2,226	2,350
（日本）	1,496	2,007	（日本）	1,585	1,625	（日本）	1,140	1,254
輸入			**輸入**			**輸入**		
アメリカ合衆国 a	12,439	19,392	アメリカ合衆国 a	104,948	118,182	アメリカ合衆国 a	22,210	27,083
ドイツ	9,739	14,316	中国	33,920	41,400	ドイツ	6,114	7,214
中国	6,299	9,568	ドイツ	27,720	33,370	オランダ	3,745	4,740
日本	4,638	7,464	香港	20,823	27,127	日本	4,000	4,503
メキシコ b	4,769	6,937	日本	19,631	18,844	イギリス	4,291	3,692
イタリア	3,780	5,913	オランダ	16,371	18,217	フランス c	2,884	3,588
トルコ e	2,996	5,849	イギリス	16,179	16,284	イタリア	1,790	2,973
韓国	3,999	5,778	フランス c	10,348	11,867	韓国	1,835	2,584
オランダ	3,478	5,475	カナダ b	9,844	11,455	ポーランド	1,980	2,450
フランス c	3,671	5,389	チェコ	9,545	11,222	カナダ b	2,209	2,436

9-5　主要商品別輸出入額(6)

（単位：100万米ドル）

通信機器及び同付属品等 (764)			乗用自動車 (781)			自動車部品・付属品等 (784)		
国（地域）	2020	2021	国（地域）	2020	2021	国（地域）	2020	2021
輸出			**輸出**			**輸出**		
中国	270,786	314,871	ドイツ	122,814	140,321	ドイツ	55,623	65,982
香港	84,873	95,400	日本	80,962	85,545	中国	33,344	46,457
ベトナム	72,172	84,899	アメリカ合衆国 a	45,643	54,682	アメリカ合衆国 a	33,978	36,036
アメリカ合衆国 a	38,166	42,250	韓国	35,639	44,318	日本	27,532	33,012
韓国	27,371	34,136	メキシコ	40,247	39,910	メキシコ	26,856	30,687
アラブ首長国連邦	22,053	26,590	スペイン	31,511	33,944	韓国	15,790	19,282
ドイツ	24,370	25,521	イギリス	26,555	30,186	イタリア	12,898	15,385
オランダ	23,781	24,829	カナダ	32,009	29,140	チェコ	13,541	14,828
シンガポール	14,056	16,974	スロバキア	24,311	26,644	ポーランド	12,578	14,622
（日本）	7,968	8,894	中国	9,928	24,389	フランス c	12,908	14,235
輸入			**輸入**			**輸入**		
アメリカ合衆国 a	120,061	141,788	アメリカ合衆国 a	145,659	148,145	アメリカ合衆国 a	60,759	74,756
香港	82,032	95,743	ドイツ	65,982	67,707	ドイツ	34,823	39,096
中国	65,445	81,589	中国	44,924	52,853	中国	25,865	30,340
ドイツ	36,786	38,545	フランス c	36,464	40,162	メキシコ b	22,007	26,032
日本	34,440	38,416	イギリス	34,729	34,084	フランス c	13,295	16,823
ベトナム	25,054	32,823	カナダ b	21,954	27,809	スペイン	14,639	16,253
アラブ首長国連邦	22,347	29,828	イタリア	22,978	25,861	カナダ b	14,474	14,326
オランダ	26,650	27,404	ベルギー	22,334	24,172	イギリス	12,212	13,036
イギリス	23,125	21,632	オーストラリア b	13,344	18,061	ロシア	9,197	12,654
メキシコ b	18,011	21,302	（日本）	10,155	11,591	（日本）	6,324	7,525

航空機等 (792)			船舶等 (793)			衣類 (84)		
国（地域）	2020	2021	国（地域）	2020	2021	国（地域）	2020	2021
輸出			**輸出**			**輸出**		
フランス c	29,051	30,999	中国	21,740	24,722	中国	141,501	176,050
ドイツ	28,669	27,674	韓国	18,731	22,025	ベトナム	28,065	30,621
イギリス	12,315	12,815	日本	10,866	9,680	ドイツ	24,713	28,418
カナダ	9,679	10,441	イタリア	5,641	7,900	イタリア	22,826	27,811
アメリカ合衆国 a	9,288	9,548	ドイツ	6,286	7,248	トルコ	15,351	18,729
スペイン	5,061	4,694	オランダ	4,639	5,977	インド	12,973	16,150
シンガポール	5,504	4,198	ポーランド	3,598	5,305	スペイン	12,109	16,073
アイルランド	3,618	3,842	インド	4,390	4,290	オランダ	11,978	15,201
中国	2,453	3,115	サウジアラビア	3,553	3,847	マレーシア	9,901	14,538
ブラジル	2,398	2,609	フランス c	2,353	2,658	（日本）	698	867
輸入			**輸入**			**輸入**		
アメリカ合衆国 a	28,566	25,747	ロシア	1,480	5,084	アメリカ合衆国 a	82,417	106,287
アイルランド	15,054	17,365	インド	5,354	4,802	ドイツ	40,080	46,603
中国	9,399	13,013	中国	2,477	3,732	フランス c	23,674	27,058
ドイツ	14,145	12,435	アメリカ合衆国 a	2,294	3,369	日本	26,265	26,527
フランス c	13,056	11,307	オランダ	2,460	3,235	イギリス	26,318	23,227
カナダ b	6,196	6,482	イタリア	763	3,074	スペイン	17,519	19,858
イギリス	7,834	6,047	フランス c	1,838	2,806	イタリア	15,782	18,263
日本	4,186	5,699	韓国	2,641	2,732	オランダ	14,418	18,045
シンガポール	6,502	4,991	ドイツ	2,558	2,693	ポーランド	10,977	13,622
アラブ首長国連邦	3,151	3,151	（日本）	380	823	中国	9,491	12,307

a プエルトリコ及び米領バージン諸島を含む。　b FOB価格。　c モナコを含む。　d スバールバル諸島及びヤンマイエン島を含む。　e CIF価格及びFOB価格。　f リヒテンシュタインを含む。

9-6　主要相手国別輸出入額(1)

（単位：100万米ドル）

主要先進国

日本（一般貿易方式）			アメリカ合衆国（一般貿易方式）a			イギリス（一般貿易方式）		
相手国	2020	2021	相手国	2020	2021	相手国	2020	2021
輸出総額	**641,283**	**757,066**	**輸出総額**	**1,430,254**	**1,753,137**	**輸出総額**	**395,692**	**470,548**
中国	141,399	163,860	カナダ	255,022	306,927	アメリカ合衆国 a	55,608	59,891
アメリカ合衆国 a	118,793	135,976	メキシコ	212,672	276,459	ドイツ	41,632	40,957
韓国	44,688	52,568	中国	124,649	151,065	スイス b	18,354	39,648
香港	32,012	35,446	日本	64,091	74,961	オランダ	25,321	37,016
タイ	25,525	33,025	韓国	51,212	65,769	アイルランド	27,824	29,135
ドイツ	17,581	20,765	ドイツ	57,163	64,806	フランス c	23,872	26,360
シンガポール	17,697	20,051	イギリス	58,975	61,431	中国	18,513	20,890
ベトナム	17,118	19,105	オランダ	45,508	53,574	ベルギー	13,654	19,965
マレーシア	12,596	15,614	ブラジル	35,047	46,882	イタリア	11,027	12,171
オーストラリア	12,145	15,257	インド	27,394	40,130	スペイン	11,138	11,205
輸入総額	**635,402**	**772,276**	**輸入総額**	**2,405,382**	**2,932,976**	**輸入総額**	**634,175**	**688,237**
中国	163,851	185,664	中国	457,146	541,531	中国	75,479	91,162
アメリカ合衆国 a	71,767	82,966	メキシコ	328,862	388,358	ドイツ	74,403	75,513
オーストラリア	35,791	52,241	カナダ	276,196	363,905	アメリカ合衆国 a	58,222	59,691
韓国	26,600	32,082	日本	122,484	139,390	オランダ	46,244	41,621
サウジアラビア	18,448	27,510	ドイツ	117,393	138,195	ノルウェー d	13,511	35,966
アラブ首長国連邦	16,397	27,129	ベトナム	83,212	108,196	ベルギー	28,810	31,064
タイ	23,779	26,352	韓国	78,292	98,808	フランス c	30,102	30,653
ドイツ	21,225	23,648	インド	53,567	77,019	イタリア	23,695	25,907
ベトナム	22,046	23,002	アイルランド	65,779	74,048	ロシア	24,502	24,851
マレーシア	15,928	19,722	スイス b	75,504	63,053	スペイン	18,567	20,452

主要先進国

イタリア（特別貿易方式）			カナダ（一般貿易方式）e			ドイツ（特別貿易方式）		
相手国	2020	2021	相手国	2020	2021	相手国	2020	2021
輸出総額	**498,804**	**615,910**	**輸出総額**	**388,377**	**501,463**	**輸出総額**	**1,385,852**	**1,635,600**
ドイツ	64,060	79,761	アメリカ合衆国 a	284,478	378,065	アメリカ合衆国 a	119,199	144,604
フランス c	51,614	63,224	中国	18,861	22,387	中国	110,372	123,585
アメリカ合衆国 a	48,473	58,373	イギリス	14,855	13,153	フランス c	103,733	121,000
スイス b	28,827	32,227	日本	9,244	11,566	オランダ	89,122	108,856
スペイン	23,816	30,990	メキシコ	4,589	6,536	ポーランド	74,132	92,311
イギリス	25,778	27,694	ドイツ	4,492	5,181	イタリア	69,120	88,749
ベルギー	17,053	21,368	韓国	3,510	5,039	オーストリア	66,782	81,497
ポーランド	15,032	19,449	オランダ	4,060	3,831	イギリス	76,507	77,393
中国	14,678	18,518	フランス c	2,772	3,230	スイス b	66,166	73,725
オランダ	13,025	18,023	ベルギー	2,040	3,150	ベルギー	49,415	60,548
輸入総額	**426,476**	**568,202**	**輸入総額**	**404,863**	**489,391**	**輸入総額**	**1,173,167**	**1,424,675**
ドイツ	70,024	91,042	アメリカ合衆国 a	197,728	237,435	中国	134,919	170,640
フランス c	35,737	46,208	中国	57,055	68,507	オランダ	88,521	106,763
中国	36,842	45,627	メキシコ	22,333	26,711	アメリカ合衆国 a	78,403	86,799
オランダ	25,471	33,147	ドイツ	12,882	15,139	ポーランド	66,815	81,518
スペイン	23,303	30,111	日本	10,093	12,323	イタリア	61,573	77,221
ベルギー	20,792	24,848	イタリア	6,716	8,350	フランス c	64,339	73,091
ロシア	10,337	22,053	韓国	7,160	8,243	スイス b	53,823	60,656
アメリカ合衆国 a	16,883	18,692	ベトナム	6,091	7,842	チェコ	49,961	58,582
ポーランド	10,944	14,802	イギリス	5,834	6,267	ベルギー	39,052	57,692
スイス b	11,099	13,224	ブラジル	4,905	5,966	オーストリア	44,026	52,956

9-6　主要相手国別輸出入額(2)

（単位：100万米ドル）

主要先進国

フランス（特別貿易方式）c

相手国	2020	2021	相手国	2020	2021
輸出総額	**488,562**	**585,148**	**輸入総額**	**582,775**	**714,842**
ドイツ	69,891	81,695	ドイツ	101,024	119,891
イタリア	37,139	46,409	ベルギー	56,006	76,281
ベルギー	35,959	44,709	オランダ	50,231	63,548
スペイン	35,640	43,453	イタリア	48,601	59,444
アメリカ合衆国 a	37,083	41,246	スペイン	45,923	55,979
イギリス	30,988	33,292	中国	41,152	48,194
中国	19,960	28,339	アメリカ合衆国 a	27,911	31,089
オランダ	18,440	23,638	イギリス	21,942	23,398
スイス b	16,465	20,068	スイス b	16,546	18,951
ポーランド	10,658	14,178	ポーランド	14,040	17,349

アジア

イスラエル（特別貿易方式）			インド（一般貿易方式）			インドネシア（一般貿易方式）		
相手国	2020	2021	相手国	2020	2021	相手国	2020	2021
輸出総額	**50,153**	**60,160**	**輸出総額**	**275,489**	**394,814**	**輸出総額**	**163,192**	**231,522**
アメリカ合衆国 a	13,136	16,323	アメリカ合衆国 a	49,321	71,510	中国	31,782	53,782
中国	4,240	4,398	アラブ首長国連邦	17,953	25,447	アメリカ合衆国 a	18,669	25,820
インド	1,599	2,735	中国	19,008	23,037	日本	13,665	17,855
オランダ	2,463	2,234	バングラデシュ	7,913	14,093	インド	10,394	13,289
イギリス	3,713	2,058	香港	9,537	11,290	マレーシア	8,099	12,006
輸入総額	**69,261**	**92,159**	**輸入総額**	**367,980**	**570,402**	**輸入総額**	**141,569**	**196,190**
中国	7,670	10,728	中国	58,799	87,535	中国	39,635	56,227
アメリカ合衆国 a	8,048	8,638	アラブ首長国連邦	23,901	43,070	シンガポール	12,341	15,452
スイス b	5,227	6,618	アメリカ合衆国 a	26,616	41,387	日本	10,672	14,644
ドイツ	5,230	6,561	スイス b	11,313	29,492	アメリカ合衆国 a	8,642	11,309
トルコ	3,498	4,764	サウジアラビア	17,724	27,689	マレーシア	6,933	9,451

アジア

韓国（一般貿易方式）			サウジアラビア（一般貿易方式）			シンガポール（一般貿易方式）		
相手国	2020	2021	相手国	2020	2021	相手国	2020	2021
輸出総額	**512,710**	**644,411**	**輸出総額**	**185,699**	**286,467**	**輸出総額**	**373,684**	**457,474**
中国	132,555	162,920	アラブ首長国連邦	8,917	14,750	中国	51,339	67,747
アメリカ合衆国 a	74,396	96,307	中国	8,182	10,958	香港	46,194	60,147
ベトナム	48,543	56,729	インド	3,096	9,133	マレーシア	33,264	42,130
香港	30,630	37,470	エジプト	1,784	7,783	アメリカ合衆国 a	40,226	39,317
日本	25,092	30,063	アメリカ合衆国 a	1,847	4,954	インドネシア	21,428	28,801
輸入総額	**467,498**	**615,014**	**輸入総額**	**131,313**	**152,695**	**輸入総額**	**328,624**	**406,622**
中国	108,870	138,621	中国	26,509	30,235	中国	47,368	54,611
アメリカ合衆国 a	57,765	73,657	アメリカ合衆国 a	14,104	16,217	マレーシア	41,706	53,729
日本	46,025	54,636	アラブ首長国連邦	8,980	12,471	アメリカ合衆国 a	35,154	40,573
オーストラリア	18,701	32,913	インド	6,367	8,074	韓国	15,545	22,195
サウジアラビア	15,980	24,271	ドイツ	6,809	7,491	日本	18,108	21,804

9-6　主要相手国別輸出入額(3)

（単位：100万米ドル）

アジア

タイ （特別貿易方式）			中国 （一般貿易方式）			トルコ （一般貿易方式）　f		
相手国	2020	2021	相手国	2020	2021	相手国	2020	2021
輸出総額	**231,388**	**266,675**	**輸出総額**	**2,589,098**	**3,362,302**	**輸出総額**	**169,658**	**225,214**
アメリカ合衆国 a	34,402	41,225	アメリカ合衆国 a	452,493	577,125	ドイツ	15,980	19,311
中国	29,757	36,577	香港	271,708	349,442	アメリカ合衆国 a	10,184	14,722
日本	22,878	24,558	日本	142,597	165,823	イギリス	11,237	13,704
ベトナム	11,168	12,276	韓国	112,476	148,847	イタリア	8,083	11,473
マレーシア	8,739	11,875	ベトナム	113,815	137,905	イラク	9,143	11,126
輸入総額	**207,696**	**268,205**	**輸入総額**	**2,069,568**	**2,684,363**	**輸入総額**	**219,514**	**271,426**
中国	49,849	66,427	韓国	173,100	213,445	中国	23,041	32,238
日本	27,712	35,572	日本	174,655	205,524	ロシア	17,829	28,959
アメリカ合衆国 a	15,131	14,576	アメリカ合衆国 a	136,340	180,972	ドイツ	21,733	21,726
マレーシア	10,280	12,051	オーストラリア	117,694	163,730	アメリカ合衆国 a	11,525	13,148
韓国	7,661	9,895	ドイツ	105,111	119,920	イタリア	9,200	11,563

アジア

フィリピン （一般貿易方式）			香港 （一般貿易方式）			マレーシア （一般貿易方式）		
相手国	2020	2021	相手国	2020	2021	相手国	2020	2021
輸出総額	**65,214**	**74,620**	**輸出総額**	**551,516**	**670,926**	**輸出総額**	**234,050**	**299,230**
アメリカ合衆国 a	10,026	11,859	中国	304,708	401,692	中国	37,879	46,352
中国	9,830	11,531	アメリカ合衆国 a	39,943	39,950	シンガポール	33,816	41,847
日本	10,034	10,722	インド	13,222	17,479	アメリカ合衆国 a	25,984	34,366
香港	9,226	9,932	日本	14,095	15,303	香港	16,217	18,494
シンガポール	3,774	4,195	ベトナム	10,968	13,400	日本	14,883	18,167
輸入総額	**95,067**	**124,390**	**輸入総額**	**573,061**	**713,173**	**輸入総額**	**190,405**	**238,250**
中国	22,010	28,210	中国	251,123	315,903	中国	40,965	55,270
日本	9,219	11,832	シンガポール	41,236	54,188	シンガポール	17,526	22,619
韓国	7,243	9,630	韓国	32,808	41,987	アメリカ合衆国 a	16,594	18,080
インドネシア	6,120	9,030	日本	33,469	37,187	日本	14,650	17,791
アメリカ合衆国 a	7,404	8,278	アメリカ合衆国 a	22,942	29,945	インドネシア	8,730	13,488

北アメリカ　　南アメリカ

コスタリカ （特別貿易方式）			メキシコ （一般貿易方式）　e			アルゼンチン （特別貿易方式）		
相手国	2020	2021	相手国	2020	2021	相手国	2020	2021
輸出総額	**11,623**	**14,345**	**輸出総額**	**416,982**	**494,596**	**輸出総額**	**54,884**	**77,934**
アメリカ合衆国 a	5,055	6,270	アメリカ合衆国 a	330,434	386,087	ブラジル	7,941	11,767
オランダ	896	1,037	カナダ	11,139	12,895	中国	5,244	6,156
ベルギー	614	748	中国	7,788	9,079	アメリカ合衆国 a	3,310	4,995
グアテマラ	596	701	ドイツ	6,585	7,427	インド	2,508	4,293
パナマ	485	583	日本	3,623	3,977	チリ	2,888	4,205
輸入総額	**14,456**	**18,428**	**輸入総額**	**382,980**	**506,565**	**輸入総額**	**42,356**	**63,184**
アメリカ合衆国 a	5,401	6,957	アメリカ合衆国 a	168,197	221,312	中国	8,656	13,525
中国	2,091	2,938	中国	73,506	101,021	ブラジル	8,649	12,392
メキシコ	977	1,183	韓国	14,706	18,963	アメリカ合衆国 a	4,414	5,922
グアテマラ	408	500	ドイツ	13,871	17,214	パラグアイ	2,218	2,915
ドイツ	383	417	日本	13,893	17,079	ドイツ	1,988	2,527

9-6 主要相手国別輸出入額(4)

(単位：100万米ドル)

南アメリカ

コロンビア (特別貿易方式)	2020	2021	チリ (一般貿易方式)	2020	2021	ブラジル (特別貿易方式) g	2020	2021
相手国	2020	2021	相手国	2020	2021	相手国	2020	2021
輸出総額	**31,056**	**41,390**	**輸出総額**	**74,081**	**94,677**	**輸出総額**	**209,180**	**280,815**
アメリカ合衆国 a	9,465	11,624	中国	28,685	36,524	中国	67,788	87,908
中国	2,751	3,661	アメリカ合衆国 a	9,786	14,933	アメリカ合衆国 a	21,619	31,338
パナマ	1,429	2,385	日本	6,624	7,238	アルゼンチン	8,489	11,878
インド	795	2,239	韓国	4,183	4,826	オランダ	6,705	9,316
ブラジル	1,274	2,049	ブラジル	3,082	4,582	チリ	3,850	7,019
輸入総額	**43,487**	**61,099**	**輸入総額**	**59,201**	**92,191**	**輸入総額**	**166,336**	**234,690**
中国	10,399	14,796	中国	16,431	27,515	中国	36,738	53,464
アメリカ合衆国 a	10,634	14,192	アメリカ合衆国 a	10,534	16,027	アメリカ合衆国 a	29,722	41,503
メキシコ	2,926	3,800	ブラジル	4,358	7,736	アルゼンチン	8,218	12,413
ブラジル	2,435	3,502	アルゼンチン	3,309	4,914	ドイツ	9,683	11,921
ドイツ	1,644	2,065	ドイツ	2,294	2,947	インド	4,350	7,234

ヨーロッパ

アイスランド (特別貿易方式)	2020	2021	アイルランド (一般貿易方式)	2020	2021	エストニア (一般/特別貿易方式) h	2020	2021
相手国	2020	2021	相手国	2020	2021	相手国	2020	2021
輸出総額	**4,580**	**5,974**	**輸出総額**	**184,131**	**195,998**	**輸出総額**	**16,901**	**22,282**
オランダ	931	1,625	アメリカ合衆国 a	56,971	62,174	フィンランド	2,535	3,090
スペイン	791	706	イギリス	16,594	21,505	ラトビア	1,467	2,154
イギリス	508	572	ドイツ	19,925	21,022	アメリカ合衆国 a	1,321	1,994
フランス c	369	480	ベルギー	20,399	16,002	スウェーデン	1,693	1,973
アメリカ合衆国 a	348	464	中国	11,337	13,243	ロシア	1,414	1,426
輸入総額	**5,697**	**7,838**	**輸入総額**	**98,389**	**122,755**	**輸入総額**	**17,763**	**24,152**
ノルウェー d	501	761	イギリス	22,537	23,071	ロシア	1,606	2,773
中国	481	695	アメリカ合衆国 a	14,813	21,436	ドイツ	1,732	2,254
ドイツ	512	669	フランス c	10,894	12,200	中国	1,653	2,107
アメリカ合衆国 a	383	645	中国	7,003	9,997	フィンランド	1,598	2,043
デンマーク	408	596	ドイツ	7,756	8,630	リトアニア	961	1,326

ヨーロッパ

オーストリア (特別貿易方式)	2020	2021	オランダ (特別貿易方式)	2020	2021	ギリシャ (特別貿易方式)	2020	2021
相手国	2020	2021	相手国	2020	2021	相手国	2020	2021
輸出総額	**162,145**	**201,647**	**輸出総額**	**551,353**	**696,130**	**輸出総額**	**35,070**	**94,489**
ドイツ	49,238	59,519	ドイツ	121,984	160,431	イタリア	3,691	9,294
イタリア	10,024	13,329	ベルギー	56,465	74,138	ドイツ	2,686	6,768
アメリカ合衆国 a	10,478	12,352	フランス c	42,457	56,096	キプロス	2,097	5,558
スイス b	8,952	10,219	アメリカ合衆国 a	27,675	33,250	トルコ	1,528	4,869
ポーランド	6,274	8,068	イタリア	21,994	30,116	ブルガリア	1,682	4,438
輸入総額	**164,636**	**218,972**	**輸入総額**	**484,089**	**622,870**	**輸入総額**	**55,534**	**154,570**
ドイツ	57,170	87,011	ドイツ	85,522	108,105	ドイツ	6,606	16,233
イタリア	10,399	13,599	中国	51,228	63,423	イタリア	4,603	12,175
スイス b	9,159	11,161	ベルギー	47,352	61,614	中国	4,275	11,849
チェコ	6,847	10,198	アメリカ合衆国 a	39,139	47,494	ロシア	3,336	10,177
オランダ	4,513	9,718	フランス c	17,023	22,031	イラク	2,284	9,792

9-6　主要相手国別輸出入額(5)

(単位：100万米ドル)

ヨーロッパ								
スイス（特別貿易方式）b			スウェーデン（特別貿易方式）			スペイン（特別貿易方式）		
相手国	2020	2021	相手国	2020	2021	相手国	2020	2021
輸出総額	**318,580**	**379,771**	**輸出総額**	**154,936**	**189,845**	**輸出総額**	**312,081**	**391,559**
アメリカ合衆国 a	73,148	62,674	ノルウェー d	16,337	20,252	フランス c	48,195	59,692
ドイツ	48,962	55,240	ドイツ	16,128	19,463	ドイツ	33,805	38,320
中国	17,435	33,066	アメリカ合衆国 a	12,622	15,304	イタリア	23,406	31,422
インド	11,567	31,409	デンマーク	11,669	14,697	ポルトガル	22,627	29,416
イタリア	15,480	20,197	フィンランド	10,834	13,456	イギリス	18,748	21,704
輸入総額	**290,402**	**323,356**	**輸入総額**	**149,436**	**187,116**	**輸入総額**	**329,739**	**426,060**
ドイツ	56,612	62,360	ドイツ	26,979	31,822	ドイツ	39,010	45,268
イギリス	16,635	36,390	ノルウェー d	13,481	19,039	中国	33,510	41,200
アメリカ合衆国 a	20,890	24,293	オランダ	14,569	18,802	フランス c	32,584	40,391
イタリア	23,673	24,050	デンマーク	10,087	12,972	イタリア	20,338	26,752
中国	17,669	19,791	中国	9,248	12,803	アメリカ合衆国 a	16,053	20,213

ヨーロッパ								
スロバキア（特別貿易方式）			スロベニア（特別貿易方式）			チェコ（特別貿易方式）		
相手国	2020	2021	相手国	2020	2021	相手国	2020	2021
輸出総額	**86,708**	**104,733**	**輸出総額**	**37,471**	**46,692**	**輸出総額**	**192,307**	**227,161**
ドイツ	19,595	22,734	ドイツ	6,759	8,181	ドイツ	62,861	73,641
チェコ	9,057	12,128	スイス b	4,545	6,263	スロバキア	14,639	18,295
ポーランド	6,777	8,702	イタリア	3,491	4,905	ポーランド	11,988	15,248
ハンガリー	5,424	7,583	クロアチア	3,003	3,648	フランス c	9,024	10,473
フランス c	6,245	6,740	オーストリア	2,391	3,022	オーストリア	7,979	10,163
輸入総額	**84,998**	**105,142**	**輸入総額**	**36,513**	**49,067**	**輸入総額**	**171,440**	**211,839**
ドイツ	15,895	20,074	ドイツ	5,130	6,403	ドイツ	39,943	47,463
チェコ	8,572	10,268	中国	2,676	6,309	中国	31,037	35,413
中国	5,733	7,656	スイス b	4,635	5,411	ポーランド	13,504	17,269
ロシア	3,896	6,587	イタリア	3,957	5,191	スロバキア	7,024	9,398
ポーランド	4,954	5,837	オーストリア	2,737	3,256	イタリア	6,947	8,951

ヨーロッパ								
デンマーク（一般貿易方式）			ノルウェー（一般貿易方式）d			ハンガリー（特別貿易方式）		
相手国	2020	2021	相手国	2020	2021	相手国	2020	2021
輸出総額	**106,871**	**125,015**	**輸出総額**	**82,749**	**161,687**	**輸出総額**	**119,971**	**141,157**
ドイツ	13,444	16,168	イギリス	14,324	33,171	ドイツ	33,478	37,603
スウェーデン	9,262	11,630	ドイツ	9,971	30,920	イタリア	6,300	8,243
ノルウェー d	6,153	7,166	オランダ	8,151	12,782	ルーマニア	6,242	7,454
イギリス	4,977	6,285	スウェーデン	8,064	12,599	スロバキア	6,442	7,313
アメリカ合衆国 a	4,924	5,921	フランス c	4,289	11,666	オーストリア	5,209	6,404
輸入総額	**95,778**	**121,784**	**輸入総額**	**81,624**	**99,193**	**輸入総額**	**113,423**	**139,132**
ドイツ	20,925	25,133	中国	9,740	13,119	ドイツ	27,893	33,019
スウェーデン	12,030	15,385	スウェーデン	8,646	11,165	中国	9,017	9,825
オランダ	8,096	10,030	ドイツ	9,261	10,984	オーストリア	6,588	8,486
中国	7,535	9,803	アメリカ合衆国 a	5,521	6,273	スロバキア	5,320	8,157
ポーランド	4,340	5,339	イギリス	4,433	4,593	ポーランド	6,596	7,942

9-6　主要相手国別輸出入額(6)

(単位：100万米ドル)

ヨーロッパ								
フィンランド （特別貿易方式）			ベルギー （特別貿易方式）			ポーランド （特別貿易方式）		
相手国	2020	2021	相手国	2020	2021	相手国	2020	2021
輸出総額	**65,607**	**81,500**	**輸出総額**	**295,079**	**386,354**	**輸出総額**	**254,169**	**317,832**
ドイツ	8,886	10,756	ドイツ	49,084	65,824	ドイツ	73,513	91,052
スウェーデン	6,818	8,353	フランス c	39,414	53,116	チェコ	15,030	19,030
アメリカ合衆国 a	5,434	5,408	オランダ	34,329	47,638	フランス c	14,191	18,109
オランダ	4,284	4,969	アメリカ合衆国 a	25,732	26,691	イギリス	14,568	16,138
ロシア	3,416	4,361	イギリス	17,693	23,950	イタリア	10,731	14,089
輸入総額	**68,267**	**86,264**	**輸入総額**	**294,198**	**393,655**	**輸入総額**	**254,660**	**335,451**
ドイツ	10,537	12,540	オランダ	56,484	83,001	ドイツ	55,800	70,636
ロシア	6,675	10,052	ドイツ	42,844	63,246	中国	36,790	49,663
スウェーデン	7,455	9,870	フランス c	33,091	40,561	ロシア	11,521	20,114
中国	6,149	7,795	アイルランド	14,478	21,998	イタリア	12,759	16,741
オランダ	3,135	3,857	アメリカ合衆国 a	15,543	19,271	オランダ	10,028	13,714

ヨーロッパ								
ポルトガル （特別貿易方式）			ラトビア （特別貿易方式）			リトアニア （特別貿易方式）		
相手国	2020	2021	相手国	2020	2021	相手国	2020	2021
輸出総額	**61,491**	**75,243**	**輸出総額**	**15,197**	**19,459**	**輸出総額**	**32,838**	**40,818**
スペイン	15,598	20,126	リトアニア	2,478	3,456	ロシア	4,386	4,421
フランス c	8,351	9,868	エストニア	1,772	2,067	ラトビア	3,031	3,801
ドイツ	7,296	8,293	イギリス	871	1,491	ドイツ	2,663	3,350
アメリカ合衆国 a	3,055	4,195	ドイツ	1,099	1,416	ポーランド	2,091	3,236
イギリス	3,503	3,910	ロシア	1,293	1,416	アメリカ合衆国 a	1,453	2,556
輸入総額	**77,883**	**98,337**	**輸入総額**	**17,315**	**23,086**	**輸入総額**	**33,344**	**44,571**
スペイン	25,246	32,289	リトアニア	3,103	3,975	ドイツ	4,299	5,695
ドイツ	10,386	12,211	ドイツ	1,807	2,431	ポーランド	4,347	5,390
フランス c	5,813	6,594	ポーランド	1,762	2,215	ロシア	2,936	5,295
オランダ	4,305	5,245	ロシア	1,064	2,096	ラトビア	2,611	3,445
イタリア	4,059	5,064	エストニア	1,477	2,046	オランダ	1,835	2,340

ヨーロッパ						アフリカ		
ルクセンブルク （特別貿易方式）			ロシア （一般貿易方式）			南アフリカ （一般貿易方式） e		
相手国	2020	2021	相手国	2020	2021	相手国	2020	2021
輸出総額	**13,506**	**16,247**	**輸出総額**	**337,104**	**492,314**	**輸出総額**	**85,227**	**121,321**
ドイツ	3,516	4,079	中国	49,146	68,679	中国	9,794	13,571
フランス c	2,198	2,604	オランダ	24,819	42,145	アメリカ合衆国 a	7,131	12,974
ベルギー	1,680	2,078	ドイツ	18,619	29,646	ドイツ	6,399	9,374
オランダ	742	1,045	トルコ	15,929	26,426	日本	3,793	8,227
イタリア	535	690	ベラルーシ	15,979	23,130	イギリス	4,241	8,177
輸入総額	**20,883**	**25,537**	**輸入総額**	**231,664**	**293,497**	**輸入総額**	**68,943**	**93,440**
ドイツ	5,025	6,036	中国	54,913	72,693	中国	14,309	19,227
ベルギー	5,068	6,003	ドイツ	23,382	27,351	ドイツ	6,294	7,545
フランス c	2,242	3,122	アメリカ合衆国 a	13,213	17,265	アメリカ合衆国 a	4,436	6,576
オランダ	805	1,077	ベラルーシ	12,605	15,636	インド	3,582	5,348
アメリカ合衆国 a	660	868	韓国	7,159	12,987	サウジアラビア	2,686	4,102

9-6　主要相手国別輸出入額(7)

(単位：100万米ドル)

オセアニア					
オーストラリア（一般貿易方式）　e			ニュージーランド（一般貿易方式）　f		
相手国	2020	2021	相手国	2019	2020
輸出総額	245,046	342,036	輸出総額	38,877	73,366
中国	100,086	116,818	中国	10,790	22,826
日本	30,332	30,319	オーストラリア	5,286	9,391
韓国	15,920	22,593	アメリカ合衆国 a	4,296	7,888
インド	6,891	13,624	日本	2,312	4,068
アメリカ合衆国 a	12,990	11,022	韓国	1,111	2,294
輸入総額	211,973	261,586	輸入総額	37,098	49,882
中国	61,054	72,859	中国	8,368	11,847
アメリカ合衆国 a	25,142	26,615	オーストラリア	4,482	5,639
日本	12,734	15,779	アメリカ合衆国 a	3,591	4,260
タイ	10,216	11,570	日本	2,107	3,213
ドイツ	9,825	11,185	ドイツ	1,760	2,414

a プエルトリコ及び米領バージン諸島を含む。　b リヒテンシュタインを含む。　c モナコを含む。　d スバールバル諸島及びヤンマイエン島を含む。　e 「輸入」はFOB価格。　f 「輸入」はCIF価格及びFOB価格。　g 2021年の「輸入」はCIF価格及びFOB価格。　h EU域外は一般貿易方式、EU域内は特別貿易方式。

第 10 章　国際収支・金融・財政

10-1　国際収支
〔出典〕
IMF, *Balance of Payments and International Investment Position Statistics*
2022年 9 月ダウンロード
〔解説〕
　　一定期間における当該国の対外経済取引を体系的に記録したもの（国際通貨基金
（IMF）の国際収支マニュアル第 6 版による。）。
　貿易・サービス収支：生産活動の成果である諸品目の取引を計上。貿易収支は、財
　　貨の取引（輸出入）を計上する項目で、一般商品、仲介貿易商品及び非貨幣用金
　　に区分。一般商品については、輸入、輸出ともに FOB 価格（「9-1　国別輸出入総
　　額」の解説を参照）。サービス収支は、サービス取引を計上する項目で、輸送、
　　旅行及びその他サービスに区分。
　第一次所得収支：生産過程に関連した所得及び財産所得を計上。雇用者報酬、投資
　　収益及びその他第一次所得に区分。
　第二次所得収支：経常移転による所得の再配分を計上。「移転」とは、「交換」と
　　対比させる取引の概念であり、当事者の一方が経済的価値のあるもの（財貨、
　　サービス、金融資産及び非金融非生産資産）を無償で相手方に提供する取引を指
　　す。居住者の部門によって、「一般政府」と「一般政府以外」に区分。
　資本移転等収支：資本移転及び非金融非生産資産の取得処分を計上。
　金融収支：対外金融資産負債に係る取引を計上。直接投資、証券投資、金融派生商
　　品、その他投資及び外貨準備に区分し、さらに、それぞれ資産及び負債に区分。
　　資産・負債が増加した場合は「プラス」、減少した場合は「マイナス」。

10-2　外貨準備高
〔出典〕
IMF, *International Financial Statistics*
2022年 9 月ダウンロード
〔解説〕
　　通貨当局が為替介入に使用する資金であるほか、通貨危機等により、他国に対し
て外貨建て債務の返済が困難になった場合等に使用する準備資産（各年末現在）。
金、SDR、IMF リザーブポジション及びその他外貨準備からなる。
　金：純金 1 トロイオンス＝35SDR で米ドルに換算。
　SDR：Special Drawing Rights（特別引出権）は、 IMF 加盟国の準備資産を補完する手
　　段として、IMF が1969年に創設した国際準備資産（各国の出資割当額に比例して配
　　分）。
　IMF リザーブポジション：IMF 加盟国がその出資割当額に応じて、ほぼ無条件で借り
　　ることのできる相当額。

10-3　為替相場
〔出典〕
IMF, *International Financial Statistics*
2022年 9 月ダウンロード

10-4　マネーストック
〔出典〕
IMF, *International Financial Statistics*
2022年９月ダウンロード
〔解説〕
　　金融部門から経済全体に供給されている通貨の総量。具体的には、一般法人、個人、地方公共団体などの通貨保有主体（金融機関及び中央政府以外の経済主体。非居住者を除く。）が保有する現金通貨や預金通貨などの通貨量の残高。国により、定義が異なる。
現金通貨：国内経済において法定通貨として認められた紙幣と硬貨。
預金通貨：通貨当局と預金銀行において、小切手又は要求に応じて支払われる預金。
準通貨：解約して、現金通貨や預金通貨に替えることにより、決済手段になる金融商品。定期預金など。
政策金利：中央銀行が政策的判断に基づいて裁量的に決定する金利。

10-5　主要国の財政収支
〔出典〕
　財務省「財政関係基礎データ」（令和４年４月）
　2022年９月ダウンロード
〔解説〕
　　財務省において、各国の財政統計を取りまとめたもの。

10-6　OECD 加盟国の一般政府財政収支（対名目 GDP 比）
〔出典〕
OECD, *OECD.Stat, Economic Projections, OECD Economic Outlook No 112*
- November 2022
　2022年12月ダウンロード
〔解説〕
一般政府：中央政府、州政府、地方政府及び社会保障基金。

10-7　OECD 加盟国の国内総生産に対する税収
〔出典〕
OECD, *OECD.Stat, Public Sector, Taxation and Market Regulation*
2022年12月ダウンロード

10-1　国際収支（2021年）（1）

（単位：100万米ドル）

国（地域）	経常収支	貿易・サービス収支	第一次所得収支	第二次所得収支	資本移転等収支	金融収支	外貨準備	誤差脱漏
アジア								
日本	142,490.9	-22,513.5	187,197.2	-22,192.9	-3,825.0	99,582.7	62,766.6	-39,083.2
イスラエル	20,711.6	19,457.5	-7,861.5	9,115.6	470.8	16,138.1	39,777.3	-5,044.3
イラク a	-6,196.9	-4,110.1	-1,786.3	-300.5	-8.1	-10,208.7	-8,272.2	-4,003.7
インド	-33,422.4	-74,039.4	-37,620.1	78,237.1	-307.6	-32,946.7	67,063.8	783.2
インドネシア	3,458.5	29,155.3	-31,960.6	6,263.8	80.1	1,320.5	13,492.0	-2,218.1
韓国	88,302.2	73,098.9	19,328.2	-4,124.9	-154.3	76,734.6	14,386.9	-11,413.3
キプロス b	-2,030.7	270.5	-2,047.3	-253.0	209.1	-1,319.0	420.6	502.6
サウジアラビア	44,323.5	73,485.8	15,209.1	-44,371.4	-1,317.7	42,198.2	2,335.9	-807.0
シンガポール	71,926.0	124,501.5	-47,833.6	-4,741.9	...	74,495.3	66,255.5	2,569.8
タイ	-11,018.4	131.7	-18,588.0	7,437.8	0.2	-4,970.4	-7,096.2	6,047.8
中国	317,301.0	462,807.9	-162,030.7	16,523.8	91.5	151,351.7	189,512.9	-166,040.8
トルコ	-13,587.0	-2,615.0	-12,029.0	1,057.0	-64.0	-5,988.2	23,435.1	7,662.8
パキスタン	-12,262.2	-40,826.2	-4,436.0	33,000.0	216.0	-12,557.9	4,015.8	-511.7
バングラデシュ	-15,563.1	-35,916.6	-2,313.3	22,666.7	272.9	-14,477.7	3,311.8	812.6
フィリピン	-6,922.0	-39,607.6	3,225.0	29,460.6	79.9	-5,597.4	1,355.4	1,244.7
ベトナム	-3,812.0	1,963.0	-16,097.0	10,322.0	...	-15,012.5	15,862.9	-11,200.5
マレーシア	14,143.3	26,470.5	-10,005.7	-2,321.5	-137.3	7,919.7	11,133.7	-6,086.3
ミャンマー c	67.7	167.2	-2,533.7	2,434.2	-	-2,417.9	128.9	-2,485.6
北アメリカ								
アメリカ合衆国	-846,354.0	-845,050.0	139,496.0	-140,800.0	-2,475.0	-740,586.8	114,257.7	108,242.2
カナダ	826.7	1,889.5	2,125.0	-3,187.8	-29.9	4,661.4	20,508.8	3,864.7
コスタリカ	-2,135.7	1,462.7	-4,149.9	551.4	18.8	-1,620.8	-262.7	496.1
メキシコ	-4,975.1	-22,473.9	-33,441.1	50,939.9	-48.2	-55.6	10,302.9	4,967.6
南アメリカ								
アルゼンチン	6,707.5	15,052.8	-9,826.0	1,480.8	239.1	3,916.2	-711.9	-3,030.5
コロンビア	-17,892.0	-20,308.4	-8,358.2	10,774.7	...	-16,411.7	630.0	1,480.3
チリ a	3,369.6	13,370.6	-10,963.8	962.9	1.1	1,019.0	-2,870.2	-2,351.8
ブラジル	-27,925.4	19,251.6	-50,470.7	3,293.7	225.3	-33,693.8	14,013.4	-5,993.7
ベネズエラ d	-3,870.0	2,874.0	-6,918.0	174.0	...	-6,665.5	-6,347.5	-2,795.5
ペルー	-5,273.4	7,486.3	-18,126.9	5,367.2	3.5	-11,219.2	4,257.5	-5,949.3
ヨーロッパ								
ユーロ圏	346,582.4	459,075.1	74,392.8	-186,886.6	47,928.9	521,227.0	153,232.5	126,716.8
アイルランド	70,248.7	201,860.0	-126,474.4	-5,136.9	-1,022.7	64,887.2	5,836.9	-4,338.8
イタリア	53,095.5	51,068.2	25,088.6	-23,062.5	-2,719.2	31,769.6	24,374.7	-18,606.7
エストニア	-624.3	16.4	-682.4	41.7	3,222.8	2,178.2	520.4	-420.2
オーストリア	-2,541.1	1,213.7	-480.3	-3,278.0	-0.2	-4,925.5	4,861.2	-2,384.2
オランダ	91,960.4	103,898.0	-3,424.4	-8,513.2	720.2	89,274.4	12,465.4	-3,406.1
ギリシャ	-12,694.0	-14,937.5	808.0	1,435.5	4,707.4	-6,729.9	2,985.6	1,256.6
スペイン	12,994.6	21,194.0	7,190.6	-15,388.7	13,078.0	34,149.1	12,151.5	8,074.1
スロバキア	-2,219.8	884.4	-1,965.7	-1,138.5	1,588.3	-1,724.9	501.2	-1,092.9
スロベニア	2,372.0	3,968.7	-1,017.4	-579.3	65.3	2,674.9	970.8	237.7

10-1　国際収支（2021年）（2）

（単位：100万米ドル）

国（地域）	経常収支	貿易・サービス収支	第一次所得収支	第二次所得収支	資本移転等収支	金融収支	外貨準備	誤差脱漏
ドイツ	313,753.9	228,572.7	149,098.9	-63,920.1	-1,643.7	373,059.8	37,469.8	60,950.7
フィンランド	2,710.9	685.6	5,545.9	-3,521.7	213.0	-505.7	3,439.4	-3,426.0
フランス	9,946.5	-36,853.2	96,189.8	-49,390.0	13,905.2	3,411.4	27,009.3	-20,440.6
ベルギー	-2,156.9	602.4	5,358.1	-8,118.6	1,284.2	1,686.6	9,686.2	2,561.6
ポルトガル	-2,847.6	-6,561.0	-3,052.2	6,765.6	4,514.2	2,274.9	4,257.0	610.7
マルタ	-847.0	701.0	-1,366.4	-181.6	176.2	914.1	189.1	1,584.9
ラトビア	-1,133.3	-815.2	-767.6	449.6	559.6	-725.0	171.8	-154.9
リトアニア	936.7	2,769.0	-2,175.2	342.9	949.9	1,776.5	738.2	-110.1
ルクセンブルク	4,321.7	30,439.2	-26,023.8	-93.7	-9.9	4,155.7	1,864.8	-156.1
ユーロ圏以外								
アイスランド	-697.0	-505.8	86.6	-277.8	-20.5	263.6	1,138.2	981.1
イギリス	-82,534.1	-39,929.0	-16,620.4	-25,984.7	-3,700.8	-63,370.0	23,363.6	22,864.9
ウクライナ	-3,249.0	-2,671.0	-5,200.0	4,622.0	15.0	-1,423.5	2,535.1	1,810.5
スイス	75,501.9	104,837.9	-15,402.3	-13,933.6	-5,001.9	34,484.2	48,256.2	-36,015.8
スウェーデン	33,883.3	27,355.4	18,364.6	-11,836.7	1,012.2	40,063.2	6,241.1	5,167.5
チェコ	-2,281.9	8,541.6	-9,413.1	-1,410.5	4,372.5	561.9	13,543.2	-1,528.7
デンマーク	32,465.2	26,141.8	12,458.7	-6,135.0	163.3	36,116.0	14,537.7	3,487.6
ノルウェー	71,551.1	58,629.3	20,992.4	-8,070.7	-133.8	63,643.5	10,123.0	-7,773.8
ハンガリー	-5,190.5	1,482.0	-5,307.4	-1,365.1	4,540.2	-6,377.0	4,345.1	-5,726.7
ポーランド	-4,568.0	30,922.0	-30,816.0	-4,674.0	10,937.0	1,133.0	18,900.7	-5,236.0
ロシア	122,269.7	170,087.9	-43,016.5	-4,801.7	124.4	122,375.7	63,566.9	-18.4
アフリカ								
アルジェリア a	-18,221.4	-17,492.6	-2,982.2	2,253.4	-41.3	-18,884.4	-16,503.6	-621.5
エジプト	-18,610.8	-35,699.5	-14,068.6	31,157.3	-154.9	-29,376.7	384.0	-10,611.1
ナイジェリア	-1,848.7	-15,251.2	-8,558.2	21,960.7	…	-3,746.4	3,865.3	-1,897.7
南アフリカ	15,568.7	26,078.9	-8,082.2	-2,428.0	15.2	16,770.6	4,614.4	1,186.6
モロッコ	-3,261.5	-12,969.3	-2,024.8	11,732.6	-	-1,030.8	2,847.6	2,230.7
オセアニア								
オーストラリア	56,260.9	91,081.9	-32,354.3	-2,466.6	-488.4	51,807.3	17,438.3	-3,965.2
ニュージーランド	-14,269.4	-8,085.6	-5,360.4	-823.4	-60.8	-8,735.3	3,119.4	5,595.6

a 2020年。　b ユーロ参加国。　c 2019年。　d 2016年。

10-2　外貨準備高(1)

(単位：100万米ドル)

国（地域）	2005	2010	2015	2020	2021	金	SDR	IMF リザーブ ポジション	外貨
アジア									
日本	835,506	1,071,311	1,208,212	1,345,523	1,357,577	1,332	62,330	10,643	1,283,272
アラブ首長国連邦	21,010	32,785	93,685	103,293	127,960	87	3,315	792	123,767
イスラエル	28,059	70,907	90,575	173,292	212,934	...	3,883	730	208,320
イラク	12,114	50,367	51,071	48,718	58,742	152	6	406	58,178
インド	132,500	276,243	335,181	550,184	595,544	1,188	19,114	5,354	569,889
インドネシア	33,296	93,035	103,390	131,266	140,434	124	7,795	1,110	131,405
オマーン	4,358	13,024	17,543	15,006	19,730	0	969	183	18,578
カザフスタン	6,180	25,339	20,641	12,685	11,465	634	2,049	277	8,506
カタール	4,543	30,642	36,535	37,616	38,982	89	1,374	284	37,235
韓国	210,340	291,516	363,312	437,282	457,334	164	15,369	3,481	438,319
キプロス a	4,214	539	356	415	819	22	499	130	169
クウェート	8,990	21,373	28,393	48,245	45,028	124	4,464	750	39,690
サウジアラビア	155,259	445,281	616,489	453,732	455,493	509	21,584	3,904	429,497
シンガポール	116,165	225,724	247,733	362,295	416,343	242	6,297	1,537	408,267
タイ	50,826	167,703	151,504	248,993	232,122	385	5,695	1,238	224,804
台湾	253,971	382,739	426,692	530,598	549,075	667	...	...	548,408
中国	822,479	2,867,906	3,347,942	3,241,940	3,316,989	3,068	53,065	10,689	3,250,166
トルコ	50,766	80,914	93,725	51,119	72,082	1,036	7,709	158	63,179
パキスタン	10,138	14,457	17,930	14,696	19,130	102	3,028	0	16,000
バングラデシュ	2,773	10,588	27,045	42,345	45,370	22	2,309	188	42,851
フィリピン	16,174	55,630	74,269	98,818	99,712	250	3,939	802	94,721
ベトナム	9,051	12,467	28,250	94,834	109,371	...	1,935	0	107,437
香港	124,247		358,705	491,652	496,748	3	...	...	496,734
マカオ	6,689	23,726	18,891	25,145	26,665	–	...	...	26,665
マレーシア	69,917	104,947	94,038	105,343	114,702	61	6,028	1,429	107,184
レバノン	12,348	32,011	39,203	25,466	18,906	452	4	177	18,273
北アメリカ									
アメリカ合衆国	67,168	135,487	119,222	147,031	253,007	12,810	163,629	35,832	40,736
カナダ	32,968	57,004	79,698	90,428	106,615	–	23,997	4,469	78,149
グアテマラ	3,675	5,649	7,522	18,056	20,542	11	744	77	19,711
コスタリカ	2,313	4,627	7,834	7,232	6,921	...	614	100	6,207
トリニダード・トバゴ	4,964	9,098	9,865	6,839	6,769	3	1,080	174	5,512
ホンジュラス	2,328	2,672	3,732	8,098	...	...	402	54	...
メキシコ	74,060	120,277	173,647	191,964	200,964	189	16,441	3,569	180,766
南アメリカ									
アルゼンチン	27,267	49,829	23,513	35,750	36,535	86	673	379	35,397
ウルグアイ	3,074	7,644	15,630	16,244	16,957	0	886	164	15,907
エクアドル	1,757	1,480	2,104	5,286	6,132	49	21	40	6,022
コロンビア	14,803	27,778	46,109	58,254	57,752	7	3,583	693	53,469
チリ	16,930	27,817	38,633	39,152	51,238	0	3,437	672	47,128
パラグアイ	1,297	4,138	5,672	8,718	9,195	13	136	66	8,980
ブラジル	53,299	287,114	354,280	351,628	354,827	204	19,284	4,474	330,865
ペルー	13,655	42,708	60,467	72,727	...	...	2,495	516	...
ボリビア	1,373	8,195	11,667	2,731	2,309	67	558	36	1,648
ヨーロッパ									
ユーロ圏 b	203,516	318,944	350,696	440,348	582,738	16,966	...	...	317,826

10-2　外貨準備高(2)

(単位：100万米ドル)

国（地域）	2005	2010	2015	2020	2021	金	SDR	IMF リザーブ ポジション	外貨
アイルランド	787	1,853	2,008	7,108	12,705	15	5,670	1,129	5,891
イタリア	29,458	51,933	50,857	65,588	87,863	3,862	28,692	5,507	48,604
エストニア	1,944	2,556	407	1,982	2,357	0	362	84	1,912
オーストリア	7,326	10,075	13,134	13,870	18,013	441	7,639	1,428	8,505
オランダ	10,104	19,533	18,296	17,726	29,594	965	19,138	3,183	5,292
ギリシャ	680	1,503	2,365	5,191	7,953	180	3,269	805	3,699
スペイン	10,414	19,634	44,817	64,624	76,167	443	16,601	3,473	54,857
スロバキア	14,957	774	1,861	7,468	7,805	50	1,840	374	5,541
スロベニア	8,084	932	753	1,123	2,086	5	1,130	220	731
ドイツ	50,653	68,189	63,779	69,419	104,459	5,290	52,649	9,542	36,978
フィンランド	10,600	7,412	8,418	10,572	13,953	77	4,795	877	8,195
フランス	32,298	60,021	58,990	80,062	105,540	3,837	38,747	7,316	53,630
ベルギー	8,607	16,893	16,707	19,839	28,924	358	14,640	2,346	11,197
ポルトガル	4,150	4,315	6,963	6,819	10,750	603	3,767	653	5,729
マルタ	2,577	536	569	919	1,144	0	348	57	739
ラトビア	2,245	7,270	3,231	4,896	5,112	10	615	1	4,486
リトアニア	3,730	6,346	1,508	4,502	5,249	9	817	147	4,276
ルクセンブルク	245	751	698	985	2,793	4	2,124	476	189
ユーロ圏以外									
アイスランド	1,039	5,702	4,976	6,302	6,966	3	591	98	6,275
イギリス	54,509	84,543	138,019	161,691	176,513	489	41,140	7,081	127,804
ウクライナ	19,027	33,375	12,411	27,591	29,426	43	19	0	29,364
スイス	38,372	225,283	568,581	1,021,857	1,050,601	1,638	12,984	2,181	1,033,799
スウェーデン	22,361	42,783	54,010	50,820	54,894	198	9,364	1,715	43,617
チェコ	29,352	41,931	64,164	165,564	173,015	17	3,565	760	168,674
デンマーク	33,037	73,618	63,021	68,885	78,446	105	6,556	1,147	70,639
ノルウェー	46,986	53,215	57,456	75,259	84,271	–	7,494	1,446	75,330
ハンガリー	18,557	44,855	33,024	39,485	38,103	149	2,605	422	34,927
ブルガリア	8,105	15,490	20,846	35,444	36,863	64	2,076	137	34,585
ポーランド	41,029	89,000	91,555	140,687	152,885	364	5,916	1,453	145,153
ルーマニア	20,041	43,541	35,328	46,057	45,984	163	3,831	–	41,990
ロシア	176,514	444,953	322,041	460,743	501,179	3,625	24,216	5,264	468,075
アフリカ									
アルジェリア	56,582	162,915	144,948	49,163	46,328	273	3,914	758	41,382
アンゴラ	3,197	19,679	23,791	13,782	14,468	...	1,190	159	13,119
エジプト	20,731	33,743	13,400	34,225	35,217	127	2,657	383	32,050
ケニア	1,799	4,320	7,514	8,296	9,490	0	686	19	8,785
コンゴ民主共和国	131	1,300	1,216	748	3,467	–	1,467	–	2,000
ナイジェリア	28,280	32,339	28,283	36,730	...	...	5,318	246	...
ボツワナ	6,309	7,885	7,546	4,941	4,802	...	348	70	4,384
南アフリカ	18,779	38,392	41,815	47,591	50,460	197	6,189	924	43,149
モロッコ	16,223	22,752	22,031	34,689	34,389	35	2,048	206	32,100
リビア	39,739	99,894	73,856	72,754	75,620	184	4,450	571	70,415
オセアニア									
オーストラリア	42,070	38,798	42,874	39,242	53,900	110	13,734	2,631	37,425
ニュージーランド	8,893	16,723	14,700	13,733	16,114	–	2,970	479	12,665
パプアニューギニア	721	3,036	1,695	...	...		363	1	...

a　ユーロ参加国。　b　欧州中央銀行の外貨準備高を含む。

10-3　為替相場(1)

（1米ドル当たり年平均値）

国（地域）	通貨単位	相場	2017	2018	2019	2020	2021
アジア							
日本	円	市場	112.166	110.423	109.010	106.775	109.754
アラブ首長国連邦	UAEディルハム	公定	3.673	3.673	3.673	3.673	3.673
イスラエル	新シェケル	市場	3.600	3.591	3.565	3.442	3.230
イラク	イラクディナール	市場	1,184.00	1,182.75	1,182.00	1,192.00	1,450.00
イラン	イランリアル	公定	33,226.30	40,864.33	42,000.00	42,000.00	42,000.00
インド	インドルピー	市場	65.122	68.389	70.420	74.100	73.918
インドネシア	ルピア	市場	13,380.83	14,236.94	14,147.67	14,582.20	14,308.14
オマーン	オマーンリアル	公定	0.385	0.385	0.385	0.385	0.385
カザフスタン	テンゲ	公定	326.001	344.706	382.747	412.953	425.908
カタール	カタールリヤル	公定	3.640	3.640	3.640	3.640	3.640
韓国	ウォン	市場	1,131.00	1,100.16	1,165.36	1,180.27	1,143.95
クウェート	クウェートディナール	公定	0.303	0.302	0.304	0.306	0.302
サウジアラビア	サウジアラビアリヤル	公定	3.750	3.750	3.750	3.750	3.750
シリア	シリアポンド	主要	492.611	…	…	…	…
シンガポール	シンガポールドル	市場	1.381	1.349	1.364	1.380	1.343
スリランカ	スリランカルピー	市場	152.446	162.465	178.745	185.593	…
タイ	バーツ	公定	33.940	32.310	31.048	31.294	31.977
台湾	新台湾ドル	市場	30.442	30.163	30.927	29.583	28.024
中国	人民元	市場	6.759	6.616	6.908	6.901	6.449
トルコ	トルコリラ	市場	3.648	4.828	5.674	7.009	8.850
ネパール	ネパールルピー	市場	104.512	108.930	112.609	118.345	118.134
パキスタン	パキスタンルピー	市場	105.455	121.824	150.036	161.838	162.906
バングラデシュ	タカ	公定	80.438	83.466	84.454	84.871	85.084
フィリピン	フィリピンペソ	市場	50.404	52.661	51.796	49.624	49.255
ベトナム	ドン	市場	22,370.09	22,602.05	23,050.24	23,208.37	23,159.78
香港	香港ドル	市場	7.793	7.839	7.836	7.757	7.773
マレーシア	リンギット	公定	4.300	4.035	4.142	4.203	4.143
ミャンマー	チャット	公定	1,360.36	1,429.81	1,518.26	1,381.62	…
北アメリカ							
カナダ	カナダドル	市場	1.298	1.296	1.327	1.341	1.254
グアテマラ	ケツァル	市場	7.348	7.519	7.697	7.722	7.734
パナマ	バルボア	公定	1.000	1.000	1.000	1.000	1.000
メキシコ	メキシコペソ	市場	18.927	19.244	19.264	21.486	20.272
南アメリカ							
アルゼンチン	アルゼンチンペソ	市場	16.563	28.095	48.148	70.539	94.991
ウルグアイ	ウルグアイペソ	市場	28.676	30.725	35.255	42.013	43.555
コロンビア	コロンビアペソ	市場	2,951.33	2,955.70	3,280.83	3,694.85	3,743.59
チリ	チリペソ	市場	648.834	641.277	702.897	792.727	758.955
ブラジル	レアル	主要	3.191	3.654	3.944	5.155	5.394
ベネズエラ	ボリバルフエルテ	公定	9.975	…	…	…	…
ペルー	ソル	市場	3.260	3.287	3.337	3.495	3.881
ボリビア	ボリビアーノ	市場	6.910	6.910	6.910	6.910	6.910
ヨーロッパ							
ユーロ圏	ユーロ	市場	0.885	0.847	0.893	0.876	0.845

10-3　為替相場(2)

（1米ドル当たり年平均値）

国（地域）	通貨単位	相場	2017	2018	2019	2020	2021
ユーロ圏以外							
アイスランド	アイスランドクローナ	公定	106.840	108.300	122.607	135.422	126.989
イギリス	スターリングポンド	市場	0.777	0.750	0.783	0.780	0.727
ウクライナ	フリヴニャ	公定	26.597	27.200	25.846	26.958	27.286
クロアチア	クーナ	市場	6.624	6.279	6.623	6.614	6.360
スイス	スイスフラン	市場	0.985	0.978	0.994	0.939	0.914
スウェーデン	スウェーデンクローナ	公定	8.549	8.693	9.458	9.210	8.577
チェコ	チェココルナ	公定	23.376	21.730	22.932	23.210	21.678
デンマーク	デンマーククローネ	市場	6.603	6.315	6.669	6.542	6.287
ノルウェー	ノルウェークローネ	公定	8.272	8.133	8.800	9.416	8.590
ハンガリー	フォリント	公定	274.433	270.212	290.660	307.997	303.141
ブルガリア	レフ	公定	1.735	1.657	1.747	1.716	1.654
ポーランド	ズロチ	市場	3.779	3.612	3.839	3.900	3.862
ルーマニア	レウ	市場	4.052	3.942	4.238	4.244	4.160
ロシア	ルーブル	公定	58.343	62.668	64.738	72.105	73.654
アフリカ							
アルジェリア	アルジェリアンディナール	公定	110.973	116.594	119.354	126.777	135.064
アンゴラ	クワンザ	市場	165.916	252.856	364.826	578.259	631.442
ウガンダ	ウガンダシリング	主要	3,611.22	3,727.07	3,704.05	3,718.25	3,587.05
エジプト	エジプトポンド	市場	17.783	17.767	16.771	15.759	15.645
ガーナ	ガーナセディ	市場	4.35	4.59	5.22	5.60	5.81
カメルーン	CFAフラン	公定	580.657	555.446	585.911	575.586	554.531
ケニア	ケニアシリング	主要	103.410	101.302	101.991	106.451	109.638
コンゴ民主共和国	コンゴフラン	公定	1,464.418	1,622.524	1,647.760	1,851.122	1,989.391
スーダン	スーダンポンド	市場	6.683	24.329	45.767	53.996	...
セネガル	CFAフラン	公定	580.657	555.446	585.911	575.586	554.531
タンザニア	タンザニアシリング	公定	2,228.857	2,263.782	2,288.207	2,294.146	2,297.764
チュニジア	チュニジアディナール	市場	2.419	2.647	2.934	2.812	2.794
ナイジェリア	ナイラ	主要	305.790	306.084	306.921	358.811	...
マダガスカル	アリアリ	公定	3,116.11	3,334.75	3,618.32	3,787.75	3,829.98
南アフリカ	ランド	主要	13.324	13.234	14.448	16.459	14.779
モロッコ	モロッコディルハム	公定	9.692	9.386	9.617	9.497	8.988
オセアニア							
オーストラリア	オーストラリアドル	市場	1.305	1.338	1.439	1.453	1.331
ニュージーランド	ニュージーランドドル	市場	1.407	1.445	1.518	1.542	1.414

10-4　マネーストック（2021年）(1)

国（地域）・通貨単位	年末残高					政策金利（年末）(%)
	合計	現金通貨	預金通貨	準通貨	株式以外の有価証券	
アジア						
日本 （10億円）	1,557,411	116,193	908,612	532,606	−	a -0.10
アラブ首長国連邦 （10億UAEディルハム）	1,563	94	814	655	−	…
イラク （10億イラクディナール）	139,737	71,526	48,418	19,793	−	…
インドネシア （10億ルピア）	7,870,453	831,234	4,095,691	2,920,853	22,675	3.50
カザフスタン （10億テンゲ）	30,099	2,998	9,205	17,896	−	9.75
韓国 （10億ウォン）	3,613,688	156,264	1,216,072	2,101,933	139,418	1.00
クウェート b （10億クウェートディナール）	38	1	9	28	−	3.00
タイ c （10億バーツ）	22,880	1,734	717	20,388	40	0.50
トルコ （10億トルコリラ）	5,207	216	1,934	3,009	48	12.50
ネパール （10億ネパールルピー）	5,252	557	327	4,368	−	5.00
パキスタン （10億パキスタンルピー）	24,710	6,963	13,481	4,267	0	10.75
バングラデシュ （10億タカ）	19,978	2,091	1,687	12,806	3,394	4.00
フィリピン （10億フィリピンペソ）	17,541	1,877	4,396	10,695	574	2.00
マカオ （10億マカオパタカ）	687	19	56	612	−	…
マレーシア （10億リンギット）	2,058	137	489	1,404	28	1.75
ミャンマー c （10億チャット）	74,683	16,046	7,149	51,488	−	7.00
北アメリカ						
アメリカ合衆国 （10億米ドル）	27,199	2,097	6,296	18,806	−	0.13
グアテマラ （10億ケツァル）	407	63	120	214	10	1.75
コスタリカ （10億コスタリカコロン）	21,751	969	16,456	80	4,247	1.25
メキシコ （10億メキシコペソ）	11,474	2,227	3,709	5,485	53	5.50
南アメリカ						
ウルグアイ （10億ウルグアイペソ）	1,554	78	1,300	122	55	15.00
コロンビア （10億コロンビアペソ）	651,490	108,299	77,082	289,190	176,919	3.00
チリ （10億チリペソ）	224,419	15,209	74,768	75,870	58,571	4.00
パラグアイ （10億グアラニー）	142,041	14,470	55,451	40,580	31,540	…
ブラジル （10億レアル）	8,584	286	364	5,845	2,090	9.25
ペルー （10億ソル）	482	83	122	266	11	2.50

10-4　マネーストック（2021年）（2）

国（地域）・通貨単位	年末残高					政策金利（年末）（%）
	合計	現金通貨	預金通貨	準通貨	株式以外の有価証券	
ヨーロッパ						
ユーロ圏	15,308	1,477	9,652	4,151	28	d ...
（10億ユーロ）						
アイルランド	375	24	260	170	−79	...
（10億ユーロ）						
イタリア	2,118	236	1,511	367	5	...
（10億ユーロ）						
エストニア	29	4	23	3	0	...
（10億ユーロ）						
オーストリア	454	31	331	88	4	...
（10億ユーロ）						
オランダ	1,073	83	508	477	5	...
（10億ユーロ）						
ギリシャ	224	34	154	35	−	...
（10億ユーロ）						
スペイン	1,681	166	1,361	126	28	...
（10億ユーロ）						
スロバキア	78	16	53	9	−0	...
（10億ユーロ）						
ドイツ	3,985	337	2,853	771	24	...
（10億ユーロ）						
フィンランド	258	26	187	12	33	...
（10億ユーロ）						
フランス	3,239	284	1,497	1,428	30	...
（10億ユーロ）						
ベルギー	708	52	282	352	22	...
（10億ユーロ）						
ポルトガル	281	32	154	95	0	...
（10億ユーロ）						
ユーロ圏以外						
アイスランド	2,343	74	762	1,506	−	2.00
（10億アイスランドクローナ）						
ウクライナ	2,071	581	1,018	470	2	...
（10億フリヴニャ）						
チェコ	5,611	691	4,366	555	−1	3.75
（10億チェココルナ）						
ノルウェー	2,909	37	2,686	184	2	0.50
（10億ノルウェークローネ）						
ポーランド	1,985	340	1,385	256	5	1.75
（10億ズロチ）						
ルーマニア	564	96	311	158	−	1.75
（10億レウ）						
ロシア	83,761	13,200	22,808	47,747	6	8.50
（10億ルーブル）						
アフリカ						
エジプト	5,823	702	838	4,283	−	8.75
（10億エジプトポンド）						
ナイジェリア	43,818	2,938	15,231	25,648	1	11.50
（10億ナイラ）						
南アフリカ	4,354	144	1,015	2,752	442	3.75
（10億ランド）						
オセアニア						
オーストラリア	2,904	96	1,584	855	369	0.10
（10億オーストラリアドル）						

a 基準割引率及び基準貸付利率。　b 2018年。　c 2020年。　d 主要リファイナンシング・オペ金利（Main Refinancing Operations Rate）。

10-5　主要国の財政収支

国（地域）	種類	年度	普通入 a (A)	歳出 (B)	収支尻 (C)=(A)-(B)	公債依存度 (C)/(B)	利払費 (D)	利払費/歳出規模 (D)/(B)
日本 b	実績	18	657,736	989,747	-332,011	33.5	77,705	7.9
（億円）	実績	19	658,578	1,013,665	-355,087	35.0	75,961	7.5
	実績	20	682,290	1,475,974	-793,684	53.8	73,771	5.0
	補正後予算	21	707,963	1,425,992	-718,029	50.4	73,024	5.1
	予算	22	706,173	1,075,964	-369,791	34.4	82,472	7.7
アメリカ合衆国 c	実績	18	3,329,907	4,109,045	-779,138	19.0	324,975	7.9
（100万米ドル）	実績	19	3,463,364	4,446,956	-983,592	22.1	375,158	8.4
	実績	20	3,421,164	6,553,603	-3,132,439	47.8	345,470	5.3
	実績	21	4,047,112	6,822,449	-2,775,337	40.7	352,338	5.2
	予算（推計値）	22	4,436,626	5,851,576	-1,414,950	24.2	357,132	6.1
イギリス d	実績	18	749,574	782,636	-33,062	4.2	48,899	6.2
（100万	実績	19	759,414	812,840	-53,426	6.6	48,107	5.9
スターリングポンド）	実績	20	724,460	1,055,166	-330,706	31.3	39,404	3.7
	推計値	21	823,527	958,444	-134,917	14.1	69,479	7.2
	推計値	22	906,553	997,592	-91,039	9.1	87,179	8.7
ドイツ e	実績	18	347,917	336,710	11,207	-3.3	16,451	4.9
（100万ユーロ）	実績	19	356,734	343,186	13,548	-3.9	12,084	3.5
	実績	20	311,333	441,798	-130,465	29.5	6,457	1.5
	予算	21	332,550	572,726	-240,176	41.9	10,267	1.8
	予算	22	357,868	457,598	-99,730	21.8	10,918	2.4
フランス f	実績	18	248,308	325,214	-76,906	23.6	41,541	12.8
（100万ユーロ）	実績	19	233,342	330,254	-96,912	29.3	40,256	12.2
	実績	20	205,031	381,760	-176,729	46.3	35,802	9.4
	予算	21	229,862	406,826	-176,964	43.5	37,535	9.2
	予算	22	238,149	391,907	-153,758	39.2	38,656	9.9

a 税収とその他の収入の合計（公債収入を除く）。　b 会計年度は4月〜翌年3月。　c 連邦政府の統合予算、会計年度は前年10月〜9月。　d 中央政府の一般会計、会計年度は4月〜翌年3月。　e 連邦政府予算の一般会計、会計年度は1月〜12月。　f 中央政府の一般会計、会計年度は1月〜12月。

10-6　OECD加盟国の一般政府財政収支（対名目GDP比）

（単位：%）

国（地域）	2012	2013	2014	2015	2016	2017	2018	2019	2020	2021
OECD加盟国 a	-6.0	-4.4	-3.7	-3.1	-3.0	-2.3	-2.8	-3.2	-10.3	-7.3
アジア										
日本	-8.2	-7.6	-5.6	-3.7	-3.6	-3.1	-2.5	-3.0	-9.0	* -5.5
イスラエル	-4.3	-4.1	-2.3	-1.1	-1.7	-1.1	-3.6	-3.9	-10.7	-3.8
韓国	1.0	1.3	1.2	1.2	2.2	2.7	3.0	1.0	-2.7	-0.8
北アメリカ										
アメリカ合衆国	-9.3	-5.9	-5.4	-4.7	-5.5	-4.5	-6.2	-6.7	-14.9	-12.1
カナダ	-2.5	-1.5	0.2	-0.1	-0.5	-0.1	0.4	0.0	-11.4	-5.0
南アメリカ										
コロンビア	-0.4	-1.5	-3.1	-3.4	-4.6	-3.8	-5.2	-4.1	-8.8	* -7.4
ヨーロッパ										
ユーロ圏	-3.8	-3.1	-2.5	-2.0	-1.5	-0.9	-0.4	-0.6	-7.1	-5.2
アイルランド	-8.5	-6.4	-3.6	-2.0	-0.8	-0.3	0.1	0.5	-5.0	-1.7
イタリア	-2.9	-2.9	-3.0	-2.6	-2.4	-2.4	-2.2	-1.5	-9.5	-7.2
エストニア	-0.3	0.2	0.7	0.1	-0.4	-0.5	-0.6	0.1	-5.5	-2.4
オーストリア	-2.2	-2.0	-2.7	-1.0	-1.5	-0.8	0.2	0.6	-8.0	-5.9
オランダ	-3.9	-3.0	-2.3	-1.9	0.1	1.4	1.5	1.8	-3.7	-2.6
ギリシャ	-9.1	-13.4	-3.7	-5.9	0.2	0.6	0.9	1.1	-9.9	-7.4
スペイン	-11.6	-7.5	-6.1	-5.3	-4.3	-3.1	-2.6	-3.1	-10.1	-6.9
スロバキア	-4.4	-2.9	-3.1	-2.7	-2.6	-1.0	-1.0	-1.2	-5.4	-5.5
スロベニア	-4.0	-14.6	-5.5	-2.8	-1.9	-0.1	0.7	0.6	-7.7	-4.7
ドイツ	0.0	0.0	0.6	1.0	1.2	1.3	1.9	1.5	-4.3	-3.9
フィンランド	-2.2	-2.5	-3.0	-2.4	-1.7	-0.7	-0.9	-0.9	-5.5	-2.7
フランス	-5.0	-4.1	-3.9	-3.6	-3.6	-3.0	-2.3	-3.1	-9.0	-6.5
ベルギー	-4.3	-3.1	-3.1	-2.4	-2.4	-0.7	-0.9	-1.9	-9.0	-5.6
ポルトガル	-6.2	-5.1	-7.4	-4.4	-1.9	-3.0	-0.3	0.1	-5.8	-2.9
ラトビア	-1.4	-1.2	-1.6	-1.4	0.0	-0.8	-0.8	-0.6	-4.3	-7.0
リトアニア	-3.2	-2.6	-0.6	-0.3	0.3	0.4	0.5	0.5	-7.0	-1.0
ルクセンブルク	0.5	0.8	1.3	1.3	1.9	1.4	3.0	2.2	-3.4	0.8
ユーロ圏以外										
アイスランド	-2.5	-1.2	0.4	-0.3	12.6	1.0	1.0	-1.5	-8.8	-7.8
イギリス	-8.1	-5.5	-5.5	-4.5	-3.3	-2.4	-2.2	-2.5	-13.1	-8.2
スイス	0.2	-0.4	-0.2	0.5	0.2	1.1	1.3	1.3	-3.1	-0.5
スウェーデン	-1.1	-1.5	-1.5	0.0	1.0	1.4	0.8	0.6	-2.8	-0.1
チェコ	-3.9	-1.3	-2.1	-0.6	0.7	1.5	0.9	0.3	-5.8	-5.1
デンマーク	-3.5	-1.2	1.1	-1.3	-0.1	1.8	0.8	4.1	0.2	3.6
ノルウェー	13.8	10.7	8.6	6.0	4.1	5.0	7.9	6.6	-2.6	9.9
ハンガリー	-2.3	-2.6	-2.8	-2.0	-1.8	-2.5	-2.1	-2.0	-7.5	-7.1
ポーランド	-3.8	-4.3	-3.7	-2.6	-2.4	-1.5	-0.2	-0.7	-6.9	-1.8
オセアニア										
オーストラリア	-3.0	-1.9	-1.8	-1.0	-1.6	-0.6	-0.6	-1.3	-12.5	-5.3
ニュージーランド	-2.1	-0.6	0.5	0.2	1.2	1.6	0.9	-0.6	-7.4	* -3.9

a　トルコ、コスタリカ、メキシコ及びチリを除く。

10-7　OECD加盟国の国内総生産に対する税収（2020年）

(単位：%)

国（地域）	国内総生産に対する税収	所得税	法人税	社会保険料 被保険者負担分	社会保険料 事業主負担分	資産税	財・サービス税
OECD加盟国 a	33.4	23.5	9.6	b 9.8	b 14.2	5.5	32.6
アジア							
日本 a	31.4	18.8	12.0	18.2	19.1	8.2	19.7
イスラエル	29.7	22.1	9.3	9.6	5.2	9.9	35.7
韓国	28.0	18.8	12.1	12.1	12.6	14.2	24.4
トルコ	23.9	13.2	8.7	11.4	16.9	4.4	43.0
北アメリカ							
アメリカ合衆国	25.5	41.1	5.1	11.2	12.3	11.9	16.9
カナダ	34.4	36.3	12.3	5.9	7.9	12.1	21.6
コスタリカ	22.9	6.8	8.4	0.0	4.7	2.0	33.3
メキシコ	17.9	21.0	20.1	...	...	1.6	37.2
南アメリカ							
コロンビア	18.7	6.9	24.5	...	...	9.7	41.4
チリ	19.3	10.3	24.3	7.7	0.3	5.2	54.9
ヨーロッパ							
アイスランド	36.1	42.3	6.0	...	...	6.8	31.0
アイルランド	20.2	32.7	15.9	5.9	10.9	5.7	27.8
イギリス	32.8	28.9	7.1	8.1	12.2	11.8	31.0
イタリア	42.9	26.9	4.9	5.9	21.1	5.7	26.9
エストニア	34.5	17.8	4.9	1.5	33.7	0.6	39.3
オーストリア	42.1	22.0	4.9	15.0	17.4	1.4	27.2
オランダ	39.7	22.8	7.8	12.6	13.9	4.2	30.3
ギリシャ	38.8	...	...	...	...	7.9	38.5
スイス	27.6	30.7	11.1	11.6	11.8	7.8	18.8
スウェーデン	42.6	29.1	6.6	6.1	15.1	2.2	28.6
スペイン	36.6	23.8	5.4	5.3	27.3	6.7	26.7
スロバキア	34.8	10.9	7.2	10.9	27.1	1.4	35.1
スロベニア	36.9	14.7	3.6	22.5	16.6	1.7	34.2
チェコ	34.4	13.5	8.4	9.6	29.3	0.6	31.5
デンマーク	46.5	54.2	5.6	0.1	0.1	4.2	30.7
ドイツ	38.3	27.0	4.3	16.8	19.0	3.3	25.7
ノルウェー	38.6	29.2	6.2	10.2	16.8	3.4	32.2
ハンガリー	35.7	14.8	2.8	16.7	14.3	3.0	45.4
フィンランド	41.9	30.0	5.0	8.6	16.8	3.6	33.9
フランス	45.4	21.0	5.1	7.9	22.2	8.8	27.0
ベルギー	43.1	27.7	7.7	9.7	19.1	8.0	24.8
ポーランド	36.0	14.4	6.3	...	...	3.6	33.8
ポルトガル	34.8	19.9	7.9	11.8	17.8	4.2	37.5
ラトビア	31.9	19.1	2.3	10.4	21.0	3.0	44.0
リトアニア	31.2	23.0	5.1	25.3	2.4	1.0	37.5
ルクセンブルク	38.3	25.5	12.0	13.6	12.1	10.0	23.0
オセアニア							
オーストラリア a	27.7	42.0	17.1	0.0	0.0	9.8	26.3
ニュージーランド	32.2	38.6	14.3	0.0	0.0	5.9	38.8

a 2019年。　b メキシコ、コロンビア及びアイスランドを除く。

第 11 章　国際開発援助

11-1　開発途上国への公的開発資金の流れ
〔出典〕
OECD, *Statistics on Resource Flows to Developing Countries*
2022年7月ダウンロード
〔解説〕
公的開発資金（ODF：Official Development Finance）：政府開発援助（ODA：Official
Development Assistance）及びその他の公的資金（OOF：Other Official Flows）が含
まれる。
・**政府開発援助**（ODA）：開発途上国・地域又は国際機関を対象とする、(1)公的機
関又はその実施機関によって供与される、(2)開発途上国の経済開発や福祉の向
上に寄与することを主たる目的とする、(3)譲許的性格を有する（有償資金協力
の場合、貸付条件（金利、償還期間等）が受取国にとって有利に設定されてい
る）、の3条件を満たす援助。軍事目的のものは含まない。各国が相手国に直
接行う「二国間援助」と、国際機関を経由して行う「多国間援助」がある。二
国間援助には、贈与（無償資金協力、技術協力）及び政府貸付等（有償資金協
力）があり、多国間援助には、国連機関、国際機関及び国際金融機関等への拠
出・出資などがある。
・**その他の公的資金**（OOF）：ODA としての条件を満たさない公的資金。輸出信用、
直接投資、国際機関に対する融資など。
開発援助委員会（DAC：Development Assistance Committee）：OECD の中で、開発援
助（開発途上国（地域）の経済・社会開発に対する援助）について専門的な議論、
検討を行っている組織であり、OECD 加盟国のうち30か国及び欧州連合で構成。

11-2　国際機関から開発途上国への公的開発資金の流れ
〔出典〕
OECD, *Statistics on Resource Flows to Developing Countries*
2022年7月ダウンロード
〔解説〕
　純額ベース（一定期間における開発途上国の受取額から返済額を差し引いたも
の）。「譲許的援助」と「非譲許的援助」とに区分されている。
国際連合：国際連合、その補助機関などの資金協力の合計。
その他：カリブ開発銀行、アラブ経済社会開発基金など。

11-3　DAC 加盟国の経済協力支出額
〔出典〕
OECD, *Statistics on Resource Flows to Developing Countries*
2022年7月ダウンロード
〔解説〕
　純額ベース。国民総所得（GNI）については「3-8　国民総所得」の解説を参照。
民間資金（PF：Private Flows）：銀行貸付、民間輸出信用、直接投資、開発途上国及
び国際機関の証券・債券の購入など。

11-4　DAC 加盟国の二国間 ODA の地域別配分
〔出典〕
OECD, *Statistics on Resource Flows to Developing Countries*
2022年 7 月ダウンロード
〔解説〕
　純額ベース。ODA の地域別実績の割合（地域別に分類できない援助を除く。）。国際機関を通じた拠出・出資額を含む。地域区分は DAC による。

11-5　DAC 加盟国の二国間 ODA の分野別配分
〔出典〕
OECD, *Statistics on Resource Flows to Developing Countries*
2022年 7 月ダウンロード
〔解説〕
　ODA の約束額（援助国と被援助国間で協力の内容を取り決めた交換公文書に基づく額）による分野別の配分割合。分野の区分は DAC による。
社会・行政基盤：教育、保健、人口政策、リプロダクティブ・ヘルス、政府及び市民社会、水供給・衛生など。
経済基盤：運輸・通信、エネルギーなど。
生産：農林水産業（農村開発を含む。）、鉱工業・建設、貿易・観光など。
その他：プログラム援助、債務救済、人道支援、行政経費など。含まれる項目は国により異なる。債務救済には、非 ODA 債務救済を含む。

11-6　経済協力資金受取額
〔出典〕
OECD, *OECD.stat, Development*
2022年 9 月ダウンロード
〔解説〕
　純額ベース。ODA、OOF 及び PF の総額。
後発開発途上国（LDCs：Least Developed Countries）：国連による開発途上国の所得別分類で、開発途上国の中でも特に開発が遅れている国。これらの国は、DAC が作成する「援助受取国・地域リスト」にも掲載されている。

11-7　開発途上国の社会・環境指標
〔出典〕
UNDP, *Human Development Report 2021/2022*
2022年10月ダウンロード
The World Bank, *World Development Indicators*
2022年10月ダウンロード
〔解説〕
　各国政府が国際機関に提供した情報及び国際機関の研究調査等に基づき、UNDP（(1)～(4)）及び世界銀行（(5)～(16)）が取りまとめたもの。データの年次が「2009-19」のように表記されているものは、その期間内に入手できた直近の年次データであることを示す。
(1)**人間開発指数**（HDI）：保健、教育、所得という人間開発の３つの側面に関して、ある国における平均達成度を測るための指標。HDI は０～１の間の数値で表され、１に近いほど人間開発が進んでいることを示す。
(2)**国際貧困ライン以下の人口割合**：国際貧困ライン（１人１日当たりの生活費1.90米ドル―購買力平価換算）以下の人口割合。「購買力平価」は、「3-9　OECD 加盟国の購買力平価の推移」の解説を参照。

(3) **多次元貧困指数（MPI）**：健康、教育、生活水準の面における深刻な貧困の度合いを数値化した指標。数値が大きいほど多次元貧困度が高い。

(4) **平均就学年数**：25歳以上の人が生涯を通じて受けた教育年数の平均。

(5) **5歳未満の発育阻害児の割合**：WHO の「子どもの成長と発育の評価基準」（WHO Child Growth Standards）による身長年齢比の中央値から、標準偏差がマイナス2を下回る生後0〜59か月児の割合。

(6) **乳児死亡率**：出生時から満1歳に達する日までに死亡する確率。出生1,000人当たりの死亡数で表す。

(7) **5歳未満児死亡率**：出生時から満5歳に達する日までに死亡する確率。出生1,000人当たりの死亡数で表す。

(8) **栄養不良の人口割合**：食物摂取量が慢性的に十分でない人口割合。

(9) **安全に管理された飲料水を利用している人口割合**：自宅にあり、必要な時に入手でき、排泄物や化学物質によって汚染されていない、改善された水源から飲料水を利用している人口割合。改善された水源とは、水道、管井戸、保護された掘削井戸、保護された泉及び梱包又は配達される水など。

(10) **電力を利用できる人口割合**：電力を利用することができる人口割合。

(11) **妊産婦死亡率**：出生10万人当たり、妊娠中又は妊娠終了から42日以内の間に、妊娠関連の原因で死亡する女性の年間人数。

(12) **医師などが補助した出産の割合**：妊娠・陣痛中及び産後の女性に対して、必要な監督及び自己分娩や新生児の世話に関する助言を与えるように訓練を受けた人が補助を行った分娩の割合。

(13) **15〜19歳女性の出生率**：15〜19歳の女性1,000人当たりの出生数。

(14) **15〜49歳既婚女性の避妊実行率**：本人又は相手が少なくとも1つの近代的方法による避妊を実施している女性の割合。近代的方法とは、避妊手術、ピル、子宮内避妊器具（IUD）、男性用コンドーム、注射型避妊薬、インプラント（ノルプラント（皮下埋込式避妊薬）を含む。）、バリア避妊法、女性用コンドーム及び緊急避妊法など。

(15) **幼児へのはしかワクチン接種率**：生後12か月又は調査日までに、はしかワクチンの接種を受けた生後12〜23か月の幼児の割合。

(16) **結核罹患率**：人口10万人当たりの結核罹患者数（推計値）。

11-8　難民の人口

〔出典〕
UNHCR, *Global Trends 2019, 2020, 2021*
2022年8月ダウンロード

〔解説〕
　UNHCR による推計値を含む暫定値。各年12月31日現在。

総数：難民のほか、庇護（ひご）希望者（自国を離れ、他国で庇護申請を希望し、法的な難民としての認定を待つ人々）、帰還民（出身国へ帰還した人々）、国内避難民（他国へ逃れることができず国内で避難しているため、国際法に基づく保護や援助を受けることができない人々）、無国籍者など UNHCR の援助対象者が含まれる。

難民：人種、宗教、国籍、政治的意見又は特定の社会集団に属するという理由で、自国にいると迫害を受けるおそれがあるために他国へ逃れ、国際的保護を必要とする人々。難民と同様の保護を受けている者を含む。

11-1 開発途上国への公的開発資金の流れ

（単位：10億米ドル（2020年基準））

形態	2015	2016	2017	2018	2019	2020
公的開発資金（ODF）	189.4	194.1	192.1	192.8	192.1	244.8
政府開発援助（ODA）	155.2	168.3	171.6	167.9	166.9	196.1
二国間 a	110.3	123.5	125.3	124.4	120.8	128.8
国際機関による支出	44.9	44.8	46.4	43.5	46.1	67.4
その他のODF	34.1	25.9	20.5	24.9	25.2	48.7
二国間 a	7.4	−0.6	−2.4	0.0	−3.9	0.0
国際機関による支出	26.7	26.5	22.9	24.9	29.1	48.7
［参考］						
DAC加盟国のODA（純額）b	139.8	155.2	154.9	151.3	150.6	162.6
二国間贈与	93.6	104.1	104.1	99.9	99.5	100.5

a DAC加盟国及びDAC非加盟国による支出。　　b 「二国間」及び「国際機関向け」の合計。

11-2　国際機関から開発途上国への公的開発資金の流れ

（単位：100万米ドル）

機関	2009〜2010 a	2016	2017	2018	2019	2020
譲許的援助総額	**36,260**	**41,518**	**43,954**	**43,338**	**44,736**	**67,353**
国際開発協会　　　（IDA）	8,532	8,105	9,513	10,894	12,670	15,498
米州開発銀行　　　（IDB）	283	1,442	1,083	873	531	584
アフリカ開発銀行（AfDB）	2,290	2,190	2,547	2,076	1,650	2,420
アジア開発銀行　（AsDB）	1,418	1,374	1,106	704	1,559	2,816
欧州連合機関 （EU Institutions）	12,827	16,832	16,054	16,758	14,914	20,805
国際連合　　　　　（UN）	4,173	5,214	5,871	5,510	5,955	5,305
国際通貨基金　　　（IMF）	1,528	−129	55	−136	246	8,694
その他	5,209	6,489	7,724	6,659	7,209	11,231
非譲許的援助総額	**37,041**	**24,698**	**21,723**	**24,684**	**28,341**	**48,662**
国際復興開発銀行（IBRD）	14,867	9,398	6,000	7,676	10,573	16,011
国際金融公社　　　（IFC）	1,969	−	−	−	−	−
米州開発銀行　　　（IDB）	5,685	3,030	1,735	3,469	2,660	5,583
アフリカ開発銀行（AfDB）	1,813	2,672	3,410	2,256	675	767
アジア開発銀行　（AsDB）	854	658	1,232	927	1,043	986
欧州復興開発銀行（EBRD）	2,026	2,085	1,357	2,169	5,594	6,158
欧州連合機関 （EU Institutions）	5,138	739	486	784	−538	−219
その他	4,689	6,116	7,505	7,403	8,335	19,376

a 年平均。

11-3　DAC加盟国の経済協力支出額（2020年）

（単位：100万米ドル）

供与国	経済協力		政府開発援助（ODA）			その他の公的資金（OOF）	公的輸出信用 a	民間資金（1年超）	民間非営利団体による贈与
	総額	対GNI比(%)	総額	二国間	国際機関への拠出・出資				
DAC加盟国	197,724	0.40	162,586	114,847	47,739	4,260	-6,433	-8,537	45,847
アジア									
日本	32,472	0.62	13,660	10,242	3,418	4,701	-5,217	18,723	606
韓国	12,201	0.74	2,293	1,794	499	-506	-821	10,783	452
北アメリカ									
アメリカ合衆国	4,809	0.02	35,396	29,673	5,723	623	-332	-68,736	37,859
カナダ	2,742	0.17	4,871	3,714	1,157	-9	-39	-4,488	2,407
ヨーロッパ									
アイスランド	58	0.27	58	46	12	...	...	...	...
アイルランド	988	0.31	988	522	466	...	...	...	...
イギリス	18,403	0.69	19,253	12,210	7,043	-848	...	-2	...
イタリア	6,529	0.34	4,396	1,306	3,090	107	1,540	458	28
オーストリア	-91	-0.02	1,321	561	760	61	-160	-1,500	185
オランダ	13,258	1.47	5,359	3,693	1,666	...	816	5,086	1,998
ギリシャ	448	0.24	325	85	241	...	...	123	...
スイス	3,258	0.45	3,721	2,853	868	-9	-143	-818	507
スウェーデン	5,089	0.91	6,348	3,572	2,776	-20	-1,240	...	...
スペイン	13,878	1.08	2,739	736	2,003	...	27	11,109	3
スロバキア	164	0.16	141	37	104	-4	...	27	...
スロベニア	600	1.15	91	30	61	...	4	505	...
チェコ	297	0.13	299	73	226	-2	...	...	...
デンマーク	3,523	0.96	2,641	1,687	954	8	695	...	179
ドイツ	44,701	1.14	29,320	22,729	6,591	422	-1,222	14,666	1,514
ノルウェー	4,188	1.11	4,196	3,136	1,060	102	-110	...	...
ハンガリー	3,473	2.25	418	226	192	...	...	3,055	...
フィンランド	2,612	0.96	1,278	656	622	55	...	1,279	...
フランス	15,612	0.59	16,013	10,671	5,342	-401	...	...	...
ベルギー	4,185	0.85	2,376	1,161	1,215	-82	-79	1,969	...
ポーランド	812	0.14	812	208	604	...	...	...	...
ポルトガル	-520	-0.23	421	167	253	17	-152	-837	32
ルクセンブルク	452	1.03	452	306	146	...	...	...	...
オセアニア									
オーストラリア	2,894	0.22	2,869	2,319	550	26	...	...	...
ニュージーランド	688	0.34	530	433	96	20	...	60	77

a 民間輸出信用を保証する資金を含む。

11-4　DAC加盟国の二国間ODAの地域別配分（2019-2020年平均）

（単位：%）

供与国	南アジア・中央アジア	その他アジア・オセアニア	ラテンアメリカ・カリブ海諸国	ヨーロッパ	中東・北アフリカ	サハラ以南のアフリカ
DAC加盟国	18.6	7.4	8.5	6.4	15.9	43.1
アジア						
日本	52.1	1.7	5.1	0.0	10.7	30.4
韓国	25.2	24.3	12.9	0.5	7.0	30.1
北アメリカ						
アメリカ合衆国	13.9	5.2	9.0	2.5	15.2	54.2
カナダ	16.4	5.9	14.4	-1.6	16.4	48.6
ヨーロッパ						
アイスランド	8.0	2.4	3.0	1.9	13.9	70.7
アイルランド	8.4	5.0	4.9	9.1	14.5	58.0
イギリス	19.2	4.7	6.4	6.4	14.5	48.7
イタリア	13.8	3.9	5.6	17.1	20.5	39.2
オーストリア	15.0	6.3	7.6	22.1	14.0	35.0
オランダ	14.0	3.9	3.8	7.7	15.3	55.3
ギリシャ	10.9	3.6	6.1	27.9	20.9	30.6
スイス	17.9	7.4	12.1	9.4	11.7	41.5
スウェーデン	14.0	5.6	9.2	8.3	12.8	50.0
スペイン	12.2	1.5	22.9	15.6	15.8	32.0
スロバキア	10.2	3.5	6.0	36.2	18.0	26.2
スロベニア	8.2	3.0	4.9	47.9	15.2	20.9
チェコ	11.3	4.4	5.5	31.6	19.9	27.2
デンマーク	14.1	3.1	3.5	7.5	19.3	52.5
ドイツ	14.7	8.4	8.8	9.8	24.6	33.7
ノルウェー	14.2	6.1	8.9	3.8	18.2	48.8
ハンガリー	12.8	13.0	5.1	27.8	22.7	18.5
フィンランド	19.2	5.3	5.1	11.2	15.0	44.2
フランス	14.5	7.4	11.9	7.5	13.7	45.1
ベルギー	9.7	5.0	7.2	10.7	15.1	52.4
ポーランド	11.6	3.7	5.2	39.3	16.4	23.8
ポルトガル	7.8	14.0	6.7	15.2	14.2	42.1
ルクセンブルク	10.3	11.3	5.9	6.1	10.1	56.3
オセアニア						
オーストラリア	18.9	63.8	1.5	1.4	6.1	8.4
ニュージーランド	7.0	79.6	2.0	0.2	3.1	8.1

11-5　DAC加盟国の二国間ODAの分野別配分（2020年）

（単位：%）

供与国	社会・行政基盤	教育 a	保健	人口政策	経済基盤	運輸・通信	生産	農林水産業	マルチセクター	その他
DAC加盟国	39.6	6.6	8.3	6.0	17.2	8.2	6.3	4.3	8.6	28.3
アジア										
日本	23.3	2.8	8.6	0.1	42.1	39.6	4.6	2.5	13.1	17.0
韓国	58.0	9.7	31.8	1.7	12.6	7.3	9.0	6.9	5.5	14.9
北アメリカ										
アメリカ合衆国	48.3	4.0	8.2	20.2	2.3	0.2	3.4	3.1	2.7	43.3
カナダ	43.2	2.7	21.1	6.6	7.5	0.3	5.0	4.8	6.0	38.3
ヨーロッパ										
アイスランド	50.9	11.4	18.6	1.8	5.6	0.1	7.2	7.1	2.6	33.7
アイルランド	43.0	7.7	14.3	1.5	0.6	0.0	5.7	5.1	7.6	43.0
イギリス	32.3	1.7	11.5	3.0	16.7	1.3	8.1	1.8	6.0	36.9
イタリア	37.1	14.2	12.0	0.7	11.5	5.4	9.4	8.5	10.2	31.8
オーストリア	38.1	25.9	2.6	0.0	23.1	0.0	10.7	6.1	5.0	23.0
オランダ	52.1	1.2	1.7	10.9	9.2	0.0	11.8	6.9	4.1	22.8
ギリシャ	0.1	0.0	0.0	–	–	–	–	–	–	99.9
スイス	40.6	4.5	10.8	1.0	4.3	0.0	9.5	7.1	6.2	39.3
スウェーデン	49.3	1.8	7.4	3.9	9.5	1.2	5.1	2.7	11.4	24.7
スペイン	33.7	6.1	7.7	1.0	3.4	0.2	5.7	5.0	10.1	47.1
スロバキア	20.9	5.9	6.0	0.6	1.9	0.3	2.9	2.4	0.5	73.8
スロベニア	82.1	63.3	2.7	0.0	1.0	0.0	1.0	1.0	1.6	13.2
チェコ	45.4	11.9	9.2	0.0	1.1	0.1	6.2	6.0	3.8	43.5
デンマーク	40.7	5.6	4.0	1.9	8.0	0.0	2.8	2.0	5.6	42.8
ドイツ	41.5	11.2	6.5	0.4	20.8	3.3	6.3	4.7	10.8	20.6
ノルウェー	46.3	9.8	11.7	0.8	8.2	0.0	5.4	4.5	13.4	26.6
ハンガリー	67.6	50.7	10.5	0.0	0.1	0.0	17.7	6.6	3.3	11.3
フィンランド	29.7	4.8	2.9	3.6	26.5	0.2	5.8	3.7	6.3	31.6
フランス	33.5	10.0	4.7	0.5	24.0	6.8	10.5	7.0	13.0	19.0
ベルギー	31.6	12.3	7.9	0.8	4.1	2.2	11.2	7.9	13.0	40.1
ポーランド	73.2	54.9	5.4	0.1	1.9	1.6	4.2	4.0	1.0	19.7
ポルトガル	64.1	42.0	7.8	0.2	2.4	1.9	1.1	0.7	3.4	29.0
ルクセンブルク	38.9	12.4	8.5	1.9	10.1	1.8	8.5	8.3	10.0	32.5
オセアニア										
オーストラリア	42.1	5.7	13.5	0.9	9.3	4.6	9.6	6.9	14.9	24.0
ニュージーランド	43.3	13.5	9.9	1.0	9.5	4.4	7.5	5.7	14.5	25.2

a 学生及び研修生の受入れを含む。

11-6　経済協力資金受取額（2020年）(1)

(単位：100万米ドル)

受取国（地域）	総額	政府開発援助（ODA）		1人当たり受取額 （米ドル）
		二国間	国際機関	
開発途上国	200,133	128,058	67,354	30.7
後発開発途上国	66,490	33,211	31,344	61.3
アジア				
アフガニスタン	4,205	2,421	1,786	108.1
イエメン	2,546	2,144	400	85.3
イラク	2,840	2,080	280	58.7
インド	8,477	2,100	-306	1.3
インドネシア	6,541	1,327	-94	4.5
ウズベキスタン	3,758	660	799	42.6
北朝鮮	77	16	41	2.2
ジョージア	2,235	688	353	280.3
シリア	9,989	9,568	438	571.7
中国	10,843	-373	-201	-0.4
トルコ	4,201	687	-149	6.4
ネパール	1,787	522	1,236	60.3
パキスタン	4,178	879	1,712	11.7
バングラデシュ	6,707	3,212	2,162	32.6
フィリピン	9,744	1,387	70	13.3
ベトナム	4,049	636	532	12.0
ミャンマー	3,868	1,918	952	52.8
ヨルダン	3,508	2,420	694	305.2
ヨルダン川西岸＆ガザ地区	2,093	1,184	846	422.6
レバノン	1,256	1,079	338	207.7
北アメリカ				
ホンジュラス	1,201	205	1,228	144.6
メキシコ	15,102	628	308	7.3
南アメリカ				
コロンビア	3,732	1,720	149	36.7
ペルー	5,062	443	46	14.8
ヨーロッパ				
ウクライナ	3,090	615	1,719	52.9
セルビア	2,144	294	186	69.5
ベラルーシ	1,181	142	681	87.5
アフリカ				
ウガンダ	3,728	1,287	1,795	67.4
エジプト	6,428	712	853	15.3
エチオピア	5,458	2,374	2,928	46.1
ガーナ	2,971	555	1,649	70.9
カメルーン	1,834	589	811	52.7
ケニア	4,495	1,431	2,557	74.2
コートジボワール	2,175	666	896	59.2
コンゴ民主共和国	3,476	1,583	1,794	37.7
ザンビア	760	636	380	55.3
スーダン	2,472	1,869	479	53.5
セネガル	2,085	856	755	96.2

11-6　経済協力資金受取額(2020年)(2)

(単位：100万米ドル)

受取国(地域)	総額	政府開発援助(ODA)		1人当たり受取額 (米ドル)
		二国間	国際機関	
ソマリア	2,577	2,129	911	191.3
タンザニア	2,243	1,290	986	38.1
チャド	1,002	287	750	63.1
ナイジェリア	3,775	1,667	1,708	16.4
ニジェール	1,926	713	1,216	79.7
ブルキナファソ	1,854	704	1,027	82.8
ベナン	1,129	367	682	86.5
マダガスカル	1,353	343	947	46.6
マラウイ	1,574	651	802	76.0
マリ	1,623	776	790	77.3
南アフリカ	4,645	939	264	20.3
南スーダン	1,814	1,444	377	162.6
モザンビーク	2,960	1,154	1,393	81.5
モロッコ	3,627	753	1,075	49.5
ルワンダ	1,656	588	1,036	125.4
オセアニア パプアニューギニア	1,638	523	532	117.9

11-7　開発途上国の社会・環境指標（1-A）

国（地域）	(1)人間開発指数 2021	順位	(2)国際貧困ライン以下の人口割合 (%) 2009-19	(3)多次元貧困指数 2009-20	(4)平均就学年数 a (年) 2021	(5)5歳未満の発育阻害児の割合 (%) 2020	(6)乳児死亡率 (1,000人当たり) 2020	(7)5歳未満児死亡率 (1,000人当たり) 2020	(8)栄養不良の人口割合 (%) 2019
アジア									
アフガニスタン	0.478	180	...	0.272	3.0	35.1	45	58	26
アルメニア	0.759	85	1.1	0.001	11.3	9.1	10	11	3
イエメン	0.455	183	18.3	0.245	3.2	37.2	46	60	45
イラク	0.686	121	1.7	0.033	7.9	11.6	21	25	38
インド	0.633	132	22.5	0.123	6.7	30.9	27	33	15
インドネシア	0.705	114	2.7	0.014	8.6	31.8	20	23	7
カザフスタン	0.811	56	0.0	0.002	12.3	6.7	9	10	3
カンボジア	0.593	146	...	0.170	5.1	29.9	22	26	6
キルギス	0.692	118	0.6	0.001	11.4	11.4	16	18	7
シリア	0.577	150	...	0.029	5.1	29.6	18	22	...
タイ	0.800	66	0.1	0.002	8.7	12.3	7	9	8
タジキスタン	0.685	122	4.1	0.029	11.3	15.3	28	32	...
中国	0.768	79	0.5	0.016	7.6	4.7	6	7	3
トルクメニスタン	0.745	91	...	0.001	11.3	7.6	36	42	4
ネパール	0.602	143	15.0	0.074	5.1	30.4	24	28	5
パキスタン	0.544	161	4.4	0.198	4.5	36.7	54	65	13
バングラデシュ	0.661	129	14.3	0.104	7.4	30.2	24	29	10
東ティモール	0.607	140	22.0	0.222	5.4	48.8	37	42	23
フィリピン	0.699	116	2.7	0.024	9.0	28.7	21	26	9
ブータン	0.666	127	1.5	0.175	5.2	22.4	23	28	...
ベトナム	0.703	115	1.8	0.019	8.4	22.3	17	21	7
ミャンマー	0.585	149	1.4	0.176	6.4	25.2	35	44	8
モルディブ	0.747	90	0.5	0.003	7.3	14.2	6	7	...
モンゴル	0.739	96	0.5	0.028	9.4	7.1	13	15	4
ヨルダン	0.720	102	0.1	0.002	10.4	7.3	13	15	10
ラオス	0.607	140	10.0	0.108	5.4	30.2	35	44	5
北アメリカ									
エルサルバドル	0.675	125	1.3	0.032	7.2	11.2	11	13	9
グアテマラ	0.627	135	8.8	0.134	5.7	42.8	20	24	17
ジャマイカ	0.709	110	...	0.018	9.2	8.5	11	13	8
セントルシア	0.715	106	4.6	0.007	8.5	2.8	22	24	...
ドミニカ共和国	0.767	80	0.6	0.015	9.3	5.9	28	34	8
トリニダード・トバゴ	0.810	57	...	0.002	11.6	8.7	15	17	7
ニカラグア	0.667	126	3.4	0.074	7.1	14.1	14	16	19
ハイチ	0.535	163	24.5	0.200	5.6	20.4	47	61	47
バルバドス	0.790	70	...	0.009	9.9	6.6	11	12	4
ベリーズ	0.683	123	...	0.017	8.8	13.3	10	12	6
ホンジュラス	0.621	137	14.8	0.093	7.1	19.9	14	16	14
メキシコ	0.758	86	1.7	0.026	9.2	12.1	12	14	7
南アメリカ									
エクアドル	0.740	95	3.6	0.018	8.8	23.1	11	13	12
ガイアナ	0.714	108	...	0.007	8.6	9.0	24	28	5
コロンビア	0.752	88	4.9	0.020	8.9	11.5	11	13	9

11-7　開発途上国の社会・環境指標(1-B)

国（地域）	(9) 安全に管理 された飲料 水を利用し ている人口 割合 (%) 2020	(10) 電力を利 用できる 人口割合 (%) 2015	(11) 妊産婦 死亡率 (出生10万人 当たり) 2017	(12) 医師など が補助し た出産の 割合 (%) 2014-19	(13) 15～19歳 女性の 出生率 (1,000人 当たり) 2020	(14) 15～49歳 既婚女性 の避妊実 行率 (%) 2014-19	(15) 幼児への はしかワ クチン接 種率 (%) 2020	(16) 結核 罹患率 (10万人 当たり) 2020
アジア								
アフガニスタン	28	71.5	638	59	58	19.8	66	193
アルメニア	87	100.0	26	100	20	28.0	94	23
イエメン	...	67.3	164	...	57	...	68	49
イラク	60	99.3	79	96	72	36.1	76	27
インド	...	88.0	145	81	10	47.8	89	188
インドネシア	...	97.5	177	95	46	57.2	76	301
カザフスタン	89	100.0	10	100	29	50.1	93	69
カンボジア	28	64.9	160	89	52	38.8	84	274
キルギス	70	98.7	60	100	32	37.8	92	105
シリア	...	89.8	31	...	37	...	59	19
タイ	...	99.6	37	99	44	71.3	96	150
タジキスタン	55	98.0	17	95	58	27.1	98	84
中国	...	100.0	29	100	8	80.5	99	59
トルクメニスタン	95	100.0	7	100	24	47.3	98	47
ネパール	18	82.5	186	58	63	44.2	87	235
パキスタン	36	71.4	140	69	37	23.4	83	259
バングラデシュ	59	74.9	173	53	81	59.1	97	218
東ティモール	...	67.3	142	57	30	24.1	79	508
フィリピン	48	89.1	121	84	56	40.4	72	539
ブータン	37	95.5	183	96	16	...	93	165
ベトナム	...	99.8	43	94	26	66.5	97	176
ミャンマー	59	60.5	250	60	28	51.3	91	308
モルディブ	...	99.7	53	100	7	14.9	99	37
モンゴル	30	88.4	45	99	32	45.2	97	437
ヨルダン	86	99.9	46	100	26	37.4	76	5
ラオス	18	89.7	185	64	64	51.0	79	149
北アメリカ								
エルサルバドル	...	95.4	46	100	67	67.7	71	55
グアテマラ	56	90.5	95	70	67	48.9	88	27
ジャマイカ	...	94.9	80	100	48	...	93	2
セントルシア	...	97.0	117	100	39	...	89	2
ドミニカ共和国	...	98.6	95	100	91	68.0	82	41
トリニダード・トバゴ	...	100.0	67	100	28	...	99	18
ニカラグア	56	83.2	98	96	80	...	97	42
ハイチ	...	40.8	480	42	50	31.8	65	168
バルバドス	...	100.0	27	99	26	...	89	2
ベリーズ	...	91.8	36	94	67	48.5	82	23
ホンジュラス	...	90.0	65	74	70	...	82	30
メキシコ	43	99.0	33	96	58	69.8	89	24
南アメリカ								
エクアドル	67	98.8	59	96	78	...	81	48
ガイアナ	...	88.0	169	96	70	32.6	98	79
コロンビア	73	98.2	83	99	63	75.9	90	37

11-7　開発途上国の社会・環境指標（2-A）

国（地域）	(1) 人間開発指数 2021	順位	(2) 国際貧困ライン以下の人口割合 (%) 2009-19	(3) 多次元貧困指数 2009-20	(4) 平均就学年数 a (年) 2021	(5) 5歳未満の発育阻害児の割合 (%) 2020	(6) 乳児死亡率 (1,000人当たり) 2020	(7) 5歳未満児死亡率 (1,000人当たり) 2020	(8) 栄養不良の人口割合 (%) 2019
スリナム	0.730	99	...	0.011	9.8	8.0	16	18	9
パラグアイ	0.717	105	0.9	0.019	8.9	4.6	16	19	9
ブラジル	0.754	87	4.6	0.016	8.1	6.1	13	15	3
ペルー	0.762	84	2.2	0.029	9.9	10.8	10	13	9
ボリビア	0.692	118	3.2	0.038	9.8	12.7	21	25	13
ヨーロッパ									
アルバニア	0.796	67	1.3	0.003	11.3	9.6	9	10	4
ウクライナ	0.773	77	0.0	0.001	11.1	15.9	7	8	3
北マケドニア	0.770	78	3.4	0.001	10.2	4.1	6	6	3
セルビア	0.802	63	5.4	0.000	11.4	5.3	5	6	4
ボスニア・ヘルツェゴビナ	0.780	74	0.1	0.008	10.5	9.1	5	6	3
モルドバ	0.767	80	0.0	0.004	11.8	4.9	13	15	...
モンテネグロ	0.832	49	2.5	0.005	12.2	8.1	2	2	3
アフリカ									
アルジェリア	0.745	91	0.4	0.005	8.1	9.3	20	23	3
アンゴラ	0.586	148	49.9	0.282	5.4	37.7	48	72	17
ウガンダ	0.525	166	41.3	0.281	5.7	27.9	32	43	...
エジプト	0.731	97	3.8	0.020	9.6	22.3	17	20	5
エスワティニ	0.597	144	29.2	0.081	5.6	22.6	37	47	12
エチオピア	0.498	175	30.8	0.367	3.2	35.3	35	49	16
ガーナ	0.632	133	12.7	0.111	8.3	14.2	33	45	6
ガボン	0.706	112	3.4	0.070	9.4	14.4	31	42	16
カメルーン	0.576	151	26.0	0.232	6.2	27.2	48	72	5
ガンビア	0.500	174	10.3	0.204	4.6	16.1	35	49	14
ギニア	0.465	182	36.1	0.373	2.2	29.4	62	96	...
ギニアビサウ	0.483	177	68.4	0.341	3.6	28.0	51	77	...
ケニア	0.575	152	37.1	0.171	6.7	19.4	31	42	25
コートジボワール	0.550	159	29.8	0.236	5.2	17.8	58	78	15
コモロ	0.558	156	19.1	0.181	5.1	22.6	47	61	...
コンゴ共和国	0.571	153	39.6	0.112	6.2	18.0	33	45	38
コンゴ民主共和国	0.479	179	77.2	0.331	7.0	40.8	64	81	42
サントメ・プリンシペ	0.618	138	35.6	0.048	6.2	11.8	13	16	12
ザンビア	0.565	154	58.7	0.232	7.2	32.3	42	61	...
シエラレオネ	0.477	181	43.0	0.293	4.6	26.8	80	108	26
ジンバブエ	0.593	146	39.5	0.110	8.7	23.0	38	54	...
スーダン	0.508	172	12.2	0.279	3.8	33.7	40	57	12
セネガル	0.511	170	38.5	0.263	2.9	17.2	29	38	8
タンザニア	0.549	160	49.4	0.284	6.4	32.0	35	49	25
チャド	0.394	190	38.1	0.517	2.6	35.0	67	110	32
中央アフリカ	0.404	188	...	0.461	4.3	40.1	78	103	48
チュニジア	0.731	97	0.2	0.003	7.4	8.6	14	17	3
トーゴ	0.539	162	51.1	0.180	5.0	23.8	44	64	20
ナイジェリア	0.535	163	39.1	0.254	7.2	35.3	72	114	15
ナミビア	0.615	139	13.8	0.185	7.2	18.4	30	40	20
ニジェール	0.400	189	45.4	0.601	2.1	46.7	46	78	...
ブルキナファソ	0.449	184	43.8	0.523	2.1	25.5	53	85	14

11-7　開発途上国の社会・環境指標（2-B）

国（地域）	(9) 安全に管理された飲料水を利用している人口割合 (%) 2020	(10) 電力を利用できる人口割合 (%) 2015	(11) 妊産婦死亡率 （出生10万人当たり） 2017	(12) 医師などが補助した出産の割合 (%) 2014-19	(13) 15～19歳女性の出生率 (1,000人当たり) 2020	(14) 15～49歳既婚女性の避妊実行率 (%) 2014-19	(15) 幼児へのはしかワクチン接種率 (%) 2020	(16) 結核罹患率 （10万人当たり） 2020
スリナム	56	94.9	120	98	59	38.7	45	29
パラグアイ	64	99.3	129	98	70	66.4	80	48
ブラジル	86	99.7	60	99	55	...	79	45
ペルー	51	93.9	88	92	54	55.0	77	116
ボリビア	...	91.5	155	72	62	45.1	74	105
ヨーロッパ								
アルバニア	71	100.0	15	100	19	3.7	91	15
ウクライナ	89	100.0	19	100	22	...	85	73
北マケドニア	77	100.0	7	100	14	14.0	63	12
セルビア	75	99.9	12	98	13	21.3	78	13
ボスニア・ヘルツェゴビナ	89	99.7	10	100	8	...	68	26
モルドバ	74	100.0	19	100	22	...	84	74
モンテネグロ	85	100.0	6	99	8	11.6	24	16
アフリカ								
アルジェリア	72	99.2	112	...	9	...	80	59
アンゴラ	...	42.0	241	47	143	12.5	44	350
ウガンダ	17	18.5	375	74	111	36.5	87	196
エジプト	...	99.3	37	92	52	56.9	94	11
エスワティニ	...	64.0	437	88	73	65.5	76	319
エチオピア	13	29.0	401	28	62	40.5	60	132
ガーナ	41	74.1	308	78	64	24.3	88	143
ガボン	...	87.4	252	...	88	...	53	527
カメルーン	...	58.6	529	69	99	15.4	62	174
ガンビア	45	54.6	597	83	71	16.3	85	157
ギニア	...	34.7	576	55	130	10.6	47	179
ギニアビサウ	24	20.1	667	45	100	20.2	72	361
ケニア	...	41.6	342	62	72	56.4	88	259
コートジボワール	35	62.6	617	74	113	19.4	70	135
コモロ	...	74.6	273	...	61	...	89	35
コンゴ共和国	46	44.4	378	91	108	18.3	68	379
コンゴ民主共和国	19	16.1	473	80	119	17.6	57	319
サントメ・プリンシペ	36	67.2	130	93	91	46.0	95	118
ザンビア	...	31.1	213	80	115	47.5	96	319
シエラレオネ	11	19.5	1,120	87	105	20.9	87	298
ジンバブエ	30	33.7	458	86	77	65.8	85	193
スーダン	...	46.9	295	78	54	12.0	86	63
セネガル	...	60.5	315	75	67	25.5	88	117
タンザニア	...	26.2	524	64	114	32.0	84	222
チャド	6	7.7	1,140	24	152	6.7	47	144
中央アフリカ	6	12.7	829	...	123	14.4	41	540
チュニジア	79	99.9	43	100	8	44.3	93	36
トーゴ	20	44.6	396	69	88	21.4	69	36
ナイジェリア	22	52.5	917	43	102	12.0	54	219
ナミビア	...	51.6	195	...	58	...	80	460
ニジェール	...	16.6	509	39	177	10.5	79	83
ブルキナファソ	...	16.1	320	80	98	30.6	88	46

11-7　開発途上国の社会・環境指標(3-A)

国（地域）	(1) 人間開発指数		(2) 国際貧困ライン以下の人口割合	(3) 多次元貧困指数	(4) 平均就学年数 a	(5) 5歳未満の発育阻害児の割合	(6) 乳児死亡率	(7) 5歳未満児死亡率	(8) 栄養不良の人口割合
		順位	(%)		(年)	(%)	(1,000人当たり)	(1,000人当たり)	(%)
	2021		2009-19	2009-20	2021	2020	2020	2020	2019
ブルンジ	0.426	187	72.8	0.409	3.1	57.6	39	54	...
ベナン	0.525	166	49.6	0.368	4.3	31.3	57	86	8
マダガスカル	0.501	173	78.8	0.384	5.1	40.2	36	50	43
マラウイ	0.512	169	69.2	0.252	4.5	37.0	29	39	17
マリ	0.428	186	50.3	0.376	2.3	25.7	59	91	10
南アフリカ	0.713	109	18.7	0.025	11.4	23.2	26	32	7
南スーダン	0.385	191	76.4	0.580	5.7	30.6	63	98	...
モーリタニア	0.556	158	6.0	0.261	4.9	24.2	49	71	9
モザンビーク	0.446	185	63.7	0.417	3.2	37.8	53	71	31
モロッコ	0.683	123	0.9	0.027	5.9	12.9	16	19	4
リビア	0.718	104	...	0.007	7.6	43.5	10	11	...
リベリア	0.481	178	44.4	0.259	5.1	28.0	58	78	39
ルワンダ	0.534	165	56.5	0.259	4.4	32.6	30	41	35
レソト	0.514	168	27.2	0.084	6.0	32.1	70	90	24
オセアニア									
バヌアツ	0.607	140	...	...	7.1	28.7	21	25	9
[参考] 先進国									
日本	0.925	19	...	...	13.4	5.5	2	3	3
アメリカ合衆国	0.921	21	...	...	13.7	3.2	5	6	3
ドイツ	0.942	9	...	...	14.1	1.6	3	4	3

11-7　開発途上国の社会・環境指標(3-B)

国（地域）	(9) 安全に管理 された飲料 水を利用し ている人口 割合 (%) 2020	(10) 電力を利 用できる 人口割合 (%) 2015	(11) 妊産婦 死亡率 (出生10万人 当たり) 2017	(12) 医師など が補助し た出産の 割合 (%) 2014-19	(13) 15～19歳 女性の 出生率 (1,000人 当たり) 2020	(14) 15～49歳 既婚女性 の避妊実 行率 (%) 2014-19	(15) 幼児への はしかワ クチン接 種率 (%) 2020	(16) 結核 罹患率 (10万人 当たり) 2020
ブルンジ	...	8.4	548	85	53	22.9	90	103
ベナン	...	29.6	397	78	80	12.4	65	55
マダガスカル	21	23.0	335	46	104	40.4	59	238
マラウイ	...	10.8	349	90	131	58.1	90	141
マリ	...	37.6	562	67	162	16.4	62	52
南アフリカ	...	85.3	119	97	68	54.0	84	554
南スーダン	...	4.6	1,150	...	54	5.0	49	232
モーリタニア	...	39.5	766	69	67	15.6	72	87
モザンビーク	...	24.0	289	73	142	25.3	81	368
モロッコ	80	97.3	70	87	30	59.1	99	98
リビア	...	73.4	72	...	6	16.3	73	59
リベリア	...	15.2	661	...	135	...	61	314
ルワンダ	12	22.8	248	91	38	47.5	94	58
レソト	29	31.7	544	87	92	64.6	75	650
オセアニア								
バヌアツ	...	52.2	72	...	48		78	38
[参考] 先進国								
日本	99	100.0	5	100	3	33.1	98	12
アメリカ合衆国	97	100.0	19	99	16	66.1	91	2
ドイツ	100	100.0	7	99	7	...	97	6

a 2021年又は入手可能な最新年。

11-8　難民の人口(1)出身国別

（単位：1,000人）

出身国 （地域）	2019		2020		2021	
	総数	難民	総数	難民	総数	難民
世界	86,532	20,446	91,920	20,650	94,664	21,327
アジア						
日本	0	0	0	0	0	0
アフガニスタン	5,992	2,729	5,810	2,595	7,320	2,713
イラク	2,525	344	2,109	333	1,937	344
イラン	216	130	213	135	212	143
シリア	13,462	6,617	13,615	6,690	13,968	6,849
スリランカ	163	110	183	143	189	151
中国	317	213	283	176	289	170
トルコ	130	83	138	94	151	105
パキスタン	297	137	298	133	295	133
ベトナム	325	316	326	317	328	318
ミャンマー	1,430	1,078	1,517	1,103	2,023	1,177
北アメリカ						
アメリカ合衆国 a	3	0	3	0	2	0
ラテンアメリカ・カリブ海諸国						
エルサルバドル	283	42	287	46	332	52
コロンビア	8,641	189	9,755	190	7,467	116
ハイチ	92	27	107	26	184	29
ベネズエラ	4,965	93	5,991	171	6,967	199
ホンジュラス	469	26	546	34	518	52
ヨーロッパ						
アルバニア	34	15	33	16	42	20
ウクライナ	2,502	60	2,411	35	2,326	28
セルビア b	254	31	251	30	251	32
ボスニア・ヘルツェゴビナ	163	17	114	16	116	18
ロシア	111	62	97	53	112	69
アフリカ						
エチオピア	3,221	96	3,014	151	5,488	149
エリトリア	577	505	605	522	600	512
コンゴ民主共和国	8,102	807	7,633	840	7,522	908
スーダン	2,695	735	3,410	788	3,937	825
ソマリア	3,630	905	4,126	815	4,351	777
中央アフリカ	1,435	610	1,503	642	1,823	738
ナイジェリア	2,616	296	3,049	353	3,774	384
ブルンジ	500	382	515	373	469	324
マリ	421	164	535	165	636	183
南スーダン	4,293	2,235	4,340	2,189	4,655	2,363
ルワンダ	279	247	287	246	287	248
オセアニア						
パプアニューギニア	1	0	15	1	25	1
無国籍・不詳	3,879	252	3,371	235	3,312	157

a 一部の国においては、出生国がアメリカ合衆国の者を含む。　b コソボを含む。

11-8　難民の人口(2)庇護国別

(単位：1,000人)

庇護国（地域）	2019		2020		2021		
	総数	難民	総数	難民	総数	難民	居住者1,000人当たりの難民の割合（%）
世界	86,532	20,446	91,920	20,650	94,664	21,327	－
アジア							
日本	31	1	26	1	26	1	0.0
イラク	2,180	274	1,834	270	1,648	280	6.8
イラン	979	979	800	800	802	798	9.4
インド	207	a 195	207	195	226	212	0.2
中国	304	303	304	303	304	303	0.2
トルコ	3,908	3,580	3,975	3,652	4,065	3,760	44.2
パキスタン	1,529	1,420	1,550	1,439	1,609	1,491	6.6
バングラデシュ	855	a 855	1,339	867	919	919	5.5
マレーシア	244	129	189	130	246	132	4.0
ヨルダン	747	694	708	703	761	713	69.4
レバノン	936	916	888	870	869	846	125.0
北アメリカ							
アメリカ合衆国	1,189	342	1,339	341	1,642	339	1.0
カナダ	203	102	198	109	197	130	3.4
ラテンアメリカ・カリブ海諸国							
エクアドル	504	105	532	105	568	57	3.2
コスタリカ	115	6	122	10	185	10	2.0
ブラジル	364	33	420	59	437	62	0.3
ベネズエラ	562	68	1,181	68	1,430	39	1.4
メキシコ	292	29	285	45	459	73	0.6
ヨーロッパ							
イタリア	270	208	185	128	200	145	2.4
オーストリア	164	136	164	142	182	153	16.9
スウェーデン	312	254	295	248	279	241	23.7
ドイツ	1,471	1,147	1,469	1,211	1,525	1,256	15.0
フランス	512	408	556	436	577	500	7.6
アフリカ							
ウガンダ	3,686	1,359	3,798	1,421	1,640	1,530	32.5
エジプト	325	258	329	273	341	281	2.7
エチオピア	3,773	733	3,537	800	6,020	821	7.0
カメルーン	1,714	406	1,960	436	1,453	457	16.8
ケニア	508	439	566	453	557	481	8.8
コンゴ民主共和国	7,699	524	7,125	490	6,976	524	5.7
スーダン	2,963	1,055	3,612	1,040	4,171	1,104	24.6
チャド	739	443	919	479	1,074	556	32.9
ニジェール	442	180	573	233	541	250	10.0
南スーダン	2,354	298	2,475	314	2,635	334	29.3
オセアニア							
オーストラリア	154	77	138	57	146	56	2.2
パプアニューギニア	10	10	25	11	36	12	1.3

a ミャンマーからの無国籍者を含む。

第12章　労働・賃金

12-1　男女、年齢階級別労働力人口比率
〔出典〕
ILO, *ILOSTAT Database*
2022年10月ダウンロード
〔解説〕
労働力人口：労働供給を行う全ての人口。具体的には、特定の調査対象期間に就業
又は失業していた人の総数。
年齢階級別労働力人口比率：年齢階級別15歳以上人口に占める年齢階級別労働力人
口の割合。年齢階級が異なる国については注記。

12-2　男女別15歳以上就業者数
〔出典〕
ILO, *ILOSTAT Database*
2022年10月ダウンロード
〔解説〕
　調査期間中に働いていた一定年齢以上の有給の雇用者（軍隊を含む。）及び自営
業主（家族従業者を含む。）の数。正規の雇用関係にある休業者を含む。

12-3　産業別15歳以上就業者数
〔出典〕
ILO, *ILOSTAT Database*
2022年10月ダウンロード
〔解説〕
　勤め先の事業所の産業（事業内容）別に分類した就業者数。産業分類は国際標準
産業分類（ISIC：International Standard Industrial Classification of All Economic
Activities）の第4版（Rev. 4）による。

12-4　職業別15歳以上就業者数
〔出典〕
ILO, *ILOSTAT Database*
2022年10月ダウンロード
〔解説〕
　職業（本人の仕事の種類）別に分類した就業者数。職業分類は国際標準職業分類
（ISCO：International Standard Classification of Occupations）による。

12-5　男女別15歳以上失業者数及び失業率
〔出典〕
ILO, *ILOSTAT Database*
2022年10月ダウンロード
〔解説〕
失業者：就業可能な状態にあるが仕事がなく、仕事を探している者。
失業率：労働力人口に占める失業者の割合。

12-6　男女別週当たり実労働時間
〔出典〕
ILO, *ILOSTAT Database*
2022年10月ダウンロード
〔解説〕
　就業者の 1 週間当たり平均実労働時間。就業形態は、雇用者。労働時間は、調査
期間に実際に働いた時間。産業分類は ISIC の第 4 版（Rev. 4）による。

12-7　男女別月平均賃金
〔出典〕
ILO, *ILOSTAT Database*
2022年10月ダウンロード
〔解説〕
　雇用者 1 人当たり 1 か月平均賃金。産業分類は、ISIC の第 4 版（Rev. 4）による。
第 3 版 1 （Rev. 3.1）による場合は注記。

12-8　OECD 加盟国の労働生産性
〔出典〕
公益財団法人　日本生産性本部「労働生産性の国際比較」（2021年版）
2022年10月ダウンロード
〔解説〕
　国内総生産（GDP）を就業者数で除したもの。

12-9　労働災害率（死亡）
〔出典〕
ILO, *ILOSTAT Database*
2022年10月ダウンロード
〔解説〕
　労働災害：就業中の事故に起因する死亡、負傷及び疾病。国により定義、報告の種
　　類、対象などが異なる。産業分類は ISIC による。

12-10　労働争議
〔出典〕
ILO, *ILOSTAT Database*
2022年10月ダウンロード
〔解説〕
　労働争議：労働者又は雇用主が要求又は抵抗のために行う意図的な一時作業停止。
　　国により定義、集計方法、対象などが異なる。
　件数：ストライキ及びロックアウトの発生件数。前年より継続している場合を含む。
　参加人員：直接的又は間接的に参加した労働者（ストライキやロックアウトの結果、
　　作業不能となった労働者）。
　損失日数：作業停止により労働に従事しなかった延べ日数。

12-1　男女、年齢階級別労働力人口比率(1)

（単位：%）

年齢	アジア								
	日本　(2021)			アラブ首長国連邦　(2021)			イスラエル　(2020)		
	計	男	女	計	男	女	計	男	女
15歳以上	62.1	71.3	53.5	76.8	90.3	52.6	61.8	65.5	58.2
15〜19	19.0	17.8	20.1	5.6	7.2	3.5	22.9	21.0	24.9
20〜24	75.3	74.4	76.0	70.9	82.3	49.4	64.4	64.5	64.4
25〜29	91.0	94.8	86.9	86.8	97.9	67.5	73.1	73.9	72.2
30〜34	87.6	95.5	79.4	86.2	98.9	63.7	82.4	85.9	78.9
35〜39	87.0	96.2	77.7	85.6	99.0	61.6	84.2	87.0	81.6
40〜44	88.1	96.1	80.1	86.2	98.4	62.4	84.6	88.2	81.1
45〜49	88.5	95.7	81.2	82.4	97.2	51.7	84.4	88.3	80.8
50〜54	87.5	94.9	80.0	80.6	95.1	47.2	80.5	83.9	77.2
55〜59	84.2	93.6	74.7	69.9	91.0	32.8	75.1	79.2	71.1
60〜64	73.8	85.7	62.2	53.6	77.6	14.1	64.7	73.4	56.7
65〜	25.6	34.9	18.4	25.4	41.3	4.0	21.5	29.4	15.0

年齢	アジア								
	イラン　(2020)			インド　(2019)			インドネシア　(2021)		
	計	男	女	計	男	女	計	男	女
15歳以上	41.0	68.1	13.9	49.4	74.6	24.0	65.9	79.7	52.0
15〜19	9.8	16.4	2.5	14.5	22.1	5.5	26.3	29.1	23.4
20〜24	36.8	58.7	14.0	43.3	68.4	18.7	63.4	74.1	52.5
25〜29	52.0	84.1	20.3	57.8	92.6	24.4	73.1	89.9	56.0
30〜34	53.4	90.8	18.9	62.7	96.6	30.0	74.8	93.8	55.4
35〜39	55.6	92.5	19.9	65.6	97.7	36.5	77.4	94.7	59.8
40〜44	56.0	92.4	19.3	66.2	96.8	35.4	79.8	95.1	64.2
45〜49	53.4	88.4	17.1	66.1	96.5	35.1	79.8	94.6	64.9
50〜54	42.3	72.7	12.1	63.6	93.7	31.4	78.3	92.2	64.4
55〜59	33.4	57.5	8.6	58.4	89.3	28.9	72.4	86.0	59.0
60〜64	20.9	36.0	4.2	40.9	65.5	17.1	62.3	75.8	49.0
65〜	9.4	17.5	2.0	21.2	33.9	8.1	42.5	56.0	30.7

年齢	アジア								
	韓国　(2021)			サウジアラビア　(2016)			シンガポール　(2021)		
	計	男	女	計	男	女	計	男	女
15歳以上	63.1	72.7	53.7	55.0	78.3	22.2	70.0	76.5	63.9
15〜19	6.1	5.2	7.1	2.7	4.6	1.0	13.9	16.5	11.1
20〜24	44.2	39.3	48.2	32.6	48.9	15.8	57.5	56.4	58.6
25〜29	72.4	70.2	75.0	65.0	90.8	33.8	90.3	89.4	91.2
30〜34	79.5	88.1	69.8	72.2	97.0	36.1	93.2	96.2	90.4
35〜39	76.9	92.4	60.3	75.7	98.2	37.8	91.0	97.0	85.7
40〜44	78.2	92.8	62.8	74.6	98.2	33.2	90.5	97.1	84.1
45〜49	79.9	91.8	67.8	70.8	96.5	23.2	88.4	95.9	81.1
50〜54	79.9	90.1	69.5	62.6	88.4	12.1	83.8	93.0	75.0
55〜59	75.8	86.8	64.5	53.8	79.9	7.4	76.8	88.7	65.8
60〜64	64.0	75.0	53.4	32.6	53.5	1.8	65.4	77.1	54.3
65〜	37.5	47.3	30.0	13.9	26.9	0.6	32.1	41.2	24.2

年齢	アジア								
	タイ　(2020)			中国　(2010)			トルコ　(2021)		
	計	男	女	計	男	女	計	男	女
15歳以上	67.0	75.4	59.2	71.0	78.2	63.7	51.4	70.3	32.8
15〜19	15.1	20.6	9.3	33.5	34.8	32.0	24.9	34.5	14.6
20〜24	62.7	70.8	54.5	72.8	76.2	69.3	59.0	72.9	44.9
25〜29	85.3	92.2	78.3	88.9	95.8	82.1	69.9	90.4	49.4
30〜34	88.0	94.5	81.4	90.2	97.0	83.2	69.7	94.0	45.1
35〜39	88.6	94.8	82.6	90.8	97.0	84.4	70.1	94.1	45.9
40〜44	88.3	94.6	82.3	90.7	96.5	84.8	69.7	93.0	46.1
45〜49	87.2	94.6	80.4	87.7	95.1	80.1	66.2	90.3	42.2
50〜54	83.6	92.3	75.4	76.3	89.8	62.4	55.5	77.4	33.1
55〜59	77.3	88.2	67.6	67.1	80.4	53.8	41.3	60.6	22.2
60〜64	56.5	67.6	47.1	49.5	58.3	40.6	29.4	44.5	14.8
65〜	25.7	34.9	18.5	21.1	27.6	15.1	11.3	18.6	5.4

12-1　男女、年齢階級別労働力人口比率(2)

(単位：%)

年齢	アジア								
	パキスタン (2021)			バングラデシュ (2017)			フィリピン (2020)		
	計	男	女	計	男	女	計	男	女
15歳以上	**52.7**	**80.7**	**24.5**	**58.3**	**80.7**	**36.4**	**54.8**	**66.9**	**42.5**
15〜19	33.1	47.9	16.7	30.6	41.0	18.5	15.2	19.8	10.4
20〜24	56.3	85.9	27.7	51.9	74.5	33.9	47.9	56.7	38.7
25〜29	60.6	96.4	29.2	65.5	94.0	43.1	65.1	79.4	49.8
30〜34	61.3	98.8	27.8	70.8	97.9	47.3	68.9	85.4	51.2
35〜39	63.4	98.3	29.4	72.7	97.7	49.2	71.6	87.4	55.1
40〜44	64.7	98.7	30.2	71.9	97.2	46.0	73.6	87.8	58.6
45〜49	64.7	98.0	31.1	70.2	96.7	43.7	73.4	86.9	59.6
50〜54	60.6	93.5	26.1	66.3	94.7	36.7	70.7	84.0	57.5
55〜59	51.6	84.1	18.1	62.5	91.1	30.7	66.4	79.0	54.1
60〜64	36.9	58.5	11.7	52.0	78.3	19.3	51.3	61.6	41.9
65〜	20.6	32.7	4.5	31.0	47.1	8.7	28.5	37.9	21.5

年齢	アジア						北アメリカ		
	ベトナム (2021)			ミャンマー (2020)			アメリカ合衆国 (2021)		
	計	男	女	計	男	女	計	男	女
15歳以上	**72.9**	**77.8**	**68.2**	**60.2**	**77.5**	**45.6**	**a 61.7**	**a 67.6**	**a 56.1**
15〜19	25.6	27.7	23.3	24.1	27.0	21.2	b 36.2	b 35.9	b 36.6
20〜24	71.1	73.7	68.4	68.8	80.4	58.5	70.8	73.0	68.6
25〜29	88.3	91.8	84.6	79.4	95.0	66.2	81.6	86.3	76.9
30〜34	91.0	94.6	87.2	79.1	96.8	64.1	82.3	89.1	75.5
35〜39	92.4	95.4	89.4	78.4	97.0	62.3	82.1	90.3	74.0
40〜44	92.0	95.3	88.6	73.1	95.7	53.7	82.0	88.9	75.3
45〜49	90.8	94.5	87.1	72.3	96.3	52.4	82.3	88.6	76.2
50〜54	85.5	91.4	79.7	67.0	93.1	45.7	79.2	84.6	73.9
55〜59	76.7	83.8	70.1	60.5	88.4	38.5	72.2	78.0	66.8
60〜64	61.9	66.5	58.1	41.0	64.9	22.8	57.0	62.9	51.7
65〜	33.2	39.0	29.2	15.6	27.7	7.8	18.9	23.3	15.2

年齢	北アメリカ						南アメリカ		
	カナダ (2021)			メキシコ (2021)			アルゼンチン c (2021)		
	計	男	女	計	男	女	計	男	女
15歳以上	**65.1**	**69.6**	**60.6**	**58.8**	**75.7**	**43.6**	**60.4**	**71.2**	**50.5**
15〜19	49.7	48.4	51.0	30.8	40.7	20.4	14.6	16.3	12.7
20〜24	76.0	76.8	75.0	59.1	73.1	45.2	61.0	70.9	51.0
25〜29	86.4	88.6	84.1	73.0	90.5	56.9	76.3	86.7	66.1
30〜34	88.1	92.3	83.9	75.6	94.0	58.9	81.6	94.1	69.9
35〜39	88.2	93.4	82.9	75.6	94.6	58.8	85.5	95.4	75.6
40〜44	88.7	92.7	84.7	75.1	94.1	58.5	85.9	95.6	77.0
45〜49	88.4	92.3	84.7	74.1	93.2	57.4	84.2	94.9	73.8
50〜54	86.5	90.0	83.1	70.0	90.8	52.0	79.8	90.1	70.7
55〜59	77.1	82.2	72.0	61.6	84.4	42.3	72.7	85.1	61.1
60〜64	57.9	64.8	51.2	46.3	65.4	29.7	55.2	74.2	37.3
65〜	14.0	18.9	9.8	24.0	37.8	13.0	14.7	23.0	9.2

年齢	南アメリカ					
	コロンビア (2021)			ブラジル (2021)		
	計	男	女	計	男	女
15歳以上	**64.3**	**77.7**	**51.8**	**61.9**	**72.5**	**52.0**
15〜19	26.8	31.7	21.4	35.0	39.3	30.5
20〜24	68.5	80.7	57.3	72.8	80.4	65.0
25〜29	81.2	93.7	68.7	79.9	89.5	70.2
30〜34	83.6	96.2	71.4	81.3	91.4	71.3
35〜39	83.3	95.8	71.1	81.3	91.6	71.4
40〜44	82.2	95.2	69.9	80.0	90.1	70.4
45〜49	79.9	93.7	66.4	76.8	87.2	67.2
50〜54	75.5	92.3	59.4	69.5	82.6	57.4
55〜59	66.4	87.7	48.7	58.3	72.9	45.2
60〜64	54.0	75.4	35.5	38.9	54.3	25.7
65〜	23.0	35.7	12.7	17.9	29.0	9.5	12.7	19.8	7.4

12-1　男女、年齢階級別労働力人口比率(3)

（単位：％）

年齢	南アメリカ						ヨーロッパ		
	ベネズエラ def (2020)			ペルー (2021)			アイルランド (2021)		
	計	男	女	計	男	女	計	男	女
15歳以上	g 53.8	g 65.1	g 42.6	71.9	79.1	64.8	63.3	69.0	57.9
15〜19	19.5	24.5	14.4	50.1	53.3	46.6	29.9	29.2	30.7
20〜24	56.1	68.1	43.8	67.1	71.1	63.1	71.4	72.5	70.3
25〜29	70.5	86.2	56.2	78.3	85.8	70.4	84.0	87.2	80.9
30〜34	77.3	91.2	64.6	80.5	88.0	72.5	86.3	92.2	80.7
35〜39	79.5	91.2	65.9	83.5	91.6	75.1	85.0	92.0	78.5
40〜44	79.7	91.9	66.1	83.5	91.2	75.9	85.7	92.4	79.3
45〜49	79.7	90.8	69.4	84.6	91.5	77.7	83.5	89.5	77.6
50〜54	73.1	88.9	57.0	83.2	91.8	74.7	80.7	87.3	74.2
55〜59	63.5	81.1	46.9	79.5	88.0	71.0	75.7	82.4	69.2
60〜64	45.8	62.4	30.1	71.4	82.8	60.5	56.1	63.8	48.7
65〜	23.4	34.1	14.2	45.1	52.9	38.6	13.8	20.7	7.7

年齢	ヨーロッパ								
	イギリス (2019)			イタリア (2021)			ウクライナ ehj (2017)		
	計	男	女	計	男	女	計	男	女
15歳以上	63.2	68.2	58.5	48.6	57.6	40.1	k 62.0	k 69.0	k 55.7
15〜19	34.6	34.2	35.0	6.3	8.1	4.4	7.3	8.8	5.6
20〜24	75.9	78.1	73.6	43.1	50.0	35.6	55.3	61.3	48.8
25〜29	87.3	92.0	82.4	68.6	75.5	61.3	78.6	90.8	65.7
30〜34	87.7	94.4	81.0	77.0	87.6	66.3	82.7	91.8	73.4
35〜39	87.6	94.6	80.8	79.2	89.7	68.6	84.7	90.9	78.6
40〜44	87.8	93.1	82.5	80.0	90.2	69.8	86.0	88.6	83.6
45〜49	87.6	92.4	82.9	79.8	90.1	69.5	83.2	84.7	81.9
50〜54	85.4	89.2	81.8	77.0	88.1	66.2	78.3	80.5	76.3
55〜59	77.4	81.8	73.2	69.1	81.3	57.6	59.1	69.3	51.0
60〜64	57.6	63.2	52.3	41.8	50.5	33.8	18.5	21.9	16.1
65〜	11.1	14.1	8.5	5.3	8.2	2.9	m 9.1	m 10.6	m 8.2

年齢	ヨーロッパ								
	オーストリア (2021)			オランダ (2021)			ギリシャ (2021)		
	計	男	女	計	男	女	計	男	女
15歳以上	61.2	66.7	55.9	67.0	71.2	62.8	50.8	58.6	43.6
15〜19	36.4	41.5	31.3	74.1	71.6	76.7	4.0	5.5	2.5
20〜24	73.8	78.4	69.2	83.6	81.7	85.7	42.1	43.9	40.3
25〜29	87.0	89.7	84.2	90.6	91.8	89.3	79.2	80.7	77.3
30〜34	88.5	93.6	83.4	90.3	93.9	86.6	82.5	90.8	75.0
35〜39	89.1	94.1	84.0	88.5	94.2	82.7	85.1	94.3	75.7
40〜44	90.0	92.6	87.5	88.0	92.9	83.1	84.7	92.7	76.4
45〜49	90.9	93.0	88.8	89.2	92.0	86.5	85.4	93.9	77.5
50〜54	88.3	90.8	85.9	85.8	89.0	82.6	81.0	90.4	71.7
55〜59	80.4	83.3	77.4	81.8	87.8	75.9	65.6	80.5	53.9
60〜64	32.5	45.9	19.7	65.0	75.8	54.3	42.6	53.7	31.5
65〜	4.5	6.2	3.2	9.7	13.7	6.2	4.8	7.1	2.9

年齢	ヨーロッパ								
	スイス (2021)			スウェーデン (2021)			スペイン (2021)		
	計	男	女	計	男	女	計	男	女
15歳以上	67.4	72.7	62.2	66.7	70.1	63.3	57.8	62.7	53.1
15〜19	52.4	55.2	49.3	35.8	30.9	41.0	10.5	11.3	9.6
20〜24	77.0	77.0	77.1	72.8	75.7	69.6	53.2	55.6	50.7
25〜29	90.7	92.2	89.2	85.3	87.9	82.5	84.6	85.9	83.4
30〜34	92.7	96.4	88.7	90.9	94.5	87.1	87.9	91.1	84.6
35〜39	90.1	96.0	84.4	91.2	95.2	87.0	89.0	93.3	84.9
40〜44	90.5	95.7	85.4	93.4	95.7	91.1	89.7	93.6	85.8
45〜49	90.6	94.4	86.6	93.3	94.8	91.8	87.6	92.6	82.6
50〜54	89.5	93.0	85.9	92.9	95.7	90.1	83.5	89.7	77.4
55〜59	85.2	89.8	80.4	90.8	92.8	88.9	75.5	82.4	68.7
60〜64	64.9	71.7	58.1	72.9	76.2	69.7	51.9	57.6	46.6
65〜	10.9	14.8	7.8	14.0	18.5	9.8	3.3	4.2	2.5

12-1　男女、年齢階級別労働力人口比率(4)

(単位：%)

年齢	ヨーロッパ								
	スロバキア (2021)			チェコ (2021)			デンマーク (2021)		
	計	男	女	計	男	女	計	男	女
15歳以上	60.6	66.5	55.1	59.8	68.0	51.9	62.5	67.1	58.1
15〜19	4.2	4.6	3.8	5.4	6.0	4.8	46.4	45.0	47.8
20〜24	46.4	57.1	35.2	49.5	58.8	39.7	73.1	75.2	70.9
25〜29	82.8	90.9	74.4	80.2	93.9	65.5	81.3	83.9	78.7
30〜34	88.2	94.4	81.8	80.7	96.5	63.7	86.7	91.5	81.8
35〜39	90.2	94.2	86.0	86.8	96.8	76.2	86.7	91.6	81.5
40〜44	91.6	93.8	89.3	92.9	96.6	88.9	89.4	93.4	85.4
45〜49	90.1	91.3	88.8	94.9	96.0	93.7	89.9	92.3	87.4
50〜54	88.3	88.5	88.1	93.0	94.3	91.7	88.6	90.9	86.2
55〜59	82.9	84.5	81.3	89.0	90.9	87.0	84.1	86.3	82.0
60〜64	45.2	50.2	40.7	52.5	63.6	42.0	65.0	71.9	58.2
65〜	4.4	5.6	3.5	6.8	9.6	4.8	9.8	14.8	5.4

年齢	ヨーロッパ								
	ドイツ (2021)			ノルウェー (2021)			ハンガリー (2021)		
	計	男	女	計	男	女	計	男	女
15歳以上	60.6	65.8	55.5	66.5	72.2	61.0	59.5	67.0	52.8
15〜19	29.1	32.1	26.0	48.3	45.1	51.7	7.0	8.9	5.1
20〜24	71.8	74.1	69.2	72.9	72.7	73.2	55.4	60.1	50.4
25〜29	84.3	87.4	80.9	85.1	86.8	83.4	85.6	90.0	81.1
30〜34	86.7	91.8	81.3	88.3	91.0	85.4	89.3	94.1	84.1
35〜39	87.8	93.2	82.3	88.9	91.5	86.1	90.8	95.1	86.4
40〜44	88.7	92.7	84.6	86.9	89.0	84.7	92.2	95.7	88.8
45〜49	89.0	92.6	85.4	86.5	90.0	82.9	91.5	93.5	89.5
50〜54	87.7	91.4	83.9	84.2	87.0	81.2	90.1	92.4	87.9
55〜59	83.3	87.3	79.4	81.8	85.4	78.0	81.2	86.5	76.3
60〜64	63.3	68.3	58.5	69.6	75.2	63.9	49.1	66.8	34.4
65〜	7.5	10.1	5.4	15.4	24.3	9.4	5.7	8.2	4.2

年齢	ヨーロッパ								
	フィンランド (2021)			フランス (2021)			ブルガリア (2021)		
	計	男	女	計	男	女	計	男	女
15歳以上	60.4	64.3	56.7	55.9	59.8	52.2	55.3	62.0	49.1
15〜19	37.3	33.9	40.5	17.0	19.0	14.9	4.6	5.3	3.7
20〜24	68.1	70.3	65.6	64.6	67.0	62.2	35.8	43.7	27.6
25〜29	82.6	85.7	79.2	86.3	90.0	82.8	74.9	81.9	67.6
30〜34	86.0	90.3	81.5	87.7	92.3	83.4	83.9	89.6	77.9
35〜39	88.4	92.3	84.3	87.9	94.0	82.3	85.2	89.5	80.6
40〜44	90.6	92.0	89.1	89.4	93.2	85.8	87.0	90.6	83.3
45〜49	90.6	90.2	91.1	88.8	92.3	85.4	88.3	90.4	86.1
50〜54	89.5	89.6	89.3	87.9	91.7	84.2	85.5	86.6	84.3
55〜59	85.0	84.8	85.1	79.9	82.5	77.5	79.9	81.7	78.0
60〜64	62.3	62.4	62.3	38.2	39.1	37.4	56.1	65.0	48.1
65〜	8.8	12.9	5.4	3.6	4.4	2.9	6.2	9.2	4.1

年齢	ヨーロッパ								
	ベルギー (2021)			ポーランド (2021)			ポルトガル (2021)		
	計	男	女	計	男	女	計	男	女
15歳以上	54.5	59.1	50.0	57.2	65.7	49.5	57.8	62.4	53.8
15〜19	12.4	14.0	10.8	5.1	6.4	3.7	6.8	7.9	5.7
20〜24	47.4	49.8	44.8	55.6	63.4	47.3	51.5	55.3	47.5
25〜29	84.3	86.7	81.8	84.5	92.3	76.4	84.5	84.3	84.6
30〜34	87.7	92.1	83.4	87.9	94.8	80.6	91.3	90.6	91.9
35〜39	86.1	91.1	81.1	89.3	94.9	83.4	92.6	94.5	90.8
40〜44	87.3	90.8	83.8	89.5	93.9	85.0	93.3	95.1	91.6
45〜49	86.3	90.7	81.7	88.4	92.0	84.7	92.0	94.1	90.1
50〜54	81.0	86.8	75.2	83.4	85.6	81.2	87.8	92.8	83.3
55〜59	73.9	79.2	68.6	74.0	79.2	69.0	78.5	85.0	72.8
60〜64	38.9	44.1	33.8	40.7	60.4	23.3	54.5	60.7	49.1
65〜	2.8	4.1	1.7	6.0	8.9	4.1	8.4	12.0	5.8

12-1　男女、年齢階級別労働力人口比率(5)

(単位：%)

年齢	ヨーロッパ								
	ルーマニア (2021)			ルクセンブルク (2021)			ロシア (2021)		
	計	男	女	計	男	女	計	男	女
15歳以上	**51.1**	**61.8**	**41.0**	**61.9**	**65.7**	**58.1**	**62.3**	**70.6**	**55.4**
15〜19	7.4	9.9	4.6	16.2	17.0	15.3	6.3	7.4	5.3
20〜24	46.7	56.5	36.4	52.0	53.2	50.7	57.8	63.1	52.3
25〜29	77.1	89.2	64.4	86.6	86.2	87.1	88.8	95.0	82.2
30〜34	79.5	92.5	65.6	90.9	95.2	86.5	90.5	95.8	85.2
35〜39	82.5	92.6	71.7	92.5	94.5	90.4	92.2	95.7	88.9
40〜44	83.7	93.4	73.5	90.6	93.7	87.4	93.4	95.4	91.6
45〜49	82.3	90.6	73.4	88.6	93.3	83.7	93.3	94.3	92.4
50〜54	77.9	86.0	69.5	85.9	91.8	79.6	90.0	92.0	88.3
55〜59	65.9	76.0	55.8	69.9	76.3	62.9	72.8	83.8	63.8
60〜64	28.7	42.0	17.1	22.7	26.7	18.6	37.0	48.8	28.5
65〜	2.4	3.7	1.6	4.8	6.7	3.0	6.2	8.7	5.0

年齢	アフリカ								
	エジプト (2020)			エチオピア (2021)			南アフリカ (2021)		
	計	男	女	計	男	女	計	男	女
15歳以上	**50.4**	**68.1**	**31.7**	**68.3**	**79.2**	**57.6**	**55.8**	**62.4**	**49.6**
15〜19	21.2	24.0	18.3	46.1	50.2	41.7	9.7	10.8	8.7
20〜24	42.7	54.1	30.7	65.6	73.3	59.1	42.9	45.6	40.2
25〜29	63.5	90.7	36.5	77.4	90.6	66.6	68.4	74.2	62.4
30〜34	66.6	94.7	36.7	80.6	95.0	67.2	75.3	82.0	68.3
35〜39	67.6	96.1	38.5	81.6	95.4	69.5	78.3	85.0	71.4
40〜44	68.2	95.5	39.6	81.3	94.3	68.6	79.4	85.5	73.1
45〜49	67.7	94.0	38.9	82.1	94.5	68.2	77.5	85.2	70.2
50〜54	64.4	90.0	37.5	74.6	90.5	58.3	72.2	81.2	64.2
55〜59	61.4	83.2	38.0	73.5	89.7	55.7	60.5	69.0	53.4
60〜64	31.7	38.5	24.5	63.4	81.9	43.9	30.9	37.8	25.5
65〜	19.6	20.4	18.8	44.9	59.0	27.7	14.7	18.3	12.6

年齢	アフリカ			オセアニア					
	モロッコ (2012)			オーストラリア (2021)			ニュージーランド (2021)		
	計	男	女	計	男	女	計	男	女
15歳以上	**48.4**	**73.6**	**24.7**	**65.9**	**70.7**	**61.2**	**70.8**	**75.6**	**66.1**
15〜19	21.9	31.4	11.6	55.1	52.6	57.9	48.6	47.3	50.0
20〜24	47.3	71.8	23.7	81.0	82.6	79.3	80.3	82.5	77.9
25〜29	60.2	92.4	30.5	84.9	89.0	80.7	86.9	92.4	81.3
30〜34	61.3	96.1	29.1	85.3	92.0	78.9	86.6	93.3	79.9
35〜39	61.2	96.3	31.4	86.4	93.0	80.0	86.0	91.9	80.4
40〜44	61.6	96.5	30.5	86.3	91.5	81.2	88.6	93.6	83.8
45〜49	60.5	95.3	31.6	86.2	89.7	82.7	89.5	93.0	86.1
50〜54	58.8	89.1	31.2	83.1	87.5	78.9	87.0	90.5	83.8
55〜59	53.7	79.8	27.9	76.4	81.8	71.3	83.8	88.9	79.0
60〜64	34.9	51.1	19.2	59.6	65.6	53.8	75.3	81.2	69.7
65〜	18.4	28.7	8.5	15.0	19.5	11.0	25.1	30.7	20.1

a 16歳以上。　b 16〜19歳。　c 主要都市部のみ。　d 自家使用生産労働者を除く。　e 一部の地域を除く。　f 先住民を除く。　g 10歳以上。　h 施設にいる者、軍隊及び義務兵役にある者を除く。　j 自給自足労働者を含む。　k 15〜70歳。　m 65〜70歳。

12-2　男女別15歳以上就業者数（2021年）

（単位：1,000人）

国（地域）	計	男	女	国（地域）	計	男	女
アジア				イタリア	22,554	13,044	9,510
日本	66,670	36,870	29,800	ウクライナ	15,693	8,242	7,451
アラブ首長国連邦	7,165	5,469	1,696	エストニア	654	332	323
イスラエル a	3,913	2,030	1,884	オーストリア	4,306	2,289	2,017
イラン a	23,066	19,415	3,651	オランダ	9,282	4,910	4,372
インド b	379,952	287,110	92,744	ギリシャ	3,928	2,270	1,658
インドネシア	130,518	78,572	51,946	スイス	4,684	2,494	2,190
カザフスタン ac	8,732	4,520	4,213	スウェーデン	5,120	2,717	2,403
韓国	27,401	15,573	11,828	スペイン	19,774	10,652	9,122
シンガポール	2,300	1,224	1,076	スロバキア	2,561	1,360	1,201
スリランカ b	8,181	5,369	2,812	スロベニア	972	528	444
タイ a	37,680	20,452	17,228	チェコ	5,213	2,917	2,296
トルコ	28,797	19,792	9,005	デンマーク	2,907	1,543	1,364
パキスタン	61,652	47,810	13,843	ドイツ	41,500	22,097	19,403
フィリピン a	39,378	24,179	15,199	ノルウェー	2,796	1,480	1,316
ベトナム	53,405	27,855	25,550	ハンガリー	4,642	2,476	2,166
マレーシア acd	14,957	9,129	5,828	フィンランド	2,573	1,340	1,234
				フランス	27,728	14,159	13,568
北アメリカ				ブルガリア	3,076	1,649	1,428
アメリカ合衆国 e	152,581	80,829	71,752	ベルギー	4,854	2,575	2,278
カナダ	18,865	9,946	8,920	ポーランド	16,656	9,117	7,539
コスタリカ	2,122	1,316	806	ポルトガル	4,812	2,429	2,384
メキシコ	55,166	33,635	21,531	ラトビア	870	434	436
				リトアニア	1,369	687	681
南アメリカ				ルーマニア	7,755	4,520	3,236
アルゼンチン f	12,242	6,961	5,281	ルクセンブルク	307	164	143
コロンビア	20,741	12,559	8,182	ロシア	71,719	36,891	34,829
チリ	8,247	4,848	3,400				
ブラジル	90,478	52,655	37,823	**アフリカ**			
ベネズエラ acg	13,551	8,187	5,365	エジプト a	32,480	22,546	9,933
ペルー	17,759	9,793	7,966	南アフリカ	17,218	9,494	7,724
				モロッコ c	10,772	8,374	2,398
ヨーロッパ							
アイスランド	197	107	90	**オセアニア**			
アイルランド	2,389	1,277	1,112	オーストラリア	13,065	6,868	6,197
イギリス b	32,693	17,241	15,452	ニュージーランド	2,791	1,471	1,320

a 2020年。　b 2019年。　c 自家使用生産労働者を除く。　d 64歳以下。　e 16歳以上。　f 主要都市部のみ。　g 一部の地域を除く。

12-3　産業別15歳以上就業者数(1)

（単位：1,000人）

産業	アジア							
	日本 a (2020)		イスラエル (2017)		インドネシア (2015)		韓国 (2021)	
	総数	男	総数	男	総数	男	総数	男
総数	66,760	37,090	3,814	2,010	117,833	72,788	27,401	15,573
農業、林業、漁業	2,130	1,320	37	28	38,937	24,245	1,458	896
鉱業、採石業	20	20	3	2	1,365	1,232	12	10
製造業	10,710	7,550	416	293	16,151	9,447	4,368	3,111
電気、ガス、蒸気、空調供給業	660	560	17	14	212	194	71	57
水供給、下水処理・廃棄物管理、浄化活動	↑	↑	17	13	279	222	169	139
建設業	4,920	4,100	195	179	7,961	7,773	2,090	1,875
卸売・小売業、自動車・オートバイ修理業	10,850	5,290	428	248	21,955	11,289	3,353	1,813
運輸・保管業	3,750	2,900	161	130	4,623	4,429	1,586	1,388
宿泊・飲食サービス業	3,910	1,500	164	101	5,167	2,323	2,098	814
情報通信業	2,400	1,720	186	119	575	438	900	618
金融・保険業	1,880	880	128	50	1,736	1,155	800	355
不動産業	1,090	640	33	22	292	193	531	328
専門・科学・技術サービス業	2,440	1,570	278	148	422	300	1,219	779
管理・支援サービス業	3,390	1,860	166	95	1,046	839	1,397	803
公務、国防、強制社会保障事業	2,510	1,750	382	228	4,034	3,005	1,143	664
教育	3,390	1,440	469	111	5,749	2,317	1,840	609
保健衛生、社会事業	8,620	2,110	407	87	1,505	539	2,534	455
芸術・娯楽、レクリエーション	810	440	73	39	440	323	467	240
その他のサービス業	2,010	780	93	37	2,638	1,821	1,135	580
雇主としての世帯活動等	↑	↑	69	9	2,745	704	87	3
治外法権機関、団体の活動	30	20	2	1	＊ 1	＊ 1	15	11
分類不能の産業	1,220	630	91	56	...	...	128	25

産業	アジア							
	トルコ (2021)		フィリピン (2020)		ベトナム (2021)		マレーシア ab (2020)	
	総数	男	総数	男	総数	男	総数	男
総数	28,797	19,792	39,378	24,179	53,405	27,855	14,957	9,129
農業、林業、漁業	4,948	2,901	9,754	7,481	14,233	7,703	1,566	1,213
鉱業、採石業	147	140	184	169	175	142	82	60
製造業	5,662	4,205	3,184	1,920	11,203	5,112	2,498	1,504
電気、ガス、蒸気、空調供給業	127	115	81	68	151	126	76	63
水供給、下水処理・廃棄物管理、浄化活動	207	185	58	49	169	93	84	66
建設業	1,777	1,693	3,700	3,612	4,539	4,075	1,173	1,024
卸売・小売業、自動車・オートバイ修理業	4,052	3,017	8,081	3,107	7,201	3,220	2,766	1,621
運輸・保管業	1,338	1,209	2,932	2,819	1,856	1,673	689	572
宿泊・飲食サービス業	1,413	1,011	1,468	686	2,493	811	1,540	831
情報通信業	247	183	350	229	285	188	223	133
金融・保険業	299	173	556	231	484	220	372	174
不動産業	289	229	192	85	308	182	82	43
専門・科学・技術サービス業	926	542	260	127	312	203	379	191
管理・支援サービス業	1,000	626	1,609	991	330	214	802	510
公務、国防、強制社会保障事業	1,995	1,597	2,563	1,356	1,373	951	735	495
教育	1,805	769	1,286	340	1,840	464	938	293
保健衛生、社会事業	1,614	544	542	171	597	218	560	158
芸術・娯楽、レクリエーション	124	90	230	133	268	131	58	31
その他のサービス業	713	548	693	409	1,007	482	267	140
雇主としての世帯活動等	107	11	1,652	194	177	6	66	6
治外法権機関、団体の活動	6	4	＊ 2	＊ 1	3	1	...	...
分類不能の産業	...	...	...	...	4,400	1,638	...	...

12-3　産業別15歳以上就業者数(2)

(単位：1,000人)

産業	北アメリカ				南アメリカ			
	アメリカ合衆国 c (2021)		メキシコ (2021)		アルゼンチン d (2021)		ブラジル (2021)	
	総数	男	総数	男	総数	男	総数	男
総数	152,581	80,829	55,166	33,635	12,242	6,961	90,478	52,655
農業、林業、漁業	2,537	1,808	6,752	5,861	9	7	8,759	6,980
鉱業、採石業	418	354	164	144	13	5	433	381
製造業	15,119	10,752	9,093	5,656	1,440	1,027	10,628	6,946
電気、ガス、蒸気、空調供給業	1,314	998	142	113	55	47	219	180
水供給、下水処理・廃棄物管理、浄化活動	676	535	253	203	92	79	461	373
建設業	11,743	10,420	4,387	4,219	1,040	999	6,912	6,639
卸売・小売業、自動車・オートバイ修理業	19,495	10,939	11,740	6,190	2,205	1,278	17,160	10,000
運輸・保管業	9,976	7,097	2,349	2,141	642	572	4,659	4,203
宿泊・飲食サービス業	9,288	4,454	4,124	1,662	392	214	4,585	2,016
情報通信業	6,548	4,438	437	278	329	256	1,572	1,122
金融・保険業	7,707	3,592	583	297	269	155	1,382	664
不動産業	3,266	1,628	264	158	68	30	585	333
専門・科学・技術サービス業	8,815	4,639	1,568	930	495	255	3,666	1,907
管理・支援サービス業	6,734	3,926	1,533	981	525	369	3,843	2,426
公務、国防、強制社会保障事業	5,544	2,716	2,407	1,417	1,166	638	4,849	3,015
教育	13,517	4,170	2,818	1,061	1,019	257	6,017	1,644
保健衛生、社会事業	21,777	4,955	1,811	632	815	231	5,065	1,339
芸術・娯楽、レクリエーション	2,638	1,287	382	272	191	122	723	435
その他のサービス業	4,305	1,709	1,764	938	542	256	3,699	1,559
雇主としての世帯活動等	659	81	2,174	218	704	15	5,182	445
治外法権機関、団体の活動	506	330	4	3	167	103	3	* 2
分類不能の産業	...	...	418	259	63	42	78	46

産業	ヨーロッパ							
	アイルランド (2021)		イギリス (2019)		イタリア (2021)		オーストリア (2021)	
	総数	男	総数	男	総数	男	総数	男
総数	2,389	1,277	32,693	17,241	22,554	13,044	4,306	2,289
農業、林業、漁業	106	92	340	250	913	678	161	92
鉱業、採石業	5	...	126	101	31	26	10	8
製造業	278	193	2,990	2,223	4,185	3,095	716	523
電気、ガス、蒸気、空調供給業	13	10	199	144	113	81	28	22
水供給、下水処理・廃棄物管理、浄化活動	12	9	230	182	249	205	25	21
建設業	138	126	2,356	2,061	1,431	1,326	324	281
卸売・小売業、自動車・オートバイ修理業	304	157	4,040	2,148	3,107	1,811	615	273
運輸・保管業	101	79	1,572	1,280	1,141	915	216	164
宿泊・飲食サービス業	139	62	1,745	804	1,203	588	216	91
情報通信業	149	104	1,389	991	656	459	139	93
金融・保険業	118	62	1,287	723	625	326	132	67
不動産業	13	6	391	177	136	75	38	18
専門・科学・技術サービス業	160	85	2,519	1,420	1,484	803	275	144
管理・支援サービス業	94	58	1,530	826	980	463	148	68
公務、国防、強制社会保障事業	128	59	2,111	997	1,148	743	306	152
教育	209	55	3,413	971	1,615	396	295	87
保健衛生、社会事業	306	64	4,401	975	1,887	551	480	114
芸術・娯楽、レクリエーション	44	25	878	473	264	150	69	36
その他のサービス業	54	19	938	369	703	261	102	30
雇主としての世帯活動等	...	...	50	14	666	82	5	...
治外法権機関、団体の活動	...	...	58	37	16	9	7	4
分類不能の産業	16	8	130	75	...	...	...	...

12-3　産業別15歳以上就業者数(3)

（単位：1,000人）

産業	ヨーロッパ							
	オランダ (2021)		ギリシャ (2021)		スイス (2021)		スウェーデン (2021)	
	総数	男	総数	男	総数	男	総数	男
総数	**9,282**	**4,910**	**3,928**	**2,270**	**4,684**	**2,494**	**5,120**	**2,717**
農業、林業、漁業	205	143	446	276	111	73	100	76
鉱業、採石業	13	10	11	9	3	2	10	8
製造業	774	605	390	275	563	396	500	373
電気、ガス、蒸気、空調供給業	41	30	36	25	28	22	34	23
水供給、下水処理・廃棄物 管理、浄化活動	42	34	22	18	14	12	23	17
建設業	397	349	142	133	339	297	349	309
卸売・小売業、自動車・ オートバイ修理業	1,450	796	697	411	544	276	533	307
運輸・保管業	460	353	208	172	199	149	210	166
宿泊・飲食サービス業	380	184	324	171	176	81	129	63
情報通信業	410	309	102	69	181	131	292	204
金融・保険業	283	179	76	33	252	146	112	59
不動産業	75	43	7	3	67	31	91	54
専門・科学・技術サービス業	807	483	253	133	413	243	485	285
管理・支援サービス業	431	239	78	46	170	100	227	136
公務、国防、強制社会保障事業	630	343	384	236	239	124	409	170
教育	698	253	312	91	362	128	568	166
保健衛生、社会事業	1,570	288	283	95	703	165	737	176
芸術・娯楽、レクリエーション	209	95	51	30	85	45	112	51
その他のサービス業	199	60	85	39	145	47	127	43
雇主としての世帯活動等	14	3	19	1	67	17	...	...
治外法権機関、団体の活動	...	...	3	2	4	* 2	...	...
分類不能の産業	193	111	1	* 1	19	9	71	32

産業	ヨーロッパ							
	スペイン (2021)		チェコ (2021)		デンマーク (2021)		ドイツ (2021)	
	総数	男	総数	男	総数	男	総数	男
総数	**19,774**	**10,652**	**5,213**	**2,917**	**2,907**	**1,543**	**41,500**	**22,097**
農業、林業、漁業	803	611	133	98	59	46	517	335
鉱業、採石業	32	28	29	25	4	3	76	63
製造業	2,423	1,777	1,358	907	332	236	8,272	6,067
電気、ガス、蒸気、空調供給業	91	59	57	41	16	12	374	273
水供給、下水処理・廃棄物 管理、浄化活動	154	130	63	49	14	11	258	211
建設業	1,292	1,168	413	374	195	177	2,446	2,082
卸売・小売業、自動車・ オートバイ修理業	2,962	1,498	577	263	428	246	5,313	2,567
運輸・保管業	1,023	810	312	232	124	99	1,940	1,439
宿泊・飲食サービス業	1,462	686	151	66	98	48	1,183	563
情報通信業	671	463	210	163	123	87	1,580	1,068
金融・保険業	487	234	126	57	83	48	1,251	613
不動産業	154	76	44	25	40	25	373	179
専門・科学・技術サービス業	1,088	543	264	132	167	96	2,127	1,034
管理・支援サービス業	1,050	477	122	64	118	61	1,735	898
公務、国防、強制社会保障事業	1,373	764	343	170	158	69	3,363	1,563
教育	1,440	460	386	88	264	106	2,707	791
保健衛生、社会事業	1,865	425	403	80	534	103	5,635	1,319
芸術・娯楽、レクリエーション	380	223	88	47	62	30	473	241
その他のサービス業	465	151	94	27	72	29	1,574	697
雇主としての世帯活動等	554	67	35	7	...	...	162	...
治外法権機関、団体の活動	4	2	2	2	3	...	...	...
分類不能の産業	...	...	...	...	13	10	132	77

12-3　産業別15歳以上就業者数(4)

(単位：1,000人)

産業	ヨーロッパ							
	ノルウェー (2021)		ハンガリー (2021)		フィンランド (2021)		フランス (2021)	
	総数	男	総数	男	総数	男	総数	男
総数	2,796	1,480	4,642	2,476	2,573	1,340	27,728	14,159
農業、林業、漁業	65	52	204	147	105	79	676	484
鉱業、採石業	64	50	7	7	5	4	28	24
製造業	202	153	985	607	323	237	3,038	2,110
電気、ガス、蒸気、空調供給業	18	14	38	29	15	11	195	128
水供給、下水処理・廃棄物 管理、浄化活動	19	16	53	40	13	10	213	154
建設業	231	207	376	346	189	171	1,776	1,550
卸売・小売業、自動車・ オートバイ修理業	351	193	576	268	292	152	3,455	1,856
運輸・保管業	129	105	285	214	136	110	1,411	1,047
宿泊・飲食サービス業	87	39	174	76	86	30	975	496
情報通信業	118	83	169	120	127	86	983	675
金融・保険業	54	31	95	38	46	21	1,007	434
不動産業	35	23	31	17	29	15	350	149
専門・科学・技術サービス業	170	96	215	100	188	102	1,776	940
管理・支援サービス業	129	72	146	79	128	66	1,123	586
公務、国防、強制社会保障事業	179	85	406	174	117	49	2,297	1,072
教育	238	78	368	85	182	59	2,163	675
保健衛生、社会事業	578	120	321	63	411	61	3,879	812
芸術・娯楽、レクリエーション	64	33	84	39	64	29	522	260
その他のサービス業	53	20	106	26	83	25	779	258
雇主としての世帯活動等	…	…	…	…	9	3	269	26
治外法権機関、団体の活動	…	…	…	…	…	…	16	6
分類不能の産業	12	7	…	…	24	14	798	418

産業	ヨーロッパ							
	ベルギー (2021)		ポーランド (2021)		ポルトガル (2021)		ルーマニア (2021)	
	総数	男	総数	男	総数	男	総数	男
総数	4,854	2,575	16,656	9,117	4,812	2,429	7,755	4,520
農業、林業、漁業	45	33	1,391	865	131	92	911	617
鉱業、採石業	4	4	193	171	9	8	52	47
製造業	556	418	3,232	2,175	811	486	1,524	876
電気、ガス、蒸気、空調供給業	29	22	190	144	21	14	88	70
水供給、下水処理・廃棄物 管理、浄化活動	39	33	174	134	35	25	127	95
建設業	312	277	1,333	1,231	305	272	764	721
卸売・小売業、自動車・ オートバイ修理業	597	341	2,292	1,007	707	361	1,369	608
運輸・保管業	273	209	1,132	905	217	168	544	471
宿泊・飲食サービス業	142	80	362	128	244	111	197	78
情報通信業	214	157	486	349	176	120	198	128
金融・保険業	164	87	402	152	123	70	106	35
不動産業	40	22	151	66	47	25	18	8
専門・科学・技術サービス業	288	153	691	303	266	118	217	92
管理・支援サービス業	277	119	440	241	145	75	206	154
公務、国防、強制社会保障事業	416	209	1,106	531	341	197	408	258
教育	482	146	1,297	270	462	112	366	90
保健衛生、社会事業	741	163	1,104	199	508	94	436	81
芸術・娯楽、レクリエーション	76	39	224	90	68	41	63	31
その他のサービス業	93	34	310	92	109	35	133	50
雇主としての世帯活動等	5	…	46	…	83	…	27	8
治外法権機関、団体の活動	61	30	…	…	…	…	…	…
分類不能の産業	…	…	100	54	…	…	…	…

12-3　産業別15歳以上就業者数(5)

（単位：1,000人）

産業	ヨーロッパ ロシア (2021) 総数	男	アフリカ エジプト (2020) 総数	男	オセアニア オーストラリア ae (2020) 総数	男	ニュージーランド e (2015) 総数	男
総数	71,719	36,891	32,480	22,546	12,673	6,691	2,357	1,244
農業、林業、漁業	4,198	2,833	11,609	4,841	351	236	143	99
鉱業、採石業	1,626	1,353	40	40	243	202	7	5
製造業	10,200	6,401	3,410	3,132	934	671	264	190
電気、ガス、蒸気、空調供給業	1,830	1,393	230	212	87	65	14	10
水供給、下水処理・廃棄物 管理、浄化活動	533	370	248	232	66	51	9	7
建設業	4,907	4,306	3,518	3,518	1,171	1,013	223	191
卸売・小売業、自動車・ オートバイ修理業	11,183	4,299	3,793	3,248	1,763	931	347	185
運輸・保管業	6,315	4,920	2,246	2,215	626	493	101	72
宿泊・飲食サービス業	1,841	489	786	747	795	361	130	52
情報通信業	1,310	864	187	151	462	328	92	60
金融・保険業	1,579	498	160	123	483	248	69	33
不動産業	1,224	707	50	43	177	83	29	13
専門・科学・技術サービス業	2,556	1,182	489	402	864	443	137	70
管理・支援サービス業	1,778	1,163	222	196	459	238	97	48
公務、国防、強制社会保障事業	4,968	2,868	1,541	1,212	852	432	116	57
教育	6,822	1,201	2,024	1,014	1,092	314	201	53
保健衛生、社会事業	5,595	1,129	918	359	1,768	396	254	48
芸術・娯楽、レクリエーション	1,403	482	116	98	228	111	49	23
その他のサービス業	1,842	431	644	611	244	70	62	21
雇主としての世帯活動等	8	3	178	108	3	0	2	* ...
治外法権機関、団体の活動	* ...	* ...	2	* ...	1	0	* ...	* ...
分類不能の産業	...	...	67	61	2	2	13	8

a 自家使用生産労働者を除く。　b 64歳以下。　c 16歳以上。　d 主要都市部のみ。　e 施設にいる者、軍隊及び義務兵役にある者を除く。

12-4　職業別15歳以上就業者数(1)

新分類（ISCO-08）　　　　　　　　　　　　　　　　　　　　　　　　（単位：1,000人）

職業	アジア							
	日本 (2021)		イスラエル (2017)		インドネシア (2021)		韓国 (2021)	
	総数	男	総数	男	総数	男	総数	男
総数	66,670	36,870	3,814	2,010	130,518	78,572	27,401	15,573
管理職	1,290	1,120	377	247	2,835	1,915	393	329
専門職	12,550	6,530	976	426	7,752	2,996	5,585	2,849
技師、准専門職	↑	↑	491	216	3,684	2,604	4,751	2,324
事務補助員	13,780	5,490	258	73	5,979	3,179	3,073	1,053
サービス・販売従事者	21,090	11,120	688	265	33,592	15,240	2,766	1,349
農林漁業従事者	2,030	1,300	31	28	28,327	18,428	1,396	879
技能工及び関連職業の従事者	...	...	303	280	14,974	9,922	2,406	2,115
設備・機械の運転・組立工	13,530	10,850	209	190	8,275	7,198	2,979	2,642
単純作業従事者	4,860	2,690	197	108	24,551	16,563	3,925	2,007
軍隊	...	...	...	...	550	527	...	...
分類不能の職業	...	...	283	178	...	...	128	25

職業	アジア							
	スリランカ (2019)		タイ (2020)		トルコ (2021)		フィリピン (2020)	
	総数	男	総数	男	総数	男	総数	男
総数	8,181	5,369	37,680	20,452	28,797	19,792	39,378	24,179
管理職	622	453	1,624	987	1,565	1,258	3,557	1,673
専門職	609	229	2,274	869	3,513	1,823	2,226	790
技師、准専門職	742	478	1,784	842	1,819	1,298	1,484	735
事務補助員	309	149	1,645	488	2,000	1,142	2,467	1,002
サービス・販売従事者	708	494	7,504	2,963	5,370	3,591	7,594	3,109
農林漁業従事者	1,376	944	10,828	6,375	3,688	2,420	5,259	4,337
技能工及び関連職業の従事者	1,308	893	4,170	3,076	3,635	3,175	2,828	2,411
設備・機械の運転・組立工	715	619	3,625	2,611	2,745	2,436	3,125	2,816
単純作業従事者	1,758	1,081	4,226	2,241	4,462	2,648	10,738	7,212
軍隊	35	30	...	...	...	...	100	93
分類不能の職業	...	...	...	...	...	...	...	...

職業	アジア				北アメリカ			
	ベトナム (2021)		マレーシア ab (2020)		アメリカ合衆国 c (2021)		メキシコ (2021)	
	総数	男	総数	男	総数	男	総数	男
総数	53,405	27,855	14,957	9,129	152,581	80,829	55,166	33,635
管理職	478	359	808	608	16,008	9,382	1,743	1,072
専門職	3,581	1,573	1,868	782	31,429	14,374	5,460	2,730
技師、准専門職	1,629	705	1,547	1,063	23,928	10,451	4,033	2,044
事務補助員	1,127	550	1,242	384	12,328	3,302	3,619	1,441
サービス・販売従事者	9,297	3,631	3,632	1,862	20,656	8,624	12,054	5,571
農林漁業従事者	5,993	3,772	916	720	610	502	4,144	3,722
技能工及び関連職業の従事者	7,135	5,190	1,473	1,175	12,072	10,346	6,952	5,498
設備・機械の運転・組立工	6,926	3,836	1,690	1,278	8,132	6,602	5,471	4,431
単純作業従事者	12,595	6,393	1,780	1,258	14,877	10,647	10,823	6,491
軍隊	245	207	...	...	...	...	...	...
分類不能の職業	4,400	1,638	...	...	12,541	6,599	867	634

12-4　職業別15歳以上就業者数(2)

新分類（ISCO-08）　　　　　　　　　　　　　　　　　　　　　　　（単位：1,000人）

職業	南アメリカ							
	アルゼンチン d (2021)		チリ (2021)		ブラジル (2021)		ボリビア (2021)	
	総数	男	総数	男	総数	男	総数	男
総数	12,242	6,961	8,247	4,848	90,478	52,655	6,149	3,275
管理職	593	399	331	231	3,291	2,019	118	76
専門職	1,221	462	1,268	616	11,265	4,674	416	193
技師、准専門職	1,283	754	1,011	467	7,629	4,388	322	205
事務補助員	1,410	668	491	243	7,557	2,892	149	67
サービス・販売従事者	2,604	1,186	1,683	741	19,336	8,551	1,405	391
農林漁業従事者	29	20	198	170	5,510	4,390	1,653	861
技能工及び関連職業の従事者	1,411	1,279	1,063	889	12,290	10,165	1,136	792
設備・機械の運転・組立工	861	748	640	606	7,649	6,722	518	509
単純作業従事者	1,747	837	1,505	838	14,725	7,802	428	175
軍隊	...	...	...	...	810	732	5	5
分類不能の職業	1,082	608	56	46	415	321	0	0

職業	ヨーロッパ							
	アイルランド (2021)		イギリス (2019)		イタリア (2021)		オーストリア (2021)	
	総数	男	総数	男	総数	男	総数	男
総数	2,389	1,277	32,693	17,241	22,554	13,044	4,306	2,289
管理職	213	132	3,865	2,442	810	578	210	135
専門職	622	294	8,630	4,417	3,397	1,528	881	409
技師、准専門職	295	150	4,034	1,942	3,876	2,329	782	434
事務補助員	220	56	3,083	932	2,890	1,058	418	124
サービス・販売従事者	426	152	5,694	1,814	3,774	1,515	735	241
農林漁業従事者	84	78	389	334	546	436	151	92
技能工及び関連職業の従事者	193	176	2,590	2,414	2,971	2,681	536	489
設備・機械の運転・組立工	130	108	1,592	1,399	1,600	1,315	235	202
単純作業従事者	182	114	2,674	1,435	2,486	1,406	345	148
軍隊	5	5	84	74	204	197	13	13
分類不能の職業	20	11	57	39	...	...	...	...

職業	ヨーロッパ							
	オランダ (2021)		ギリシャ (2021)		スイス (2021)		スウェーデン (2021)	
	総数	男	総数	男	総数	男	総数	男
総数	9,282	4,910	3,928	2,270	4,684	2,494	5,120	2,717
管理職	476	353	111	78	383	262	344	196
専門職	2,791	1,463	824	380	1,215	609	1,621	712
技師、准専門職	1,595	751	309	162	778	404	936	518
事務補助員	859	345	455	189	599	219	301	120
サービス・販売従事者	1,549	504	869	454	599	200	847	312
農林漁業従事者	136	112	415	256	110	84	104	75
技能工及び関連職業の従事者	642	577	369	335	457	402	456	424
設備・機械の運転・組立工	375	336	254	238	163	137	272	234
単純作業従事者	735	389	257	121	260	115	214	108
軍隊	27	22	65	56	3	2	16	13
分類不能の職業	98	59	...	...	118	60	8	5

12-4　職業別15歳以上就業者数(3)

　　　　　　　　　　　　　　　　　　　　　　　　（単位：1,000人）

職業	ヨーロッパ							
	スペイン (2021)		スロバキア (2021)		チェコ (2021)		デンマーク (2021)	
	総数	男	総数	男	総数	男	総数	男
総数	19,774	10,652	2,561	1,360	5,213	2,917	2,907	1,543
管理職	820	547	149	93	264	189	80	57
専門職	3,848	1,620	385	143	973	464	802	359
技師、准専門職	2,355	1,414	430	215	878	502	533	301
事務補助員	2,075	655	268	73	481	102	188	57
サービス・販売従事者	4,067	1,642	423	161	757	254	526	199
農林漁業従事者	448	364	22	18	60	41	46	38
技能工及び関連職業の従事者	2,126	1,973	384	333	798	719	216	202
設備・機械の運転・組立工	1,518	1,311	336	242	693	511	151	129
単純作業従事者	2,408	1,029	149	66	294	120	295	168
軍隊	107	97	15	14	16	15	10	9
分類不能の職業	...	...	...	...	...	...	60	23

職業	ヨーロッパ							
	ドイツ (2021)		ノルウェー (2021)		ハンガリー (2021)		フィンランド (2021)	
	総数	男	総数	男	総数	男	総数	男
総数	41,500	22,097	2,796	1,480	4,642	2,476	2,573	1,340
管理職	1,683	1,191	232	154	221	139	62	40
専門職	8,868	4,497	802	330	898	417	671	341
技師、准専門職	8,432	3,879	435	257	688	265	482	214
事務補助員	5,520	1,860	152	68	358	104	135	38
サービス・販売従事者	5,531	2,101	569	187	661	252	479	146
農林漁業従事者	564	442	54	43	119	86	83	59
技能工及び関連職業の従事者	4,816	4,305	249	233	658	586	263	242
設備・機械の運転・組立工	2,484	2,078	159	138	612	426	193	164
単純作業従事者	3,100	1,420	97	37	410	189	169	73
軍隊	177	153	8	7	16	13	6	6
分類不能の職業	326	171	38	24	...	...	29	18

職業	ヨーロッパ							
	フランス (2021)		ベルギー (2021)		ポーランド (2021)		ポルトガル (2021)	
	総数	男	総数	男	総数	男	総数	男
総数	27,728	14,159	4,854	2,575	16,656	9,117	4,812	2,429
管理職	1,884	1,172	391	252	1,069	609	331	205
専門職	6,371	3,165	1,318	612	3,517	1,353	1,158	463
技師、准専門職	4,886	2,085	700	355	2,306	1,124	566	329
事務補助員	2,390	665	590	233	1,132	453	484	164
サービス・販売従事者	3,744	1,195	624	222	2,158	730	835	293
農林漁業従事者	752	585	51	43	1,303	801	107	82
技能工及び関連職業の従事者	2,694	2,423	446	419	2,403	2,130	586	507
設備・機械の運転・組立工	1,768	1,433	285	249	1,662	1,416	367	248
単純作業従事者	2,377	941	429	172	872	323	352	112
軍隊	207	177	20	19	107	100	27	25
分類不能の職業	655	317	...	...	128	76	...	...

12-4　職業別15歳以上就業者数(4)

新分類（ISCO-08）

(単位：1,000人)

職業	ヨーロッパ				アフリカ		オセアニア	
	ルーマニア (2021)		ロシア (2021)		エジプト (2020)		オーストラリア ae (2020)	
	総数	男	総数	男	総数	男	総数	男
総数	7,755	4,520	71,719	36,891	32,480	22,546	12,673	6,691
管理職	211	135	3,946	2,124	2,100	1,957	1,410	846
専門職	1,357	555	18,774	7,123	3,104	1,940	3,027	1,346
技師、准専門職	541	264	9,895	4,088	1,819	1,348	1,626	767
事務補助員	361	133	1,904	316	1,235	821	1,229	305
サービス・販売従事者	1,351	486	11,155	3,326	4,633	4,003	2,022	657
農林漁業従事者	613	403	1,708	895	10,231	3,492	293	228
技能工及び関連職業の従事者	1,416	1,142	9,549	7,840	5,115	5,037	1,260	1,182
設備・機械の運転・組立工	1,046	847	9,224	8,160	3,013	2,864	805	693
単純作業従事者	815	512	5,565	3,019	1,229	1,084	1,002	667
軍隊	46	42	…	…	…	…	0	0
分類不能の職業	…	…	…	…	…	…	0	0

a 自家使用生産労働者を除く。　b 64歳以下。　c 16歳以上。　d 主要都市部のみ。　e 施設にいる者、軍隊及び義務兵役に
ある者を除く。

旧分類（ISCO-88）

(単位：1,000人)

職業	北アメリカ		南アメリカ		アフリカ	
	カナダ a (2014)		ペルー (2021)		南アフリカ (2021)	
	総数	男	総数	男	総数	男
総数	17,802	9,328	17,759	9,793	17,218	9,494
議員・上級行政官・管理的職業従事者	1,452	936	66	42	1,388	949
専門的職業従事者	3,334	1,540	1,233	608	982	539
テクニシャン・準専門的職業従事者	2,998	1,145	1,212	779	1,319	553
事務従事者	2,168	554	969	454	1,478	367
サービス職業従事者・店舗等販売従事者	2,732	996	2,988	887	2,305	1,281
熟練農林漁業職業従事者	346	260	2,221	1,553	65	53
熟練職業従事者	1,817	1,666	1,298	859	1,587	1,416
装置・機械操作員、組立工	1,532	1,280	1,594	1,535	1,254	1,108
初級・単純職業従事者	1,423	951	6,007	2,949	4,457	2,123
軍隊	0	0	97	83	27	21
分類不能の職業	…	…	74	44	2,358	1,084

a 一部の地域を除く。

12-5　男女別15歳以上失業者数及び失業率(2021年)(1)

国（地域）	失業者数（1,000人）			失業率（%）		
	計	男	女	計	男	女
アジア						
日本	1,930	1,160	770	2.8	3.1	2.5
イスラエル a	177	96	81	4.3	4.5	4.1
イラン a	2,474	1,796	678	9.7	8.5	15.7
インド b	26,458	20,461	5,995	6.5	6.7	6.1
インドネシア	5,193	3,502	1,691	3.8	4.3	3.2
カザフスタン ac	449	210	239	4.9	4.4	5.4
韓国	1,035	575	460	3.6	3.6	3.7
サウジアラビア	d 379	d 351	d 28	a 7.7	a 3.9	a 22.8
シンガポール	84	42	42	3.5	3.3	3.8
スリランカ	b 401	b 181	b 220	a 5.2	a 4.1	a 7.5
タイ a	419	229	189	1.1	1.1	1.1
台湾 a	460	260	200	3.8	3.9	3.8
中国	efg 9,520	...	...	e 5.1	...	...
トルコ	3,919	2,364	1,554	12.0	10.7	14.7
パキスタン	4,172	2,777	1,395	6.3	5.5	9.2
フィリピン a	1,019	594	425	2.5	2.4	2.7
ベトナム	1,305	707	598	2.4	2.5	2.3
マレーシア ach	711	425	286	4.5	4.5	4.7
北アメリカ						
アメリカ合衆国 f	8,623	4,676	3,948	5.4	5.5	5.2
カナダ	1,520	827	693	7.5	7.7	7.2
コスタリカ	379	175	204	15.1	11.7	20.2
メキシコ	2,353	1,424	928	4.1	4.1	4.1
南アメリカ						
アルゼンチン j	1,172	596	575	8.7	7.9	9.8
コロンビア	3,348	1,536	1,812	13.9	10.9	18.1
チリ	851	488	363	9.4	9.2	9.6
ブラジル	13,927	6,367	7,560	13.3	10.8	16.7
ベネズエラ ackm	1,103	643	460	7.5	7.3	7.9
ペルー	954	485	469	5.1	4.7	5.6
ヨーロッパ						
アイスランド	13	7	6	6.0	5.7	6.3
アイルランド	158	85	73	6.2	6.2	6.2
イギリス b	1,269	703	566	3.7	3.9	3.5
イタリア	2,367	1,236	1,131	9.5	8.7	10.6
ウクライナ	1,712	870	842	9.8	9.6	10.2
エストニア	43	24	19	6.2	6.8	5.6
オーストリア	284	152	131	6.2	6.2	6.1
オランダ	408	202	206	4.2	4.0	4.5
ギリシャ	678	291	387	14.7	11.4	18.9
スイス	252	129	123	5.1	4.9	5.3
スウェーデン	489	250	239	8.7	8.4	9.1
スペイン	3,430	1,599	1,831	14.8	13.1	16.7
スロバキア	188	97	90	6.8	6.7	7.0
スロベニア	48	23	25	4.7	4.3	5.3
チェコ	150	69	82	2.8	2.3	3.4
デンマーク	155	81	74	5.1	5.0	5.1
ドイツ	1,536	899	637	3.6	3.9	3.2
ノルウェー	128	71	57	4.4	4.6	4.2
ハンガリー	196	100	96	4.1	3.9	4.2
フィンランド	212	118	94	7.6	8.1	7.1
フランス	2,365	1,225	1,140	7.9	8.0	7.8

12-5　男女別15歳以上失業者数及び失業率(2021年)(2)

国（地域）	失業者数（1,000人）			失業率（%）		
	計	男	女	計	男	女
ブルガリア	171	95	76	5.3	5.5	5.0
ベルギー	324	182	142	6.3	6.6	5.9
ポーランド	580	315	264	3.4	3.3	3.4
ポルトガル	339	162	177	6.6	6.3	6.9
ラトビア	71	40	30	7.5	8.5	6.5
リトアニア	105	57	48	7.1	7.6	6.6
ルーマニア	459	287	172	5.6	6.0	5.0
ルクセンブルク	17	9	8	5.3	4.9	5.6
ロシア	3,549	1,797	1,753	4.7	4.6	4.8
アフリカ						
エジプト a	2,039	1,379	659	5.9	5.8	6.2
エチオピア	1,517	647	870	3.9	2.9	5.3
タンザニア a	716	246	470	2.8	1.9	3.7
南アフリカ	6,954	3,598	3,356	28.8	27.5	30.3
モロッコ n	1,096	765	332	9.3	8.8	10.7
オセアニア						
オーストラリア	704	378	327	5.1	5.2	5.0
ニュージーランド	110	56	53	3.8	3.7	3.9

a 2020年。　b 2019年。　c 自家使用生産労働者を除く。　d 1992年。　e 都市部のみ。　f 16歳以上。　g 2014年。
h 64歳以下。　j 主要都市部のみ。　k 一部の地域を除く。　m 先住民を除く。　n 2016年。

12-6　男女別週当たり実労働時間(2021年)(1)

(単位：時間)

国（地域）	就業形態	全産業			製造業			建設業		
		計	男	女	計	男	女	計	男	女
アジア										
日本 ab	A	37	41	31	39	41	34	41	44	31
イスラエル ab	A	34	37	29	38	40	35	36	37	31
インドネシア c	A	39	41	37	42	45	39	45	45	42
韓国	A	39	41	35	42	43	39	38	38	36
タイ b	A	40	40	40	45	45	44	42	42	43
トルコ	A	43	45	40	45	47	42	44	44	41
バングラデシュ d	A	47	51	38	55	57	52	50	51	48
フィリピン b	A	36	35	36	37	38	35	36	36	37
ベトナム	A	39	40	38	44	44	43	44	44	43
マレーシア ab	A	43	44	42	45	46	43	44	44	44
北アメリカ										
アメリカ合衆国 e	A	37	39	34	40	41	38	38	39	35
メキシコ	A	42	45	37	43	46	39	44	44	41
南アメリカ										
アルゼンチン f	A	35	39	29	38	41	32	36	36	34
コロンビア	A	42	44	38	43	45	39	42	42	44
チリ	A	37	39	34	38	41	33	38	38	38
ブラジル	A	38	40	35	39	41	36	38	38	37
ペルー	A	37	40	34	40	44	33	41	41	* 40
ヨーロッパ										
アイルランド	B	36	39	32	39	40	36	40	41	30
イギリス g	B	36	40	32	39	41	35	40	42	31
イタリア	B	36	39	32	38	39	35	39	39	31
ウクライナ abh	A	39	40	38	40	40	40	41	42	39
オーストリア	B	34	37	30	36	37	31	37	38	22
オランダ	B	31	35	27	35	37	29	38	39	29
ギリシャ	B	40	42	37	41	42	39	40	40	36
スイス	A	34	39	29	38	40	34	38	40	28
スウェーデン	B	35	37	33	37	38	36	38	38	33
スペイン	B	36	39	34	38	39	36	39	39	36
チェコ	B	38	40	37	38	39	37	41	41	36
デンマーク	B	35	37	32	37	38	34	38	39	32
ドイツ	B	34	38	30	37	38	32	38	39	29
ノルウェー	B	34	36	31	36	37	34	37	38	31
ハンガリー	B	38	39	37	38	39	37	39	39	37
フィンランド	B	35	37	33	37	38	35	39	40	33
フランス	B	36	38	34	37	38	35	39	39	35
ベルギー	B	35	38	32	36	37	32	39	40	33
ポーランド	B	40	41	38	40	41	39	42	43	39
ポルトガル	B	38	40	37	39	40	38	39	39	37
ルーマニア	B	40	40	39	40	40	40	41	41	39
ロシア	A	38	39	37	38	39	37	39	39	37
アフリカ										
エジプト b	A	40	41	35	43	44	41	36	36	38
オセアニア										
オーストラリア abj	C	32	36	28	36	38	31	36	38	28
ニュージーランド bkm	A	33	37	29	37	38	33	36	37	28

12-6　男女別週当たり実労働時間(2021年)(2)

(単位：時間)

国（地域）	就業形態	卸売・小売業、自動車・オートバイ修理業			宿泊・飲食サービス業			教育		
		計	男	女	計	男	女	計	男	女
アジア										
日本 ab	A	35	41	30	30	37	25	35	39	32
イスラエル ab	A	34	38	29	24	27	19	25	28	24
インドネシア c	A	47	48	47	47	50	45	34	36	32
韓国	A	41	44	38	42	47	39	32	36	30
タイ b	A	46	46	47	44	43	44	34	34	34
トルコ	A	47	48	42	50	51	46	34	36	33
バングラデシュ d	A	56	57	47	58	60	47	40	39	41
フィリピン b	A	42	39	44	35	34	35	31	32	31
ベトナム	A	42	42	41	38	39	38	34	37	33
マレーシア ab	A	44	45	43	43	44	42	38	39	38
北アメリカ										
アメリカ合衆国 e	A	36	38	33	31	33	29	34	36	34
メキシコ	A	45	48	41	40	45	37	29	29	28
南アメリカ										
アルゼンチン f	A	41	43	37	38	40	35	22	24	21
コロンビア	A	44	48	40	38	44	36	37	38	36
チリ	A	37	40	33	36	40	33	32	34	32
ブラジル	A	41	42	38	38	41	36	33	35	32
ペルー	A	42	43	42	37	42	35	29	30	28
ヨーロッパ										
アイルランド	B	33	36	29	30	33	27	31	33	30
イギリス g	B	33	38	28	31	35	28	33	37	32
イタリア	B	38	41	34	35	39	32	28	30	27
ウクライナ abh	A	41	41	41	41	41	41	34	36	34
オーストリア	B	32	37	28	31	34	28	31	33	30
オランダ	B	28	32	23	25	29	22	30	32	28
ギリシャ	B	43	44	40	44	46	41	28	31	27
スイス	A	35	39	30	32	35	29	28	33	26
スウェーデン	B	35	36	32	30	33	27	35	37	35
スペイン	B	37	40	35	36	39	33	32	33	32
チェコ	B	38	40	36	38	41	36	36	36	35
デンマーク	B	31	34	28	28	32	25	33	34	33
ドイツ	B	33	37	28	31	34	27	30	33	29
ノルウェー	B	30	34	26	28	31	26	33	34	32
ハンガリー	B	38	39	37	37	38	36	37	38	37
フィンランド	B	34	36	31	32	36	31	33	33	33
フランス	B	36	38	34	35	38	32	33	35	33
ベルギー	B	35	38	32	33	37	29	31	33	30
ポーランド	B	39	41	38	40	41	39	37	38	36
ポルトガル	B	39	39	38	42	42	41	36	36	35
ルーマニア	B	40	40	40	41	41	41	38	39	38
ロシア	A	39	40	38	38	39	38	35	36	34
アフリカ										
エジプト b	A	45	46	41	44	44	40	32	33	30
オセアニア										
オーストラリア abj	C	30	34	26	24	26	22	31	33	30
ニュージーランド bkm	A	33	36	29	26	30	24	29	32	28

注）就業形態… A 現在就いている主な仕事のみ、 B 副業を含む、 C 不詳。

a 自家使用生産労働者を除く。　b 2020年。　c 2015年。　d 2017年。　e 16歳以上。　f 主要都市部のみ。　g 2019年。
h 一部の地域を除く。　j 施設にいる者、軍隊及び義務兵役にある者を除く。　k 自給自足労働者を含む。　m 施設にいる者
を除く。

12-7　男女別月平均賃金(1)

(単位：米ドル)

国（地域）	年次	性別	全産業	製造業	建設業	教育
アジア						
日本 abc	21	計	2,801	2,687	3,036	3,407
		男	3,072	2,906	3,151	3,946
		女	2,311	2,018	2,306	2,841
イスラエル d	18	計	2,948	3,433	2,825	2,448
		男	3,481	3,594	2,850	2,895
		女	2,380	3,034	2,607	2,309
インドネシア	15	計	136	124	126	170
		男	144	137	121	191
		女	119	102	316	157
カザフスタン e	20	計	516	568	611	400
		男	590	612	617	395
		女	442	462	568	402
韓国 af	21	計	g 3,373	3,549	3,485	3,256
		男	g 3,883	3,829	3,665	3,994
		女	g 2,565	2,619	2,643	2,603
サウジアラビア chj	20	計	1,750	1,563	1,300	2,935
		男	1,773	1,573	1,300	3,166
		女	1,617	1,310	1,292	2,640
シンガポール cjk	21	計	3,483	3,644	3,126	...
		男	3,629	3,943	3,303	...
		女	3,303	3,114	2,831	...
スリランカ	19	計	204	169	207	226
		男	222	207	203	264
		女	177	129	259	211
タイ	20	計	490	464	346	825
		男	483	496	346	886
		女	499	427	345	797
中国 cm	16	計	847	746	653	934
トルコ	21	計	455	412	367	582
		男	468	427	363	636
		女	427	365	419	543
フィリピン	20	計	307	278	269	551
		男	297	285	266	538
		女	323	266	389	556
ベトナム	21	計	291	288	274	315
		男	308	316	278	351
		女	270	266	238	302
マレーシア hjn	20	計	698	605	608	1,210
		男	705	646	595	1,414
		女	687	536	678	1,118
北アメリカ						
アメリカ合衆国 p	21	計	4,600	5,161	4,791	4,604
		男	5,120	5,413	4,841	5,183
		女	4,044	4,550	4,411	4,348
コスタリカ	21	計	913	901	618	1,458
		男	925	914	596	1,532
		女	898	869	941	1,428

12-7　男女別月平均賃金(2)

(単位：米ドル)

国（地域）	年次	性別	全産業	製造業	建設業	教育
メキシコ	21	計	369	377	365	527
		男	389	410	361	574
		女	337	319	472	498
南アメリカ						
アルゼンチン r	21	計	545	579	401	520
		男	617	601	397	587
		女	461	492	513	499
コロンビア	21	計	338	318	291	625
		男	338	327	278	657
		女	339	302	423	605
チリ	20	計	928	803	816	1,019
		男	1,018	833	794	1,321
		女	824	707	1,010	908
ブラジル	21	計	448	461	335	591
		男	482	485	325	729
		女	407	400	493	541
ペルー	21	計	422	423	386	568
		男	446	454	382	617
		女	384	345	461	530
ヨーロッパ						
イギリス	19	計	3,168	3,637	3,769	2,895
		男	3,788	3,866	4,067	3,619
		女	2,549	2,876	2,595	2,558
ウクライナ bjs	20	計	g 430	426	365	344
		男	g 483	469	368	354
		女	g 385	361	348	341
オーストリア p	20	計	4,728	t 5,411	4,721	4,879
		男	5,470	t 5,845	4,716	6,235
		女	3,827	t 4,191	4,767	4,298
オランダ p	20	計	5,200	t 6,195	5,944	5,051
		男	6,128	t 6,708	6,176	6,195
		女	4,169	t 4,466	4,326	4,475
ギリシャ hju	20	計	1,021	977	905	1,132
		男	1,091	1,022	893	1,255
		女	937	870	1,020	1,070
スイス	21	計	6,685	7,453	6,514	6,341
		男	8,006	8,039	6,719	7,653
		女	5,261	6,061	5,006	5,637
スウェーデン ns	20	計	g 3,920	4,115	3,963	3,659
		男	g 4,115	4,137	3,963	3,909
		女	g 3,713	4,050	4,017	3,572
スペイン p	20	計	3,000	t 3,410	2,763	3,545
		男	3,282	t 3,618	2,731	4,022
		女	2,683	t 2,910	3,076	3,271
スロバキア p	20	計	1,545	t 1,566	1,555	1,513
		男	1,702	t 1,685	1,560	1,773
		女	1,376	t 1,326	1,518	1,467
チェコ	20	計	1,660	1,618	1,433	1,745
		男	1,793	1,760	1,455	2,055
		女	1,497	1,339	1,308	1,653

12-7　男女別月平均賃金(3)

(単位：米ドル)

国（地域）	年次	性別	全産業	製造業	建設業	教育
デンマーク p	20	計	806	t 906	778	833
		男	876	t 944	791	829
		女	730	t 795	681	837
ドイツ cehsu	20	計	g 4,994	5,252	4,268	5,467
		男	g 5,244	5,447	4,288	5,861
		女	g 4,415	4,369	4,014	5,184
ノルウェー n	20	計	5,177	5,214	4,897	4,965
		男	5,483	5,297	4,880	5,162
		女	4,799	4,910	5,099	4,863
ハンガリー p	20	計	3	t 3	2	3
		男	3	t 4	2	4
		女	3	t 3	2	3
フィンランド aj	20	計	g 3,645	4,061	3,704	3,918
		男	g 4,055	4,166	3,718	4,216
		女	g 3,286	3,748	3,585	3,778
フランス p	20	計	5,136	t 6,222	5,101	4,634
		男	6,037	t 6,564	5,099	5,527
		女	4,243	t 5,497	5,109	4,242
ベルギー p	20	計	5,800	t 7,347	5,815	5,721
		男	6,579	t 7,746	5,828	6,207
		女	5,014	t 6,189	5,698	5,506
ポーランド	20	計	1,325	1,274	1,111	1,354
ポルトガル djv	20	計	1,086	1,005	989	1,285
		男	1,178	1,091	990	1,493
		女	1,004	887	972	1,221
ルーマニア	20	計	g 1,228	1,051	965	1,417
		男	g 1,236	1,155	949	1,486
		女	g 1,220	933	1,073	1,392
ルクセンブルク cn	20	計	5,892	4,655	4,045	8,441
		男	6,027	4,816	4,051	9,174
		女	4,817	3,439	3,549	7,423
ロシア b	19	計	691	743	926	489
		男	811	811	946	509
		女	585	628	823	484
アフリカ						
エジプト	20	計	176	167	211	156
		男	181	171	211	167
		女	148	124	222	145
南アフリカ djw	19	計	263	300	255	554
		男	277	325	270	554
		女	240	262	138	588
オセアニア						
ニュージーランド j	19	計	3,373	3,663	3,630	3,077
		男	3,913	3,979	3,755	3,729
		女	2,807	2,932	2,872	2,840

a 雇用者5人以上の事業所。　b 一部の地域を除く。　c フルタイム雇用者のみ。　d 自給自足労働者を含む。　e 公的部門のみ。　f 民間部門のみ。　g 一部の産業を除く。　h 自家使用生産労働者を除く。　j 現在就いている主な仕事のみ。　k 国民及び居住者のみ。　m 都市部のみ。　n フルタイム換算。　p 16歳以上。　r 主要都市部のみ。　s 雇用者10人以上の事業所。　t 一部の産業を含む。　u 施設にいる者、軍隊及び義務兵役にある者を除く。　v 施設にいる者を除く。　w ISIC第3版1。

12-8　OECD加盟国の労働生産性

（単位：購買力平価換算米ドル）

国（地域）	2005	2010	2015	2018	2019	2020	順位
OECD加盟国平均 a	**69,748**	**81,109**	**92,404**	**100,171**	**100,084**	**100,799**	－
アジア							
日本	64,669	66,221	81,230	80,484	80,546	78,655	28
イスラエル	69,071	70,400	81,575	92,556	96,536	99,839	18
韓国	53,156	56,146	73,864	81,747	81,692	83,373	24
トルコ	40,561	46,207	75,982	80,086	81,125	88,459	21
北アメリカ							
アメリカ合衆国	92,000	95,651	122,325	131,786	135,666	141,370	3
カナダ	72,648	75,701	89,629	100,288	100,313	101,544	17
コスタリカ	...	...	41,433	49,579	50,572	55,466	36
メキシコ	31,887	34,238	44,065	47,588	47,455	48,116	37
南アメリカ							
コロンビア	...	...	28,636	33,096	35,490	37,563	38
チリ	33,430	41,080	49,174	52,746	54,866	60,897	35
ヨーロッパ							
アイスランド	69,283	70,752	88,628	103,718	107,855	104,026	16
アイルランド	86,240	92,419	157,794	182,563	190,272	207,353	1
イギリス	68,553	72,832	89,318	98,049	100,544	94,763	19
イタリア	77,952	75,405	99,755	112,232	114,937	108,925	14
エストニア	36,612	39,906	59,882	71,908	75,688	76,882	29
オーストリア	76,876	81,296	103,893	116,795	119,580	115,489	9
オランダ	78,408	84,159	102,413	113,418	115,238	115,228	10
ギリシャ	60,477	66,417	66,990	68,438	70,489	65,630	34
スイス	78,121	83,309	120,496	130,528	133,289	131,979	4
スウェーデン	71,306	77,255	99,480	106,903	110,846	112,297	11
スペイン	62,744	68,321	90,737	98,516	100,496	94,552	20
スロバキア	40,357	44,088	67,048	66,911	68,837	69,046	33
スロベニア	50,270	53,635	71,138	82,307	87,566	86,157	22
チェコ	47,359	50,674	70,907	82,599	87,172	85,938	23
デンマーク	67,743	72,749	102,896	117,532	121,024	123,792	7
ドイツ	72,111	75,610	96,722	109,074	110,308	107,908	15
ノルウェー	96,810	107,149	118,603	137,868	134,596	126,002	6
ハンガリー	44,243	47,018	62,667	69,690	73,544	72,687	31
フィンランド	70,037	74,169	95,563	107,939	110,883	111,154	12
フランス	77,124	82,035	102,811	115,773	122,986	116,613	8
ベルギー	82,083	87,117	114,438	126,459	130,577	126,641	5
ポーランド	37,574	39,568	63,445	73,670	78,958	79,418	27
ポルトガル	47,293	51,074	67,562	73,824	77,366	72,994	30
ラトビア	32,142	34,002	55,550	66,058	68,707	69,838	32
リトアニア	33,610	37,675	62,746	74,109	78,661	80,646	26
ルクセンブルク	104,048	115,301	151,608	159,121	159,722	158,681	2
オセアニア							
オーストラリア	72,784	76,447	95,603	105,036	104,332	110,804	13
ニュージーランド	50,976	54,497	72,938	81,169	82,974	82,346	25

a 当該年のOECD加盟国ベース。OECD加盟国については、付録「本書で掲載している地域経済機構加盟国一覧」を参照。

12-9　労働災害率（死亡）

(単位：労働者10万人当たり)

国（地域）	報告	年次	総合	農林漁業	鉱業、採石業	製造業	建設業	運輸・保管業
アジア								
日本 ab	A	21	0.00	c 0.00	d -	0.00	e 0.02	0.01
イスラエル	A	20	1.4	2.8	...	3.1	10.9	...
インド f	B	07	116.8	cg ...	...	...	...	h ...
カザフスタン jkm	A	17	4.8	9.2	14.1	7.9	14.4	5.7
韓国	B	21	4.3	...	...	...	...	...
シンガポール	A	21	n 1.1	...	...	1.0	3.3	3.6
スリランカ	A	21	0.8	0.1	10.4	0.9	20.9	0.4
タイ pr	A	20	5.3	46.0	15.2	3.0	18.2	16.7
トルコ	A	21	6.3	6.1	43.4	5.7	20.0	17.6
フィリピン st	A	17	n 9.6	8.3	26.3	11.9	8.8	14.5
マレーシア s	A	18	3.1	6.7	...	3.3	10.4	1.1
ミャンマー	A	19	...	...	...	3.1	...	4.6
北アメリカ								
アメリカ合衆国 rsuv	A	18	5.3	57.4	18.6	2.6	16.0	18.6
カナダ f	B	20	5.1	cg 28.4	15.3	6.0	12.5	h 4.6
メキシコ	A	21	7.7	...	...	...	...	...
南アメリカ								
アルゼンチン r	A	21	3.3	12.1	3.9	4.8	14.1	9.8
チリ	B	18	3.1	cg 6.1	8.2	3.6	4.5	h 11.4
ブラジル fp	A	11	7.4	12.0	21.1	8.5	16.7	23.0
ヨーロッパ								
アイルランド	A	15	2.5	19.2	29.5	1.4	8.0	3.3
イギリス	A	15	0.8	10.1	2.2	0.9	2.1	3.9
イタリア p	A	15	2.4	11.3	22.4	2.3	9.1	6.4
ウクライナ w	A	20	5.4	11.0	16.1	4.8	22.5	8.2
オーストリア	A	16	2.0	12.9	17.9	1.9	7.2	7.2
オランダ	A	15	0.5	0		1.4	1.6	1.3
スイス	A	15	1.3	8.8	0	1.7	3.8	4.3
スウェーデン	A	20	0.5	3.1	...	0.8	2.8	1.6
スペイン	A	20	2.1	8.4	18.6	3.2	7.5	6.7
チェコ	A	16	2.3	8.2	17.9	1.6	8.2	8.0
デンマーク	A	15	1.0	4.4	21.6	1.2	3.6	3.2
ドイツ s	A	15	1.0	2.2	2.1	1.0	3.8	4.2
ノルウェー p	A	15	1.5	28.4	3.0	0.8	2.6	9.4
ハンガリー	A	20	1.4	2.8	0	0.6	7.5	3.6
フィンランド p	A	15	1.4	5.7	0	0.9	1.9	2.9
フランス s	B	16	...	8.2	...	...	...	...
ベルギー p	A	15	1.4	7.5	...	2.7	4.3	5.6
ポーランド	A	20	1.4	10.6	10.2	1.2	3.9	4.3
ポルトガル p	A	15	3.5	9.3	36.9	2.2	17.3	11.6
ルーマニア	A	21	2.6	17.4	7.9	2.0	7.6	6.5
ロシア f	A	06	11.9	cg ...	...	...	...	h ...
アフリカ								
ジンバブエ	B	12	9.5	6.1	41.2	8.0	5.6	57.9
オセアニア								
オーストラリア r	B	17	1.6	cg 12.2	1.6	0.7	2.9	h 8.0

注)　報告… A 災害届出件数、 B 災害補償件数。

a 厚生労働省「令和3年労働災害動向調査結果」による。　b 100万延べ実労働時間当たりの死亡者数。　c 漁業を除く。
d 砂利採取業を含む。　e 総合工事業を除く。　f 雇用者10万人当たりの死亡者数。　g 狩猟業を含む。　h 通信業を含む。　j 公的部門のみ。　k 自家使用生産労働者を除く。　m 施設にいる者、軍隊及び義務兵役にある者を除く。　n 一部の産業を除く。　p 通勤時の事故を含む。　r 職業病を含む。　s 民間部門のみ。　t 雇用者20人以上の事業所。　u 連邦政府の管轄を除く。　v 16歳以上。　w 一部の地域を除く。

12-10　労働争議

国（地域）	年次	件数	参加人員 (1,000人)	損失日数 (1,000日)	国（地域）	年次	件数	参加人員 (1,000人)	損失日数 (1,000日)
アジア					イギリス efv	19	96	c 40	206
日本 ab	21	32	c 1	1	イタリア	09	f 889	cf 267	...
インド de	08	423	1,484	16,684	スイス	19	4	11	1
韓国 fg	21	141	c 51	472	スウェーデン	21	2	c 7	0
キプロス	18	37	9	25	スペイン	21	w 606	...	w 423
スリランカ	21	21	8	117	デンマーク	20	135	c 5	9
タイ	20	2	400	0	ドイツ fx	20	1,265	c 140	195
トルコ	18	12	...	...	ノルウェー xy	20	7	c 9	14
フィリピン h	20	5	3	j 143	ハンガリー	18	...	...	fzA 36
香港	18	hk 5	...	...	フィンランド	21	...	23	...
					フランス	16	...	...	fhyz 1,739
北アメリカ					ポーランド	21	fw 7	...	...
アメリカ合衆国	19	m 25	cn 429	n 3,237	ポルトガル f	18	144	36,441	51
カナダ	21	...	...	pr 1,324	リトアニア fy	19	2	7	2
コスタリカ	20	-	-	-	ルーマニア f	08	8	17	138
メキシコ fs	20	9	c 3	j 1	ロシア b	08	4	2	29
南アメリカ					**アフリカ**				
アルゼンチン	21	ftu 740	...	...	アルジェリア f	04	35	57	629
ウルグアイ	21	79	...	...	ナイジェリア	06	189	c 209	7,786
コロンビア	08	3	...	...	南アフリカ	20	117	102	j 784
チリ f	20	72	c 12,987	j 1	モーリシャス	21	-	...	...
ブラジル	20	...	f 133,480	...	**オセアニア**				
ペルー f	20	23	128	j 3,653	オーストラリア r	19	147	53	64
					ニューカレドニア	15	fh 20	...	...
ヨーロッパ					ニュージーランド B	19	110	c 52	0
アイルランド	19	ru 9	ru 43	...					

a 厚生労働省「令和3年労働争議統計調査結果」による。　b 半日以上。　c 間接的に影響を受けた労働者を除く。　d 政治的ストライキを除く。　e 10人以上。　f ストライキのみ。　g 8時間以上。　h 民間部門のみ。　j 暦日数。　k 政府管理地域のみ。　m 1,000人以上。　n 500人以上。　p 一部の地域を除く。　r 10日以上。　s 地方の管轄下分を除く。　t 5人以上。　u 自家使用生産労働者を除く。　v 施設にいる者、軍隊及び義務兵役にある者を除く。　w 1時間以上。　x 1日以上。　y 一部の産業を除く。　z 雇用者10人以上の事業所。　A 100日以上。　B 5日以上。

第 13 章　物価・家計

13-1　生産者物価指数
〔出典〕
UN, *Monthly Bulletin of Statistics Online*
2022年8月ダウンロード
〔解説〕
生産者物価指数（PPI：Producer Price Index）：生産地から出荷される時点又は生産過程に入る時点における、財・サービス価格の変化を示す指数。通常「取引価格」であり、控除できない間接税を含み、補助金を除く。産業の範囲は国により異なるが、「農林水産業」、「鉱業及び採石業」、「製造業」及び「電気・ガス及び水供給業」などである。
　　　ここでは次の分類による。
　　　　　国内供給品
　　　　　　国内市場向け国内生産品
　　　　　　　農林水産物
　　　　　　　工業製品
　　　　　輸入品

13-2　消費者物価指数
〔出典〕
IMF, *International Financial Statistics*
2022年8月ダウンロード
〔解説〕
　消費者が購入する財・サービスを一定量に固定し、これに要する費用の変化を指数値で示したもの。国により、対象とする地域、調査世帯等が限定される場合がある。

13-3　国際商品価格指数・主要商品価格
〔出典〕
IMF, *International Financial Statistics Yearbook 2017*
〔解説〕
国際商品価格指数：国際的に取引される主要商品の市場価格に基づき、IMF が算出したもの。
エネルギーを除く一次産品：燃料及び貴金属を除く45品目による。
食料：穀類、肉類、魚介類、果実類、植物油、豆類、砂糖など。
飲料：カカオ豆、コーヒー及び茶。
農産原材料：綿花、原皮、ゴム、木材及び羊毛。
金属：アルミニウム、銅、鉄鉱石、鉛、ニッケル、すず、ウラン及び亜鉛。
エネルギー：石炭、天然ガス及び石油。
価格／単位：取引市場で通常使用される数量単位当たりの価格。

13-4　赴任地別生計費指数（国連職員）

〔出典〕
UN, *Monthly Bulletin of Statistics Online*
2022年9月ダウンロード

〔解説〕

　国連本部（米国、ニューヨーク）から世界各国に派遣されている職員の赴任地別の生計費指数。職員が支出する、商品、サービス及び住宅の価格からそれぞれの赴任地において、ニューヨークと同等の生活をするために必要な生計費を毎年定期的に算出している。

　この生計費指数は、国連が職員の海外勤務手当の算出のために作成しているものであり、一般的な生計費の国際比較、内外価格差等を表すものではない。

13-1　生産者物価指数(2021年)

(2010年=100)

国 (地域)	国内供給品	国内生産品	農林水産物	工業製品	輸入品
アジア					
日本 ab	103.6	105.1	107.7	105.4	104.0
インド c	134.8	...	163.8	d 131.7	...
韓国 b	111.1	110.2	135.1	d 110.0	...
シンガポール	93.6	e 90.8	...	...	f 93.1
タイ b	102.3	...	...	...	...
トルコ	...	...	b 224.8	416.0	...
フィリピン g	h 120.3	...	...	...	...
香港	...	...	...	d 112.6	...
マレーシア	...	112.1	...	...	...
北アメリカ					
アメリカ合衆国	...	123.1	j 131.2	122.2	...
カナダ	...	...	...	dk 113.5	...
メキシコ	m 168.7	m 159.5	169.8	d 163.6	122.2
南アメリカ					
エクアドル	...	116.8	110.4	d 119.6	...
コロンビア	151.2	155.4	195.3	d 148.1	152.6
チリ n	...	127.3	p 118.3	d 156.2	...
ヨーロッパ					
アイルランド b	...	...	115.9	142.6	...
イギリス b	...	...	129.6	d 113.7	119.2
イタリア	...	...	...	115.6	...
オーストリア	...	...	...	110.7	...
オランダ	...	...	...	122.0	...
スイス	92.7	98.1	p 106.4	97.6	87.2
スウェーデン	117.5	122.0	122.6	121.9	113.0
スペイン	...	...	...	125.6	...
スロバキア	...	...	rs 114.0	110.0	...
スロベニア	...	...	128.2	114.6	...
チェコ	...	...	bs 110.7	115.5	109.7
デンマーク	117.3	...	...	...	113.1
ドイツ	...	...	t 123.6	119.2	bu 110.0
ノルウェー	134.4	136.3	134.1	d 137.2	...
フィンランド	121.7	...	...	de 119.0	...
フランス	v 112.4	...	tw 134.2	115.5	v 107.7
ベルギー	...	...	...	139.1	...
ポルトガル	...	...	...	111.9	...
ラトビア	...	...	...	134.6	...
ルクセンブルク	...	...	...	114.0	...
ロシア	...	...	191.2	236.7	...
アフリカ					
南アフリカ g	...	...	150.6	x 160.4	...
オセアニア					
オーストラリア	118.6	...	165.4	de 128.0	...
ニュージーランド	...	...	145.7	dey 119.8	...

a 企業物価指数。日本銀行「企業物価指数 (2015年基準)」による。　b 2015年=100。　c 2011年~2012年=100。　d 製造のみ。　e 輸出品を含む。　f 再輸出品を含む。　g 2012年=100。　h 総合卸売物価指数。　j 食料・飼料を除く。　k 2020年1月=100。　m 石油を除く。　n 2014年=100。　p 漁業を除く。　r 2015年同月=100。　s 林業を除く。　t 農業のみ。　u 農林水産業、水供給業、下水処理並びに廃棄物管理及び浄化活動を除く。　v 農林水産業を除く。　w 海外県 (仏領ギアナ、グアドループ島、マルチニーク島、マヨット島及びレユニオン) を含む。　x 最終加工品。　y サービス業を含む。

13-2　消費者物価指数

国（地域）	総合指数（2010年=100）				対前年上昇率（%）			
	2018	2019	2020	2021	2018	2019	2020	2021
アジア								
日本 ab	99.5	100.0	100.0	99.8	1.0	0.5	0.0	-0.2
イラン	393.8	550.9	719.5	1,031.7	18.0	39.9	30.6	43.4
インド c	165.5	171.6	183.0	192.4	3.9	3.7	6.6	5.1
インドネシア c	146.7	151.2	154.1	156.5	3.2	3.0	1.9	1.6
韓国 c	114.7	115.2	115.8	118.7	1.5	0.4	0.5	2.5
サウジアラビア c	120.9	118.4	122.5	126.2	2.5	-2.1	3.4	3.1
シンガポール	113.8	114.4	114.2	116.8	0.4	0.6	-0.2	2.3
タイ	112.5	113.3	112.3	113.7	1.1	0.7	-0.8	1.2
中国	121.6	125.1	128.1	129.4	2.1	2.9	2.4	1.0
トルコ	203.5	234.4	263.2	314.8	16.3	15.2	12.3	19.6
フィリピン	126.6	129.6	132.7	137.9	5.3	2.4	2.4	3.9
香港	130.9	134.6	135.0	137.1	2.4	2.9	0.3	1.6
マレーシア	120.7	121.5	120.1	123.1	0.9	0.7	-1.1	2.5
北アメリカ								
アメリカ合衆国 c	115.2	117.2	118.7	124.3	2.4	1.8	1.2	4.7
カナダ	114.5	116.8	117.6	121.6	2.3	1.9	0.7	3.4
メキシコ c	136.6	141.5	146.4	154.7	4.9	3.6	3.4	5.7
南アメリカ								
エクアドル c	123.8	124.1	123.7	123.9	-0.2	0.3	-0.3	0.1
コロンビア c	136.2	141.0	144.5	149.6	3.2	3.5	2.5	3.5
チリ	128.6	131.9	135.9	142.1	2.4	2.6	3.0	4.5
ブラジル	161.4	167.4	172.8	187.1	3.7	3.7	3.2	8.3
ペルー d	127.4	130.3	132.9	138.6	1.5	2.3	2.0	4.3
ヨーロッパ								
アイルランド	105.6	106.6	106.2	108.7	0.5	0.9	-0.3	2.4
イギリス	117.6	119.6	120.8	123.8	2.3	1.7	1.0	2.5
イタリア	110.0	110.6	110.5	112.5	1.1	0.6	-0.1	1.9
オランダ	112.9	115.9	117.4	120.5	1.7	2.6	1.3	2.7
スイス	99.2	99.5	98.8	99.4	0.9	0.4	-0.7	0.6
スウェーデン	108.6	110.5	111.1	113.5	2.0	1.8	0.5	2.2
スペイン	110.2	111.0	110.6	114.0	1.7	0.7	-0.3	3.1
スロバキア	112.3	115.3	117.6	121.3	2.5	2.7	1.9	3.1
チェコ	113.3	116.5	120.2	124.8	2.1	2.8	3.2	3.8
デンマーク	109.5	110.3	110.8	112.9	0.8	0.8	0.4	1.9
ドイツ	111.2	112.9	113.4	117.0	1.7	1.4	0.5	3.1
ノルウェー	117.7	120.3	121.8	126.1	2.8	2.2	1.3	3.5
フランス ce	108.8	110.0	110.6	112.4	1.9	1.1	0.5	1.6
ベルギー	115.5	117.1	118.0	120.9	2.1	1.4	0.7	2.4
ロシア	173.0	180.8	186.9	199.4	2.9	4.5	3.4	6.7
アフリカ								
エジプト c	264.4	288.6	303.1	318.9	14.4	9.2	5.0	5.2
南アフリカ	152.6	158.9	164.0	171.6	4.5	4.1	3.2	4.6
オセアニア								
オーストラリア c	117.9	119.8	120.8	124.3	1.9	1.6	0.8	2.9
ニュージーランド	112.4	114.2	116.2	120.8	1.6	1.6	1.7	3.9

a 総務省統計局「2020年基準消費者物価指数」による。　b 2020年=100。　c 一部地域を除く。　d 首都。　e 海外県（仏領ギアナ、グアドループ島、マルチニーク島及びレユニオン）を含む。

13-3　国際商品価格指数・主要商品価格

品目（産地・取引市場など）	価格／単位	2010	2013	2014	2015	2016
国際商品価格指数（2010年=100）						
一次産品（総合）　（ウエイト：1000）	—	100.0	120.3	112.9	73.0	65.7
エネルギーを除く一次産品	—	100.0	104.7	100.6	83.0	81.5
食料　　　　（ウエイト：167）	—	100.0	118.0	113.1	93.7	95.7
飲料　　　　（ウエイト：18）	—	100.0	83.7	101.0	97.9	93.0
農産原材料　（ウエイト：77）	—	100.0	108.8	111.0	96.0	90.5
金属　　　　（ウエイト：107）	—	100.0	90.4	81.2	62.6	59.2
エネルギー　（ウエイト：631）	—	100.0	130.4	120.7	66.6	55.6
主要商品価格						
米（タイ産；バンコク）	ドル／トン	520.6	518.8	...	...	...
小麦（アメリカ産；カンザスシティ）	ドル／トン	194.5	265.8	242.5	185.6	143.2
とうもろこし	ドル／トン	186.0	259.0	192.9	169.8	159.2
（アメリカ産；メキシコ湾岸アメリカ港）						
大豆（アメリカ産；ロッテルダム先物取引）	ドル／トン	384.9	517.2	457.8	347.4	362.7
バナナ	ドル／トン	881.4	926.4	931.9	958.7	1,002.4
（中央アメリカ・エクアドル産；アメリカ輸入価格）						
牛肉（オーストラリア・ニュージーランド産；	セント／ポンド	152.5	183.6	224.1	200.5	178.2
アメリカ輸入価格；冷凍骨なし）						
羊肉（ニュージーランド産；	セント／ポンド	145.7	106.7	130.6	107.9	106.9
ロンドン卸売価格；冷凍）						
落花生油（ロッテルダム）	ドル／トン	1,403.9	1,773.0	1,313.0	1,336.9	1,502.3
大豆油（オランダ港；先物取引）	ドル／トン	924.8	1,011.1	812.7	672.2	721.2
パーム油	ドル／トン	859.9	764.2	739.4	565.1	639.8
（マレーシア産；北西ヨーロッパ先物取引）						
砂糖（自由市場；ニューヨーク先物取引）	セント／ポンド	20.9	17.7	17.1	13.2	18.5
たばこ（アメリカ輸入単価；非加工品）	ドル／トン	4,333.2	4,588.8	4,990.8	4,908.3	4,806.2
コーヒー（アザーマイルド；ニューヨーク）	セント／ポンド	194.4	141.1	202.8	160.5	164.5
茶（ケニア産；ロンドン競売価格）	セント／キログラム	316.7	266.0	237.9	340.4	287.4
カカオ豆	ドル／トン	3,130.6	2,439.1	3,062.8	3,135.2	2,892.0
（ニューヨーク・ロンドン国際取引価格）						
綿花（リバプールインデックスA）	セント／ポンド	103.5	90.4	83.1	70.4	74.2
原皮（アメリカ産；シカゴ卸売価格）	セント／ポンド	72.0	94.7	110.2	87.7	74.1
ゴム（マレーシア産；シンガポール港）	セント／ポンド	165.7	126.8	88.8	70.7	74.5
羊毛（オーストラリア・ニュージーランド産，	セント／キログラム	820.1	1,117.0	1,034.6	927.8	1,016.4
イギリス；粗い羊毛）						
鉄鉱石（中国産；天津港）	ドル／トン	146.7	135.4	97.4	56.1	58.6
金（ロンドン；純度99.5%）	ドル／トロイオンス	1,224.7	1,411.5	1,265.6	1,160.7	1,249.0
銀（ニューヨーク；純度99.9%）	セント／トロイオンス	2,015.3	2,385.0	1,907.1	1,572.1	1,714.7
銅（ロンドン金属取引所）	ドル／トン	7,538.4	7,331.5	6,863.4	5,510.5	4,867.9
ニッケル（ロンドン金属取引所）	ドル／トン	21,810.0	15,030.0	16,893.4	11,862.6	9,595.2
鉛（ロンドン金属取引所）	ドル／トン	2,148.2	2,139.7	2,095.5	1,787.8	1,866.7
亜鉛（ロンドン金属取引所）	ドル／トン	2,160.4	1,910.2	2,161.0	1,931.7	2,090.0
すず（ロンドン金属取引所）	ドル／トン	20,367.2	22,281.6	21,898.9	16,066.6	17,933.8
アルミニウム（ロンドン金属取引所）	ドル／トン	2,173.0	1,846.7	1,867.4	1,664.7	1,604.2
原油	ドル／バーレル	79.0	104.1	96.2	50.8	42.8
（北海ブレント・ドバイ・WTIのスポット価格平均値）						

13-4　赴任地別生計費指数（国連職員）（1）

(2022年6月現在)

赴任国	赴任都市	1米ドル当たり各国通貨		総合指数 (ニューヨーク=100)	家賃・公共料金・ 家事サービス除く
アジア					
日本	東京	133. 880	円	91. 1	80. 9
アラブ首長国連邦	アブダビ	3. 673	UAEディルハム	94. 9	90. 0
イスラエル	エルサレム	3. 439	新シェケル	92. 5	95. 8
イラン	テヘラン	265,036. 000	イランリアル	81. 7	84. 5
インド	ニューデリー	78. 030	インドルピー	75. 2	83. 3
インドネシア	ジャカルタ	14,681. 000	ルピア	77. 0	82. 2
カタール	ドーハ	3. 660	カタールリヤル	89. 7	92. 3
韓国	ソウル	1,284. 040	ウォン	85. 6	92. 8
カンボジア	プノンペン	4,071. 751	リエル	81. 8	87. 6
クウェート	クウェート	0. 307	クウェートディナール	82. 8	86. 1
サウジアラビア	リヤド	3. 752	サウジアラビアリヤル	83. 7	88. 2
シンガポール	シンガポール	1. 390	シンガポールドル	107. 6	101. 0
スリランカ	コロンボ	355. 270	スリランカルピー	70. 1	76. 5
タイ	バンコク	34. 890	バーツ	79. 5	84. 8
中国	北京（ペキン）	6. 749	人民元	96. 5	89. 9
トルコ	アンカラ	17. 257	トルコリラ	64. 4	72. 0
ネパール	カトマンズ	124. 850	ネパールルピー	78. 8	83. 7
バーレーン	マナーマ	0. 377	バーレーンディナール	86. 2	92. 5
パキスタン	イスラマバード	203. 695	パキスタンルピー	74. 2	85. 8
バングラデシュ	ダッカ	93. 120	タカ	80. 5	86. 6
フィリピン	マニラ	53. 290	フィリピンペソ	82. 6	87. 9
ベトナム	ハノイ	23,195. 000	ドン	75. 3	82. 4
マレーシア	クアラルンプール	4. 417	リンギット	78. 7	87. 0
ミャンマー	ヤンゴン	1,850. 000	チャット	79. 8	79. 7
モンゴル	ウランバートル	3,113. 000	トグログ	78. 3	83. 1
ヨルダン	アンマン	0. 708	ヨルダンディナール	87. 0	94. 0
ラオス	ビエンチャン	14,397. 360	キープ	82. 0	88. 6
北アメリカ					
アメリカ合衆国	ワシントンD.C.	1. 000	米ドル	89. 2	93. 5
カナダ	モントリオール	1. 285	カナダドル	84. 1	88. 8
グアテマラ	グアテマラシティー	7. 717	ケツァル	77. 8	81. 8
コスタリカ	サンホセ	682. 430	コスタリカコロン	75. 5	80. 2
ジャマイカ	キングストン	152. 724	ジャマイカドル	88. 2	92. 2
ドミニカ共和国	サントドミンゴ	54. 800	ドミニカペソ	78. 0	83. 5
パナマ	パナマシティー	1. 000	バルボア	79. 3	84. 9
メキシコ	メキシコシティ	20. 390	メキシコペソ	80. 0	84. 0
南アメリカ					
アルゼンチン	ブエノスアイレス	122. 286	アルゼンチンペソ	80. 0	86. 5
エクアドル	キト	1. 000	米ドル	75. 4	82. 9
コロンビア	ボゴタ	3,956. 000	コロンビアペソ	72. 4	80. 3
チリ	サンティアゴ	865. 000	チリペソ	75. 3	84. 6
パラグアイ	アスンシオン	6,847. 000	グアラニー	74. 8	78. 6

13-4　赴任地別生計費指数（国連職員）（2）

（2022年6月現在）

赴任国	赴任都市	1米ドル当たり各国通貨		総合指数 （ニューヨーク=100）	家賃・公共料金・ 家事サービス除く
ブラジル	ブラジリア	5.099	レアル	72.6	82.8
ペルー	リマ	3.796	ソル	76.6	83.5
ボリビア	ラパス	6.827	ボリビアーノ	72.8	78.8
ヨーロッパ					
アイルランド	ダブリン	0.958	ユーロ	86.7	78.3
イギリス	ロンドン	0.821	スターリングポンド	90.2	85.9
イタリア	ローマ	0.958	ユーロ	71.6	79.5
ウクライナ	キーウ	30.000	フリヴニャ	75.9	82.7
エストニア	タリン	0.958	ユーロ	90.0	104.6
オーストリア	ウィーン	0.958	ユーロ	78.8	86.9
オランダ	ハーグ	0.958	ユーロ	80.2	84.4
スイス	ジュネーブ	0.994	スイスフラン	94.0	96.7
スウェーデン	ストックホルム	10.165	スウェーデンクローナ	78.5	86.5
スペイン	マドリード	0.958	ユーロ	72.3	75.5
スロバキア	ブラチスラバ	0.958	ユーロ	74.0	81.9
チェコ	プラハ	23.690	チェココルナ	84.7	84.5
デンマーク	コペンハーゲン	7.125	デンマーククローネ	90.5	90.1
ドイツ	ボン	0.958	ユーロ	73.2	81.7
ノルウェー	オスロ	9.870	ノルウェークローネ	78.9	85.7
ハンガリー	ブダペスト	384.160	フォリント	70.0	79.0
フィンランド	ヘルシンキ	0.958	ユーロ	75.9	83.5
フランス	パリ	0.958	ユーロ	80.4	82.8
ベルギー	ブリュッセル	0.958	ユーロ	77.7	83.3
ポーランド	ワルシャワ	4.454	ズロチ	66.2	73.3
ポルトガル	リスボン	0.958	ユーロ	72.4	75.1
マルタ	バレッタ	0.958	ユーロ	72.4	77.9
ルーマニア	ブカレスト	4.733	レウ	64.9	76.7
ロシア	モスクワ	56.263	ルーブル	97.8	101.2
アフリカ					
ウガンダ	カンパラ	3,731.750	ウガンダシリング	77.9	84.0
エジプト	カイロ	18.673	エジプトポンド	74.9	81.9
ガーナ	アクラ	7.793	セディ	78.0	81.5
ケニア	ナイロビ	116.980	ケニアシリング	77.5	84.5
セネガル	ダカール	628.131	CFAフラン	75.5	82.0
タンザニア	ダルエスサラーム	2,311.370	タンザニアシリング	81.3	91.0
南アフリカ	プレトリア	16.134	ランド	71.3	78.7
モザンビーク	マプト	63.883	メティカル	79.9	86.1
モロッコ	ラバト	10.018	モロッコディルハム	73.0	79.9
オセアニア					
オーストラリア	シドニー	1.436	オーストラリアドル	76.5	82.2
ニュージーランド	オークランド	1.591	ニュージーランドドル	91.8	107.3
パプアニューギニア	ポートモレスビー	3.521	キナ	96.7	89.0
フィジー	スバ	2.140	フィジードル	79.6	84.8

第14章　国民生活・社会保障

14-1　死因別死亡率
〔出典〕
UN, *Demographic Yearbook system, Demographic Yearbook 2017, 2021*
2022年12月ダウンロード
〔解説〕
　疾病及び関連保健問題の国際統計分類（ICD：International Statistical Classification of Diseases and Related Health Problems）第10版による死因別の死亡数（人口10万人当たり）。
総数：他の死因を含む。
循環器系の疾患：心疾患、高血圧性疾患、脳血管疾患など。
呼吸器系の疾患：インフルエンザ、肺炎など。
消化器系の疾患：胃潰瘍、十二指腸潰瘍、肝疾患など。

14-2　医療費支出・医師数・病床数
〔出典〕
The World Bank, *World Development Indicators*
2022年10月ダウンロード
〔解説〕
医療費支出：医療費支出の推計は、その一年の間に消費されたヘルスケア商品及びサービスを含み、建物、機械、IT、緊急用又は感染症の流行に備えたワクチンの備蓄などの資本的医療費支出を除く。
公的医療費支出：医療費支出のうち、国内の公的資金源から支出されたもの。国内の公的資金源は、内部移転及び助成金としての国内収入、移転、任意の健康保険受益者、対家計非営利団体又は企業の資金調達スキームへの補助金並びに義務的な繰上げ返済及び社会保険料の拠出を含む。政府が医療に費やした外部資源を除く。
医師：総合医及び専門医を含む。
看護師・助産師：准看護師・補助助産師、歯科衛生士などを含む。
病床数：病院（公的・民間・総合・専門）及びリハビリテーション施設における入院患者用のベッド数。

14-3　交通事故
〔出典〕
IRF, *World Road Statistics 2019*
〔解説〕
事故件数：道路上において、車両の交通によって発生した、人の死亡又は負傷を伴う事故の件数。極めて短い間隔で連続して起こる複数車両による衝突事故は、1件と数える。物的損害のみの事故を除く。
負傷者数：治療を必要とする負傷者数。
死者数：即死及び交通事故発生後30日以内の死亡者数。

14-4　1人当たり供給熱量
〔出典〕
FAO, *FAOSTAT: Food Balances*
2022年10月ダウンロード
〔解説〕
　国民に対して供給される総熱量を、当該年の人口及び日数で除したもの。
　各項目の内容は原則として以下のとおり。国によっては一部除かれる場合がある。
穀類：米、小麦、大麦、とうもろこし、ライ麦、えん麦及びその他の穀物。ビール
　を除く。
いも類：ばれいしょ、かんしょ、キャッサバ及びその他の塊根類。
砂糖類：砂糖、はちみつ及びその他の甘味料。
豆類：いんげん（乾燥豆）、えんどう及びその他の豆類。大豆及びナッツ類を除く。
肉類：牛肉、羊・山羊肉、豚肉、家きん肉及びその他の食肉。くず肉を含む。
乳製品：バターを除く。
魚介類：甲殻類、軟体動物などを含む。

14-5　OECD 加盟国の国内総生産に対する社会支出
〔出典〕
OECD, *OECD. Stat, Social Protection and Well-being, Social Protection*
2022年1月ダウンロード
〔解説〕
　所得再配分機能を持ち、政策分野（高齢、遺族、障害・業務災害・傷病、保健、家族、積極的労働市場政策、失業、住宅、他の政策分野）のいずれかに該当し、資金管理が政府、社会保障基金又は非政府機関である支出。

14-1　死因別死亡率(1)

(単位：人口10万人当たり)

国（地域）	年次	総数（男）	結核	HIV	悪性新生物	循環器系の疾患	脳血管疾患	呼吸器系の疾患	消化器系の疾患	不慮の事故	交通事故	自殺 a
アジア												
日本	19	1,148.2	1.9	0.1	357.6	270.3	84.0	185.3	45.6	36.3	4.8	22.2
イスラエル	18	508.8	0.2	0.2	133.2	111.2	23.3	46.2	16.1	16.9	6.0	8.0
韓国	19	626.0	3.8	0.3	196.3	112.0	41.5	80.1	28.6	28.6	12.3	38.0
北アメリカ												
アメリカ合衆国	20	1,077.8	0.2	2.3	193.5	291.4	42.4	82.5	40.6	80.3	19.7	22.2
カナダ	19	779.1	0.3	0.4	229.3	197.3	31.9	68.5	34.1	41.2	6.6	16.4
キューバ	19	1,070.7	0.5	6.3	258.6	385.4	94.3	127.9	54.3	44.7	11.9	21.7
メキシコ	20	1,006.5	2.4	6.1	69.8	223.9	29.6	90.5	71.7	38.9	18.2	10.2
南アメリカ												
アルゼンチン	19	790.2	1.7	3.8	143.8	219.5	42.5	134.7	40.8	25.8	12.5	12.3
ウルグアイ	19	1,022.4	3.1	6.3	256.4	236.9	61.1	102.9	39.7	38.2	18.3	33.7
チリ	18	606.8	1.6	3.7	151.4	155.3	42.5	65.7	49.6	40.5	15.5	16.3
ブラジル	19	725.5	3.3	7.0	117.9	186.6	50.1	79.8	40.5	46.9	26.5	10.3
ヨーロッパ												
アイスランド	20	622.7	0.0	0.5	172.8	183.5	23.0	47.6	21.4	32.1	5.9	17.1
アイルランド	18	666.9	0.5	0.2	205.2	199.9	30.3	79.8	24.8	24.0	2.9	13.6
イギリス	19	912.1	0.3	0.3	271.6	235.9	45.3	120.6	44.4	32.5	3.8	13.1
イタリア	17	1,054.8	0.5	1.1	322.4	342.8	80.5	94.7	39.0	35.7	10.0	10.4
ウクライナ	17	1,427.2	15.4	12.1	219.7	846.2	159.1	44.7	69.1	...	17.4	27.0
オーストリア	20	1,036.2	0.5	0.6	260.0	335.9	47.1	59.0	39.8	31.6	6.3	19.1
オランダ	20	975.0	0.1	0.2	281.4	201.2	44.2	62.6	28.1	33.5	5.4	14.2
ギリシャ	19	1,212.1	0.5	0.5	346.7	410.1	105.6	126.0	35.3	43.3	14.1	8.4
スイス	18	767.9	0.3	0.4	226.3	223.2	34.2	56.8	27.9	33.4	5.3	16.9
スウェーデン	18	894.3	0.1	0.1	233.0	293.5	51.4	65.1	29.0	39.8	5.5	17.4
スペイン	20	1,075.7	0.5	1.3	280.0	241.1	48.5	102.7	48.0	30.0	5.9	12.6
スロベニア	20	1,112.7	0.4	0.0	338.1	297.1	74.3	42.9	47.4	54.3	8.5	28.0
チェコ	20	1,263.3	0.3	0.5	295.1	452.1	63.7	88.8	56.3	44.1	9.6	19.1
デンマーク	18	964.2	0.2	0.4	282.5	219.4	52.1	113.0	39.4	26.7	4.6	14.8
ドイツ	20	1,200.8	0.3	0.6	306.8	383.9	56.8	82.6	55.2	35.7	5.7	16.9
ノルウェー	16	747.9	0.0	0.2	218.3	195.8	38.1	79.0	22.7	40.5	6.1	15.9
ハンガリー	19	1,343.3	0.9	0.2	368.5	601.6	106.5	92.8	79.0	45.3	13.0	24.8
フィンランド	19	994.7	0.3	0.1	254.3	342.2	65.7	44.2	51.7	54.1	7.2	20.7
フランス	16	925.0	0.4	0.8	293.2	208.0	41.4	65.2	40.6	45.3	7.2	20.6
ブルガリア	19	1,659.0	2.2	0.2	311.5	980.2	276.3	75.4	80.9	34.0	12.2	13.2
ベラルーシ	18	1,371.5	4.6	4.2	254.4	739.0	130.2	40.2	46.4	101.8	12.9	33.4
ベルギー	17	960.9	0.3	0.3	256.8	234.9	48.0	116.7	44.8	41.0	6.8	22.8
ポーランド	19	1,150.3	2.0	0.4	295.8	410.0	70.6	82.0	56.2	47.6	15.9	21.5
ラトビア	20	1,511.2	4.1	4.2	351.2	722.3	201.0	52.2	57.6	68.9	12.0	27.9
リトアニア	20	1,634.3	6.3	1.5	345.6	744.8	142.5	62.0	89.4	79.1	11.4	36.3
ルーマニア	19	1,434.1	7.8	1.1	308.1	711.4	180.1	114.2	103.5	60.4	18.9	15.8
ルクセンブルク	19	649.8	0.0	0.0	188.2	173.6	23.6	60.9	35.3	21.1	4.5	15.2
ロシア	12	1,474.8	21.7	9.6	231.3	714.7	187.6	74.2	75.2	...	33.3	36.6
アフリカ												
エジプト	19	612.6	0.2	0.0	34.2	322.2	28.6	51.7	46.0	16.1	10.8	0.1
オセアニア												
オーストラリア	20	664.1	0.2	0.3	209.5	160.3	31.2	52.8	25.6	36.1	7.9	18.7
ニュージーランド	16	688.5	0.1	0.3	214.4	213.3	39.5	61.0	21.6	32.7	12.8	18.0

14-1　死因別死亡率(2)

(単位：人口10万人当たり)

国（地域）	年次	総数（女）	結核	HIV	悪性新生物	循環器系の疾患	脳血管疾患	呼吸器系の疾患	消化器系の疾患	不慮の事故	交通事故	自殺 a
アジア												
日本	19	1,036.1	1.4	0.0	240.0	281.9	84.3	121.6	38.0	25.8	2.0	8.9
イスラエル	18	494.1	0.1	0.1	125.1	109.0	24.3	44.9	17.6	10.1	1.8	2.1
韓国	19	523.9	2.5	0.0	120.2	122.7	42.6	62.7	18.1	12.7	4.1	15.8
北アメリカ												
アメリカ合衆国	20	964.7	0.1	0.8	170.1	259.5	54.2	80.8	34.3	40.2	7.2	5.6
カナダ	19	732.2	0.1	0.1	197.2	183.1	40.7	66.8	32.2	30.9	2.8	5.0
キューバ	19	878.1	0.1	1.4	193.6	337.2	87.0	110.0	32.1	31.3	2.8	4.6
メキシコ	20	674.1	0.9	1.2	69.4	176.3	27.1	59.1	38.6	9.8	3.7	2.2
南アメリカ												
アルゼンチン	19	726.5	0.9	1.8	132.2	212.0	41.6	140.0	29.0	10.6	3.4	2.5
ウルグアイ	19	958.0	0.9	2.5	204.8	239.1	74.4	98.7	35.8	24.9	6.0	8.2
チリ	18	533.1	0.8	0.8	133.7	145.6	43.2	64.7	31.0	15.6	4.4	3.3
ブラジル	19	562.2	1.0	3.3	102.3	160.5	46.2	74.5	25.3	15.4	5.2	2.7
ヨーロッパ												
アイスランド	20	642.2	0.0	0.0	168.7	190.2	42.9	52.5	19.2	25.4	0.6	8.5
アイルランド	18	615.8	0.3	0.0	176.3	174.4	37.9	86.9	20.8	13.1	0.8	4.5
イギリス	19	894.8	0.2	0.1	232.1	205.4	57.3	121.4	43.3	22.8	1.4	3.8
イタリア	17	1,091.8	0.3	0.4	242.8	424.1	117.1	81.8	37.9	27.9	2.6	2.8
ウクライナ	17	1,279.9	3.0	6.1	149.8	953.3	194.0	14.7	36.6	...	4.7	5.1
オーストリア	20	1,022.2	0.3	0.2	212.0	394.4	59.2	50.1	32.4	31.1	1.9	5.2
オランダ	20	963.1	0.2	0.1	237.1	204.2	57.4	58.1	28.0	40.4	1.9	6.8
ギリシャ	19	1,121.9	0.2	0.1	216.4	414.7	135.4	127.4	31.7	21.6	2.7	1.7
スイス	18	809.0	0.2	0.1	182.2	260.7	47.3	52.0	30.1	31.1	1.9	6.8
スウェーデン	18	928.9	0.1	0.1	211.9	305.5	60.7	73.2	27.7	26.4	1.8	7.6
スペイン	20	1,010.9	0.2	0.3	180.4	264.7	60.3	77.0	43.2	19.1	1.3	4.2
スロベニア	20	1,174.7	0.3	0.0	269.0	438.1	110.5	33.3	41.5	63.5	2.2	7.0
チェコ	20	1,156.2	0.1	0.1	230.2	489.0	77.4	66.6	39.1	25.3	3.0	4.0
デンマーク	18	933.9	0.1	0.2	248.0	197.9	58.2	116.6	35.0	19.2	2.1	5.4
ドイツ	20	1,169.7	0.2	0.1	250.1	428.3	71.2	65.1	47.1	29.9	1.7	5.4
ノルウェー	16	811.2	0.1	0.1	196.6	224.2	54.3	87.7	25.6	32.1	1.0	7.5
ハンガリー	19	1,310.9	0.2	0.1	290.0	696.4	127.8	78.0	52.2	27.8	4.7	7.7
フィンランド	19	961.6	0.1	0.0	213.8	322.7	78.8	27.3	34.6	31.0	1.6	6.4
フランス	16	872.1	0.3	0.2	207.5	226.6	55.0	60.5	32.9	37.0	2.3	6.0
ブルガリア	19	1,446.2	0.6	0.1	212.8	992.4	315.0	45.7	38.3	12.3	3.8	3.4
ベラルーシ	18	1,186.3	0.8	1.6	147.7	706.4	149.4	9.2	32.9	25.3	3.9	6.8
ベルギー	18	976.3	0.2	0.2	201.7	266.2	65.1	109.5	42.0	38.5	2.4	8.8
ポーランド	19	1,012.1	0.5	0.1	234.5	439.2	81.2	62.0	37.1	19.7	4.3	3.1
ラトビア	20	1,487.8	1.1	1.3	282.6	881.0	326.2	24.8	46.7	22.8	4.5	5.1
リトアニア	20	1,492.3	1.0	0.5	248.5	887.7	226.0	26.8	66.7	31.8	4.5	8.9
ルーマニア	19	1,247.2	1.8	0.1	208.2	783.6	217.5	69.5	59.1	17.9	5.5	2.4
ルクセンブルク	19	656.0	0.1	0.0	159.9	185.8	38.0	64.9	25.2	23.6	1.6	6.9
ロシア	12	1,207.6	4.7	3.4	174.8	756.5	258.3	28.1	50.7	...	10.2	7.1
アフリカ												
エジプト	19	539.0	0.1	0.0	29.1	296.5	23.8	46.4	33.9	4.5	2.7	0.0
オセアニア												
オーストラリア	20	591.9	0.1	0.1	160.4	153.3	42.4	46.2	25.0	23.1	2.4	5.8
ニュージーランド	16	650.1	0.2	0.0	186.1	204.8	59.1	62.7	21.3	21.1	4.7	6.1

a 自傷行為及び自殺未遂を含む。

14-2　医療費支出・医師数・病床数(1)

国（地域）	医療費支出（2019年）			人口1,000人当たり		
	対GDP比率 (%)	公的医療費 支出の割合 (%)	1人当たり (米ドル)	医師数 a	看護師・ 助産師数 a	病床数 a
アジア						
日本	10.7	83.9	4,360.5	2.5	12.7	13.0
アラブ首長国連邦	4.3	52.3	1,842.7	2.5	5.7	1.4
イエメン	b 4.3	b 10.2	b 73.2	0.5	0.8	0.7
イスラエル	7.5	64.8	3,456.4	5.5	6.6	3.0
イラク	4.5	49.4	253.3	0.7	2.0	1.3
イラン	6.7	49.5	470.4	1.6	2.1	1.6
インド	3.0	32.8	63.7	0.9	2.4	0.5
インドネシア	2.9	48.9	120.1	0.5	3.8	1.0
オマーン	4.1	86.4	624.7	1.9	4.1	1.5
カザフスタン	2.8	59.9	273.0	4.0	7.3	6.1
韓国	8.2	59.5	2,624.5	2.4	7.5	12.4
カンボジア	7.0	24.3	113.3	0.2	1.0	0.9
クウェート	5.5	87.0	1,758.7	2.6	7.4	2.0
サウジアラビア	5.7	69.2	1,316.3	2.6	5.8	2.2
シリア	...	...	...	1.3	1.5	1.4
シンガポール	4.1	50.2	2,632.7	2.3	6.2	2.5
スリランカ	4.1	47.2	160.7	1.2	2.3	4.2
タイ	3.8	71.7	296.2	0.9	3.2	...
中国	5.4	56.0	535.1	2.0	2.7	4.3
トルコ	4.3	77.9	396.5	1.8	3.0	2.9
パキスタン	3.4	32.0	39.5	1.1	0.5	0.6
バングラデシュ	2.5	18.6	45.9	0.6	0.4	0.8
フィリピン	4.1	40.6	142.1	0.6	5.4	1.0
ベトナム	5.2	43.8	180.7	0.8	1.4	2.6
マレーシア	3.8	52.2	436.6	1.5	3.5	1.9
ミャンマー	4.7	15.8	60.0	0.7	1.1	1.0
モンゴル	3.8	56.6	163.4	3.9	4.2	8.0
ヨルダン	7.6	51.2	334.0	2.3	3.3	1.5
レバノン	8.6	49.0	663.1	2.1	1.7	2.7
北アメリカ						
アメリカ合衆国	16.8	50.8	10,921.0	2.6	15.7	2.9
エルサルバドル	7.2	63.5	300.1	2.9	1.8	1.2
カナダ	10.8	70.2	5,048.4	2.4	11.8	2.5
キューバ	11.3	89.3	1,031.9	8.4	7.6	5.3
グアテマラ	6.2	38.4	271.0	0.4	1.3	0.4
コスタリカ	7.3	72.5	921.6	2.9	3.4	1.1
ジャマイカ	6.1	65.3	327.4	0.5	1.5	1.7
ドミニカ共和国	5.9	44.9	491.1	1.5	1.5	1.6
トリニダード・トバゴ	7.0	46.0	1,167.9	4.5	4.3	3.0
パナマ	7.6	66.1	1,192.8	1.6	3.2	2.3
ホンジュラス	7.3	39.2	187.6	0.3	0.7	0.6
メキシコ	5.4	49.3	540.4	4.8	2.4	1.0
南アメリカ						
アルゼンチン	9.5	62.4	946.0	4.0	2.6	5.0
ウルグアイ	9.3	66.6	1,661.0	4.9	7.2	2.4
エクアドル	7.8	61.8	486.5	2.2	2.5	1.4
コロンビア	7.7	71.9	495.3	3.8	...	1.7
チリ	9.3	50.9	1,375.8	5.2	13.3	2.1
ブラジル	9.6	40.7	853.4	2.3	7.4	2.1

14-2　医療費支出・医師数・病床数(2)

国（地域）	医療費支出（2019年）			人口1,000人当たり		
	対GDP比率 （%）	公的医療費 支出の割合 （%）	1人当たり （米ドル）	医師数 a	看護師・ 助産師数 a	病床数 a
ベネズエラ	5.4	46.0	338.8	1.7	2.1	0.9
ペルー	5.2	62.9	370.1	0.8	3.0	1.6
ヨーロッパ						
アイルランド	6.7	74.6	5,428.6	3.4	13.0	3.0
イギリス	10.2	79.5	4,312.9	5.8	10.3	2.5
イタリア	8.7	73.9	2,905.5	8.0	5.9	3.1
ウクライナ	7.1	44.8	248.1	3.0	6.7	7.5
オーストリア	10.4	73.0	5,242.2	5.2	7.1	7.3
オランダ	10.1	65.9	5,335.3	3.7	11.5	3.2
ギリシャ	7.8	48.1	1,500.6	6.2	3.7	4.2
クロアチア	7.0	81.5	1,040.1	3.0	6.2	5.5
スイス	11.3	32.1	9,666.3	4.3	17.9	4.6
スウェーデン	10.9	84.9	5,671.4	4.3	12.6	2.1
スペイン	9.1	70.6	2,711.2	4.0	6.1	3.0
スロベニア	8.5	72.4	2,219.1	3.2	10.2	4.4
セルビア	8.7	58.4	641.0	3.1	6.1	5.6
チェコ	7.8	81.5	1,844.2	4.1	8.4	6.6
デンマーク	10.0	83.3	6,003.3	4.2	10.6	2.6
ドイツ	11.7	77.7	5,440.1	4.3	13.5	8.0
ノルウェー	10.5	85.8	8,007.4	4.9	18.3	3.5
ハンガリー	6.4	68.0	1,062.4	3.4	5.3	7.0
フィンランド	9.2	80.2	4,450.3	4.6	14.9	3.6
フランス	11.1	75.3	4,491.7	6.5	11.5	5.9
ブルガリア	7.1	59.2	697.9	4.2	4.8	7.5
ベラルーシ	5.9	70.4	399.4	5.2	11.0	10.8
ベルギー	10.7	76.8	4,960.4	6.0	11.8	5.6
ポーランド	6.4	71.4	1,014.0	2.4	6.9	6.5
ポルトガル	9.5	60.9	2,221.4	5.3	6.9	3.5
ルーマニア	5.7	80.1	738.6	3.0	6.1	6.9
ロシア	5.6	61.2	653.4	4.4	4.5	7.1
アフリカ						
アルジェリア	6.2	65.0	248.2	1.7	1.5	1.9
ウガンダ	3.8	15.1	32.4	0.2	1.2	...
エジプト	4.7	27.8	149.8	0.7	1.9	1.4
エチオピア	3.2	22.7	26.7	0.1	0.7	0.3
ガーナ	3.4	40.2	75.3	0.1	2.7	...
ケニア	4.6	46.0	83.4	0.2	1.2	...
コンゴ民主共和国	3.5	15.8	20.6	...	1.1	...
ザンビア	5.3	40.1	69.3	0.1	1.0	...
タンザニア	3.8	40.9	40.3	0.1	0.6	...
チュニジア	7.0	57.1	233.1	1.3	2.5	2.2
ナイジェリア	3.0	15.9	71.5	0.4	1.5	...
マラウイ	7.4	32.6	30.4	0.0	0.4	...
南アフリカ	9.1	58.8	546.7	0.8	1.3	...
モロッコ	5.3	39.9	174.2	0.7	1.4	1.0
オセアニア						
オーストラリア	9.9	71.7	5,427.5	3.8	13.2	3.8
ニュージーランド	9.7	75.6	4,211.0	3.4	11.1	2.6
パプアニューギニア	2.3	57.7	65.1	0.1	0.5	...

a 2014～2019年の最新年次データ。　　b 2015年。

14-3　交通事故（2017年）

国（地域）	事故件数	負傷者数	死者数	事故率 a	人口10万人当たり	
					事故件数	死者数
アジア						
日本	472,165	576,419	4,431	63.8	372.4	3.5
アラブ首長国連邦 b	4,788	…	…	…	51.7	…
イラン	310,635	386,273	16,202	…	382.7	20.0
インド	430,167	470,975	147,913	…	32.1	11.0
インドネシア	103,228	134,340	30,568	…	39.1	11.6
韓国	216,335	322,829	4,185	45,575.5	420.3	8.1
タイ c	…	…	8,433	…	…	12.2
中国	d 203,049	209,654	63,772	d …	d 14.6	4.6
トルコ	182,669	300,383	7,427	…	226.2	9.2
パキスタン e	9,582	12,696	5,047	…	4.9	2.6
フィリピン f	10,599	9,347	1,252	…	10.7	1.0
香港	15,725	19,780	108	118.2	212.7	1.5
マレーシア	16,790	10,050	6,740	…	53.1	21.3
北アメリカ						
アメリカ合衆国	…	…	37,132	…	…	11.4
カナダ	114,158	154,886	1,841	…	311.0	5.0
メキシコ	6,448	8,905	2,919	3.6	5.0	2.3
南アメリカ						
アルゼンチン b	…	…	5,582	…	…	12.7
チリ b	…	63,563	1,675	…	…	9.4
ブラジル	58,831	84,256	6,245	…	28.1	3.0
ヨーロッパ						
アイルランド	…	…	156	…	…	3.2
イギリス	129,982	169,200	1,793	24.9	196.9	2.7
イタリア b	175,791	249,175	3,283	…	290.0	5.4
ウクライナ g	27,220	34,677	3,432	…	60.7	7.7
オーストリア	37,402	47,258	414	44.2	425.1	4.7
オランダ	…	…	613	…	…	3.6
ギリシャ	10,848	13,271	731	…	100.9	6.8
スイス	17,799	20,144	230	27.2	210.6	2.7
スウェーデン	14,849	19,915	253	17.8	147.6	2.5
スペイン	102,233	139,162	1,830	81.4	219.4	3.9
チェコ	21,263	27,079	577	…	200.7	5.4
デンマーク	2,789	3,143	175	5.5	48.4	3.0
ドイツ	302,656	390,312	3,180	40.8	366.0	3.8
ノルウェー	4,086	5,262	106	8.9	77.4	2.0
ハンガリー	16,489	21,451	625	38.9	168.5	6.4
フィンランド	4,432	5,574	238	11.6	80.5	4.3
フランス	58,613	73,384	3,448	9.9	87.3	5.1
ベルギー	38,020	48,451	615	37.4	334.0	5.4
ポーランド	32,760	39,466	2,831	14.0	86.3	7.5
ロシア	169,432	215,374	19,088	…	117.3	13.2
アフリカ						
アルジェリア b	28,856	44,007	3,992	…	71.1	9.8
エジプト	11,098	13,998	3,747	…	11.4	3.8
南アフリカ b	…	…	14,071	…	…	25.1
モロッコ	89,375	130,011	3,726	…	250.1	10.4
オセアニア						
オーストラリア	…	…	1,222	…	…	5.0
ニュージーランド	11,256	14,052	378	23.6	234.8	7.9

a 自動車1億台キロメートル（1万台の車が1万キロメートル走行した場合）当たりの事故件数。　b 2016年。
c 2015年度。　d 車両損害のみの事故も含む。　e 2016年度。　f 2014年。　g 一部の地域を除く。

14-4　1人当たり供給熱量（2019年）

（1人1日当たりkcal）

国（地域）	計	穀類	いも類	砂糖類	豆類	野菜類	肉類	卵類	乳製品	魚介類	その他
アジア											
日本	2,691	1,062	59	249	13	75	211	79	120	126	697
イラン	3,005	1,555	64	275	50	85	157	32	68	22	697
インド	2,581	1,378	58	215	146	65	20	12	177	12	498
インドネシア	2,879	1,619	187	246	7	42	54	61	22	83	558
韓国	3,453	1,148	41	460	12	174	362	49	48	112	1,047
サウジアラビア	3,302	1,576	37	300	52	59	214	34	147	20	863
タイ	2,808	1,252	37	450	26	32	187	50	43	65	666
中国	3,347	1,537	153	72	13	262	511	84	51	55	609
トルコ	3,734	1,530	91	308	122	143	158	38	338	9	997
パキスタン	2,483	1,196	31	220	51	26	76	13	341	3	526
フィリピン	2,809	1,655	41	226	12	51	257	20	23	45	479
マレーシア	2,931	1,197	41	416	26	58	249	72	70	100	702
北アメリカ											
アメリカ合衆国	3,862	817	88	591	25	67	547	63	381	35	1,248
カナダ	3,539	896	137	407	96	77	375	59	261	36	1,195
メキシコ	3,163	1,334	32	426	92	48	376	74	165	27	589
南アメリカ											
アルゼンチン	3,304	1,108	86	433	32	52	647	57	224	13	652
コロンビア	2,992	863	164	601	67	41	287	47	181	14	727
ブラジル	3,246	899	107	405	120	36	483	46	243	15	892
ヨーロッパ											
アイルランド	3,811	1,131	126	482	27	79	423	37	335	53	1,118
イギリス	3,395	1,026	149	309	28	67	445	44	343	47	937
イタリア	3,505	1,151	68	321	49	68	336	44	264	59	1,145
オーストリア	3,691	941	110	451	12	73	368	55	307	30	1,344
オランダ	3,353	817	141	384	15	76	291	76	519	44	990
ギリシャ	3,396	890	104	286	32	93	314	33	411	34	1,199
スイス	3,379	757	86	439	17	66	440	41	454	30	1,049
スウェーデン	3,184	850	102	353	17	69	330	54	395	59	955
スペイン	3,348	780	105	323	56	80	417	52	260	85	1,190
デンマーク	3,421	855	115	493	10	75	394	59	409	75	936
ドイツ	3,559	906	121	441	7	74	320	47	375	37	1,231
ノルウェー	3,449	1,054	91	281	111	60	407	46	306	104	989
フィンランド	3,320	999	110	305	11	61	491	42	464	63	774
フランス	3,532	1,080	94	363	16	73	451	44	314	63	1,034
ポーランド	3,508	1,173	183	433	7	85	437	27	260	43	860
ポルトガル	3,458	1,002	117	244	33	86	437	41	279	95	1,124
ロシア	3,363	1,219	164	397	24	71	336	63	271	47	771
アフリカ											
アルジェリア	3,493	1,637	131	273	70	157	94	22	240	8	861
エジプト	3,307	2,120	68	268	37	105	120	11	65	41	472
ナイジェリア	2,565	1,053	682	100	87	50	37	10	9	16	521
南アフリカ	2,898	1,452	68	308	12	34	346	28	66	11	573
オセアニア											
オーストラリア	3,417	747	86	447	14	72	510	32	386	41	1,082
ニュージーランド	3,228	926	81	563	27	74	441	43	176	42	855

14-5　OECD加盟国の国内総生産に対する社会支出

（単位：%）

国（地域）	1990	1995	2000	2005	2010	2015	2016	2017	2018	2019
アジア										
日本	11.1	13.5	15.8	17.5	21.7	22.7	22.7	22.7	* …	* …
イスラエル	…	16.3	17.3	15.7	15.7	15.6	15.6	16.4	16.5	16.3
韓国	2.8	3.3	5.2	6.4	8.4	10.5	10.8	10.9	11.8	* 12.3
トルコ	3.8	3.4	7.5	10.1	12.3	11.6	12.6	12.1	* 12.2	* 12.0
北アメリカ										
アメリカ合衆国	13.7	15.4	14.5	15.8	19.4	24.7	24.9	24.8	24.6	* 18.7
カナダ	17.5	18.3	15.7	16.1	17.6	17.9	18.3	18.0	18.0	* …
コスタリカ	…	…	…	…	…	12.5	10.7	10.4	10.5	* …
メキシコ	3.1	3.7	4.4	6.1	7.4	7.7	7.5	7.5	7.2	7.5
南アメリカ										
コロンビア	…	…	…	…	14.0	15.7	15.2	15.0	14.8	* …
チリ	10.3	12.2	12.8	11.2	13.1	13.9	14.1	14.5	14.5	14.7
ヨーロッパ										
アイスランド	16.2	18.2	18.6	20.6	21.7	21.3	21.3	22.4	* 16.4	* 17.4
アイルランド	16.8	17.5	12.8	15.4	23.8	14.9	15.1	14.2	* 13.6	* 13.4
イギリス	15.2	17.1	17.6	20.0	24.2	22.4	21.8	21.3	* 20.3	* 20.6
イタリア	22.1	22.6	23.7	25.2	28.2	29.4	28.9	28.6	* 27.8	* 28.2
エストニア	…	…	13.9	12.8	18.0	17.2	17.5	17.2	* 17.5	* 17.7
オーストリア	24.3	27.4	26.6	26.8	28.4	28.5	28.5	28.0	* 26.9	* 26.9
オランダ	24.1	22.9	19.9	20.7	23.6	24.0	23.8	23.2	* 16.2	* 16.1
ギリシャ	15.7	16.6	17.8	19.5	25.5	26.0	26.1	25.2	* 24.1	* 24.0
スイス	15.6	21.3	22.5	25.4	25.1	27.0	27.4	27.8	* 27.4	* …
スウェーデン	26.9	30.5	27.0	27.5	26.3	26.6	27.0	26.4	* 25.8	* 25.5
スペイン	19.1	20.6	19.5	20.5	24.9	24.7	24.2	23.9	* 24.2	* 24.7
スロバキア	…	18.4	17.7	15.5	17.6	17.3	17.7	17.6	* 17.2	* 17.7
スロベニア	…	5.7	22.1	21.5	23.4	22.7	22.3	21.5	* 21.0	* 21.1
チェコ	14.0	16.0	18.1	18.2	20.1	19.7	19.3	19.0	* 18.8	* 19.2
デンマーク	21.9	25.5	23.8	25.2	31.7	32.5	31.5	31.3	* 28.7	* 28.3
ドイツ	22.9	26.8	26.8	27.3	28.2	27.4	27.7	27.8	* 25.3	* 25.9
ノルウェー	22.7	23.4	21.7	22.0	23.3	26.1	27.3	26.5	* 24.4	* 25.3
ハンガリー	…	…	20.1	21.9	23.0	20.4	20.3	19.7	* 18.8	* 18.1
フィンランド	23.3	28.8	22.7	24.0	27.5	30.6	30.5	29.7	* 29.4	* 29.1
フランス	24.4	28.5	27.7	28.8	31.1	31.8	32.6	32.2	* 31.8	* 31.0
ベルギー	24.6	25.3	23.7	25.3	28.5	29.5	28.9	28.7	* 28.8	* 28.9
ポーランド	14.2	21.8	20.2	20.9	20.7	20.3	21.2	20.8	* 20.6	* 21.3
ポルトガル	12.4	16.3	18.9	22.7	24.8	24.3	23.6	22.9	* 22.5	* 22.6
ラトビア	…	0.0	15.4	12.5	19.5	15.8	16.1	15.9	* 15.8	* 16.4
リトアニア	…	…	15.4	13.8	19.6	16.2	15.8	15.6	* 16.2	* 16.7
ルクセンブルク	18.3	19.9	18.7	23.1	23.9	22.5	21.9	22.4	* 21.5	* 21.6
オセアニア										
オーストラリア	13.1	19.0	21.1	18.6	19.9	22.9	22.3	21.8	* …	* …
ニュージーランド	20.4	17.8	18.4	18.0	20.6	19.4	19.0	18.6	19.4	* …

第 15 章　教育・文化

15-1　教員 1 人当たり生徒数
〔出典〕
UNESCO Institute for Statistics, *UIS. Stat*
2022年10月ダウンロード
〔解説〕
　　国・公・私立学校の合計。原則として学校やその他の教育機関の行政記録に基づ
くが、UNESCO Institute for Statistics（UIS）などによる推計値の場合もある。学校教
育の制度及び年限は国により異なる。
　教員：特定の国において特定の教育水準で指導するために必要な最低限の学歴を有
　　する者。パートタイム教員はフルタイム換算されている。また、2 交代制の教員
　　は 2 人として扱われている。
　初等教育：一般的には 5・6・7 歳から始まり、6 年間の基礎的な教育を与えるプ
　　ログラム。
　前期中等教育：幅広い基礎的な学習教科、専門的な学習の前段階として構成される。
　後期中等教育：前期中等教育より更に専門化された学習教科で構成される。

15-2　女性教員の比率
〔出典〕
UNESCO Institute for Statistics, *UIS. Stat*
2022年10月ダウンロード
〔解説〕
UIS などによる推計値の場合もある。

15-3　男女別在学率
〔出典〕
UNESCO Institute for Statistics, *UIS. Stat*
2022年10月ダウンロード
〔解説〕
　　就学年齢人口に対する在学者（国・公・私立学校及びその他の教育機関の合計）
の割合。原則として各国の調査、行政記録などに基づくが、UIS などによる推計値
の場合もある。

15-4　在学者 1 人当たり学校教育費
〔出典〕
OECD, *OECD. Stat, Education and Training, Education at a Glance*
2022年10月ダウンロード
〔解説〕
　　各教育段階別に、公財政教育支出及び私費負担教育費の合計を在学者数（フルタ
イム換算）で除したもの。
　高等教育以外の中等後教育：一般的に、後期中等教育の範囲で、幅広い知識を得る
　　プログラム。学究よりも就職を意識したプログラム又はその両方が含まれる（日
　　本では、高等学校専攻科と大学・短期大学の別科が相当）。
　高等教育：大学、専門学校などにおける、高度かつ専門的に学ぶプログラム。学問
　　的な分野のみならず、職業的な分野も含む。

15-5　国内総生産に対する学校教育費の比率
〔出典〕
OECD, *OECD. Stat, Education and Training, Education at a Glance*
2022年10月ダウンロード

15-6　男女別識字率
〔出典〕
UNESCO Institute for Statistics, *UIS. Stat*
2022年10月ダウンロード
〔解説〕
　　15歳以上人口に対する識字（読み書きができる）人口の割合。データは主に各国
が実施した人口センサスなどに基づくが、UIS などによる推計値の場合もある。
「識字」の定義は国により異なる。

15-7　新聞発行部数
〔出典〕
世界ニュース発行者協会（WAN-IFRA）が外部委託した部数調査
2022年10月ダウンロード
〔解説〕
　有料日刊紙の発行部数。電子版は含まない。

15-8　映画
〔出典〕
UNESCO Institute for Statistics, *UIS. Stat*
2020年 7 月ダウンロード
〔解説〕
　UIS などによる推計値の場合もある。
　制作本数：商業上映用に制作された映画数。国際共同作品を含む。
　映画館数：映画を商業上映する常設映画館数。そのほか、アートシアター、移動映
　　画館及び屋外映画館（ドライブイン映画館など）を含む。

15-9　テレビ
〔出典〕
ITU, *Yearbook of Statistics, Telecommunication/ICT Indicators 2009-2018*
〔解説〕
　テレビ保有世帯率は、その国における最も新しい年次を掲載。
　IPTV 契約数：インターネットプロトコルテレビ（IP ネットワークを用いて提供され
　　るテレビ）の契約数。ストリーミング配信のビデオ、ネット配信動画を除く。

15-1　教員1人当たり生徒数

(単位：人)

国（地域）	初等教育		前期中等教育		後期中等教育	
	2015	2021	2015	2021	2015	2021
アジア						
インドネシア	19.5	a 17.5	15.5	a 16.0	13.5	a 17.8
ウズベキスタン	19.6	20.4	9.2	b 8.8	18.9	b 14.7
カタール	11.6	12.5	11.4	13.6	10.0	11.5
韓国	16.6	a 16.2	15.1	a 12.9	13.9	a 10.8
サウジアラビア	10.9	14.8	10.3	13.5	10.3	13.1
タイ	16.9	14.4	25.5	22.8	31.2	23.0
中国	17.1	16.8	12.8	12.8	18.9	16.2
ネパール	24.6	17.8	43.0	35.3	28.4	31.6
バーレーン	12.3	c 12.2	11.1	c 11.5	9.4	c 9.5
パキスタン	99.6	b 92.1	65.6	b 63.7	18.2	b 21.5
ブータン	40.0	28.7	13.3	a 12.6	9.9	d 7.9
ブルネイ	10.0	a 9.3	11.3	c 10.1	8.6	c 8.1
マカオ	14.1	13.4	11.7	11.1	11.2	8.9
ラオス	28.0	d 24.8	21.2	d 19.6	30.7	b 31.5
北アメリカ						
エルサルバドル	29.7	d 26.9	32.5	d 27.8	28.6	d 27.2
キューバ	10.8	11.6	11.0	10.4	11.0	9.7
グレナダ	17.0	d 16.4	11.9	d 12.8	11.9	d 12.8
コスタリカ	13.0	a 11.7	14.2	a 12.9	14.1	a 12.8
ドミニカ共和国	21.0	18.6	23.9	35.0	28.7	5.9
パナマ	24.3	b 24.4	16.9	b 17.5	14.6	b 14.6
バハマ	23.5	c 22.0	17.0	c 15.1	11.7	c 11.6
バルバドス	13.4	12.1	20.7	17.7	14.3	13.4
プエルトリコ	13.9	e 13.5	22.0	e 19.3	16.4	e 15.5
ベリーズ	71.0	146.0	40.7	57.0	25.9	53.2
南アメリカ						
エクアドル	29.5	a 26.6	27.2	a 25.3	23.0	a 19.2
コロンビア	24.4	a 24.1	26.9	a 28.8	26.1	a 22.3
ヨーロッパ						
アルバニア	24.7	20.2	12.8	11.1	16.5	64.1
スペイン	13.2	a 12.8	12.3	a 11.5	11.7	a 10.9
セルビア	15.2	13.8	8.4	7.2	8.6	8.1
ベラルーシ	17.6	19.8	8.3	9.9	8.7	8.4
アフリカ						
エリトリア	57.3	c 45.3	48.3	d 46.1	44.9	d 34.4
ガーナ	57.2	a 36.7	22.1	d 18.3	24.0	d 26.5
カメルーン	54.4	b 60.8	50.0	e 47.3	23.6	e 22.8
ガンビア	43.3	37.8	26.0	20.6	26.0	23.8
ジブチ	33.0	28.9	28.0	28.3	17.2	13.7
ニジェール	37.0	40.5	33.4	b 34.7	16.6	b 18.1
南スーダン	55.4	…	55.4	…	30.2	…
オセアニア						
キリバス	26.8	a 30.1	17.8	b 15.7	73.2	e 49.6
ニウエ	17.3	17.8	23.8	18.5	3.5	c 3.1
バヌアツ	37.0	c 44.4	23.4	…	39.2	…

a 2020年。　b 2017年。　c 2019年。　d 2018年。　e 2016年。

15-2　女性教員の比率

（単位：%）

国（地域）	初等教育			前期中等教育			後期中等教育		
	2010	2015	2020	2010	2015	2020	2010	2015	2020
アジア									
日本 a	64.8	64.8	63.9	40.7	42.4	43.5	b 26.5	b 30.0	b 31.7
アラブ首長国連邦	86.4	89.6	77.2	60.4	64.5	75.2	...	...	70.6
イラン	...	65.3	...	...	52.8		...	...	...
インド	...	49.5	55.4	41.9	44.0	49.1	38.5	42.1	43.6
インドネシア	62.5	...	...	48.7	...	...	47.0	...	...
韓国	77.9	78.4	77.3	67.5	69.7	71.0	45.0	50.6	54.7
サウジアラビア	50.2	52.5	52.8	...	51.9	50.7	...	53.5	50.5
タイ	59.2	73.4	68.8	56.1	72.1	66.1	...	63.1	70.6
中国	57.6	62.6	70.2	48.9	52.8	58.0	47.6	50.7	54.2
パキスタン	47.7	50.4		...	67.2	...	...	36.8	
バングラデシュ	49.2	59.5	61.7	20.2	...	25.8	18.9	...	25.0
フィリピン	...	87.6	87.4	...	...	73.8	...	...	61.3
ベトナム	77.9	77.6	78.6	69.1	68.3	69.1	...	...	...
マレーシア	68.7	69.5	69.8	...	...	...	...	...	...
ミャンマー	83.8	...	...	86.2	...	...	82.5	...	...
北アメリカ									
アメリカ合衆国	a 87.1	87.1	86.8	a 66.8	66.8	66.8	a 57.0	57.0	58.1
グアテマラ	65.5	65.9	65.8	46.4	...	...	43.4	...	...
メキシコ	66.6	65.8	69.4	51.0	a 52.7	54.1	45.5	a 47.0	49.1
南アメリカ									
エクアドル	72.5	74.6	78.4	60.2	61.1	62.2	50.1	53.8	56.0
コロンビア	77.9	77.3	77.8	51.6	53.5	52.8	47.4	46.2	45.4
チリ	77.7	81.3	81.1	76.6	68.4	68.8	54.7	55.6	56.8
ブラジル	90.7	89.3	88.0	71.5	69.0	65.8	61.4	59.6	57.1
ヨーロッパ									
イギリス	87.0	ab 84.5	86.3	a 59.9	ab 64.2	65.0	a 59.8	ab 58.8	61.8
イタリア	a 95.9	95.9	95.6	a 77.0	77.6	77.0	a 63.0	66.3	63.6
ウクライナ	98.6	94.3	98.5	...	...	...	...	...	...
オーストリア	90.0	91.6	91.9	70.1	72.2	72.2	53.1	55.1	55.7
オランダ	ab 84.6	86.2	87.4	ac ...	52.1	54.7	ab 48.6	52.0	55.5
スペイン	75.0	76.2	77.4	57.2	59.5	61.3	50.0	54.5	56.3
チェコ	97.5	a 94.0	a 94.3	73.9	a 77.6	a 77.8	57.8	a 59.4	a 59.1
ドイツ	85.5	86.8	87.4	63.1	66.2	66.4	49.7	53.3	56.8
ハンガリー	95.9	96.8	95.6	78.5	77.0	76.1	64.5	64.0	63.6
フィンランド	78.6	a 79.8	79.2	72.0	a 72.8	74.0	57.9	a 59.7	60.4
フランス	82.8	a 81.7	a 83.9	65.1	a 60.7	a 60.2	53.9	a 59.5	a 59.9
ベルギー	81.0	81.8	82.9	61.5	63.5	66.2	ab 60.0	62.6	61.9
ポーランド	83.7	85.4	87.5	74.4	73.7	75.8	66.3	65.4	65.7
ポルトガル	79.7	80.1	81.2	71.7	74.7	71.9	66.7	65.4	68.8
ロシア	...	98.8	99.2	...	...	...	...	...	...
アフリカ									
アルジェリア	52.5	69.3	82.3	...	...	...	...	...	...
エジプト	52.9	...	...	...	...	...	39.1	...	...
ナイジェリア	48.2	48.2	...	50.6	53.4	...	45.9	52.8	...
南アフリカ	77.1	78.8	...	53.6	...	60.6	...	...	58.2
オセアニア									
ニュージーランド	83.6	83.8	84.7	65.2	66.1	67.6	58.5	59.7	60.5

a OECD. Statによる。　b 他のカテゴリーを含む。　c 他のカテゴリーに含まれる。

15-3　男女別在学率

(単位：%)

国（地域）	初等教育			前期中等教育			後期中等教育		
	年次	男	女	年次	男	女	年次	男	女
アジア									
日本	19	97.7	97.9	19	97.9	98.2	19	97.8	99.5
アラブ首長国連邦	20	…	…	16	98.3	97.2	20	97.5	98.2
イラン	20	…	…	20	99.2	97.2	20	83.0	82.5
インド	21	96.5	98.4	21	84.7	87.5	21	59.1	59.6
インドネシア	18	96.6	92.0	18	81.0	86.5	18	77.2	77.8
韓国	20	98.6	98.6	20	97.6	97.5	20	91.1	90.7
サウジアラビア	21	99.3	99.5	21	99.5	97.6	21	99.5	99.3
タイ	21	98.4	98.5	22	87.8	99.2	21	62.0	74.8
バングラデシュ	21	…	…	21	…	…	21	54.5	73.0
フィリピン	21	91.3	91.2	21	85.8	90.2	21	73.4	83.9
マレーシア	20	98.2	98.6	20	87.2	90.4	21	58.1	63.9
ミャンマー	18	…	…	18	77.9	80.2	18	53.1	61.6
北アメリカ									
アメリカ合衆国	20	98.0	98.0	20	…	…	20	97.2	96.9
グアテマラ	21	90.0	91.2	21	66.8	63.5	21	34.3	33.5
メキシコ	20	…	…	20	90.8	93.6	20	69.2	74.3
南アメリカ									
アルゼンチン	20	…	…	20	98.4	97.8	20	87.4	95.4
コロンビア	20	98.2	99.5	20	98.4	99.7	20	82.0	84.4
チリ	19	99.9	99.1	19	99.0	97.8	20	95.3	94.8
ブラジル	20	96.3	94.6	20	95.5	97.7	20	86.5	86.8
ペルー	19	…	…	16	96.5	96.7	19	94.5	88.8
ヨーロッパ									
イギリス	20	98.1	97.9	15	98.2	98.1	20	96.8	97.6
イタリア	20	95.9	95.7	20	97.9	97.6	20	93.1	94.0
オーストリア	20	99.7	99.8	20	98.3	99.3	20	89.8	91.8
オランダ	17	98.6	99.5	20	97.2	98.4	20	95.0	97.0
スイス	20	…	…	19	99.8	99.0	20	81.9	79.3
スウェーデン	15	…	…	15	…	…	15	98.6	97.2
スペイン	20	98.0	98.3	20	…	…	18	97.8	98.9
チェコ	20	98.3	99.1	19	99.6	99.5	20	94.9	95.1
デンマーク	20	99.0	99.6	17	99.7	99.2	20	92.0	92.2
ドイツ	20	97.3	98.6	20	94.5	97.1	20	83.3	83.3
ノルウェー	20	…	…	17	99.6	98.7	20	91.7	92.0
ハンガリー	20	94.9	94.1	20	98.1	97.6	20	87.1	88.3
フィンランド	20	98.0	98.6	17	99.4	99.7	20	97.1	97.0
フランス	16	99.7	100.0	19	99.6	99.5	20	96.8	97.0
ベルギー	20	98.3	99.5	19	99.5	99.8	20	98.4	98.5
ポーランド	19	98.7	99.1	20	97.8	97.6	20	98.2	97.6
ポルトガル	17	99.9	98.8	17	99.7	99.6	17	…	…
ロシア	16	99.0	99.8	19	…	…	19	97.2	97.9
アフリカ									
エジプト	19	…	…	19	96.9	98.4	19	77.3	75.9
南アフリカ	20	87.3	89.4	20	88.2	90.2	20	80.4	83.1
モロッコ	17	97.7	97.4	21	95.0	92.5	21	74.8	74.8
オセアニア									
オーストラリア	20	98.6	98.5	20	98.1	97.8	20	91.1	94.5
ニュージーランド	16	98.7	99.4	19	99.8	100.0	20	98.4	99.0

15-4　在学者1人当たり学校教育費（2019年）

（単位：購買力平価による米ドル）

国（地域）	初等教育	前期中等教育	後期中等教育	高等教育以外の中等後教育	高等教育
アジア					
日本	9,379	11,083	a 11,878	b ...	a 19,504
イスラエル	9,452	b ...	a 9,410	721	12,683
韓国	13,341	15,216	18,790	–	11,287
トルコ	4,400	4,330	5,894	–	9,455
北アメリカ					
アメリカ合衆国	13,780	14,798	16,311	16,021	35,347
カナダ	a 10,570	b ...	14,564	...	22,335
メキシコ	2,977	2,546	3,406	–	7,341
南アメリカ					
コロンビア	3,729	3,708	3,836	...	4,601
チリ	6,018	6,509	5,749	–	10,253
ヨーロッパ					
アイスランド	14,304	16,502	14,004	19,130	16,610
アイルランド	8,687	10,634	10,145	39,283	16,997
イギリス	11,936	12,329	13,657	–	29,688
イタリア	10,570	10,623	a 10,519	b ...	12,177
エストニア	9,384	9,684	7,314	11,067	16,752
オーストリア	13,299	16,594	17,248	5,164	21,329
オランダ	10,150	14,438	15,372		20,889
ギリシャ	7,279	7,179	6,296	...	4,192
スウェーデン	13,234	13,158	13,437	7,356	26,046
スペイン	8,580	10,093	a 11,334	b ...	14,237
スロバキア	7,972	7,082	8,003	9,895	12,749
スロベニア	9,562	12,037	8,853	–	15,267
チェコ	7,520	12,856	11,810	2,385	17,411
デンマーク	12,273	14,924	10,584	–	21,658
ドイツ	10,622	13,096	16,624	12,938	19,608
ノルウェー	15,334	15,334	16,884	26,202	25,019
ハンガリー	8,262	7,293	8,373	10,051	12,107
フィンランド	10,576	16,869	a 9,292	b ...	18,129
フランス	9,312	11,825	15,725	11,720	18,136
ベルギー	11,720	15,005	a 15,007	b ...	21,082
ポーランド	8,949	8,856	8,519	5,695	12,912
ポルトガル	8,992	11,347	a 10,991	b ...	11,858
ラトビア	6,865	6,986	8,770	10,873	12,186
リトアニア	7,095	7,079	7,622	9,800	11,039
ルクセンブルク	22,203	25,141	24,381	3,238	51,978
オセアニア					
オーストラリア	11,340	14,494	13,487	8,451	20,625
ニュージーランド	7,578	8,521	10,289	6,721	18,641

a 他のカテゴリーを含む。　　b 他のカテゴリーに含まれる。

15-5　国内総生産に対する学校教育費の比率（2019年）

（単位：%）

国（地域）	公財政支出教育費 a	私費負担教育費 b	初等・中等教育、高等教育以外の中等後教育		高等教育	
			公財政支出教育費 a	私費負担教育費 b	公財政支出教育費 a	私費負担教育費 b
アジア						
日本	2.8	1.1	2.4	0.2	c 0.5	c 0.9
イスラエル	5.0	1.2	4.3	0.5	0.8	0.7
韓国	4.0	c 1.3	3.4	c 0.4	0.6	c 0.9
トルコ	3.8	1.4	2.7	0.9	1.1	0.5
北アメリカ						
アメリカ合衆国	4.1	1.9	3.2	0.3	0.9	1.6
カナダ	c 4.4	c 1.4	c 3.2	c 0.4	1.2	c 1.0
コスタリカ	c 6.2	…	c 4.7	…	1.5	…
メキシコ	3.4	1.2	2.6	0.6	0.8	0.6
南アメリカ						
アルゼンチン	4.3	–	3.3	–	1.0	–
コロンビア	3.9	1.9	3.4	0.9	0.5	0.9
チリ	4.2	2.4	3.1	0.7	1.0	1.6
ヨーロッパ						
アイスランド	5.5	0.2	4.3	0.1	1.1	0.1
アイルランド	2.7	0.4	2.1	0.2	0.6	0.2
イギリス	3.9	2.1	3.4	0.6	0.5	1.4
イタリア	3.3	0.5	2.8	0.2	0.6	0.3
エストニア	4.1	0.4	3.1	0.1	1.0	0.2
オーストリア	4.4	0.4	2.8	0.1	1.6	0.2
オランダ	4.1	0.9	3.0	0.5	1.1	0.5
ギリシャ	3.3	0.3	2.6	0.2	0.7	0.1
スウェーデン	5.2	0.2	3.9	0.0	1.3	0.2
スペイン	3.5	0.8	2.6	0.4	0.8	0.4
スロバキア	3.4	0.5	2.7	0.3	0.7	0.3
スロベニア	3.7	0.4	2.8	0.3	0.9	0.1
チェコ	3.8	0.4	2.9	0.2	0.9	0.2
デンマーク	4.9	0.4	3.4	0.2	1.6	0.2
ドイツ	3.7	0.6	2.7	0.4	1.0	0.2
ノルウェー	6.4	0.1	4.6	0.0	1.8	0.1
ハンガリー	3.1	0.7	2.4	0.5	0.6	0.3
フィンランド	5.1	0.1	3.7	0.0	1.4	0.1
フランス	4.5	0.7	3.3	0.3	1.1	0.3
ベルギー	5.2	0.3	3.9	0.1	1.3	0.2
ポーランド	3.8	0.6	2.8	0.3	1.0	0.2
ポルトガル	4.0	0.7	3.3	0.4	0.7	0.4
ラトビア	3.5	0.6	2.7	0.2	0.8	0.5
リトアニア	3.0	0.4	2.3	0.1	0.7	0.3
ルクセンブルク	3.1	0.1	2.7	0.1	0.4	0.0
アフリカ						
南アフリカ	5.0	…	4.3	…	0.7	…
オセアニア						
オーストラリア	4.1	c 2.0	3.4	0.7	0.6	c 1.3
ニュージーランド	3.9	1.2	3.0	0.5	0.9	0.8

a 教育機関への家計支出に対する公的補助及び国際財源からの直接教育支出を含む。　b 教育機関への家計支出に対する公的補助を含む。　c 他のカテゴリーを含む。

15-6　男女別識字率

(単位：%)

国（地域）	年次	計	男	女	国（地域）	年次	計	男	女
アジア					**アフリカ**				
アフガニスタン	21	37.3	52.1	22.6	アルジェリア	18	81.4	87.4	75.3
イラク	17	85.6	91.2	79.9	アンゴラ	21	72.3	82.6	62.4
イラン	21	88.7	92.4	85.0	ウガンダ	21	79.0	84.0	74.3
インド	18	74.4	82.4	65.8	エジプト	21	73.1	78.8	67.4
オマーン	18	95.7	97.0	92.7	エチオピア	17	51.8	59.2	44.4
カタール	17	93.5	93.1	94.7	エリトリア	18	76.6	84.4	69.0
カンボジア	21	83.9	88.4	79.8	ガーナ	20	80.4	84.5	76.2
スリランカ	20	92.4	93.3	91.6	カメルーン	20	78.2	83.4	73.1
タイ	21	94.1	95.5	92.8	ガンビア	21	58.1	65.2	51.2
ネパール	21	71.2	81.0	63.3	ギニア	21	45.3	61.2	31.3
パキスタン	19	58.0	69.3	46.5	ギニアビサウ	21	52.9	67.0	39.9
バングラデシュ	20	74.9	77.8	72.0	ケニア	21	82.6	85.5	79.9
東ティモール	20	69.9	73.3	66.5	コモロ	21	62.0	67.0	56.9
ブータン	21	71.0	77.9	62.8	コンゴ共和国	21	80.6	85.9	75.4
ベトナム	19	95.8	97.0	94.6	コンゴ民主共和国	21	80.0	89.5	70.8
マレーシア	19	95.0	96.2	93.7	シエラレオネ	21	47.7	55.3	40.1
ミャンマー	19	89.1	92.4	86.3	スーダン	18	60.7	65.4	56.1
ラオス	21	87.1	91.4	82.8	セネガル	21	56.3	68.4	45.4
レバノン	19	95.3	97.0	93.6	タンザニア	21	81.8	85.5	78.2
北アメリカ					チャド	21	26.8	35.4	18.2
エルサルバドル	20	90.0	91.7	88.5	中央アフリカ	20	37.5	49.2	26.2
グアテマラ	21	83.4	87.7	79.3	チュニジア	21	82.7	89.1	76.5
ドミニカ共和国	21	95.2	95.1	95.3	トーゴ	19	66.5	80.0	55.1
ニカラグア	15	82.6	82.4	82.8	ナイジェリア	18	62.0	71.3	52.7
ハイチ	16	61.7	65.3	58.3	ニジェール	21	37.3	45.8	29.0
パナマ	19	95.7	96.1	95.4	ブルキナファソ	21	46.0	54.5	37.8
プエルトリコ	21	92.4	92.4	92.4	ブルンジ	21	74.7	81.3	68.4
ホンジュラス	19	88.5	88.3	88.7	ベナン	21	45.8	56.9	35.0
メキシコ	20	95.3	96.1	94.5	マダガスカル	21	77.3	78.8	75.8
南アメリカ					マラウイ	21	67.3	71.2	63.7
エクアドル	21	94.5	94.9	94.1	マリ	20	30.8	40.4	22.1
ガイアナ	21	88.9	89.3	88.4	南スーダン	18	34.5	40.3	28.9
パラグアイ	20	94.5	94.9	94.2	モーリタニア	21	67.0	71.8	62.2
ブラジル	21	94.3	94.1	94.5	モザンビーク	21	63.4	74.1	53.8
ペルー	20	94.5	97.0	92.0	モロッコ	21	75.9	84.8	67.4
ボリビア	20	93.9	97.4	90.5	リベリア	17	48.3	62.7	34.1
ヨーロッパ					ルワンダ	21	75.9	78.7	73.3
マルタ	21	94.9	93.4	96.4	レソト	21	81.0	72.9	88.8
					オセアニア				
					バヌアツ	21	89.1	89.8	88.4

15-7　新聞発行部数

国（地域）	発行部数(1,000部)			国（地域）	発行部数(1,000部)		
	2018	2019	2020		2018	2019	2020
アジア				**ヨーロッパ**			
日本 a	39,902	37,811	35,092	アイルランド	410	378	299
アラブ首長国連邦	870	854	755	イギリス	8,864	8,274	6,656
イスラエル	710	675	561	イタリア	2,030	1,746	1,700
インド	144,242	146,147	129,803	オーストリア	2,312	2,147	1,714
インドネシア	5,964	5,745	4,598	オランダ	2,384	2,269	2,017
韓国	7,781	7,229	5,818	ギリシャ	718	659	518
サウジアラビア	2,143	2,130	1,905	スイス	2,223	2,079	1,675
シンガポール	665	602	468	スウェーデン	1,655	1,501	1,162
タイ	7,817	7,814	6,800	スペイン	1,676	1,546	1,139
台湾	3,374	3,301	2,819	チェコ	977	932	778
中国	158,497	162,191	146,630	デンマーク	613	585	482
トルコ	4,835	4,781	4,153	ドイツ	19,024	18,376	15,504
パキスタン	6,866	6,889	6,080	ノルウェー	1,512	1,391	1,097
フィリピン	3,497	3,425	2,925	ハンガリー	955	916	767
ベトナム	4,438	4,427	3,866	フィンランド	1,020	906	682
香港	3,853	3,708	3,105	フランス	4,982	4,689	3,793
マレーシア	2,273	2,168	1,793	ベルギー	1,268	1,216	1,012
北アメリカ				ポーランド	1,706	1,630	1,360
アメリカ合衆国	35,688	33,958	28,262	ポルトガル	204	184	142
カナダ	4,133	3,868	3,149	ルーマニア	187	164	124
メキシコ	7,155	7,140	6,215	ロシア	7,300	7,002	5,051
南アメリカ				**アフリカ**			
アルゼンチン	1,083	1,018	821	エジプト	4,713	4,739	4,330
コロンビア	1,060	1,025	858	ケニア	207	210	193
チリ	501	476	389	ナイジェリア	469	498	452
ブラジル	7,940	7,783	6,240	南アフリカ	1,046	947	740
ペルー	1,955	1,955	1,709	**オセアニア**			
				オーストラリア	1,083	943	697
				ニュージーランド	302	266	201

a 日本新聞協会経営業務部調べによる。

15-8　映画（2017年）

国（地域）	制作本数	映画館数 総数	映画館数 屋内	スクリーン数 8以上	スクリーン数 2～7	スクリーン数 1	1人当たり入場回数
アジア							
日本	594	…	…	…	…	…	1.6
イスラエル	28	…	…	…	…	…	2.2
イラン	98	…	339	6	85	248	0.3
インド	…		…	…	…	…	1.6
インドネシア	117	…	…	…	…	…	…
韓国	494	…	…	…	…	…	4.7
カンボジア	34	…	12	-	11	1	…
シンガポール	13	35	35	17	16	2	…
中国	874	…	…	…	…	…	1.3
トルコ	148	…	…	…	…	…	1.0
香港	53	…	…	…	…	…	…
マレーシア	85	…	151				2.5
北アメリカ							
アメリカ合衆国	a 660	…	5,747	…	…	…	4.2
カナダ	92	…	…	…	…	…	…
コスタリカ	13	36	33	27	4	2	1.7
メキシコ	176	1,315	816	454	269	24	2.9
南アメリカ							
アルゼンチン	220	…	240	25	72	143	1.6
コロンビア	49	…	…	…	…	…	1.4
チリ	49	…	65	17	45	3	1.7
ブラジル	160	…	782	92	524	166	1.0
ヨーロッパ							
アイルランド	…		…	…	…	…	3.8
イギリス	285	…	774	197	322	255	2.9
イタリア	173	…	1,204	130	425	649	1.8
エストニア	18	89	53	1	13	39	3.0
オーストリア	44	160	139	23	78	38	1.9
オランダ	92	…	260	28	148	84	2.4
スイス	118	280	271	14	84	173	1.8
スペイン	241	739	739	227	183	329	2.4
スロバキア	27	151	121	4	20	97	1.4
チェコ	54	…	288	b 31	c 19	203	1.6
デンマーク	54	…	166	8	79	79	2.3
ドイツ	233	…	1,612	152	702	758	1.6
ノルウェー	38	…	204	7	80	117	2.5
ハンガリー	37	190	169	12	46	111	1.7
フィンランド	41	…	174	5	47	122	1.8
フランス	300	…	2,046	218	669	1,159	3.6
ベルギー	87	…	…	…	…	…	1.9
ポーランド	52	497	491	59	127	305	1.6
ポルトガル	38	173	173	19	58	96	1.7
ラトビア	21	…	23	3	8	12	1.4
ロシア	128	…	1,596	…	…	…	1.6
アフリカ							
エジプト	…		…	…	…	…	0.1
モロッコ	37	…	28	3	3	22	0.1
オセアニア							
オーストラリア	d 55	…	513	e 131	f 96	g 286	3.7
ニュージーランド	20	…	118	…	…	…	3.7

a ドキュメンタリーを除く。　b スクリーン数3以上。　c スクリーン数2以上。　d イベント又はライブ映画を含む。
e スクリーン数7以上。　f スクリーン数4～6。　g スクリーン数1～3。

15-9　テレビ（2018年）

国（地域）	年次	テレビ保有世帯率 (%)	ケーブルテレビ契約数 (1,000)	IPTV契約数 (1,000)	衛星放送契約数 (1,000)
アジア					
日本	18	...	29,610	940	3,163
インド	18	...	10,300	...	...
韓国	18	97.1	13,804	15,657	3,263
タイ	11	98.1	1,596	...	17,148
中国	18	...	223,000	255,060	140,000
トルコ	18	...	1,248	1,335	4,473
パキスタン	09	68.0	* 106,535	* 315	...
バングラデシュ	13	46.2	14,100	...	30
マレーシア	18	98.6	...	1,652	5,668
北アメリカ					
アメリカ合衆国	18	...	50,505	10,334	29,127
カナダ	09	98.9	6,070	2,807	1,929
メキシコ	18	92.9	8,316	803	12,614
南アメリカ					
ウルグアイ	18	96.6	a 418	...	a 198
コロンビア	18	90.7	4,010	...	1,599
チリ	18	...	1,704	...	1,626
ブラジル	18	95.6	7,398	617	9,500
ベネズエラ	12	96.3	* 1,520	* 0	* 3,104
ヨーロッパ					
アイルランド	18	...	335	89	1,011
イギリス	18	...	3,816	...	8,456
ウクライナ	18	94.7	2,200	325	133
オーストリア	18	...	1,566	308	...
ギリシャ	09	* 100.0	...	163	890
スイス	13	94.2	* 2,246	* 1,688	...
スウェーデン	18	...	2,431	1,283	518
スペイン	17	99.2	1,356	4,570	674
セルビア	18	99.1	1,162	466	227
チェコ	18	...	769	567	1,097
デンマーク	18	74.1	a 1,380	a 744	a 193
ドイツ	09	* 95.0	16,180	* 3,400	17,490
ノルウェー	18	...	722	b 760	469
フランス	09	* 98.6	...	17,914	...
ベルギー	18	...	2,891	1,596	105
ポーランド	18	...	3,943	875	6,084
ポルトガル	18	...	1,343	2,091	499
ロシア	10	87.0	19,058	8,109	...
アフリカ					
エジプト	17	98.8	...	7	...
ケニア	15	32.0	155	23	1,111
南アフリカ	17	81.5	...	...	7,304
モロッコ	09	c 93.0	...	16	...
オセアニア					
ニュージーランド	09	96.9	*a 30	*a 10	a 706

a 2017年。　　b ファイバー及びDSL利用契約数。　　c 電化地域の世帯。

第 16 章　環境

16-1　大気汚染物質の排出量
〔出典〕
OECD, *OECD. Stat, Environment, Air and Climate*
2022年 9 月ダウンロード
〔解説〕
　人為的に排出された硫黄酸化物、窒素酸化物、一酸化炭素及び非メタン炭化水素の排出量。定義、測定法は国により異なる。
硫黄酸化物（SOx）：大気汚染や酸性雨などの原因となる酸化物。石油や石炭など硫黄分が含まれる化石燃料の燃焼により発生する。
窒素酸化物（NOx）：光化学スモッグや酸性雨などの原因となる酸化物。主な発生源は自動車の排気ガス。
非メタン炭化水素（NMVOC）：メタン以外の炭化水素の総称。非メタン揮発性有機化合物ともいう。
GDP 単位当たり排出量：購買力平価による GDP1,000 米ドルを産出するために排出した大気汚染物質の量。

16-2　大気汚染物質の発生源別排出量の変化
〔出典〕
OECD, *OECD. Stat, Environment, Air and Climate*
2022年 9 月ダウンロード
〔解説〕
移動発生源：自動車、船舶、航空機など。
固定発生源：発電所、工場など。

16-3　温室効果ガス排出量の推移
〔出典〕
OECD, *OECD. Stat, Environment, Air and Climate*
2022年 9 月ダウンロード
〔解説〕
　人為的に排出された二酸化炭素、メタン、一酸化二窒素、ハイドロフルオロカーボン、パーフルオロカーボン、六ふっ化硫黄及び三ふっ化窒素の量。

16-4　燃料燃焼による二酸化炭素排出量
〔出典〕
IEA, *CO$_2$ Emissions from Fuel Combustion Highlights 2020*
2020年11月ダウンロード
IEA, *Greenhouse Gas Emissions from Energy Highlights*
2022年10月ダウンロード
〔解説〕
　データは燃料燃焼によるもののみであるため、「16-3　温室効果ガス排出量の推移」の内訳の「二酸化炭素排出量」とは異なる。

16-5　河川の水質
〔出典〕
OECD, *OECD. Stat, Environment, Water*
2018年10月ダウンロード
〔解説〕
河川：流域面積の広い主要河川における河口又は国境内の下流地点で測定。

生物化学的酸素要求量（BOD）：河川の水質の汚染度合いを示す指標（年平均値）。水中の微生物（バクテリア）が有機物の分解に要する酸素量で、値が大きいほど汚染が進んでいる。国により測定方法が異なる。

16-6　湖沼の水質

〔出典〕

OECD, *OECD. Stat, Environment, Water*
2018年10月ダウンロード

〔解説〕

　各湖沼におけるリン及び窒素の濃度の年平均値。国及び調査年により測定方法が異なる。

全リン：水中に存在する無機及び有機リン化合物中のリンの総量。

全窒素：水中に存在する無機態窒素（アンモニウム態窒素、亜硝酸態窒素、硝酸態窒素）及び有機態窒素の合計。

16-7　絶滅・絶滅危惧生物

〔出典〕

IUCN, *IUCN Red List of Threatened Species, Version 2022.1*
2022年10月ダウンロード

〔解説〕

絶滅種：絶滅種（既に絶滅したと考えられる種）及び野生絶滅種（野生では絶滅しているが、飼育・栽培下、又は過去の分布域外に個体（個体群）が帰化して生息している状態でのみ生存している種）。

絶滅危惧種：野生での絶滅の危険性が極めて高い種、絶滅の危険性が高いと考えられる種及び絶滅の危険が増大している種。

16-8　下水処理施設利用人口の割合

〔出典〕

OECD, *OECD. Stat, Environment, Water*
2022年10月ダウンロード

〔解説〕

　公共下水道及び下水処理施設を利用している人口の割合。下水処理施設における処理方法は国により異なる。

一次処理：固形物を除去する処理。

二次処理：微生物を利用し、有機物を除去する処理。

三次処理：一次及び二次処理では十分に除去できなかった有機物や窒素、リンを除去する処理。

16-9　一般廃棄物排出量の推移

〔出典〕

OECD, *OECD. Stat, Environment, Waste*
2022年10月ダウンロード

〔解説〕

一般廃棄物排出量：地方自治体（地方自治体の委任を受けたものも含む。）及び民間の一般廃棄物処理業者により収集された廃棄物の重量。家庭、商店、事務所、学校・病院・政府機関の施設からの廃棄物で、くず及び粗大ごみを含む。廃棄物の定義は国により異なる。

リサイクル率：各国内消費量に対し、リサイクルするために収集された量の比率。工場内での再使用及び燃料としての再使用は除く。国により定義が異なる。

16-1　大気汚染物質の排出量（2020年）

国（地域）	総排出量（1,000トン）				1人当たり排出量（kg）				GDP単位当たり排出量（1,000米ドル当たりkg）			
	硫黄酸化物	窒素酸化物	一酸化炭素	非メタン炭化水素	硫黄酸化物	窒素酸化物	一酸化炭素	非メタン炭化水素	硫黄酸化物	窒素酸化物	一酸化炭素	非メタン炭化水素
アジア												
日本	571	1,149	2,803	836	4.5	9.1	22.3	6.6	0.1	0.2	0.5	0.2
イスラエル a	46	88	141	…	5.1	9.7	15.6	…	0.1	0.3	0.4	…
韓国 a	273	1,084	679	971	5.3	21.0	13.1	18.8	0.1	0.5	0.3	0.4
中国 b	3,182	11,817	…	…	…	…	…	…	…	…	…	…
トルコ	2,169	865	1,907	1,161	26.0	10.4	22.9	13.9	0.9	0.4	0.8	0.5
北アメリカ												
アメリカ合衆国	1,579	7,244	40,416	10,880	4.8	22.0	122.7	33.0	0.1	0.4	2.1	0.6
カナダ	652	1,464	4,679	1,463	17.2	38.5	123.1	38.5	0.4	0.9	2.8	0.9
コスタリカ c	5	66	475	119	1.0	13.4	96.0	24.1	0.1	0.7	5.1	1.3
メキシコ d	1,707	2,301	8,359	2,759	13.6	18.4	66.7	22.0	0.7	1.0	3.5	1.2
南アメリカ												
コロンビア d	483	398	2,106	716	9.7	8.0	42.3	14.4	0.7	0.6	3.2	1.1
チリ d	268	150	2,472	1,066	14.3	8.0	131.8	56.8	0.6	0.3	5.7	2.4
ヨーロッパ												
アイスランド	51	19	110	5	140.5	52.3	299.1	14.8	2.8	1.1	6.1	0.3
アイルランド	11	94	121	113	2.2	19.0	24.4	22.6	0.0	0.2	0.3	0.3
イギリス	136	694	1,245	783	2.0	10.3	18.6	11.7	0.1	0.3	0.5	0.3
イタリア	82	573	1,873	885	1.4	9.6	31.5	14.9	0.1	0.3	0.9	0.4
エストニア	11	24	138	24	8.4	17.9	104.0	18.3	0.3	0.5	3.1	0.6
オーストリア	10	123	474	111	1.2	13.8	53.2	12.4	0.0	0.3	1.1	0.3
オランダ	19	194	451	271	1.1	11.1	25.9	15.5	0.0	0.2	0.5	0.3
ギリシャ	62	222	425	132	5.7	20.7	39.7	12.4	0.2	0.8	1.6	0.5
スイス	4	53	152	76	0.4	6.1	17.6	8.8	0.0	0.1	0.3	0.1
スウェーデン	15	118	287	133	1.5	11.4	27.8	12.9	0.0	0.2	0.6	0.3
スペイン	117	635	1,434	551	2.5	13.4	30.3	11.6	0.1	0.4	0.9	0.3
スロバキア	13	56	279	92	2.4	10.2	51.0	16.8	0.1	0.3	1.6	0.5
スロベニア	4	25	87	30	1.9	12.0	41.5	14.3	0.1	0.3	1.2	0.4
チェコ	67	154	796	199	6.2	14.4	74.4	18.6	0.2	0.4	2.1	0.5
デンマーク	9	89	192	107	1.6	15.2	32.9	18.3	0.0	0.3	0.6	0.4
ドイツ	233	978	2,455	1,036	2.8	11.8	29.5	12.5	0.1	0.2	0.6	0.3
ノルウェー	16	150	416	154	2.9	27.9	77.4	28.6	0.0	0.5	1.3	0.5
ハンガリー	16	107	339	112	1.7	11.0	34.8	11.5	0.1	0.4	1.1	0.4
フィンランド	23	98	314	84	4.2	17.7	56.7	15.3	0.1	0.4	1.3	0.4
フランス	91	664	2,162	939	1.4	9.9	32.1	13.9	0.0	0.2	0.8	0.3
ベルギー	24	132	265	113	2.1	11.5	23.0	9.8	0.0	0.3	0.5	0.2
ポーランド	432	593	2,203	671	11.3	15.5	57.4	17.5	0.4	0.5	1.9	0.6
ポルトガル	38	133	261	158	3.7	13.0	25.3	15.4	0.1	0.4	0.8	0.5
ラトビア	4	32	101	34	1.8	16.9	53.0	17.7	0.1	0.6	1.9	0.6
リトアニア	11	53	107	47	4.1	19.6	39.5	17.4	0.1	0.5	1.1	0.5
ルクセンブルク	1	15	16	11	1.2	24.2	25.8	16.8	0.0	0.2	0.2	0.2
ロシア d	3,703	3,519	16,596	2,892	25.2	24.0	113.0	19.7	1.0	1.0	4.5	0.8
オセアニア												
オーストラリア	2,080	2,978	2,307	1,150	81.0	115.9	89.8	44.7	1.7	2.4	1.9	0.9
ニュージーランド	69	163	658	176	13.5	31.9	129.1	34.6	0.3	0.8	3.3	0.9

a 2019年。　　b 中国国家統計局「中国統計年鑑2021」による。　　c 2017年。　　d 2018年。

16-2　大気汚染物質の発生源別排出量の変化(1)

(単位：1,000 t)

国（地域）	硫黄酸化物			窒素酸化物			一酸化炭素			非メタン炭化水素		
	1990	2010	2020	1990	2010	2020	1990	2010	2020	1990	2010	2020
アジア												
日本	1,253	772	571	1,977	1,562	1,149	4,358	3,296	2,803	2,184	1,070	836
移動発生源	461	250	227	1,025	737	495	2,298	1,153	726	308	123	64
固定発生源	792	522	344	952	825	653	2,060	2,143	2,076	1,876	946	772
発電所	207	206	122	230	250	183	40	51	99	2	2	15
燃料燃焼過程	512	269	174	593	482	388	1,781	1,950	1,859	19	59	53
工業プロセス	48	25	29	92	53	47	0	0	...	1,698	723	582
イスラエル	...	145	a 46	...	163	a 88	...	186	a 141	...	268	a ...
移動発生源	...	2	a 1	...	51	a 32	...	176	a 123	...	190	a ...
固定発生源	...	143	a 44	...	113	a 56	...	10	a 18	...	77	a ...
発電所	...	118	a 34	...	98	a 44	...	8	a 10	...	3	a ...
燃料燃焼過程	...	21	a 8	...	14	a 12	...	2	a 6	...	0	a ...
工業プロセス	...	4	a 3	...	1	a 0	...	0	a 2	...	74	a ...
韓国	...	402	a 273	...	1,061	a 1,084	...	760	a 679	...	830	a 971
移動発生源	...	64	a 38	...	591	a 684	...	587	a 368	...	91	a 101
固定発生源	...	338	a 235	...	470	a 400	...	172	a 311	...	739	a 870
発電所	...	82	a 45	...	153	a 76	...	51	a 64	...	7	a 8
燃料燃焼過程	...	162	a 82	...	261	a 255	...	101	a 67	...	6	a 6
工業プロセス	...	93	a 106	...	49	a 52	...	20	a 27	...	689	a 732
トルコ	1,687	2,557	2,169	254	999	865	2,023	3,450	1,907	896	1,104	1,161
移動発生源	5	11	8	25	445	178	7	885	329	2	108	52
固定発生源	1,682	2,546	2,161	229	554	687	2,016	2,565	1,578	894	995	1,109
発電所	745	1,373	1,489	120	320	321	37	117	32	1	2	3
燃料燃焼過程	933	1,170	668	108	230	362	1,954	2,433	1,533	281	298	179
工業プロセス	4	3	4	1	3	4	9	7	11	252	328	369
北アメリカ												
アメリカ合衆国	20,925	6,951	1,579	22,830	13,381	7,244	129,789	55,857	40,416	20,979	13,597	10,880
移動発生源	793	144	38	12,132	8,180	4,012	119,480	39,550	24,853	10,932	4,591	1,963
固定発生源	20,132	6,808	1,540	10,698	5,201	3,232	10,309	16,307	15,563	10,047	9,006	8,916
発電所	14,433	5,168	739	6,045	2,230	718	329	695	425	43	38	28
燃料燃焼過程	3,974	952	338	3,838	1,697	1,391	4,670	3,409	3,172	869	511	436
工業プロセス	1,680	581	352	723	1,001	868	4,262	1,696	1,543	6,820	5,320	5,296
カナダ	3,011	1,288	652	2,299	1,963	1,464	11,590	6,083	4,679	2,871	1,881	1,463
移動発生源	87	33	4	1,245	1,015	676	6,078	3,336	2,429	457	294	193
固定発生源	2,924	1,255	648	1,054	947	789	5,512	2,747	2,250	2,414	1,587	1,270
発電所	603	325	164	257	233	101	50	44	26	2	2	1
燃料燃焼過程	792	379	243	649	634	616	4,457	2,098	1,665	971	359	205
工業プロセス	1,415	481	182	120	67	60	518	522	500	620	488	366
コスタリカ	1	5	b 5	25	55	b 66	177	391	b 475	32	84	b 119
移動発生源	...	...	b ...	17	44	b 56	87	285	b 377	16	54	b 71
固定発生源	1	5	b 5	8	10	b 10	90	105	b 98	15	30	b 48
発電所	0	1	b 0	0	1	b 0	0	0	b 0	0	0	b 0
燃料燃焼過程	1	3	b 4	6	8	b 8	47	51	b 32	9	12	b 9
工業プロセス	0	0	b 1	...	...	b ...	...	...	b ...	6	18	b 39
メキシコ	...	...	c 1,707	...	...	c 2,301	...	...	c 8,359	...	...	c 2,759
移動発生源	...	...	c 256	...	...	c 1,553	...	...	c 5,208	...	...	c 553
固定発生源	...	...	c 1,451	...	...	c 748	...	...	c 3,152	...	...	c 2,206
発電所	...	...	c 747	...	...	c 207	...	...	c 64	...	...	c 3
燃料燃焼過程	...	...	c 534	...	...	c 456	...	...	c 1,296	...	...	c 495
工業プロセス	...	...	c 157	...	...	c 17	...	...	c 32	...	...	c 110

16-2　大気汚染物質の発生源別排出量の変化(2)

(単位：1,000 t)

国（地域）	硫黄酸化物			窒素酸化物			一酸化炭素			非メタン炭化水素		
	1990	2010	2020	1990	2010	2020	1990	2010	2020	1990	2010	2020
南アメリカ												
コロンビア	...	504	c 483	...	358	c 398	...	2,049	c 2,106	...	632	c 716
移動発生源	...	6	c 6	...	174	c 189	...	805	c 909	...	254	c 291
固定発生源	...	497	c 477	...	185	c 208	...	1,244	c 1,196	...	379	c 425
発電所	...	145	c 140	...	37	c 37	...	11	c 11	...	1	c 1
燃料燃焼過程	...	336	c 318	...	74	c 87	...	895	c 808	...	148	c 146
工業プロセス	...	2	c 3	...	4	c 5	...	2	c 3	...	79	c 101
チリ	...	303	c 268	...	228	c 150	...	4,911	c 2,472	...	2,404	c 1,066
移動発生源	...	0	c 0	...	65	c 55	...	469	c 478	...	43	c 25
固定発生源	...	303	c 267	...	163	c 80	...	4,441	c 126	...	2,362	c 1,041
発電所	...	43	c 30	...	35	c 37	...	6	c 9	...	2	c 1
燃料燃焼過程	...	50	c 219	...	98	c 56	...	4,307	c 1,876	...	2,319	c 1,035
工業プロセス	...	204	c 18	...	16	c 0	...	9	c 27	...	1	c 0
ヨーロッパ												
アイスランド	23	74	51	31	26	19	70	118	110	10	6	5
移動発生源	4	3	0	27	23	16	57	19	10	6	2	1
固定発生源	19	72	51	4	4	4	14	99	100	4	4	4
発電所	0	0	0	0	0	0	0	0	0	0	0	0
燃料燃焼過程	2	1	0	1	1	0	1	0	0	0	0	0
工業プロセス	3	12	12	1	2	2	11	99	100	1	2	2
アイルランド	183	27	11	168	120	94	563	217	121	150	113	113
移動発生源	8	1	0	71	56	37	240	79	20	33	9	3
固定発生源	175	26	11	97	63	57	323	138	101	117	104	109
発電所	103	10	0	46	12	6	18	16	7	0	0	0
燃料燃焼過程	72	16	9	18	20	17	304	121	94	37	16	14
工業プロセス	0	0	0	1	0	0	0	0	0	33	38	45
イギリス	3,574	455	136	3,099	1,272	694	8,388	1,914	1,245	2,929	916	783
移動発生源	189	45	8	1,780	696	338	6,149	1,123	504	1,126	128	49
固定発生源	3,385	409	128	1,319	576	356	2,239	791	740	1,803	788	735
発電所	2,531	173	12	719	249	73	113	71	43	7	3	1
燃料燃焼過程	755	198	100	528	290	249	1,537	544	543	76	31	33
工業プロセス	70	16	9	16	4	3	304	125	113	929	459	454
イタリア	1,784	222	82	2,128	941	573	6,796	3,073	1,873	1,993	1,116	885
移動発生源	228	30	9	1,261	611	344	5,355	970	421	900	236	114
固定発生源	1,556	192	73	867	329	229	1,442	2,103	1,452	1,093	880	771
発電所	769	33	5	409	54	24	22	26	19	4	3	2
燃料燃焼過程	638	116	47	364	212	138	1,137	1,907	1,312	114	225	171
工業プロセス	69	11	6	25	6	5	220	110	64	695	448	428
エストニア	277	83	11	73	42	24	251	157	138	65	23	24
移動発生源	5	0	0	34	16	9	148	28	11	20	4	2
固定発生源	272	83	11	40	27	15	103	129	127	45	19	23
発電所	234	80	9	24	15	6	13	7	20	0	1	1
燃料燃焼過程	38	3	3	11	10	6	89	121	106	7	6	4
工業プロセス	0	0	0	0	0	0	1	1	1	24	6	12
オーストリア	74	16	10	218	203	123	1,253	578	474	334	137	111
移動発生源	6	0	0	132	140	70	586	139	75	108	16	7
固定発生源	68	16	10	86	63	53	667	439	399	226	121	104
発電所	12	2	1	12	11	8	1	4	4	0	0	0
燃料燃焼過程	52	13	9	56	41	33	617	414	378	41	32	26
工業プロセス	2	1	1	4	1	0	37	14	14	119	48	40

16-2　大気汚染物質の発生源別排出量の変化(3)

(単位：1,000 t)

国（地域）	硫黄酸化物			窒素酸化物			一酸化炭素			非メタン炭化水素		
	1990	2010	2020	1990	2010	2020	1990	2010	2020	1990	2010	2020
オランダ	195	35	19	647	339	194	1,139	699	451	606	277	271
移動発生源	25	2	1	364	204	103	765	464	286	202	45	30
固定発生源	171	33	19	284	136	91	374	236	166	404	232	241
発電所	48	7	2	83	26	13	8	5	4	1	1	1
燃料燃焼過程	112	25	16	143	75	42	349	218	150	21	23	13
工業プロセス	10	1	1	5	1	1	10	4	4	234	110	130
ギリシャ	507	230	62	409	364	222	1,236	616	425	317	215	132
移動発生源	47	26	16	228	169	112	922	360	181	181	68	37
固定発生源	460	205	45	181	195	110	314	257	244	135	147	95
発電所	314	166	25	70	114	56	20	21	7	1	2	1
燃料燃焼過程	141	37	18	75	53	28	171	102	109	32	21	20
工業プロセス	4	1	1	2	1	1	26	27	31	66	86	50
スイス	37	10	4	144	84	53	817	255	152	302	99	76
移動発生源	5	0	0	92	54	32	644	152	82	103	19	9
固定発生源	32	10	4	52	30	21	174	103	70	199	80	67
発電所	4	0	0	6	2	2	1	1	0	0	0	0
燃料燃焼過程	26	9	3	40	23	14	158	92	59	14	8	4
工業プロセス	1	1	1	0	0	0	11	7	8	151	49	40
スウェーデン	103	29	15	291	171	118	1,099	414	287	368	176	133
移動発生源	14	2	0	195	106	62	908	267	167	163	43	20
固定発生源	89	26	15	95	65	56	191	147	121	205	133	114
発電所	16	7	2	14	16	11	3	8	6	3	4	3
燃料燃焼過程	35	6	4	50	24	18	165	115	83	28	14	9
工業プロセス	34	12	9	15	13	13	22	24	31	103	69	64
スペイン	2,051	245	117	1,329	956	635	4,142	1,910	1,434	1,050	585	551
移動発生源	121	10	9	760	529	320	2,168	429	233	351	59	33
固定発生源	1,930	235	108	569	427	315	1,974	1,482	1,200	699	526	517
発電所	1,407	60	9	208	84	31	7	14	26	1	2	9
燃料燃焼過程	437	133	62	214	209	149	681	656	448	57	59	50
工業プロセス	18	17	13	11	5	3	182	156	115	399	278	262
スロバキア	140	68	13	136	88	56	1,033	447	279	258	121	92
移動発生源	3	0	0	61	42	22	215	99	20	28	12	4
固定発生源	137	67	13	75	46	33	818	348	259	230	108	88
発電所	61	43	2	21	10	3	3	2	1	0	0	0
燃料燃焼過程	65	17	5	34	23	17	730	251	187	141	54	41
工業プロセス	11	7	7	7	6	6	85	94	71	46	28	27
スロベニア	203	10	4	75	48	25	292	143	87	65	40	30
移動発生源	8	0	0	40	25	13	187	43	17	25	6	3
固定発生源	195	10	4	35	23	12	105	101	70	40	34	27
発電所	148	6	2	18	11	3	1	2	1	0	0	0
燃料燃焼過程	45	3	1	15	9	6	91	94	63	11	11	8
工業プロセス	1	1	1	0	0	0	13	4	6	18	15	11
チェコ	1,755	164	67	758	252	154	2,043	925	796	567	253	199
移動発生源	8	0	0	202	96	62	491	223	94	74	28	14
固定発生源	1,746	164	66	557	156	92	1,552	702	701	493	225	185
発電所	1,166	104	26	325	81	29	28	9	8	9	6	4
燃料燃焼過程	564	54	33	199	55	43	1,509	653	651	184	83	77
工業プロセス	13	1	4	3	2	2	6	31	34	203	89	59

16-2　大気汚染物質の発生源別排出量の変化(4)

（単位：1,000 t）

国（地域）	硫黄酸化物			窒素酸化物			一酸化炭素			非メタン炭化水素		
	1990	2010	2020	1990	2010	2020	1990	2010	2020	1990	2010	2020
デンマーク	178	15	9	297	147	89	718	349	192	213	132	107
移動発生源	15	2	1	154	89	45	541	208	106	75	21	9
固定発生源	163	13	9	143	59	44	176	140	86	138	111	97
発電所	126	4	2	91	19	10	8	12	14	0	2	1
燃料燃焼過程	28	6	4	26	22	14	152	122	64	17	19	9
工業プロセス	4	2	1	1	0	0	14	3	2	42	30	33
ドイツ	5,460	403	233	2,839	1,445	978	13,081	3,513	2,455	3,892	1,362	1,036
移動発生源	105	4	2	1,566	769	442	7,757	1,495	1,099	1,566	160	109
固定発生源	5,356	399	231	1,273	676	536	5,324	2,018	1,356	2,326	1,201	926
発電所	2,435	173	84	464	261	187	176	110	85	7	9	7
燃料燃焼過程	2,689	142	80	557	229	183	3,840	1,020	521	407	62	45
工業プロセス	176	78	61	101	68	54	1,249	861	738	1,292	760	533
ノルウェー	50	19	16	199	203	150	794	474	416	326	168	154
移動発生源	8	2	1	135	122	82	480	157	119	87	26	18
固定発生源	42	16	14	64	81	68	314	317	297	239	142	136
発電所	1	2	2	1	2	2	1	6	9	0	1	2
燃料燃焼過程	10	4	2	38	58	48	118	157	115	24	30	21
工業プロセス	27	10	9	14	13	10	168	149	170	58	47	59
ハンガリー	829	30	16	246	148	107	1,451	552	339	307	130	112
移動発生源	23	0	0	103	71	45	750	189	75	131	27	13
固定発生源	807	30	16	144	77	62	701	362	264	177	104	99
発電所	418	12	7	35	25	9	25	12	8	0	3	1
燃料燃焼過程	379	17	8	72	31	27	628	323	246	45	36	29
工業プロセス	4	1	0	2	1	1	2	1	2	67	31	38
フィンランド	250	67	23	298	179	98	725	434	314	232	113	84
移動発生源	12	3	1	167	74	36	515	130	64	81	18	8
固定発生源	238	64	22	132	105	62	211	304	250	152	95	77
発電所	70	32	7	56	45	18	4	20	21	0	1	1
燃料燃焼過程	102	18	7	70	56	40	203	282	226	32	35	22
工業プロセス	66	14	8	2	2	1	0	0	0	71	30	31
フランス	1,287	270	91	2,094	1,155	664	10,949	4,139	2,162	2,892	1,219	939
移動発生源	173	10	2	1,517	762	406	6,662	1,052	577	997	161	70
固定発生源	1,114	260	89	577	393	258	4,287	3,087	1,585	1,895	1,058	869
発電所	326	65	4	125	66	23	12	12	21	1	1	1
燃料燃焼過程	654	146	66	327	237	155	3,333	1,914	1,129	537	194	105
工業プロセス	35	10	9	25	8	6	789	1,058	348	748	436	348
ベルギー	364	60	24	420	239	132	1,508	493	265	353	144	113
移動発生源	16	1	0	226	133	57	762	124	69	113	20	11
固定発生源	348	59	24	194	106	75	746	369	196	239	124	102
発電所	94	3	1	60	16	9	2	3	2	0	1	0
燃料燃焼過程	178	30	7	69	44	31	422	148	77	20	18	12
工業プロセス	67	24	13	43	31	20	316	215	117	140	66	52
ポーランド	2,679	860	432	1,128	838	593	3,629	3,381	2,203	829	769	671
移動発生源	62	1	1	280	306	247	1,262	556	310	168	74	38
固定発生源	2,618	859	431	848	532	347	2,367	2,825	1,892	661	695	633
発電所	2,211	486	171	565	274	121	34	42	38	5	3	3
燃料燃焼過程	390	356	244	164	167	131	2,250	2,717	1,779	187	226	175
工業プロセス	7	9	10	13	15	18	56	40	45	122	250	238

16-2　大気汚染物質の発生源別排出量の変化(5)

（単位：1,000 t）

国（地域）	硫黄酸化物			窒素酸化物			一酸化炭素			非メタン炭化水素		
	1990	2010	2020	1990	2010	2020	1990	2010	2020	1990	2010	2020
ポルトガル	318	63	38	259	202	133	793	398	261	249	158	158
移動発生源	20	2	2	120	112	66	495	148	61	96	27	13
固定発生源	298	61	36	139	90	68	298	251	200	153	131	145
発電所	181	18	11	83	29	13	2	5	5	0	2	2
燃料燃焼過程	104	33	17	40	46	37	251	133	122	37	27	26
工業プロセス	13	6	5	3	5	6	6	13	13	84	74	88
ラトビア	100	4	4	97	41	32	480	167	101	89	41	34
移動発生源	4	1	1	52	26	16	317	47	18	33	7	3
固定発生源	97	4	3	45	15	16	163	120	83	56	34	31
発電所	36	1	1	10	3	3	3	1	2	0	0	0
燃料燃焼過程	57	3	2	24	7	6	137	110	74	18	14	10
工業プロセス	4	0	0	1	1	2	0	1	3	13	9	12
リトアニア	202	18	11	151	56	53	373	158	107	128	57	47
移動発生源	7	0	0	94	31	29	230	41	15	35	7	2
固定発生源	194	18	11	57	25	25	143	117	93	94	50	45
発電所	82	3	1	21	7	6	6	5	7	1	1	1
燃料燃焼過程	112	6	4	21	9	7	134	108	82	11	11	8
工業プロセス	0	2	1	1	1	2	0	0	1	11	10	11
ルクセンブルク	16	2	1	41	39	15	469	29	16	28	12	11
移動発生源	1	0	0	27	31	9	87	18	8	18	2	1
固定発生源	15	2	1	14	8	6	382	11	8	10	10	10
発電所	0	0	0	0	1	0	0	0	2	0	0	0
燃料燃焼過程	15	2	1	12	6	4	382	10	6	1	1	1
工業プロセス	0	0	0	0	0	0	0	0	0	5	4	5
ロシア	...	4,512 c	3,703	...	3,735 c	3,519	...	15,363 c	16,596	...	2,894 c	2,892
移動発生源	...	127	c 86	...	1,880 c	1,748	...	9,798 c	11,728	...	1,289 c	1,556
固定発生源	9,427	4,385 c	3,617	3,029	1,855 c	1,771	8,126	5,565 c	4,868	1,864	1,605 c	1,336
発電所	...	1,607 c	1,119	...	1,263 c	1,090	...	1,162 c	1,109	...	...	c ...
工業プロセス	...	2,778 c	2,497	...	592	c 680	...	4,403 c	3,754	...	...	c ...
オセアニア												
オーストラリア	1,585	2,378	2,080	1,620	2,340	2,978	5,729	2,993	2,307	1,515	1,195	1,150
移動発生源	39	33	33	549	628	581	3,978	1,760	1,008	404	297	248
固定発生源	1,546	2,345	2,047	1,071	1,712	2,397	1,751	1,233	1,299	1,111	899	901
発電所	392	610	434	398	755	928	47	96	136	3	17	13
燃料燃焼過程	129	116	94	604	929	1,445	1,214	836	903	212	182	237
工業プロセス	1,025	1,619	1,519	38	9	7	10	24	16	218	238	180
ニュージーランド	59	69	69	102	153	163	604	717	658	144	181	176
移動発生源	7	15	16	49	92	100	396	487	431	78	98	88
固定発生源	51	53	52	53	61	63	208	231	227	65	82	88
発電所	2	5	8	13	21	18	2	2	2	0	0	0
燃料燃焼過程	38	32	30	37	37	42	158	169	171	16	19	21
工業プロセス	8	11	12	2	2	3	30	39	37	35	46	52

a 2019年。　　b 2017年。　　c 2018年。

16-3　温室効果ガス排出量の推移

(単位：CO_2換算100万 t)

国（地域）	1990	2000	2010	2020	二酸化炭素	メタン	一酸化二窒素
アジア							
日本	1,269.9	1,374.6	1,301.4	1,148.1	1,042.2	28.4	20.0
イスラエル	...	67.2	75.8	a 79.4	a 65.8	a 7.3	a 2.0
韓国	292.1	502.7	656.0	a 701.4	a 643.8	a 27.5	a 14.3
トルコ	219.7	299.0	398.7	523.9	413.4	64.0	40.5
北アメリカ							
アメリカ合衆国	6,453.5	7,327.6	7,007.4	5,981.4	4,715.7	650.4	426.1
カナダ	594.7	727.0	709.7	672.4	534.9	91.7	32.8
コスタリカ	8.2	9.9	12.9	b 14.5	b 8.7	b 4.2	b 1.0
メキシコ	467.4	587.8	719.7	a 736.6	a 497.7	a 175.6	a 41.2
南アメリカ							
コロンビア	101.9	120.6	155.1	c 180.7	c 90.4	c 73.6	c 13.4
チリ	49.2	73.0	87.9	c 112.3	c 87.2	c 14.8	c 6.4
ブラジル	552.6	725.2	921.1	d 1,014.7	d 478.1	d 348.5	d 177.3
ヨーロッパ							
アイスランド	3.7	4.1	4.9	4.5	3.3	0.6	0.3
アイルランド	54.4	68.5	61.9	57.7	35.2	14.9	6.9
イギリス	797.0	714.3	609.4	405.8	326.9	46.8	19.3
イタリア	519.8	557.3	517.8	381.2	302.3	42.8	19.5
エストニア	40.2	17.5	21.2	11.6	9.3	1.1	0.9
オーストリア	78.4	80.1	84.2	73.6	62.0	5.8	3.5
オランダ	219.6	217.5	211.6	163.9	137.8	17.0	7.8
ギリシャ	103.5	126.5	118.5	74.8	55.6	9.7	4.3
スイス	53.6	52.9	54.7	43.3	34.2	4.6	2.9
スウェーデン	71.4	68.3	64.7	46.3	36.5	4.1	4.6
スペイン	290.1	388.1	358.2	274.7	213.3	37.7	18.2
スロバキア	73.4	48.7	45.6	37.0	31.1	3.3	1.9
スロベニア	18.6	18.6	19.6	15.9	12.9	1.9	0.8
チェコ	197.0	149.6	139.5	112.8	91.9	11.5	5.3
デンマーク	71.4	72.1	65.0	43.5	29.9	7.2	5.8
ドイツ	1,241.9	1,036.9	935.8	728.7	639.4	49.0	28.2
ノルウェー	51.4	54.9	54.9	49.3	41.2	4.7	2.3
ハンガリー	94.8	74.9	66.0	62.8	47.3	8.2	5.0
フィンランド	71.0	70.1	75.6	47.7	37.6	4.4	4.7
フランス	547.2	553.0	512.8	399.4	295.1	55.1	36.4
ベルギー	145.7	148.9	133.6	106.4	90.4	7.1	5.4
ポーランド	475.9	396.7	412.9	376.0	303.5	44.4	22.8
ポルトガル	58.4	81.4	68.7	57.5	41.8	9.0	3.3
ラトビア	25.9	10.1	11.8	10.4	7.0	1.7	1.5
リトアニア	47.9	19.4	20.8	20.2	13.7	2.9	3.1
ルクセンブルク	12.7	9.7	12.2	9.1	8.1	0.6	0.3
ロシア	3,162.6	1,892.4	2,011.9	2,051.4	1,624.2	299.2	86.2
オセアニア							
オーストラリア	425.6	489.5	536.9	527.7	399.9	97.3	18.6
ニュージーランド	65.2	75.5	78.4	78.8	34.5	34.3	8.5

a 2019年。　b 2017年。　c 2018年。　d 2016年。

16-4　燃料燃焼による二酸化炭素排出量

(単位：100万 t)

国 （地域）	1990	1995	2000	2005	2010	2015	2020
世界 a	**20,516.0**	**21,372.5**	**23,241.2**	**27,078.0**	**30,582.4**	**32,365.5**	**31,665.4**
アジア							
日本	1,053.9	1,130.6	1,147.9	1,181.5	1,131.8	1,155.6	989.6
イスラエル	32.8	44.9	54.8	58.8	68.4	63.8	57.4
インド	530.1	704.3	889.8	1,075.0	1,572.1	2,036.9	2,075.0
韓国	231.8	357.3	431.9	457.7	550.9	582.0	546.8
中国	2,088.9	2,900.3	3,099.7	5,407.5	7,831.0	9,093.3	10,081.3
トルコ	128.8	154.0	201.2	215.9	267.8	319.0	366.6
北アメリカ							
アメリカ合衆国	4,803.1	5,073.9	5,729.9	5,703.2	5,352.1	4,928.6	4,257.7
カナダ	409.3	438.5	503.5	538.9	526.2	549.3	508.1
コスタリカ	2.6	4.4	4.5	5.5	6.6	6.9	6.6
メキシコ	257.0	291.3	359.7	412.4	440.5	442.4	350.9
南アメリカ							
コロンビア	45.8	54.5	54.2	53.0	59.6	74.0	73.2
チリ	29.4	37.1	48.6	54.4	68.6	81.1	83.9
ブラジル	184.5	228.0	292.8	311.6	372.0	453.7	388.8
ヨーロッパ							
アイスランド	1.9	2.0	2.2	2.2	1.9	2.1	1.4
アイルランド	30.1	32.6	40.9	44.4	39.5	35.3	32.0
イギリス	549.4	513.8	520.6	531.6	476.6	394.0	302.6
イタリア b	389.4	401.1	420.4	456.4	392.0	329.7	274.2
エストニア	35.0	15.9	14.4	16.8	18.6	15.2	7.1
オーストリア	56.2	59.5	61.8	74.4	68.3	61.5	57.3
オランダ	147.8	163.6	161.6	167.5	170.8	157.9	130.3
ギリシャ	69.9	76.5	87.9	95.2	83.4	64.5	48.0
スイス	40.7	41.5	42.0	44.0	43.3	37.3	33.2
スウェーデン	52.1	56.9	52.0	48.9	46.8	37.7	32.3
スペイン	202.6	228.2	278.6	333.7	262.1	247.1	194.5
スロバキア	54.8	41.2	36.9	37.3	34.6	29.4	27.6
スロベニア	13.5	14.1	14.1	15.4	15.4	12.8	12.0
チェコ	150.2	123.2	121.2	118.4	112.5	99.4	86.9
デンマーク	51.0	58.4	50.8	48.5	47.3	32.5	25.9
ドイツ	940.0	856.6	812.3	786.9	758.8	729.7	590.0
ノルウェー	27.5	31.4	31.9	34.5	40.0	37.2	35.1
ハンガリー	65.7	56.2	53.3	54.7	47.1	42.7	43.8
フィンランド	53.8	55.7	54.6	54.9	62.0	42.4	35.8
フランス c	345.6	343.6	364.7	371.7	340.1	303.9	260.9
ベルギー	106.5	111.3	114.0	107.7	103.9	92.8	82.7
ポーランド	344.8	333.3	289.6	296.3	307.5	282.7	271.5
ポルトガル	37.9	47.2	57.9	61.4	47.6	46.9	36.7
ラトビア	18.8	8.9	6.8	7.6	8.1	6.8	6.4
リトアニア	32.2	13.4	10.2	12.4	12.3	10.6	11.1
ルクセンブルク	10.7	8.2	8.1	11.5	10.7	8.8	7.5
ロシア	2,163.5	1,548.3	1,474.4	1,481.9	1,529.2	1,534.5	1,551.6
オセアニア							
オーストラリア	259.7	285.3	334.6	365.5	383.4	372.4	374.2
ニュージーランド	21.7	23.8	28.9	33.6	30.2	31.2	30.8

a 国際輸送燃料（海運及び航空部門）を含む。　　b サンマリノ及びバチカンを含む。　　c モナコを含む。

16-5　河川の水質

（単位：mg O₂/L）

国（地域）	河川	生物化学的酸素要求量（BOD）					
		1985	1990	1995	2000	2005	2013
アジア							
日本	石狩川	1.5	1.2	1.3	1.0	0.9	0.9
	筑後川	2.2	1.7	1.5	1.5	1.4	1.4
	利根川	2.6	2.3	1.9	1.7	1.6	1.8
	淀川	3.4	2.5	2.3	1.5	1.3	1.2
韓国	錦江（クムガン）	…	…	4.5	3.5	a 3.7	…
	洛東江（ナクトンガン）	…	3.0	5.1	2.7	2.6	2.3
	漢江（ハンガン）	…	3.4	3.8	2.7	3.1	2.1
	栄山江（ヨンサンガン）	…	6.7	7.0	6.5	5.3	3.7
トルコ	ゲディズ川	2.3	10.6	b 31.0	3.7	c 4.0	d 5.2
	サカリヤ川	3.6	2.7	4.1	3.1	a 3.2	d 4.0
	ポルスク川	2.0	1.1	1.6	1.1	a 1.3	d 2.5
北アメリカ							
アメリカ合衆国	デラウェア川	2.1	1.2	2.6	3.7	3.2	e 1.7
	ミシシッピ川	1.2	1.9	1.1	1.5	1.9	d 8.8
メキシコ	グリハルバ川	1.5	2.2	2.0	1.8	2.2	8.7
	ブラーボ川	2.5	3.6	3.1	2.2	a 3.0	5.3
	レルマ川	f 2.6	13.5	b 9.6	30.0	4.2	11.3
ヨーロッパ							
アイルランド	クレア川	…	…	g 1.5	1.5	0.6	h 0.8
	バロー川	…	…	j 2.7	1.5	1.4	h 1.8
	ブラックウォーター川	…	…	…	2.0	2.1	h 1.6
	ボイン川	…	…	…	2.1	1.5	h 2.3
イギリス	クライド川	3.2	3.5	2.9	2.3	c 2.4	…
	セバーン川	1.7	2.8	2.4	k 1.9	c 2.2	…
	テムズ川	2.4	2.9	1.8	1.7	a 5.2	…
オーストリア	イン川	…	…	2.8	0.8	0.6	h 1.2
オランダ	マース川	2.9	1.6	2.0	2.2	c 2.6	…
	ライン川	2.3	1.6	1.9	m 5.0	c 1.2	…
スペイン	エブロ川	…	4.0	9.2	8.1	2.3	n 0.8
	グアダルキビール川	…	9.8	77.1	5.9	3.9	n 6.4
	ドウロ川	…	3.0	5.4	3.1	2.5	p 2.6
チェコ	オドラ川	10.1	5.9	7.1	5.8	4.3	d 3.7
	モラバ川	…	…	4.6	2.9	3.0	p 2.6
	ラーベ川	6.6	6.8	3.7	3.9	2.9	d 3.3
デンマーク	グデナ川	2.5	2.0	2.4	1.9	1.5	r 1.2
	スキャーン川	5.5	2.3	b 2.3	1.2	0.8	r 1.0
ドイツ	ドナウ川	…	…	…	…	1.7	h 1.6
ハンガリー	ティサ川	…	3.3	3.8	2.5	3.0	n 3.0
	ドナウ川	…	3.8	3.1	2.7	3.1	n 2.6
	ドラーヴァ川	…	3.4	3.3	2.9	2.1	e 3.5
フランス	セーヌ川	4.3	5.6	4.4	3.2	s 2.7	r 1.1
	ローヌ川	5.0	1.4	1.3	2.0	c 1.4	r 1.0
	ロワール川	6.0	7.0	4.0	4.3	c 3.8	h 1.7
ベルギー	スケルデ川	…	…	5.2	7.0	6.2	h 2.8
	ムーズ川	…	…	1.6	2.2	1.0	h 1.0
ポーランド	ヴィスワ川	…	…	…	4.7	4.3	h 4.1
	オドラ川	…	…	…	5.2	5.5	h 3.5
ルクセンブルク	シュール川	…	…	2.7	3.2	1.2	h 1.5
	モーゼル川	…	…	…	…	…	r 2.5

a 2004年。　b 1994年。　c 2003年。　d 2011年。　e 2006年。　f 1984年。　g 1992年。　h 2012年。　j 1991年。
k 1999年。　m 1997年。　n 2007年。　p 2008年。　r 2010年。　s 2001年。

16-6　湖沼の水質

国（地域）	湖沼	全リン（mgP/L）			全窒素（mgN/L）		
		1990	2000	2013	1990	2000	2013
アジア							
日本	霞ケ浦	0.060	0.110	0.080	0.93	0.97	1.10
	琵琶湖（北湖）	0.010	0.010	0.010	0.33	0.32	0.27
	琵琶湖（南湖）	0.080	0.040	0.030	0.81	0.53	0.41
韓国	忠州湖（チュンジュホ）	0.044	0.025	0.021	0.62	2.27	2.48
	春川湖（チュンチョンホ）	0.014	0.015	0.017	0.60	1.43	1.51
	八堂湖（パルダンホ）	0.048	0.029	0.037	1.36	1.96	2.20
トルコ	アルトゥンアパ湖	0.110	a 0.110	...	b 1.81	c 1.64	...
	ガラ湖	0.680	a 0.280	...	b 0.71	c 0.93	...
	サパンジャ湖	0.030	a 0.040	...	b 0.37	a 0.17	...
北アメリカ							
カナダ	オンタリオ湖	0.010	c 0.008	0.006	1.59	c 1.91	1.75
	スペリオル湖	0.003	d 0.004	0.002	1.48	e 1.57	1.71
	ヒューロン湖	0.005	0.004	f 0.004	1.52	1.53	f 1.45
メキシコ	カテマコ湖	b 0.200	0.070	0.046	0.08	0.22	0.59
	チャパラ湖	0.240	0.570	0.510	0.15	0.20	1.34
ヨーロッパ							
イギリス	ネイ湖	...	...	g 0.142	...	...	...
	ローモンド湖	0.019	a 0.009	...	0.13	c 0.37	...
イタリア	ガルダ湖	...	...	h 0.017	...	...	h 0.35
	コモ湖	...	...	h 0.027	...	...	h 0.93
	マッジョーレ湖	...	...	j 0.008	...	...	j 1.07
オーストリア	オシアッハ湖	...	0.011	f 0.011	...	...	...
	モント湖	...	0.008	f 0.006	...	...	...
スイス	レマン湖	0.055	0.036	k 0.030	0.69	0.68	m 0.68
スウェーデン	ヴェッテルン湖	0.007	0.003	f 0.003	0.69	0.73	f 0.67
	ヴェーネルン湖	0.009	0.006	f 0.006	0.79	0.82	f 0.61
	メーラレン湖	0.025	0.024	f 0.022	0.58	0.66	f 0.52
デンマーク	アレッソ湖	0.514	0.194	f 0.094	3.50	2.61	f 1.39
	フレソ湖	0.169	0.097	f 0.074	0.97	0.82	f 0.68
ドイツ	ボーデン湖	0.021	0.011	g 6.117	...	...	...
ノルウェー	ミョーサ湖	...	...	n 0.003	...	...	n 0.46
	ランズフィヨルド湖	...	...	p 0.003	...	...	p 0.48
ハンガリー	バラトン湖	0.036	0.086	r 0.025	0.78	0.79	n 13.94
フィンランド	パー湖	0.027	0.024	h 0.026	0.93	0.89	h 1.01
	パイエンネ湖	0.014	0.013	h 0.010	0.62	0.78	h 0.83
	ユリキトカ湖	0.017	0.014	h 0.006	0.45	0.54	h 0.23
フランス	アヌシー湖	0.010	a 0.008	...	0.07	a 0.27	...
	パランティ・ビスカロッス湖	...	...	g 0.015	...	...	...
ルクセンブルク	エヒテルナッハ湖	b 0.800	c 0.370	...		c 0.02	...
オセアニア							
ニュージーランド	タウポ湖	...	0.007	g 0.005		0.07	g 0.08

a 1995年。　b 1989年。　c 1999年。　d 1998年。　e 1992年。　f 2012年。　g 2011年。　h 2010年。　j 2008年。
k 2004年。　m 2001年。　n 2007年。　p 2005年。　r 2006年。

16-7　絶滅・絶滅危惧生物（2022年）（1）

国（地域）	絶滅種数		絶滅危惧種数										
			計	脊椎動物					無脊椎動物		植物	菌類
	動物	植物		哺乳類	鳥類	は虫類	両生類	魚類	軟体動物	その他		
アジア												
日本	15	–	608	29	50	26	44	166	58	145	75	15
イエメン	2	3	337	12	17	7	1	67	2	66	165	–
イスラエル	4	–	246	16	19	11	1	84	12	63	39	1
インド	–	4	1,333	99	92	106	76	290	7	133	527	3
インドネシア	3	3	2,196	212	161	77	28	366	42	331	977	2
カンボジア	–	–	334	44	32	23	8	94	1	81	51	–
シンガポール	1	–	362	17	23	8	–	68	1	176	69	–
スリランカ	18	1	818	30	14	113	74	135	–	153	299	–
タイ	2	–	783	64	66	42	11	153	16	198	232	1
台湾	–	1	424	12	24	14	10	143	2	129	88	2
中国	9	5	1,381	78	94	55	140	207	15	71	713	8
トルコ	4	–	450	18	22	20	10	148	47	42	135	8
フィリピン	15	–	1,595	42	91	40	27	143	3	345	903	1
ブルネイ	–	–	349	37	39	10	2	61	–	18	182	–
ベトナム	1	1	901	63	51	75	74	141	30	159	308	–
マレーシア	1	2	2,071	80	67	60	36	183	45	279	1,317	4
ミャンマー	–	–	439	54	57	38	5	98	3	74	110	–
ラオス	1	–	284	49	30	35	10	56	16	7	80	1
北アメリカ												
アメリカ合衆国	235	39	1,913	43	87	38	56	283	320	311	688	87
キューバ	7	9	401	10	17	44	49	66	–	23	192	–
グアテマラ	3	–	644	16	19	39	96	96	2	11	364	1
コスタリカ	4	–	615	12	25	16	55	144	2	37	319	5
ジャマイカ	3	2	343	7	10	29	20	48	–	15	214	–
ニカラグア	1	–	286	9	19	11	11	97	–	18	119	–
ハイチ	9	1	425	3	17	66	45	61	–	14	219	–
パナマ	2	–	520	18	19	16	74	128	–	25	238	2
ホンジュラス	4	–	463	10	18	60	68	91	–	21	193	2
メキシコ	31	7	2,371	97	68	105	233	308	14	114	1,426	6
南アメリカ												
アルゼンチン	6	1	351	39	54	29	33	83	–	19	73	21
ウルグアイ	2	–	139	9	22	7	4	71	–	3	22	1
エクアドル	8	9	2,623	49	86	93	183	99	49	27	2,029	a 8
ガイアナ	–	–	201	11	11	6	21	68	–	1	82	1
コロンビア	1	6	1,665	63	102	39	290	183	4	60	918	6
チリ	1	4	279	18	34	28	34	41	1	13	91	19
ブラジル	13	7	2,216	97	155	94	36	360	22	70	1,346	36
ベネズエラ	2	–	852	37	43	32	128	105	1	41	463	2
ペルー	1	3	983	51	93	33	136	90	4	7	568	1
ボリビア	–	5	448	24	47	14	53	9	2	1	298	–
ヨーロッパ												
アルバニア	1	–	156	4	8	5	1	60	51	22	5	–
イギリス	4	1	197	4	11	1	–	60	7	21	53	40
イタリア	3	–	560	9	19	4	12	72	86	189	122	47
オーストリア	3	–	227	5	13	1	–	13	43	64	38	50

16-7　絶滅・絶滅危惧生物（2022年）（2）

国（地域）	絶滅種数 動物	絶滅種数 植物	絶滅危惧種数 計	脊椎動物 哺乳類	鳥類	は虫類	両生類	魚類	無脊椎動物 軟体動物	その他	植物	菌類
北マケドニア	2	–	147	7	14	2	–	13	70	28	6	7
ギリシャ	4	–	600	12	19	10	4	98	179	183	86	9
クロアチア	1	1	243	10	16	4	2	80	50	44	11	26
スイス	6	–	171	5	10	–	1	9	10	73	20	43
スペイン	2	2	850	18	24	19	7	98	167	183	287	47
スロベニア	–	–	210	8	11	2	2	52	33	68	13	21
ドイツ	4	–	255	7	12	–	–	34	30	68	51	53
フランス	8	2	464	13	19	5	4	75	95	129	65	59
ポルトガル	6	3	538	15	17	5	2	88	87	168	144	12
モンテネグロ	1	–	164	7	13	4	1	52	23	54	6	4
ルーマニア	2	–	170	14	18	2	–	21	25	67	14	9
ロシア	4	–	316	33	58	8	–	64	7	37	68	41
アフリカ												
アンゴラ	–	–	228	24	33	10	–	82	7	4	68	–
ウガンダ	–	–	314	32	33	8	2	62	14	17	146	–
エチオピア	–	–	229	40	35	4	12	16	4	11	107	–
ガーナ	–	–	293	23	25	9	9	87	9	3	128	–
ガボン	–	–	605	18	5	8	5	97	2	2	468	–
カメルーン	–	1	1,227	48	31	24	60	148	14	14	888	–
ギニア	–	–	422	32	22	10	7	119	6	5	221	–
ケニア	2	2	682	32	45	16	15	99	20	73	382	–
コートジボワール	–	2	334	34	26	9	7	89	8	2	159	–
コンゴ共和国	–	–	234	18	6	8	1	83	7	–	111	–
コンゴ民主共和国	–	2	741	48	40	18	13	128	45	9	440	–
シエラレオネ	–	1	296	26	17	10	1	87	7	5	143	–
セーシェル	20	2	462	7	13	12	6	41	37	285	61	–
赤道ギニア	–	–	292	24	3	8	6	82	2	2	165	–
ソマリア	–	–	227	18	20	5	–	59	2	60	63	–
タンザニア	3	–	1,570	45	46	41	61	219	11	137	1,010	–
ナイジェリア	1	–	459	35	23	15	13	102	5	10	256	–
ブルンジ	–	–	218	16	18	1	1	17	3	3	159	–
マダガスカル	13	1	3,758	133	37	139	145	127	35	248	2,894	–
南アフリカ	8	10	915	33	54	25	16	153	23	183	428	–
モーリシャス	46	2	293	7	12	15	–	30	33	93	103	–
モザンビーク	1	–	528	19	32	15	7	105	–	67	283	–
モロッコ	7	–	276	19	22	13	3	85	39	33	57	5
リベリア	–	–	294	26	14	9	2	93	5	7	138	–
オセアニア												
オーストラリア	41	3	1,845	69	66	76	47	214	182	412	766	13
ソロモン諸島	2	–	301	24	21	7	3	43	2	148	53	–
ニューカレドニア	5	4	1,001	8	17	72	–	51	28	102	719	4
ニュージーランド	23	6	278	9	67	52	3	48	39	26	21	13
パプアニューギニア	1	–	1,112	51	38	13	28	132	24	182	641	3
パラオ	1	–	198	5	6	4	–	29	40	109	5	–
フィジー	1	1	354	7	14	16	–	33	81	108	95	–

a　クロミスタを含む。

16-8　下水処理施設利用人口の割合

（単位：%）

国（地域）	調査年	公共下水道接続あり	下水処理施設あり	一次処理	二次処理	三次処理
アジア						
日本	20	80.1	80.1	0.0	45.1	35.0
イスラエル	20	99.2	97.0	4.4	35.6	55.6
韓国	19	94.3	93.9	0.0	1.4	92.5
中国	04	45.7	32.6	...	...	...
トルコ	20	89.3	74.0	12.9	22.6	38.5
北アメリカ						
アメリカ合衆国	12	75.5	75.5	1.3	28.5	40.6
カナダ	17	85.7	84.0	13.6	42.6	27.8
コスタリカ	20	22.0	7.1	4.8	2.3	...
メキシコ	20	...	67.2	...	...	...
南アメリカ						
チリ a	17	100.0	100.0	26.7	4.9	68.4
ブラジル	19	...	52.0	...	...	...
ヨーロッパ						
アイスランド	10	...	...	...	* 0.0	* 1.0
アイルランド	19	64.2	63.3	* 0.7	* 37.5	* 24.3
イギリス	14	...	...	* 0.0	* 43.0	* 57.0
イタリア	18	87.8	70.0	...	...	...
エストニア	20	83.0	83.0	0.0	2.0	81.0
オーストリア	20	96.0	96.0	0.0	1.2	94.9
オランダ	20	99.5	99.5	0.0	* 0.1	* 99.4
ギリシャ	19	94.2	94.2	0.0	6.5	87.7
スイス	13	98.3	* 98.0	* 0.0	* 11.0	* 87.0
スウェーデン	19	88.0	88.0	0.0	4.0	84.0
スペイン	18	96.5	88.3	1.7	29.4	57.2
スロバキア	20	69.7	69.3	0.5	67.2	1.6
スロベニア	20	67.4	67.3	0.0	23.4	43.9
チェコ	20	86.2	83.5	0.1	6.5	76.9
デンマーク	20	92.0	92.0	0.1	1.1	90.8
ドイツ	16	97.1	97.1	0.0	2.1	93.8
ノルウェー	20	87.3	85.8	25.6	6.8	53.4
ハンガリー	20	82.8	* 81.0	* 0.1	* 7.2	* 73.7
フィンランド	20	85.0	85.0	0.0	0.0	85.0
フランス	20	82.0	82.0	0.0	11.0	68.8
ベルギー	20	87.5	83.6	0.0	7.6	76.0
ポーランド	20	75.4	74.8	0.0	14.3	60.5
ポルトガル	17	91.9	91.8	7.0	46.7	38.0
ラトビア	20	80.1	80.1	0.6	19.1	60.5
リトアニア	20	77.1	77.1	0.1	7.6	69.4
ルクセンブルク	20	100.0	99.3	* 1.0	* 13.6	* 84.7
オセアニア						
オーストラリア	20	92.9	92.9	17.4	25.4	50.0
ニュージーランド	16	...	84.1	...	...	...

a 都市部のみ。

16-9　一般廃棄物排出量の推移

国（地域）	一般廃棄物排出量								
	総量（1,000 t）			1人当たり（kg）			リサイクル率（%）		
	2005	2010	2020	2005	2010	2020	2005	2010	2020
アジア									
日本	52,720	45,359	a 42,737	411	353	a 337	19.0	19.1	a 19.2
イスラエル	4,086	4,623	5,982	626	629	691	...	...	6.4
韓国	17,665	17,943	a 21,156	363	362	a 413	56.3	59.9	a 56.5
中国	155,770	158,048	b 215,209	...	...	b ...			b ...
トルコ	* 31,352	29,733	#*a 35,017	* 462	411	#*a 420	...	...	a 11.9
北アメリカ									
アメリカ合衆国	230,180	227,749	c 265,225	780	737	c 811	23.3	26.0	c 23.6
カナダ	...	...	c ...	...	409	c 424	...	17.8	c 19.5
コスタリカ	...	* 1,506	# 1,459	...	* 329	# 286	...	...	3.1
メキシコ	35,405	40,059	d 42,103	334	351	d 359	3.2	4.2	d 5.0
南アメリカ									
コロンビア	7,583	8,980	c 12,083	178	199	c 243	...	...	c ...
チリ	5,114	5,936	c 8,177	316	348	c 437	...	...	c 0.4
ブラジル	60,142	53,000	d 57,900	...	...	d ...			d ...
ヨーロッパ									
アイスランド	153	154	c 247	519	481	c 735	...	15.6	c 20.6
アイルランド	3,041	2,846	#a 3,086	734	625	#a 632	32.3	34.7	a 28.2
イギリス	35,121	31,955	31,002	583	504	457	18.1	25.3	25.8
イタリア	31,668	32,440	a 30,023	543	547	a 496	13.7	20.0	a 32.5
エストニア	587	# 406	# 509	433	# 305	# 384	24.2	11.9	30.3
オーストリア	4,732	4,701	*a 5,220	573	559	*a 583	25.6	27.8	a 26.5
オランダ	9,769	9,484	9,321	597	568	544	26.7	24.8	27.7
ギリシャ	4,853	5,917	a 5,613	432	543	a 536	11.2	14.7	a 16.0
スイス	4,940	5,565	6,096	669	713	704	35.0	33.7	29.8
スウェーデン	4,321	4,140	# 4,460	478	441	# 442	34.1	34.2	20.3
スペイン	25,683	23,774	* 21,529	583	507	* 460	16.3	17.6	18.9
スロバキア	1,468	1,719	2,366	272	318	433	1.0	5.7	28.6
スロベニア	989	1,004	# 1,024	496	491	# 493	20.0	21.4	56.8
チェコ	2,954	3,334	#* 5,419	288	316	#* 506	6.7	14.2	22.4
デンマーク	3,990	* 4,206	#* 4,927	736	* 757	#* 851	24.5	31.1	35.6
ドイツ	46,555	49,237	* 52,567	571	609	* 627	44.5	45.7	47.8
ノルウェー	1,968	2,295	# 3,905	429	470	# 720	26.4	26.5	35.3
ハンガリー	4,646	4,033	3,545	461	406	367	8.7	15.9	22.2
フィンランド	2,506	2,519	3,296	476	469	595	25.6	19.7	28.1
フランス	33,347	* 34,609	* 36,154	530	* 535	* 536	16.6	20.0	22.8
ベルギー	5,052	4,972	4,800	479	455	414	31.0	34.7	35.3
ポーランド	* 12,169	* 12,032	# 13,117	* 317	* 314	# 347	3.9	17.8	26.7
ポルトガル	4,745	# 5,457	# 5,279	452	# 515	# 518	6.8	11.3	13.3
ラトビア	716	680	482	318	321	482	4.4	8.8	34.0
リトアニア	1,287	1,253	1,350	385	401	496	1.2	3.8	27.5
ルクセンブルク	313	344	# 498	683	678	# 795	25.6	26.9	29.3
ロシア	57,695	69,257	d 80,564	402	483	d 559	...	...	d ...
オセアニア									
オーストラリア	...	13,561	a 12,572	...	612	a 499	...	34.5	a 24.6
ニュージーランド	...	2,532	c 3,705	...	579	c 781	...	...	c ...

a 2019年。　b 2017年。　c 2018年。　d 2012年。

主要出典資料名一覧
（日本語の資料名は仮訳を含む。*はホームページ。）

国際連合及びその関連機関の資料

UN: United Nations（国際連合）

World Population Prospects（世界の推計人口）*

Demographic Yearbook system（人口統計年鑑システム）*
- Demographic Yearbook（人口統計年鑑）
- Population Censuses' Datasets（人口センサスデータセット）

Population and Vital Statistics Report（人口・人口動態報告）*

National Accounts - Analysis of Main Aggregates (AMA)（国民経済計算データベース）*

Industrial Commodity Statistics Database（鉱工業製品統計データベース）*

Energy Statistics Yearbook（エネルギー統計年鑑）*

Monthly Bulletin of Statistics Online（統計月報オンライン）*

Statistical Yearbook（統計年鑑）*

Comtrade Database（貿易統計データベース）*

FAO: Food and Agriculture Organization of the United Nations（国連食糧農業機関）
Global Forest Resources Assessment（世界森林資源評価）*

FAOSTAT（FAO 統計データベース）*
- Land, Inputs and Sustainability（土地・インプッツ・持続可能性）
- Production（生産）
- Food Balances（食糧需給）
- Forestry（林業）

Fishery and Aquaculture Statistics（漁業・養殖業統計）*

ILO: International Labour Organization（国際労働機関）
ILOSTAT Database（労働統計総合データベース）*

IMF: International Monetary Fund（国際通貨基金）
The Principal Global Indicators（主要経済国データベース）

Balance of Payments and International Investment Position Statistics（国際収支と国際投資ポジション統計）*

International Financial Statistics（国際金融統計）*
International Financial Statistics Yearbook（国際金融統計年報）

ITU: International Telecommunication Union（国際電気通信連合）
ICT Statistics Home Page（ICT 統計ホームページ）*
Yearbook of Statistics（統計年報）

UNDP: United Nations Development Programme（国連開発計画）
Human Development Report（人間開発報告）*

UNESCO Institute for Statistics:
United Nations Educational, Scientific and Cultural Organization Institute for Statistics
（国連教育科学文化機関統計研究所）
UIS. Stat（統計）＊

UNHCR: The Office of the United Nations High Commissioner for Refugees
（国連難民高等弁務官事務所）
Global Trends（グローバルトレンド）＊

UNIDO: United Nations Industrial Development Organization（国連工業開発機関）
UNIDO Statistics Data Portal（統計データポータル）＊
International Yearbook of Industrial Statistics（国際工業統計年鑑）

The World Bank（世界銀行）
World Development Indicators（世界開発指標）＊

WHO: World Health Organization（世界保健機関）
Global Health Observatory（国際健康観測）＊

その他の国際機関の資料

IEA: International Energy Agency（国際エネルギー機関）
CO_2 Emissions from Fuel Combustion Highlights（燃料燃焼による二酸化炭素排出量）
Greenhouse Gas Emissions from Energy Highlights（エネルギーの温室効果ガス排出量）＊

IRF: International Road Federation（国際道路連盟）
World Road Statistics（世界の道路統計）

IUCN: International Union for Conservation of Nature and Natural Resources
（国際自然保護連合）
IUCN Red List of Threatened Species（絶滅危惧種レッドリスト）＊

OECD: Organisation for Economic Co-operation and Development（経済協力開発機構）
OECD. Stat（統計）＊
Broadband Portal（ブロードバンドポータル）＊
Statistics on Resource Flows to Developing Countries（開発途上国への資金の流れ）＊

WAN-IFRA: World Association of News Publishers（世界ニュース発行者協会）
外部委託した部数調査＊

国内機関の資料

財務省
　財政関係基礎データ*

出入国在留管理庁
　出入国管理統計*

　在留外国人統計*

特許庁
　特許行政年次報告書*

自然科学研究機構　国立天文台
　理科年表

国立社会保障・人口問題研究所
　人口統計資料集*

公益財団法人　日本生産性本部
　労働生産性の国際比較*

公益財団法人　矢野恒太記念会
　世界国勢図会

一般社団法人　日本新聞協会
　経営業務調べ*

一般社団法人　日本船主協会
　海運統計要覧*

付録

（2023年1月1日現在）

世界の国の数　196（日本が承認している国の数195か国と日本）
国連加盟国数　193

本書で掲載している地域経済機構加盟国一覧

機構		加盟国	設立・加盟・離脱	加盟国数
ASEAN Association of Southeast Asian Nations 東南アジア諸国連合 （10か国）		インドネシア、シンガポール、タイ、フィリピン、マレーシア	1967年8月設立	5
		ブルネイ	1984年1月加盟	6
		ベトナム	1995年7月	7
		ミャンマー、ラオス	1997年7月	9
		カンボジア	1999年4月	10
EU European Union 欧州連合（27か国）		イタリア、オランダ、ドイツ、フランス、ベルギー、ルクセンブルク	1952年7月設立	6
		アイルランド、イギリス、デンマーク	1973年1月加盟	9
		ギリシャ	1981年1月	10
		スペイン、ポルトガル	1986年1月	12
		オーストリア、スウェーデン、フィンランド	1995年1月	15
		エストニア、キプロス、スロバキア、スロベニア、チェコ、ハンガリー、ポーランド、マルタ、ラトビア、リトアニア	2004年5月	25
		ブルガリア、ルーマニア	2007年1月	27
		クロアチア	2013年7月	28
		イギリス	2020年1月離脱	27
	ユーロ参加国 （19か国）	アイルランド、イタリア、オーストリア、オランダ、スペイン、ドイツ、フィンランド、フランス、ベルギー、ポルトガル、ルクセンブルク	1999年1月	11
		ギリシャ	2001年1月	12
		スロベニア	2007年1月	13
		キプロス、マルタ	2008年1月	15
		スロバキア	2009年1月	16
		エストニア	2011年1月	17
		ラトビア	2014年1月	18
		リトアニア	2015年1月	19

本書で掲載している地域経済機構加盟国一覧（続き）

機構	加盟国	設立・加盟・離脱	加盟国数
OECD Organisation for Economic Co-operation and Development 経済協力開発機構 （38か国） 下線は DAC 加盟国 Development Assistance Committee 開発援助委員会 （30か国）	アイスランド、アイルランド、アメリカ合衆国、イギリス、イタリア、オーストリア、オランダ、カナダ、ギリシャ、スイス、スウェーデン、スペイン、デンマーク、ドイツ、トルコ、ノルウェー、フランス、ベルギー、ポルトガル、ルクセンブルク	1961 年 9 月設立	20
	日本	1964 年 4 月加盟	21
	フィンランド	1969 年 1 月	22
	オーストラリア	1971 年 6 月	23
	ニュージーランド	1973 年 5 月	24
	メキシコ	1994 年 5 月	25
	チェコ	1995 年 12 月	26
	ハンガリー	1996 年 5 月	27
	ポーランド	1996 年 11 月	28
	韓国	1996 年 12 月	29
	スロバキア	2000 年 12 月	30
	チリ	2010 年 5 月	31
	スロベニア	2010 年 7 月	32
	イスラエル	2010 年 9 月	33
	エストニア	2010 年 12 月	34
	ラトビア	2016 年 7 月	35
	リトアニア	2018 年 7 月	36
	コロンビア	2020 年 4 月	37
	コスタリカ	2021 年 5 月	38

〔出典〕外務省 (https://www.mofa.go.jp/mofaj/)
ASEAN (https://asean.org/)
EU (https://european-union.europa.eu/index_en)
OECD (https://www.oecd.org/)

総務省統計局が編集・刊行する総合統計書

　総務省統計局では、国勢調査などの調査報告書のほか、次のような総合統計書を編集・刊行しています。

　これらの総合統計書は、電子媒体でも提供しています。

日本統計年鑑
　我が国の国土、人口、経済、社会、文化などの広範な分野にわたる基本的な統計を網羅的かつ体系的に収録した総合統計書。
約540の統計表を収録

2023 日本統計年鑑

日本の統計
　我が国の国土、人口、経済、社会、文化などの広範な分野に関して、よく利用される基本的な統計を選んで体系的に編成し、ハンディで見やすい形に取りまとめた統計書。約370の統計表を収録

世界の統計
　世界各国の人口、経済、文化などに関する主要な統計を、国際機関の統計年鑑など多数の国際統計資料から選んで収録した統計書。約130の統計表を収録

社会生活統計指標　－都道府県の指標－
　都道府県の経済、社会、文化、生活などあらゆる分野に関する主要な統計を幅広く、体系的に収録した統計書。約580の統計指標は、原則として2015年度、2020年度及び最新年度の数字を収録

統計でみる都道府県のすがた
　「社会生活統計指標」に収録された統計データの中から主なものを選び、各指標における都道府県別の順位を参考として掲載している。

統計でみる市区町村のすがた
　市区町村の経済、社会、文化、生活などあらゆる分野に関する主要な統計を幅広く、体系的に収録した統計書。約100の基礎データの数字を収録

Statistical Handbook of Japan
　我が国の最近の実情を統計表、グラフを交え、英文で紹介

「世界の統計」の利用案内

「世界の統計」は、次の方法により利用（閲覧・入手など）することができます。

「世界の統計」の閲覧

国立国会図書館及び各支部、都道府県統計主管課、都道府県立図書館で閲覧できます。

◇ 総務省統計図書館

〒162-8668 東京都新宿区若松町19-1

図書閲覧係　　TEL：03-5273-1132

統計相談係　　TEL：03-5273-1133

刊行物の入手

一般財団法人 日本統計協会を通じて入手できます。また、全国各地の官報販売所でも取り扱っています。

◇ 一般財団法人 日本統計協会

〒169-0073　東京都新宿区百人町2-4-6　メイト新宿ビル6階

TEL：03-5332-3151

https://www.jstat.or.jp/

◇ 政府刊行物センター（霞が関）

〒100-0013　東京都千代田区霞が関1-4-1　日土地ビル1階

TEL：03-3504-3885

https://www.gov-book.or.jp/

ホームページ

総務省統計局では、インターネットを通じて統計データや各種統計関連情報を提供しています。　https://www.stat.go.jp/

また、政府統計の総合窓口（e-Stat）でも、統計データなどの各種統計情報が御覧いただけます。　https://www.e-stat.go.jp/

世 界 の 統 計　2023年版

令和5年3月　発行

編　集　　総 務 省 統 計 局

発行所　　一般財団法人　　日 本 統 計 協 会

〒169-0073　東京都新宿区百人町2丁目4番6号 メイト新宿ビル6F

TEL　(03)5332-3151　　　E-mail：jsa@jstat.or.jp

FAX　(03)5389-0691　　　http://www. jstat.or.jp

振　替　00120-4-1944

印　刷　　勝美印刷株式会社

ISBN978-4-8223-4176-3　C0033　¥2000E